博观译丛

Hoebel

霍贝尔

原始人的法

法律的动态比较研究

（修订译本）

严存生 等译

法律出版社

著作权合同登记号
图字：01－2005－6101

霍贝尔的这本充满魅力的研究专著——《原始人的法》，站在当代国际背景下对原始法的形成方式、原始法能否与国际法相比较的形式均进行了研究。

——Charles Boasson, *World Politics*

这本著作一定会成为未来一代社会人类学和法学的大学生学习原始法的教科书。

——Leonhard Adam, *Yale Law Journal*

《原始人的法》一书对法律和它的发展作了一流的比较研究，是同类书中最好的一本。这本书无疑将成为法社会学领域中的一个经典……他从各族人中吸收自己的例证并把它们作为基础，形成了关于人类社会的一些普遍性的命题……他从深度和广度上描述和比较了各种社会结构。

——Everett C. Hughes, *Stanford Law Review*

这本书无论从哪一方面看都是高质量的，它非常有效地解释了关于法律和法学与其他社会科学相互关系的许多命题。书的广泛社会意义在于其技术的适用性不仅对原始法律体系而且对于一般的社会价值体系也适用。

——George A. Lundberg, *American Sociological Review*

这是我们有关原始法的最好最全面的论述的书……似乎是讲给那些刚入门的人类学家、法学家和职业社会学家……人类学家和法学家在解决宗教、巫术和法律的关系问题上笼罩着一层阴影，霍贝尔对于这些关系本质属性的成功论述无疑会起到拨云见日的作用。

——Irving Kaplan, *American Journal of Sociology*

献给

卡尔·N. 卢埃林和马克斯·雷丁

目录

再版译者附言

一本译著能在我国被两个出版社三次刊印,其生命力、价值自毋庸置疑。对此,作为该书译者的我们深感欣慰。我们思考它之所以受到广泛的关注和欢迎的原因可能有以下几点:其一,《原始人的法》一书,是西方社会法学重要一支的"法人类学"的代表作,它综合了西方该学派的研究成果,有着丰富的资料和系统的论述,能使人们更全面地了解这一学派。而这一学派对我国的法学来说,还是比较陌生的。其二,它给我国法学带来了一种新的法观念和新的思考、研究法的方法,这对正在转型和创新的我国法学来说,无疑是一场及时雨。因为我国法学长期局限于对国家法或制定法的注释性研究,并把研究的注意力集中于西方的法律制度,而《原始人的法》一书所介绍的法学观念和方法,恰恰相反,认为法扎根于社会之中,与该社会所特有的文化密不可分,因此要求我们研究法律时,要把注意力指向自己所在的社会,用社会学的方法调查研究,发现和提炼第一手法律资料。显然,这些观念和方法是非常有启发性的,能帮助我国的法学家拓展研究的新领域和找到研究的新方法。而我们知道,任何科学的发展,都有待于引进新的观念和方法。我国法学所亟须的也正是它。《原始人的法》一书之所以为人们所看重,也正因如此。它的再版,值得庆幸。我们希望这一本书通过再版,能为我国更多的法学家所阅读,这或许对他们更新法观念和研究方法能起一点促进作用。

严存生

2011 年 10 月 20 日于西安

译者前言

原始社会有没有法律？一百多年来，这个很有魅力的问题一直吸引着许多历史学、人类学、民族学、社会学和法学等学科的研究者。的确，这个问题的解决对以上各个学科都有着重大意义。就法学而言，它涉及法律的起源、本质、作用等一系列法理学上的重大问题。前几年里，我国法学界围绕着法律的本质和基本属性而展开的讨论，也涉及这个问题。应该说至今人们对这个问题的认识还很不统一，可以说各人有各人的回答。《原始人的法》(The Law of Primitive Man)这本书就是美国著名的法人类学家埃德蒙斯·霍贝尔对此问题的一种回答。显然他作了基本肯定的回答。

霍贝尔(E. Adamson Hoebel, 1906 ~ 1993)1934 年在哥伦比亚大学获哲学博士学位，之后曾任犹他大学人类学教授兼系主任，密执安大学人类学教授，明尼苏达大学明尼阿波利斯分校人类学系名誉教授，美国民族学会会长和美国人类学协会主席等职。他著有《晒延人方式》(The Cheyenne May)、《原始世界的人们》(Man in the Primitive World)、《印度尼西亚的阿达特法》(Adat law in Indonesie)和《科曼契人》(The Comanches)等。而《原始人的法》是他在这一方面的代表作。该书于 1954 年出版后，立即以其翔实的材料和深刻的见解引起人们的注意。它一版再版,并得到许多学者的高度评价,如有人说:“这本书无论在哪一方面都是高质量的,它非常有效地解决了法学和其他科学上的许多难题。它的社会学意义具有广泛性,其技术上的适应性不仅限于原始的法律体系,而且适用于一般的社会关系。”而有人甚至认为:“这本书一定会成为未来一代社会人类学和法学的大学生们学习原始法的教科书。”

的确,这本书有许多优点,主要的是:

一、此书作者以丰富的资料广泛地介绍了几个世纪以来世界各地所发现的保留原始痕迹较多的一些民族或部落的有关情况。特别是他按照发展程度详细地介绍了五个民族的有关资料。这五个民族是,北极地带的爱斯基摩人,菲律宾北吕宋岛的伊富高人,北美洲印第安人中的科曼契、凯欧瓦和晒延部落,南太平洋的特罗布里恩人,非洲的阿散蒂人。虽然许多学者都对这些民族进行过研究并有专著出版,但各只限于一个或两个民族,且比较浮泛。《原始人的法》综合了各种材料,深入探讨了政治法律问题,这就使它无论从广度还是从深度上都超过了之前的专著,克服了它们的局限性,从而向我们展现了当代法人类学研究的几乎所有最新成果。因此,《原始人的法》无疑能为我们研究法的起源问题提供丰富的素材和深刻的启迪。

二、此书作者系统地论述了法人类学研究的基本方法。这包括两个方面,首先,他阐述了法人类学研究的基本出发点,即法律与社会文化不可分,必须从社会文化中研究法律。他说:“法律是无法从全部人类行为方式中截然分割开来的”,“因此,我们需要首先仔细地俯视和勾画社会和文化,以便发现法律在整个结构中的位置。我们必须先对社会运转有所认识,然后才可能对何为法律以及法律如何运转有一个完整的认识。”那么,什么是文化?为什么说法律与文化不可分呢?霍贝尔认为,文化是人类所特有的一种东西。人类与动物的区别在于:“动物的活动在很大程度上是本能的,极少数是学到的,相反,人的行动在有限的范围里是本能的,大量是学得的。”而“通过学习得来的行为在集团中就是文化。我们所说的文化是一个社会的成员表现和分享的、后天得到的行为方式的完整一致的总和。”他进一步指出,行为方式的完整一致是通过社会选择进行的。

而选择不是偶然的和随意的,"总有某些选择的标准左右或影响着选择"。这些标准就是一般人们所说的"公规"或"公理"(postulates),哲学家和社会学家叫"价值"(values),莫里斯、奥普勒建议叫"文化主题"(cultural themes),它在一个社会里被人们视为不证自明的真理,实际上是人们在长期的和广泛的社会实践中不自觉地总结出来的。"公规"具有历史性和民族性,也有主次之分,"一体化是通过对一个主体的基本公规保持一致的选择而获得的"。通过选择,一个社会的人们就会按照特定文化的需要采取某种生活方式,就会对特定的刺激作出同样的反应。而"那些反复出现的方式我们就称为平均数或习惯",即社会规范。法律正是社会规范的一种。"法律规范如同其他社会规范一样,是选择的产物",它的"一个主要功能就是作为一个选择的规范,用它来保持法律制度与建立在其中的社会文化与基本公规的一致"。因此,要研究法律必须研究社会选择,"选择的需要是理解法律在人类事务中地位和作用的最重要的一环"。

他从两方面论述了法人类学的基本研究方法。他首先批判了自然法学和分析法学的研究方法,并明确划定了法人类学方法的性质。指出:"人类学对法律的研究完全是行为主义的和经验主义的。"接着他归纳了已有的法人类学的三种研究方法,即观念方法、描述方法和案例方法。所谓观念方法是指以理想的规则作为起点和筐子,去收集资料以验证原有假说的方法。使用者往往事先拟定一些调查表要被调查者填写,而表中所列的项目和使用的词语均系现代社会所用的标准法律用语。所谓描述方法与观念方法相反,"他们没有调查表,依靠长期的连续的客观观察的笔记进行研究"。他们只注意事实的观察和描述,只注意特殊,而忽视了普遍原则。他们不懂得许多法律"被埋藏在程序的夹缝里",不重视收集案例。案例方法综合了以上二者的优点,弥补了二者的不足,它"从特殊到普遍,又从普遍到特殊进行观察",它主要抓住案例即纠纷事件的解决进行分析,从中寻找该社会的法律原则和程序。霍贝尔认为,案例方法比前两种方法明显优越,"只有案例方法才能导致真正的法理学"。霍贝尔指出,研究法律之所以要抓住案例进行分析,是因为"法律是在烦恼和预料到的困境中发展成熟的。它的存在是为了引导人的行为,使其权益的冲突不致发展为严重的碰撞。一旦权益发生冲突,它就起着消除社会混乱的作用。实际上,真正的法律准则只有在大的诉讼争执中才能得到检验,否则难以确定在其中哪种假定的规则实际上占了优势。一件事如果没有在适用刑罚的法律活动中被承认,我们就将永远不会认识它。一种永远被遵守的法律就是十足的风俗习惯。否则,人们将分不清哪些是假定规则,哪些是真正的法律规则。……疑难案件直接帮助我们了解法律现象"。在论述了案例方法的意义之后,霍贝尔详细地论述了在使用这一方法时应注意的具体问题。例如,要尊重被调查群体的生活方式,只作为参与人和监视人;再例如,"要慎重地从调查群体中选择一个或一些担保人"。这些人应是其中有威望的人,只有他们"才能为调查提供真正的帮助,使你能参加各种政务会议和仪式,毫无困难地在他们的人民中展开工作"。另外,调查者要掌握被调查者的语言,了解有关的风俗习惯,并认真地挑选调查对象等。

三、此书作者充分地注意原始法与现代法的差异。霍贝尔明确地意识到他所研究的原始社会的"法律"是与现代的法律有原则区别的,是一种不同意义上的法律,所以他在一开始就把法律划分为原始法律、古代法律和现代法律三种,并坚决反对在研究时盲目地和任意地把现代的法律用语强加于原始资料之上,或用我们现代对法律的理解去衡量原始法律。否则就会得出原始社会只有习惯没有法律的结论,或歪曲了原始社会的真相。不过霍贝尔又指出,不能由此得出结论说,原始法律与现代法律毫无联系和毫无共同之处。"不论各种法律制度的内容和其独特的原动力如何,它们必定有某些相同的因素。"通过分析,他认为所有的法律都有三个特征或构成要素,这就是"特殊的强力、官吏的权力和规律性"。虽然这三种要素在不同的法律中有不同的表现形式。所谓特殊的强力(privileged force),即法律的强制性,他说:"在任何社会里,无论是原始社会还是文明社会,法律存在的基本的必备条件是社会授权的当权者合法地使用物质强制。法律有牙齿,必要时会咬人,尽管并不时时使用。"就像耶林所强调的"没有任何强力的法律徒有虚名"。他还带着诗意地说:"没有强制的法律则是不燃烧的火,不发亮的光。"所谓官吏的权力(official authority),即执法机关或法官、法庭的因素,他们是法律的维护者。所谓规律性(regularity),即法律内容的科学性。在对法律的这些特性分析的基础上,霍贝尔给法律下了如下的定义:“这样的社会规范就是法律,即如果对它置之不理或违反时,照例就会受到拥有社会承认的、可以这样行为的特权人物或集团,以运用物质力量相威胁或事实上加以运用。”这一定义一般被人们称为强力说或非国家说。按照这个定义,法律的存在不一定以国家的存在为前提,只要有某种实施强制的机构就行。他正是从此定义出发,得出了原始社会存在着法律的结论。

四、此书作者对人类社会法律制度的发展规律作了探索,并描绘了这一发展的大概草图。首先他指出,法律是进化的,虽然其发展的道路不是笔直的,每一个国家或民族的法律在发展中各有其特殊性,并不都经过相同的阶段和道路,但是仍然有规律可循。“我们可以通过比较和与现已知道的早期的人类社会的遗迹的因果关系,来归纳出早期人类社会可能存在的社会制度的大体特征。……这样我们就能够对从原始时代到现在的法律形态的发展趋势的主要路线描绘出一个大概的草图。”其次,他认为法律是一种社会控制的工具,它随着人际关系的复杂性、各成员间的冲突而增加,因社会对控制性工具的需要的增强而产生和发展。他说:“人类越文明,对法的需求就越大,人类创造的法也就越多。法只是社会需要的产物。”接着他就人类社会法律产生和发展的大体进程作了探讨。他根据人们的占支配地位的获食方式把人类历史划分为渔猎文化、农业文化和机械文化等几个发展阶段,并分别对每个阶段的“法律制度”作了论述。

在论述人类的渔猎文化阶段时,他又把它区分为简单的渔猎文化和高级的渔猎文化两个小阶段,认为爱斯基摩人等属于简单阶段,科曼契、凯欧瓦、晒延人等属于高级阶段。他认为在人类的初级阶段,法律是很少的,可以说“几乎不需要它”,所以与现代相比,“总是显得处于无法状态”。那时主要的社会组织是氏族公社,其内部“是极其民主的,近乎于一种无任何政府管理系统的状态”,“因此没有暴力机关和审判机关。他们不公开选择自己的官吏,他们的领导者是通过跟随者的默认产生的”。内部事务的“最后的决定是经过所有成年男子的讨论和取得一致意见以后才作出的”。各部落之间几乎不交往。每个部落“总是在自己清楚的领域内活动,他们的结合是平等的,是以亲属关系和领域同盟为根据的”。因此,社会纠纷很少,不同部落间的伤害事件主要通过血亲复仇的办法解决,难以解决时才用格斗的形式“来平衡和解决他们之间的纠纷”。不过格斗与血亲复仇本质不同,其目的已“不是力求惩罚干坏事的人,而是阻止复仇”的无限发展。

霍贝尔认为,进入渔猎文化的高级阶段以后,由于人口密度增加,“一个地区的群体会更加紧密地联合起来,组成了更高一级的群体组织”,因而产生了“更高一级的部落的政治机构”,也产生了统一的首领并有继承的倾向。但首领“几乎没有什么政治权力,无权控制部落的财产和成员的生存权”,他“只是部落的一员,他在所有重要事务中起着顾问作用”。因而首领还未制度化,未变为专门的政治权力。霍贝尔谈到,在这个阶段里,法律仍然不发达,私法尚未产生,“因为财产利益还没有复杂到足以引起作为经济权力的各种所有权的冲突情况”。这时“每一个普通的案件并不需要通过公共的司法权威来体现公平正义,而是由自己来决定案件的公平正义”,只是在特殊情况下,公意才以“某种权力的面目出现而对诉讼人的行为产生影响”。所以,社会纠纷的解决,仍然“诉诸武力和通过自相残杀的战争状态来解决”。所不同的是产生了赔偿制度,即“由加害一方支付一定的生活品作为赔偿,赔偿的数额同对方的肉体和精神创伤相等”。

霍贝尔认为,农业文化在法律的发展中有着特殊的作用,他说:“真正严密的法律是随着农业部落的发展而发展起来的。”其原因在于,“农业经济出现以后能够维持较大数量的人口生存在单个的公社以内。更重要的是许多公社可以在占有地域内延继下去。这迫使为数众多相互影响的公社之间加强团结,从而保持平衡”。这就使人际关系复杂化,而农业劳动中土地的固定使用,产生了动产和不动产,从而产生了相应的人的法律,这使“实体法就变得非常重要”,“这也迫使存在于社会之中的司法机构越来越健全,越来越专门化了”。“这样一来,法律就在不断地发展,其影响也不断扩大”。

霍贝尔认为,在这个时期里产生了许多法律,如人法、物法,公法也开始萌芽。而其中最值得一提的是“首领关系的制度化,这意味着作为官吏的首领的权力的固定化”。这时的首领已不同于从前,他们具有立法、执法等职能。而“首领的立法意义就在于把个人的规则,通过试用变为公众的法规，统治者的统治秩序经过法律规范的系统化，变成氏族的法规或部落的法则”。

霍贝尔认为，城市的产生和发展进一步促进了法律制度的发展。因为城市化的变革分解了亲属纽带的力量，这种情况就产生了一种需要，即用集中系统的法律手段控制和影响来自不同地方不同民族，具有不同经历习惯和基本要求的在许多点上有冲突的一大批集合到一块的人群。城市生活使法律得到了迅速的发展。

在论述了法律发展的历史规律之后，霍贝尔还就法律发展的未来趋势作了展望。他认为世界上各国的法律正朝着一体化方向发展。而今天的国际法，“仅仅是世界水平的原始法”，因为“武力和武力威胁仍然在决定国际行动中起着极其重要的作用。这同它在氏族社会是一样的”。人类要生存和发展，必须改变这种情况，“今天和将来摆在我们面前的课题是，如果要公社、民族或城市存在下去，那么新的法律制度就必须被创造出来”。人类正在作这种努力，联合国的产生及其所制定的一系列法律，标志着人类在此道路上“已经迈出了新的步伐”。现在需要我们走第二步，也是更重要的一步，这就是“对当代世界的主要法律制度进行深入的分析，以使寻找隐藏在各国法律后面的被人们感知的基本原理。在这些认识问题被解决之后，接着就需要许多聪明的有才智的人分别到全世界的最少 24 个不同的地区，去调查研究法律的各种社会联系”，并逐步创制统一的世界法。他最后说：“如果实现世界法的使命落到了我们的时代，在法律历史上，我们将为自己有幸遇到这样一个伟大的立法活动而感到无比的荣幸。”

五、此书作者还就法律与宗教、巫术的关系，以及法律的职能等问题提出了许多深刻的见解。原始社会人们的世界观本质上是宗教的世界观，这必然影响到那时的价值观念和行为规范。这表现为在价值观念中宗教观念占据特殊的地位，在解决社会纠纷中“神职人员”承担着重要的任务，宗教的方法是一种重要的方法。因此，在研究原始社会的政治法律制度时，不能不研究宗教和法律的关系。

正因如此，霍贝尔在《原始人的法》中专章讨论了法律与宗教及其早期宗教的一种重要形式——巫术的关系。他认为法律与宗教、巫术虽然在原始社会里关系密切,但并没有内在的关系,严格说来二者是有本质区别的。其论述首先从梅因的“法律起源于宗教的理论”开始。他指出,这个所谓的理论似乎是梅因提出的,并且已为很多人所接受。他说这是一种误解,实际上梅因在《古代法》中并没有提出这个“理论”,它只是强调“原始社会中宗教与法律交织难解的情况”,而且在后面的论述中已“放弃了这一观点,明确地表示这一观点毫无意思”。梅因认为,虽然多数刑法渊源于宗教,但“在原始社会中占主导地位的私法,几乎从来没有支持过宗教戒律”。霍贝尔在对已掌握的各原始民族进行了认真的分析之后说:“事实表明,尽管复杂的宗教观念产生在先,并在原始社会中就已存在,但法律起源于宗教这一简单的观念,却是非常幼稚的。当然,每一个民族都有自己的宗教观念,这种观念会影响到法律的发展。……宗教的复合物,在原始社会中是普遍存在的,并且是头等重要的,一些根据法律的适当行为都受其影响。但它们都有各自的范围,宗教一般所涉及的是人类与超自然的关系,法律涉及的是人与人之间的关系。宗教既不包括所有生活,也不包括法律。”当然,在原始社会里,宗教必然强烈地感染着法律,“尽管如此,早期的刑法大部分还是非宗教的”。私法与宗教的关系更疏远。

在谈了法律与宗教的区别之后,霍贝尔也论述了在原始社会里法律与宗教的联系。这些联系就是:第一,法律规定不能有悖于宗教观念。如在阿散蒂,每一种法律规定的行为,至少在名义上,要求与道德和宗教信仰保持一致。第二,法律的执行者或机构往往凭借宗教的权威,因而既是执法者又是神的代理人,一身而二任。如在晒延,“实际上他们的市民会议是从宗教的法令中取得权力,并且是祭司机构的一部分”。而在阿散蒂,“所有的政治领导,从氏族、村庄到最高长官国王,在管理人类事务中都是祖先的灵魂和神的代理人”。第三,法律往往要借助于宗教手段解决法律上难以解决的问题。他说:“就部分法律而言,在解决棘手案件时,还缺乏一定的能力,这时往往要借助于宗教。它就用占卜、诅咒、誓约和神裁法这些超自然的手段来弄清事实真相。”第四,宗教也依赖于法律,如在爱斯基摩,“当宗教准则失去效力,戒律被忽视时,作为最后凭借手段的法律,起着一定的作用”。总之,在原始社会中,法律与宗教互相依赖,互相渗透,作为原始宗教的主要形式的“魔术和巫术是执行法律的强有力的手段”,而法律也是宗教的最后凭借。

在论述了法律与宗教的一般关系的基础上,霍贝尔还就法律与巫术的关系作了探讨。他认为,巫术是魔术的一种,是一种害人的坏魔术。他说:“巫术是坏魔法的使用。它有多种形式,但全都是在没有正当理由时选一个受骗者杀死或使之生病。”“法律与魔术的关系由每一特定社会的价值和规范体系而决定。”魔术“可能拥护也可能反对法律,它承认道德,也冲击法律。”巫术则不同,它在本质上是与法律对立的。这表现在法律与巫术彼此消长。“如果一套完整的法律制度还未公开制定出来,那么,隐藏着的巫术必然会跳出来。”它的发展必然会阻碍法律的存在和发展。“巫术是一种隐患,法律是巫术的天然敌人,所以要用法律来战胜巫术,使之逐渐枯萎和减少。”

霍贝尔认为,“法执行着维护最简单的社会之外的所有社会的秩序的基本功能。”他把法律的功能具体化为四种:第一,它明确个人之间的关系,维护社会的协调统一;第二,它规定强力的使用机关和办法;第三,它处理疑难案件,清理所有的社会渣滓;第四,它“在生活条件变化时,重新规定个人和集团之间的关系,以适应维持秩序之需要”。他分别对各种职能作了论述。这里我们只想介绍第四种。他认为社会是发展变化的,因此,法律不仅要维护已有秩序,而且要创造新秩序。他说:“实际上法律是一个动态的过程,在其中没有哪一种解决问题的方法可以永世长存。因此,法律的第四个功能就是,关系的重新规定和期望的重新定向。”他认为第四种职能突出地表现于新旧社会交替之时,这时新的观念和新的态度会逐渐地产生,甚至突然产生。而“复杂的案件会在新观念的不断渗透下大量产生”。它们等待着法律去解决。这时“法律代表社会以将来的眼光来处理急迫的案件。当新问题出现时,就通过法律制定新的规则”,从而使问题“迅速而有效地得以解决,以使社会的基本价值通过法律得以实现而免遭被毁灭”。霍贝尔认为,法律的第四种功能对法律意义极大,“它以其全力保持现行法律的足够的灵活性,以使社会组织发展留有余地,同时也力图保持法律的韧性以免其失去其约束力。”

从以上看出,霍贝尔的《原始人的法》无疑是一本很有价值的书。当然,作为一个资产阶级的学者,霍贝尔的许多论述难免带有其阶级的偏见和局限性。例如,他没有从社会基本矛盾运动的角度探讨法律的起源和发展规律;在对法律的理解上,过分强调了强力的作用,而且混淆了国家和其他强力的界限,因而把一切以强力为后盾的社会规范统统称为法律,从而得出原始社会存在着法的结论。这些,希望在阅读时注意。

本书的译稿完成于1986年,由严存生同志负责组织和统稿工作。当时参加本书翻译工作的有孔令叶、朱林、来小鹏、严存生、李玫、李志勇、杨蔚林和吴虞等同志。刘海同志作了校对。本译稿最初被北京大学法社会学课题组作为研究资料使用过,但出版之事却几经曲折,1992年在贵州人民出版社的大力支持下本书才得以出版,当时基于各种原因书后的参考书目和名目索引没有翻译,各章的注释也只是有选择地作了翻译。

此译著出版后受到了我国读者的广泛欢迎,时间证明了它的价值,也使我们看到此译稿的许多不足,在十多年后的今天,法律出版社提出了再版此书的建议,这给我们一个惊喜,也使我们有机会弥补原译稿的不足,修正其中的差错和补上缺译的部分。而在完成这一任务中王国龙同志做了许多工作,我的几个研究生也对译稿作了认真的校对。

这一译著能再版,得力于法律出版社的大力支持,我们深表感谢!由于本书涉及许多资料和专业知识,我们的水平有限,不妥之处敬请有关专家和读者不吝指正。

严存生

2004年12月16日

原 序

对法律的研究已困扰西方思想界两千多年了。还可能给这个课题增添点什么新内容吗？事实上，对法律的本质和功能我们所知甚少，所以，也就很难谈得上理解它。由于它内容浩繁，古今交错，很难从整体上研究，因而频频出现错误。人们把法律从其整体上割裂开来，使其成为孤立的东西，使我们不知道它是从哪种母体中诞生的。所以，我们必须首先更正这个错误，然后才谈得上对法律的本质、存在方式以及它如何有效地发挥作用有所认识，才能懂得人们为什么既希望又害怕它。

对理解法律来说，现代人类学在两个方面作出了特殊贡献。首先，因为人类学习惯于集中精力研究那些文化简单的小社会集团，所以能够完整地认识这些社会，把它们的文化作为一个有联系的、运动中的整体看待。这样就可能把法律作为一个文化因素，用文化动力学理论的观点来研究。其次，因为人类学首先是一种比较性的科学，所以，它能从所有的社会——不论是原始的还是文明的、史前的还是现代的——寻找论据，能涉及地球的各个角落。这样就可以发现其中的可变性，从而为验证有关人的本质和人类行为的假设提供必要的条件，也为可变性实验的研究工作在某一点上提供替换物，使之区别于相邻自然科学的实验室中的科学控制和观察。

这使得认识真正的、经验式的法律科学成为现实。人类学对法律的这一探索属于动态比较法学的机能主义实在论的一种。

本书探索的程序是，首先，建立起研究原始社会法律的观念和方法。其次，在第二部分里，将七种原始社会文化中潜在的法律公理转化为法律形式和法规，并依此进行分析。在原始社会的完整背景下，分析将从最简单到最复杂的原始文化中，证明其法律所具有的作用。这里作者无意要证明所有原始社会的法律制度，因为本书不想对原始法提供百科全书式的论述。所以，与其说详细地论述其多种形式，不如说重点在对其功能的分析。

芝加哥大学法学院的卡尔 · N. 卢埃林和马克斯 · 雷丁教授曾是我学习法律的导师，他们看过本书的手稿，并提出许多宝贵意见。哈佛大学法学院的查理斯 · M. 哈尔教授也热情地为本书提供同样的帮助。不过，这并不意味着他们完全赞同本书的观点。我也非常感激哈佛大学的道格拉斯 · 奥利弗教授和我的妻子弗朗西丝 · 戈尔 · 霍贝尔所给予我的难以估价的帮助。

作者 1954 年 1 月 15 日于盐湖城

第一编

原始法研究的方法

第一章　法律的文化背景

人类学领域工作的有些时刻使人进行单调乏味而又需要耐心地挖掘事实的工作——寻求有条理的琐碎事实。特别是在美洲印第安人中的工作，早已停止了冒险式的活动，因为现代文明已大大地冲刷了印第安人。所以，19 世纪的淘金术已让位于系统的挖掘，筛掉大量矿砂以后，只有少量的挖掘者会为一块金子的出现而激动。

但是，令人激动得战栗的时候还是会到来的。一块光彩夺目的金子，足以补偿所付出的时间。这金块就是从提供情况者或翻译嘴里说出的警句。它能使你所获得的庞杂材料得到生命。你的印第安合作者起初可能会对你的询问感到茫然，然而，他的理解会超出你的询问。他能透过事物的现象，看出其本质，抓住了你所要寻找的目标。但他不是教授，也不是社会学家，他只能很简朴地说出他的思想，他会把他的灵感总结为一个简单句子悄然道出。对此，你必须精心研究。

海伊·福汉德就是这样一个有机警见识的老晒延人，他的话可以作为我们讨论原始法[1]的题材。

---

[1]　对北方晒延印第安人的原始法的田野研究于 1935 年和 1936 年在蒙大拿进行。

面对我所列举的调查晒延法律方式的问题单,海伊·福汉德既受到
4 吸引,又感到困惑。当我们单独在一起时,也就是当他做完了翻译之后,他常常说:"格林尼尔先生从来不问这类问题。"这些问题大都涉及冲突和争端的处理方法,即在白人统治之前,晒延人活动和意识中潜在的行为准则。这些问题使他迷惑不解的是,为什么偏重于晒延人的不正当行为。他百思不解,因为他长期同乔治·伯德·格林尼尔共事,已形成了自己的对人类学研究对象的认识。似乎人类学家应当注意的是那些显而易见的文化因素,如庆典的仪式,狩猎的战斗组织等,而不应调查真人真事,特别是他们之间的争执和口角。这些都使他困惑。但是他逐渐开始明白,对我们的研究来说,如何处理争端比起不轨行为来更为重要。他慢慢地意识到自己的同胞在他们的时代曾亲自负责处理过许多有关社会秩序的问题。一天中午,我们躺在三角叶杨树下,看着湛蓝色的蒙大拿天空,傍着拉牟·迪尔小溪,几乎是苏人首领拉牟·迪尔在 77 年前春天被害的现场。海伊·福汉德悄声说:"在平原印第安人被白人赶进禁闭区之前,一定会有办法制止人们做错事的。"

是的,平原印第安人和其他人类社会一样要维持社会秩序。每一个氏族都有各自的社会控制系统。除了他们中极少数最贫穷的外,所有人都成为对复杂行为方式的控制系统以及我们也许称为法律惯例的组成部
5 分。因为,"从人类学角度考虑,法律只是我们文化的一个因素,它运用组织化的社会集团的力量来调整个人及团体的行为,防止、纠正并且惩罚任何偏离社会规范的情况"。[2] 我们所说的法律行为的领域,如果出现在尚无文字的人类文化中,我们就称为原始法律;如果在刚跨进文明门槛的古代社会中被人们发现,就称为古代法律;而当我们从经过文明发展的社会结构中找到它,就称之为现代法律。[3]

但是,不论各种法律制度的内容和其独特的原动力如何,它们必定有某些相同的要素。因此我们需要首先勾画出这些基本要素。我们必须全面仔细地俯视社会和文化,以便发现法律在整个社会结构中的位

---

〔2〕 S. P. 辛普森、鲁思·菲尔德:"法律与社会科学",载《弗吉尼亚法律评论》32:858,1946年。

〔3〕 威廉·西格尔:《法律探索》,第三章,纽约,1941 年版。

置。我们必须先对社会如何运转有所认识,然后,才可能对何为法律以及法律如何运转有一个完整的认识。埃利希曾为让大陆法学从不现实的抽象观念以及不适当的技术法则和方法中摆脱出来作过很大贡献,正如他所指出的:“一个法律行为绝不是一个独立的事情,它是占主导地位的社会秩序的一部分。”[4]这就是说,法律必定有与之相适应的参照系。

人类学对法律的研究完全是行为主义的和经验主义的,因为我们认为,所有人类的法律都存在于人类行为之中,要通过对人类的相互关系以及自然力对他们的侵害的准确观察才能显现出来。

一方面,从传统自然法学的超自然主义的直觉论的假设出发,我们会感到迷惑。纵令超自然力形成、限制甚至决定了人类法律,我们仍然认为它不是决定性因素,也不是本书探讨的范围。当然这并不是说,要忽视这种社会现实。的确,在本书所分析的每一个社会中,人们都狂热地崇拜神灵和其他超自然力,不但相信其存在,而且认为其为他们法律制度中的决定性力量。从研究方法论的角度说,我们将对诸如它们是否为经验主义的真实性问题不发表自己的意见,只将这种信仰作为一种文化事实和实在接受下来。换句话说,这种研究会受到科学方法论的限制。这种方法可称为“机能主义实在论”。

另一方面,如果从奥斯汀学派的逻辑抽象主义出发,我们也会迷失方 6
向。斯通最近就此学派写道:“它不属于任何真实的社会,也不存在于任何真实的法律之中,但就其逻辑连贯性而言,属于法律问题的评论范围。”[5]由于同样原因,我们也难以苟同汉斯·凯尔森的“纯粹法学”的法律实证主义。我们认为这种方法不是什么科学,只不过是为了练习逻辑所做的习题罢了。尽管如洛伊在评论杜尔凯姆有关原始宗教的研究成果时所说的,“纯粹法学”是“一次引人注目的精神尝试,如果在经验主义的科学中其论据的独特性能自圆其说的话,那么它将成为一个里程碑”。[6]而辛德尼·波斯特·辛普森和鲁思·菲尔德最后的冷酷评价是,在“纯粹

---

〔4〕 尤金·埃利希:《法社会学的基本原理》,剑桥,1936年版,第397页。

〔5〕 朱利叶斯·斯通:《法律的领域和机能》,剑桥,1950年版,第61页。

〔6〕 杜尔凯姆:《宗教生活的原始形态》,巴黎,1912年版。

法学”家那里:“法律没有任何的内容和社会意义……法律无血、无肉、无心肝。它甚至没有法的躯壳。”[7]机能主义实在论所寻求的是对社会的经验主义式的观察,以及与整体不可分的对法律机制的生物学式的解剖分析。

读者在以后将会看到,我们并不否认和拒绝运用逻辑,不是把逻辑在法学研究中的地位看得微不足道。但是我们是以霍姆斯的下列名言为基本原则的:“法律的灵魂不是逻辑,乃是经验。”[8]经验意味着人类生活在社会里。

当回答“什么是社会”时,首先应注意到社会只存在于有感觉的生物之中,而且它总包含着大量生物的相互作用。这就是说,它是动物的聚合体,但它的含义比字面要深刻得多。有些人也许会对变形虫或果蝇社会难以启齿,但我们中间却有许多人会随便说到蚂蚁社
7 会,还会去观察一群鸽子或一群野马的组织情况。从动物群体间的关系中,我们会领悟到一定形式的组织的存在,进而我们发现某一小集团与其他集团之间的某种程度的独立性,甚至那些相同物种或不同物种之间也是如此。在组织内一定量的既有区别又有联系的行为,以及这个组织所产生的充分的向心力,使这个组织成为一个整体,这些特征不言而喻地被认定为社会的特征。在聚合体这个概念中还包含着这样的意思,即每个社会都存在于一定的有着相邻关系的空间之中,并在这个范围里活动。所以,几乎每一个社会都在一块多少有限的区域里生存着。

企图证明人类社会同动物界有着质的差别,对我们并没有多大帮助,重要的是认识到人类社会在一定程度上确实不同于动物社会。事实上的差别只在于,动物的活动在很大程度上是本能的,极少数是学到的。[9]相反,人的行为只在有限的范围里是本能的,大量的是学得的。

通过学习得来的行为在集团中就是文化。我们所说的文化是一个社会的成员表现和分享的、后天得到的行为方式的完整一致的总和。如科

---

[7] R. H. 洛伊:《原始宗教》,纽约,1921年版,第157页。
[8] S. P. 辛普森、鲁思·菲尔德:“法律与社会科学”,载《弗吉尼亚法律评论》32:862。
[9] O. W. 霍姆斯法官:《普通法》,波士顿,1881年版,第1页。

勒早已揭示的，[10]尽管黑猩猩和其他灵长目动物能够发现和创造新的行为方式，这种新方式也许会在整个群体中通过模仿和示范得以传播，[11]但由于它们无法用语言传递后天得来的行为，记忆力受到限制，因而它们的能力不超过有限的低级文化水平。人类则不同，独自拥有卓越的创造文化和保存文化的能力。比起低级动物来，文化是人类社会的最显著的特点。[12]

对犬儒主义者阿纳托尔·弗朗斯的名言——撒谎和文学区别于动
物，我们无须争论。同样，我们也不必因与享乐主义者琼·路斯的观点相 8
矛盾而吃惊。[13]他曾雄辩地宣称（假如我们相信亨德里克·范·伦的话）："简言之，区别人与野兽的根本点是，除了前者要学习烹调技术，而后者则永远注定要被吃掉之外，还能有什么呢。"[14]实际上，文学、不诚实和烹调技术只是文化的产物，它们同其他要素一起组成文化，使人区别于动物。因此，一个人类社会就是一个其行为与其文化相一致的群体。

文化现象错综复杂，似是而非。建立文化所依赖的行为只能由个人的表现组成，这只能在事后观察记录。但是文化行为存在形式又早于个人进入社会的时间，个人死后，文化形式仍旧在那些活着的和刚出生的人们当中继续着。所以，文化是个连续统一体。社会学家说到它时，视之为社会遗产。因而，尽管文化只存在于个人的行为之中，却又凌驾于个人之上。

如克罗比在三十年前，斯潘塞在更早些时候所总结出来的：文化是超机体的，[15]它同自然现象存在于同样高的水平。

最低一级是无机物，包括无生命的物质——地球和宇宙的物质组成我们的地球、太阳系和星体。

---

〔10〕"论无须习得的蚂蚁社会组织"，见 A. L. 克罗伯：《人类学》（修订版），纽约，1948 年版；《社会性昆虫》，第 34～38 页。

〔11〕沃尔夫风·科勒：《猿的智力》，纽约，1925 年版。

〔12〕R. M. 和 A. W. 耶基斯：《巨型猿》，纽约，1929 年版；E. A. 胡顿：《人类的远亲》关于巨型猿和其他灵长类动物的论述，花园城，1942 年版。

〔13〕G. P. 默多克："文化的科学"，载《美国人类学家》34：200～215，1932 年。

〔14〕H. W. 范·伦、R. V. R.：《伦布兰特·范·瑞金的生活和时代》，纽约，1930 年版，第 108 页。

〔15〕A. L. 克罗伯："超机体"，载《美国人类学家》19：163～213，1917 年。

在物质进化的过程中，生命出现了。生命的出现增加了一种新的物质形态。这种新的物质形态十分重要，我们确定它为物质发展中的一个新高度，即生命机体，它包括原生物、后生物、植物和没有神经系统的动
9 物。新物质依赖于旧物质，无机物排列成特殊顺序，导致了生命物质的产生。新物质在本质上与旧物质有巨大的区别，所以我们归之为有性质上的差别。当低级生物进化中产生了神经系统，成为有感觉的动物时，这种新获得的特性是如此显著，以至于我们可以将它归纳到又一个新的物质——精神机体。几百万年前，在上新世纪末，猿变成人之后，人类发展了他们的中枢神经系统，到达了可以逐渐打破本能的限制，使其行为可以超出生殖细胞的范围。他获得的能力产生文化，尽管这种能力来自有机体，并通过有机体表现出来，但还是超机体的。超机体包括以行为方式为形式的自然现象。行为方式从有机体的活动中表现出来，并不受有机体内在的形式和特定内容的限制。

存在于人类行为中的法律，作为文化的一个要素，同样也存在于个人之上。它属于超机体范畴。超机体既不意味着超越自然，也不是什么神秘的东西。它包含于自然现象之中，如同水是由氢和氧构成的一样。因而，文化人类学确实是一门自然科学，正如一切被称为社会科学的学科一样真实。法学同样可以被视为一门自然科学进行探讨。霍姆斯在六十年前就这样认为，他说："把法律作为人类学研究的重要资料是非常合适的。借助于它，我们可以发现所在社会已充分表达的社会观念，以及它的变迁。因此，基于以上目的所进行的研究属于严格意义上的科学。"[16]

10 另一个问题是，对社会秩序的本质与文化的关系如何判定。也许现代人类学给人们最有意义的启示是，人类在广阔的领域里所表现出的很强的适应能力。克莱德·克拉克洪教授指出："人类学家为人们举起了一面大镜子，让他们看到他们的无限的多样性。"[17] 人类确实具有多种能力——也许因为他有限的身体和物质世界的限制使得这种能力不是无限多样的——但范围确实是十分广阔的。尽管可利用的范围近乎无限，而

〔16〕 O. W. 霍姆斯："科学的法学和法学的科学"，载《哈佛法律评论》12：99，1899 年。

〔17〕 克莱德·克拉克洪：《人类的镜子》，纽约，1949 年版，第 11 页。

各个单独文化受固有的限制,不可能容纳所有的可能性[18]。用鲁思·本尼迪克特的话来说:"任何文明的文化方式所利用的只是人类潜在目的和动力的巨大圆圈中的某一部分……环绕着人类行为可能性的圆圈大不可测,而且充满矛盾,以致任何一种文化难以运用其中相当的一部分。首先的需要是选择。"[19]选择的需要是理解法律在人类事务中的地位和作用的最重要的一环。选择的需要是由许多因素结合形成的。这些因素中第一个就是,一定行为方式中固有的一致性,它使得相同的一个人或几个人不可能同时表示出自相矛盾的方式。人们不可能将同一片肉做熟又生吃下去,不可能既禁欲又同时纵欲,不可能在烧掉草原的同时又让草直立着,不可能既实行禁欲又在其成员中增加人口,或者杀死婴儿又让婴儿长大成人。在这些例子中我们之所以强调同时发生的原因在于,其中有些例子是可以妥协的,某些行为可能随着时间的推移,发展到相反的另一面去。

第二个文化选择的需要来自心理学理论的驱策力减少说。这个学说 11
认为,从根本上说个人是受基本驱策力的影响去行动的,驱策力产生了内在心理压力。饥渴是最有力而且最基本的驱策力。其次是性欲。有机体通过行为达到基本需要所产生的驱策力的满足,以减轻驱策力。有些潜意识的行为能达到满足的目的,有的则不能。不能减少驱策力的那些钻进了死胡同的行为必须排除。如果有机体一再重复这类行为,它就会自行消亡。实验心理学表明,动物和自我指导的个人在进行旨在减少驱策力的尝试错误法(即借不断之实验、考验等方法,不计失败和挫折,以期获得所求之结果或解答之程序——译者注)活动,以掌握行为的范围。在获得胜利之前,所剩的最后一个范围,会趋向于在下一个尝试中再重复。重复加强了行为,如果有激励性情况再现,行为就会趋于成为习惯。习惯中建立的行为方式不是唯一能满足需要的,或者不是最有效的。如果它是第一个碰到的,它也许会被保留为唯一的一个行为方式。它会被概括出来,因为有在本质上与原刺激相近的刺激出现时,它就会被唤起去响应。

---

〔18〕 J. P. 吉林:"人类反应的习惯和范围",载《性格和人格》,1944年版,第101~103页。

〔19〕 R. F. 本尼迪克特:《文化的类型》,纽约,1934年版,第237页。

这种行为方式趋于延伸。它适合于减少驱策力和压力,使有机体达到一个充分的(如果不是完全的话)平衡状态,而这就够了。其他潜在的行为范围会被排除,起码暂时如此。[20] 当目标的寻求与基本驱策力相关或者源于驱策力时,偏离已建立的行为方式会导致神经系统的不适。由偏离基本驱策力而形成的阻碍,当压力过多时,就会导致神经病和精神变态。有机体适应的机制趋向于行为的习惯范围,不仅作为减少压力的途径,而且避免压力的产生。[21] 在潜在的多种行为选择中间,自我限制就是这样强迫产生的。

12 第三个因素是,人类的婴儿是被成年人控制的,其成长与已建立的基本方式保持一致。他们的感觉能力在准备体验生活时,已经带有倾向性了。儿童与成年人之间不可避免地会出现这种情况,即限定其能力向所有的可能性发展。[22]

第四个因素是,集团生活的本性,它是第二个因素的必然结果。人们生活在一起,必须能预料到他人遇到某种刺激时会有什么反应。每个正常人在他生存的每一天,都是一个进行着经验探索的社会科学家。他以过去的生活经验为基础,又参照他人的行为,调整自己的行为。社会的人即相互影响的人。如果每个人都是一条不同于别人的有人类行为潜在可能的路,那将会导致混乱,这样一来,任何复杂的组织活动和社会生活就是不可能的,而且连续的失望会使所有的人都成为精神病人,精神变态者。这个世界就会变成一所疯人院。社会只有在最基本的秩序中才能得以存在。

根据这些理由,我们承认并接受这样的主张,即每个社会都十分有必要在可能性中选择有限的行为,以适应它的文化。它必须断然地抛弃选择范围内的不适合的行为,以及其他不一致的行为。这并不意味着由事物的本质所强加的行为是绝对不变的,实际中许多例子都有一定的回旋

---

〔20〕 C. L. 赫尔:《行为原理》,纽约,1943 年版。

〔21〕 J. H. 马瑟曼:《内驱力精神病学原理》,费城,1946 年版,第 126 ~ 129 页。

〔22〕 A. I. 哈洛韦尔:《民族学田野工作者的心理学导引》(民族研究协会 1937 年油印本;D. G. 哈林编:《个人性格与文化环境》重印,修订版,锡拉丘兹;1949 年),第292 ~ 348 页,特别是第 300 ~ 307 页。

余地,因为有些偏差是难以避免的。所以,新的修正在允许的误差中发挥作用。因而,选择是个心理学和社会学的需要,这一点对于任何法学理论 13
都很重要。因为所有的法律制定者面临的最基本的难题是选择。哪些行为是法律所支持的?哪些需要禁止?这里所描述的需要选择之理论,作为一个工具对现在所知的事实是有益的,它能弥补在杰瑞的利益法学和庞德的社会法学中的社会功利主义的主要不足,即"对社会作为一个整体和过程的基本概念的缺乏"。[23]

我的另一个前提是,选择绝不完全是偶然的。一旦一种文化在行进中,总有某些选择的标准左右或影响着选择。这些广泛总结出来的标准掌握在一个社会的成员手中,作为衡量事物的本质和何为可取与不可取的尺度。我们宁可称这些标准为"公规"。哲学家和社会学家通常称之为"价值"。莫里斯·奥普勒教授建议我们称之为"文化主题"。[24] 因为社会成员通常接受这些基本主张,视之为不证自明的真理。而且做真理使用,用这些主张进行推理。因此,如果不讲究逻辑的完美无缺,它们会被称为公规的。对于一个特定习惯和特定文化中的行为方式的公式化的解释,多少清楚地留有这一特定文化的基本公规所产生的戒律的痕迹。依据基本公规,新的方式被人们接受、排除或修正。新方式也许会因为不符合以前的公规而被否定,尽管"官方"会加以禁止,但新的方式一旦出现就会得到坚持,到一定时候它就会影响公规,最终改变公意使之接受新方式。或者他们不知道所接受的因素中含有与现行公规相悖之物。一旦他们发现了隐含之物,已建立起的行为可能会导致对旧公规的修正或废除。 14
文化从来不是静止不动的,随着时间的流逝,它定会产生出结果,尽管这种结果对于某个社会成员来说在很短时间里难以接受。

同样,在一个文化当中,基本公规之间的连续性也不必是完美的。实际上,衡量公规之间以及公规与特定行为方式之间连续性的尺度,也就是衡量文化一体化的标准。如果一个社会要继续有效地发挥作用,一体化就必须保持在最低限度之上。一体化是通过对与一个主体的基本公规保

---

〔23〕 奥蒂斯·李:"社会的价值和法哲学",载《弗吉尼亚法律评论》32:808,1946 年。

〔24〕 M.E.奥普勒:"作为文化中原动力的主旨",载《美国社会学杂志》51:198~206,1945 年;"文化中主旨理论的应用",载《华盛顿科学院院刊》36:137~166,1946 年。

持一致的选择而获得的。而且只要这些基本公规基本连续,这个社会就保持着一种社会制度。因而,任何社会成员或社会子群的行为,对特定的刺激的反应有着相当的同一性。那些反复出现的方式我们就称之为平均数或习惯。平均数在统计计算的观念中严格处于中立的位置。它仅仅依据数字表现出是什么,它不能说明什么是应该做的,或人们想怎样做。它只是一个量的概念。

每当一个社会学家通报一种文化和习俗时,他敢于表示行为的数字模型。我说"敢于",是因为他极少在一段确定的时间里实际计算过所有的行为,以确定一个数学上的准确的行为常规的分布情况。通常这既不现实,也无人尝试。因此,人类学家在一个范围内观察到连续出现的行为后就会说,"此乃习惯",意思是"此乃规范"。

我们应该记住,一个社会规范是一个概念,它不能代表某一阶层所有行为的真实。因而,一个人类学家对包括一系列规范的文化的描述,不过是文化概念,并不是真正的文化,[25]对真实文化的描述必须有对一个社会所有行为和所有成员在一个特定时间表现的连续不断的描述。没有人也没有任何组织能观察到所有这一切。所以,至今所说的规范,只是在一定情况下发生的最大数字,仅仅是对行为的数字表现。但这是不够的。正如威廉·格雷厄姆·萨姆纳令人信服地证明的,在社会中究竟是什么驱使人们去做"应该"做的。"社会习俗就是'正确'。"[26]由于大多数人这样做,人人都跟着做,于是平均数取得了规范的性质。

绝大多数规范都是以一定的奖赏和惩罚为手段的。尽管这些手段并不都直接兑现。而且有时非正规的行为会为个人和集团带来好处,尽管它违反了整个社会的道德标准。因此,萨尔蒙德惋惜地说:"对邪恶成功的奖励机会太多了。"[27]在约束力的形式中直接加入了奖罚,以奖善惩恶。积极的奖赏到处都有,从糖果、微笑、拍肩、鼓掌到荣耀的地位、奖金、勋章和荣誉状,还有死后的祀奉。而否定的方式从努努嘴、皱皱眉、嘲笑谩骂、故意刁难、拒绝赴宴到经济上的剥夺、肉体上的折磨、长期的被社会

〔25〕 拉尔夫·林顿:《人格的文化背景》,纽约和伦敦,1945 年版,第 45 ~ 52 页。
〔26〕 W. G. 萨姆纳:《社会习俗》,波士顿,1906 年版,第 28 页。
〔27〕 J. W. 萨尔蒙德:《法理学》,纽约,1924 年版,第 132 页。

排斥、关押或者去永远被社会排斥的地方——处死。[28]

实际上,法律包括一系列特别区分的社会规范,通过运用法律的约束力予以维持。整个运转着的约束规范组成了社会的控制系统。而法律只是作为一个工序或一个因素。法律规范如同其他社会规范一样,是选择的产物。它同样要承受建立在各自社会基本公规的指导原则对其连续性的考验,并非所有社会制度中的基本公规都具有法的性质,因为很少有哪一个法律制度自称可容纳生活的所有内容。被用以决定法律原则的公 16
规,可以被分割出来,以作比较法学的研究。朱利叶斯·斯通指出:"法律规范是从实际起作用的趋势中总结出来的,是从一个特定的文化的基本假设中概括出来的……它们是从整个社会综合物中推断出的观念,并能导致法律与社会综合物的和谐一致。因此法律'推动而不是阻碍或压制了社会发展'。换言之,它们产生了特定的文明社会,给那些运用法律控制社会的人以指导。"[29]这并不是什么新观点。在此之前乔斯福·科勒曾宣告说:"每一种文明都有它一定的法律方面的公规……"[30]就斯通的论述而言,他也没有必要把法律公规的存在限定于文明社会。其实任何社会,不论是原始社会还是文明社会,只要有法律制度,就会有法律公规。F. S. C. 诺斯罗普最近的观察也证明了这一点。他说:"在没有现存的法律所依据的、该文化所缺乏的法典编纂的情况下,对任何文化基本概念的研究,从中揭示这些基本概念,不仅可以提供那一种文化中人们设想他们存在的事实的有关思想,而且也解释了他们的道德规范。"[31]

孤立了作为法律制度基础的社会的基本公规,是机能主义实在论在研究法律时的一个主要问题。法律的一个主要功能就是作为一个选择的规范,用它来保持法律制度与建立在其中的社会文化与基本公规的一致。

---

〔28〕 A. R. 拉德克利夫—布朗:"社会的制裁",载《社会科学大百科全书》(第 13 卷),1934 年,第 531 ~ 534 页。J. R. 普罗文斯:"平原印第安人文化中的主要制裁措施",载弗雷德·埃根编:《北美部落的社会人类学》,芝加哥,1937 年版;R. I. 麦克艾弗:《社会结构的变迁》,纽约,1931 年版,第 38 ~ 39 页,第 249 ~ 250 页;E. A. 罗斯:《社会控制》,纽约,1901 年版,第 89 页。

〔29〕 斯通:《法律的领域和功能》,剑桥,1950 年版,第 337 页。

〔30〕 乔斯福·科勒:《法哲学》,纽约,1921 年版,第 5 页。

〔31〕 F. S. C. 诺斯罗普:"在法律学校的课程中的法理学",载《法律教育杂志》1:489,1949 年。

因此,比较法学中的一个重要问题,就在于去寻求不同法律制度的法律公规,然后确定它们是怎样从法律制度中表现出来的。机能主义实在论坚
17 持这一点,因为"任何法律制度在没有基本公规作为支柱以前,都是纯形式的和空洞的,不能适用于任何实际的法律问题。只有对特定社会的最佳法律事实进行研究之后,才能提出基本规范"。[32]

一个社会的公规可能会被其成员清楚地表达出来,也可能不会。他们可能会全部同意这些公规,也可能不同意。法律上的斗争像政治斗争一样,要经过较量来决定哪些公规应该普遍执行,对一项公规的特殊解释应如何在立法中或诉讼中运用。对于以社会制度和法律为对象的社会学家来说,他们的工作是从所见所闻的行为中抽象出公规。因此,他们的报告中对公规的分析和论述是追溯性的。

综上所述,法律公规理论的本质可按奥蒂斯·李所解释的那样分成三个命题:

第一,每一个文化、社会甚至集团,不论如何有限,都代表着全人类的潜在的一个有限制的选择,包括个人和集体。

第二,这种选择的趋势与该社会占统治地位的价值观念或公规一致。

第三,它随着每一个集团的稳定化而制定为紧密连接的模式、组织或制度。

"一个社会的性质取决于它的基本价值体系……取决于它对需要和环境的适应性,也取决于它解决纠纷的原则的连贯性和彻底性。"[33]

---

〔32〕 斯通:《法律的领域和功能》,剑桥,1950 年版,第 96 页。

〔33〕 奥蒂斯·李:"社会价值和法哲学",载《弗吉尼亚法律评论》,1946 年,第811 ~812 页。注:本章中所提供的理论研究,在李的理论发表之前已有过系统的阐述。类似的理论也可以从现代科学中的行为主义研究倾向和其他材料中推论得出。

第二章　什么是法? 18

在谈到这一问题时霍菲尔德写道:“据说这个问题之必要性,充其量在于强调把纯粹的法律关系从其产生的物质和精神的事实中区分开来。显然,这个最初的想法可能是对的,因为争论几乎每天在法院里都可以听到。法官们的意见的数量也值得我们考虑,它向我们提出了充分的证据,即在既定的问题里长期和不适当地倾向于混淆或混合法律的和非法律的性质。”[1]然而,要寻找一个合适的法律定义像寻找圣杯[圣杯(Holy Grail):中世纪传说中耶稣在最后的晚餐时所用的杯(或盘),比喻人们长期梦寐以求的东西。——校注]一样难。这一意见,恰恰迎合了马克斯·雷丁的胃口。他带着世故者的口气说:“我们中的有些人已开始懂得谦虚,因为他们开始放弃了解释法律的尝试。”[2]然而这并不意味着法律不能下定义。虽然下定义是很困难的,它要尽可能地表述法律的一切属性。如果说我们还没有给它下定义,那意味着或者是因为我们尚未认识它,或者因为它根本不存在。而如果说法律是不可

---

〔1〕 W. N. 霍菲尔德:《司法推理和其他法律文章中所运用的基本法律概念》,W. W. 库克编,纽黑文,1932年版,第27页。

〔2〕 马克斯·雷丁:“霍菲尔德的再评价”,载《哈佛法律评论》51:1145,1938年。

认识和定义的，那意味着我们一代代存在的法官、律师、检察官、警察和法学家都是一批生活在伊甸园里的傻瓜。即毫无价值。事实显然不是如此。

一个被普遍接受的法律定义，意味着它同法律的基本属性相一致。而这就必须既从狭隘的地方观念，又从整个社会网络的事实中把法律提炼出来，并且要不留一点其他社会物的痕迹。但是，法律是无法从全部人类行为方式中截然分割开来的。

19 有人也许会问：为什么要把它与定义扯在一起，重要的是事实，词句之争是无意义的。回答是：尽管定义是第二位的，但有其用处。事实绝不会无意义，无意义的现象是不存在的。然而许多过分热心的经验主义者可能会叫道："让事实自己说话！"他们以修辞学家的格言"事实是雄辩的"相劝告。然而，许多现象是不长口的，它们不会说话。把它们的意义注入词中，只有人才做得到。要在非常复杂的现象里寻找其意义，就必须对它们进行抽象、分类并同其他现象相比较。

一个探索者在任何领域中的工作总是从创造该领域中有用的语言和概念开始。"语言和我们的思想是不可分割地交织在一起，在某种意义上，二者是同一的。"[3]开始工作时，人们总是企图把新思想装入原有的语言框架之中。但当他扩大了知识领域或加深了某一观点时，他必然发现旧词的意义实际已经变更，或者新词已从新现象中被锤炼出来。而这些概念是同旧概念所包含的意义大不一样的。新的事实和新的思想总是在召唤着新的词汇。实际上科学工作者也是一个教师，他们总是以熟悉的措辞，以似乎更好的方式在表达着自己的思想，假如这不影响事实及其意义的真实性的话。因此，在任何法律的研究中，理想的情况是法理学在尽可能的限度内同时创造词汇和概念。因此，在原始法的研究中，要立即去寻找新的词汇和概念，虽然我们不能立即抛弃传统的东西。所以，当我们从以大陆法和英美法为基础所经历的世界进入原始人的法律世界时，我们一定会发现一些完全新的东西，有些虽似熟悉但以不同的方式存在着。正因如此，朱利叶斯·利普斯警告说："如果我们用已熟悉的

---

〔3〕 爱德华·萨皮尔：《语言》，纽约，1939年版，第232页。

专有法律用语简单地叙述与原始部落法律有关的事实时,就可能歪曲
了其内容。"[4]然而这并不意味着,当我们从事法律人类学的研究时必须 20
完全拒绝传统的法律专门术语。它只是意味着,我们不能盲目地和任意
地把这些传统用语强加于原始资料之上,而必须参照使用。法学家或法律
专业的学生在读这本书时,可能会偶然地发出抱怨:"唉!真讨厌,'法律'
这个词到底是什么意思呢!"但是应该记住的是,在我们的法律中,也有别
人的法律。法律这个词的含义已变得能适应更广泛的事实领域。我们充
分地认识到,在探索别人的法律时,都可能以传统的法律观念去限制自己
不熟悉的法律形式。[5] 例如,历史法学派和分析法学派已告诉我们,没
有任何东西像法律如此精致和高级,如此逻辑严谨,如此有权威性和目的
性。这可能存在于原始的水平上。最近,大部分人类学家已对此作了庄
严的回答。原始人的法律生活与其被看作简单的未被探索的东西,不如
被看作尚未发生的东西。依此解释他们的愚昧和为其失职行为辩护,使
他们转而提高习惯的地位。于是有人提出"习惯就是国王"的口号。如
1924 年出版的一本名为《原始法》的书的英文作者,就直言不讳地说:"原
始法实际上是部落习惯的总体。"[6]照字义解释,这意味着陶器制造术、
钻木取火术、训练小孩子大小便的方法以及另外的人们的全部习惯都是
法律。还好,持这个荒唐主张的西德尼·哈特兰德在随后关于法律原理 21
的讨论里,没有认真地坚持这一点。还有,无论在什么地方他都没有指出
他挑选出来的认为适合于论述法律的习惯的团体,也无法从他的论述中
分清选择的基础。哈特兰德发现,由于自己提出法律与习惯同一的主张,
因而无法对法律的任何明确标准作出论述,致使他不可避免地使用了神
秘的概念,如果他坚持写完自选题目的任何书的话。但是,更近的和少许
有说服力的一些探索仍然迷信习惯。这从 J. 德赖伯格关于东非法律的
研究中就可以发现。他说:"法律包括行为的全部规则,既有个人的又有

[4] J. W. 利普斯:"政府",载弗朗兹·博厄斯编:《普通人类学》,波士顿,1938 年版,第 487 页。

[5] O. W. 霍姆斯:"过去给了我们词汇,同时限制了我们的想象力。"

[6] E. S. 哈特兰德:《原始法》,伦敦,1924 年版,第 5 页。

社会的。"[7]这至少把陶器制造术除外,留下交往的规则作为"法律"。这个由人类学家搞的法律与习惯的不同寻常的融合,导致了克拉克·魏斯勒称颂林德斯著名的米德尔敦研究,说他是把社会人类学方法最早适用于研究美洲公社,包括它"活动的全部范围"。[8] 而事实的真相是像卡尔·卢埃林中肯地讽刺的:"行为的法律因素不值一块粗帆布。"[9]人们从这个美洲公社的描述中所获得的印象是,在那里人们生活在习惯的统治之下,毫无法律的利益。所以从中所得出的人类学的结论是,原始社会无法律。与此相似的是西格尔在他新近具有刺激性和煽动性的名为《法律探索》一书中,把第四章的第一部分叫做原始法。他坚持"习惯是国王"的格言,[10]一开始就说,在原始社会是无法律的,人们生活在"习惯的
22 无意识控制"之下,[11]因为无意识对于他们已经足够了。所以,"没有法律和法庭","真正的原始人没有法庭和国家的概念"。他说,假如有人认为原始社会有法庭,那么事实上他指的不是原始社会。因为,"对一些非洲人的法律来说,它是'原始的',尽管他们有法庭并发明了许多复杂的法律形式,但它们不能同古巴比伦的法律相比较,所以是误用了法律这个词的本来意义"。这说明,至少西格尔已认识到事实上法律与习惯不是一回事,所以他正确地说:"混淆只能从论述法律与习惯的互换现象中产生。"[12]他防止了像哈特兰德那样,完全专断地否定有任何原始法的存在。可是,尽管以西格尔为代表的探索区别开法律和习惯,但他有逻辑力的结论在前些时候却遭到了马林诺夫斯基的攻击:"照法律的明确意义讲,即中心权力、法典、法庭和警察,而由此我们必然得出结论说,在原始社会法律不需要实施,是自发地被遵守的。"[13]因而西格尔的结论已被马林诺夫斯基有效地证明是武断的和不真实的。

---

[7] J. H. 德兰伯格:《东非的原始法》,非洲,1928 年版,1:65。

[8] 克拉克·威斯勒为 R. S 和 H. M. 林德的《米德尔敦》一书所作的前言,纽约,1926 年版,第 5 页。

[9] K. N. 卢埃林:"法律科学的理论",载《北卡罗来纳法学评论》20:7,注 72,1941 年。

[10] 西格尔:《法律探索》,第二章。

[11] 西格尔:《法律探索》,第 33 页。

[12] 西格尔:《法律探索》,第 34、35、60、69 页。

[13] 布朗尼斯拉夫·马林诺夫斯基:《原始社会的犯罪与习俗》,纽约,1926 年版,第 14 页。

十分清楚，有必要对法律的本质作一个新的探索，应该创立更符合实际的法律概念。而这个探索向我们提出的一个首要的问题是，法律是什么？

法律不是统治者的命令，这一命题要么是真的，要么只是个猜想——但立法者制定的除外。我们研究的起点无疑应是当代法学的现代概念。关于这一点，卡多佐已以他现代第一流的宣言给我们以最好的指导。他说，法律是“一种行动的原则或规则，它的制定是为了证明用理性的确定性所作的判断是正当的，如果其权力要求的话，它将被法院实施”。[14] 在1897年这个表述进一步扩充为稍为详尽和直率的霍姆斯的著名断言：“我所说的法律是法院在实际上将做什么的预言，而不是什么空话。”[15] 23
当代法律唯实主义正是从这一论述发源的。在卡多佐式的公式里，我们可以发现法律的四个基本构成要素：(1)规律性；(2)规则性；(3)正式性；(4)强制性。在英格兰也有一个相似的法律观念已经确立，它由萨尔蒙德予以表述。他在《法理学》一书中说，法律是由“与正义一致的规则组成，由国家的司法制裁执行”，或者更直率地说，“法律是由国家通过司法权并以物质力量实施的正义的原则，不论是否达到目的”。[16] 像近十多年来的其他法学家一样，萨尔蒙德也以直率的口气阐述了自己关于法庭有决定意义的立场：“全部法律，不管它们是如何产生的，都是被法定认可和执行的，否则不是法律的规则。因此，法律是对法院而言的，而不是对立法机关的。所以，我们必须从那儿去查明法律的真正本性。”[17] 更简明地说：“英国法不是别的东西，而是被英国法院用以执行正义的被认识和被适用的规则的主体。”[18] 不过，他并不拥护全部法律是由法官创造的极端主义立场。他认为，法律是为了执行被法官发现或承认的东西，所以，被法官拒绝的不是法律，即便是立法机关的法令。所以，法律取决于法院做什么……

---

〔14〕 B. N. 卡多佐：《法律的成长》，纽黑文，1924年版，第52页。

〔15〕 O. W. 霍尔姆斯：“法律的道路”，载《哈佛法律评论》10：457，1897年。

〔16〕 萨尔蒙德：《法理学》，第60、62页。

〔17〕 萨尔蒙德：《法理学》，第49页。

〔18〕 萨尔蒙德：《法理学》，第113页。

这个人类学行为主义的法律观点,为人们认识和把握法律提供了一个支撑点。但是,当我们考虑许多原始社会的法律事实时,假如我们一定要依赖法院和它的实际活动作为法律存在的标志,那我们将会不知所措。这正是使马克斯·雷丁大伤脑筋的东西,而他是很懂得人类学问题的。也许正因如此,他说:“然而有一个确实可靠的标准存在,不管行为的反映过程是合法的还是非法的。这个确实可靠的标准,在我们的体系里就是服从法院的判决问题。在另外的体系里恰好有同样的标准被使用,虽然
24 要寻找法院是困难的。尽管如此,它仍然存在于每一个体系里。”[19] 在这一点上马克斯·雷丁是对的。但是他心目中的法庭的种类是什么?有些法庭要识别是困难的。因为在原始人中可能有作为正式组织的部落法庭,如美洲印第安人部落中以司法资格建立的部落公会,还有西非的阿散蒂人的法庭,它由首领、元老及其亲信组成。西格尔解释说:“丛林法庭甚至不是个法庭,因为它不是每天办公,很少使用强制手段,也没有在门上刻着作为持久机构标志的房子。”[20] 原始法庭的记号是不难识别的。任何一个美国律师学会的成员都会明白它是什么。然而,更不出名的类型的法庭还可以在晒延印第安军事公社里找到。其中,值得思考的是沃尔夫·莱斯·唐案例。他的马在他不在时被一个朋友“借用”了,这个朋友未返回时他向公社首领诉说了此事。他问道:“现在我该做什么?”“什么是对的?”这个公社的首领派人从遥远的营地带回了他的这位朋友。这个朋友对自己的行为作了适当的和令人满意的说明,并给予原告除了作为亲兄弟之外的大方的赔偿。事后,军事首领宣布:“现在我们将创造一个新的规则,即不经允许不得借马。如果不经同意拿走了别人的东西,我们将仔细检查并物归原主,如果企图据为己有,我们将给他一个惩罚。”[21] 面对这一事实,能有人否认该部落在实际上已建立了一个法庭吗?标志之一是责任感,这一点每个人都知道;之二是权威性;之三是解决问题的方式。他们根据“需要”判决,不为已有的判例体系所牵制。只要他们认识到这个案例的规则是新的,就宣布它为法律。

---

〔19〕 马克斯·雷丁:《霍菲尔德的重新评价》,第 1145 页,注释 11。

〔20〕 西格尔:《法律探索》,第 34 页。

〔21〕 K. N. 卢埃林和 E. A. 霍贝尔:《晒延人的习俗》,诺曼,1941 年版,第 127 页。

在加利福尼亚州有一个组织特殊的名叫尤罗克的印第安部落，其“法庭”的存在虽不明显，但仍然有。在尤罗克人中有一种在两个公社之间从 25
事法律服务的人，这些人叫“中间人”或“穿插者”，他们来往于当事人之间，负责阻止彼此活动中不正常的行为。在听取了每一方提供的证据和诉状后，便去适用真实的法律。他们根据大家都知道的建立起来的标准作出决定。为了酬谢他的奔波和工作，事后每一方付给他一个做货币用的“鹿皮靴”。[22] 这里我们又发现了一种法庭。

在更原始的水平上仍有“法庭”存在。因为如果被侵害的人或他的男亲属必须进行没有第三者介入的起诉，如果这是为了承认和建立家族的秩序，而且通过被认识的法律步骤的强制，那么这就是一种“法庭”，虽则它不如“公众舆论的法庭”。这个法庭是，当有力的公众舆论承认了原告控诉的正当性并给加害者以惩罚时，加害者之所以服从解决办法，是因为他感到他必须屈服。这样原告和支持他的公众舆论就组成了一个最初的“法庭”，而其程序必然具有“法律”的性质。对此类法庭，爱斯基摩人处理杀人惯犯的方式值得考虑。杀人在单独的场合会导致世仇（当然，世仇标志着无法律，因为反对杀人是亲属集团的特权不能承认的。所谓的血亲复仇法是社会学规律，而不是法律的一种）。但是在爱斯基摩人中，杀人者会成为公众的危险敌人。这就为一些最初的公共灵魂人物提供了一个机会，使他们去执行公社的公务。他们可以一个一个地同公社的全体男成员进行协商，而公社的男成员也明白，假如他们同意，杀人者将被处 26
决。假如一致同意，而且有机会，那么他们将亲自处决，如果不能，则处分与谋杀者有关的亲属。种种情况告诉我们，不复仇者是没有的。

一个公社的“法庭”被宣布，它的判决被执行。这就是马克斯·雷丁心目中的法庭，对此西格尔注释说：“无疑有一种介乎于和接近于法庭的机关存在着。”[23] 虽然这种意义上的法庭存在于原始社会，但它对于提供法庭的概念是没有帮助的，只对认识原始法是需要的。

---

〔22〕“鹿皮靴”（moccasin），见 A. L. 克罗伯：《尤罗克人的法》，第 511～516 页。第 22 届美洲原始居民文化研究国际学术会议文件，1926 年。但是，克罗伯对该模式的阐述看起来更形式化，而不是运用实际的案例来说明问题。

〔23〕西格尔：《法律探索》，第 34 页。

在任何社会里,不论是原始社会还是文明社会,法律存在的真正的基本的必备条件是,社会授权的当权者合法地使用物质强制。法律有牙齿,必要时会咬人,虽则并不时时使用。就像耶林所强调的:“没有任何强力的法律徒有虚名。”他还带有诗意地说:“没有强制的法律规则是不燃烧的火,不发亮的光。”[24]毋庸赘言,强力当然不能被滥用。正像萨尔蒙德所解释的:“反对服从它的强力,就会遭到压服,其决定通常是为了保证安心的服从,一般情况下其强力是处于潜伏状态。”[25]

强力是法律的一个重要方面,这一点已被少数人类学家清楚地认识到,他们已开始以此认识研究原始法问题。A. R. 拉德克利夫·布朗的社会批准论述有助于明了这一思想。他认为法律是“在一个区域组织内,由强制性权力操纵的通过使用或可能使用的物质力量,用以维持或建立社
27 会的秩序”。[26] 特思沃尔德也在其关于法律的本质和发展的书中,反复强调在法律中强力的重要性。他说:“有组织的强制力,使法律秩序能超过和反对惯例和习惯……而对强制力的确认使习惯成为法律。”[27]无论如何,在法律里强制力已具有特殊的意义。无限制的强力意味着强制,其存在的条件或者是人们的活动,或者是行动的抑制,在某种意义上它区别于既定情况下的自我选择。因为别人的考虑限制了他的选择范围。这种限制要么直接地通过目前的控制,要么间接地通过后者的威吓。[28] 当然,像权力一样,强制也有许多形式。在这多种形式中,只有特定的形式是法律。由歹徒实施的强制绝不是法律。甚至由父母所实施的物质强制也不是法律。法律强制的基本特征是物质力量适用上的一般社会承认,它或者以威胁的方式,或者事实上由特权部分为合法的理由,以合法的方式和在合法的时间内适用。这就使法律的惩罚与其他社会规则区别开来。

适用强力的特权构成了法律中的“官吏”因素。他们是一般地或特殊

---

[24] R. 范·耶林:《法作为达成目的的手段》,纽约,1924年版,第190页。

[25] 萨尔蒙德:《法理学》,第165页。

[26] A. R. 拉德克利夫·布朗:《非洲的政治制度》的前言,牛津,1949年版,第14页。

[27] 里查德·特思沃尔德:《人类社会学卷五:法律的产生、发展和演变》,柏林(1931~1934年),第2、4页。

[28] 麦基弗:《社会》,第35页。

地被承认的正确执行物质强制的因素，是社会权力的构成部分。他们作为官吏，佩戴着法官的徽章还是警察的徽章，那是无关紧要的。不过在任何原始社会里，那种被称为“私人检察官”的私人损害的解决者，只不过是一个不明确的和暂时的公共官吏。他不是也不可能独自行动，而是得到他的家族或克兰的赞同，或得到其社会中“有公平心的”成员的暗中支持。假如部落的其他成员在舆论上支持他，尽管有时不太明显，那就意味着被告的行为是错误的或反社会规范的。这意味着，“私人检察官”既属于一 28
般社会利益的代表，又代表这个特定利益。这个基本事实在讨论原始法中往往普遍被忽视，在这个意义上我们可以说，刑法与私人法的区别与其说有一点，不如说有质的差异。无疑，虽然有一些触及一般利益的事情，如安全、杀人的意图、嫌疑者、叛逆等，在原始法中甚至比另一些更强烈。这样说，我们不是有意地否定现代的“公共”概念的有用性，而只是反对“私人的”法律的存在。那些概念的最大价值只在于强调原始社会的法律与更高级的有组织的文明社会的法律相比较之间的差别。所以私人法只存在于原始社会。

法律的第三个特性是规律性（regularity），这就是说法在法律意义上与科学意义上相同。但是必须注意，它并不意味着绝对的必然。因为人类的行为不会是必然的，人类开始在哪存在，哪儿可能就没有真正的必然。还要注意的是，全社会是建立在更多的规律性的基础之上的，规律性是高级的法与所有别的文化规范所共有的。在法律里判例的原则不是英美的普通法的法学家所独有的。像我们将要看到的，原始法也建筑在先例的基础上，在那儿一样是新的决定依赖于旧的法律规则或习惯的规范，而新的决定有效地帮助和补充着未来行动的基础。

由此我们可以说，特殊的强力、官吏的权力和规律性是构成法律的因素，这是现代法理学所教给我们的，当我们希望识别法律时，我们必须寻找它们。在这个基础上，为了工作的目的，法律可以定义如下：这样的社会规范就是法律规范，即如果对它置之不理或违反时，照例就会受到拥有社会承认的、可以这样行为的特权人物或集团，以运用物质力量相威胁或事实上加以运用。

29 # 第三章　方法与技术

既然法律有许多的方面,那么对于它就不能只从一个方面去理解。因此,研究法律的任何方法,不论是原始的还是文明社会的法律,必然是折中的和综合的。人类学在研究法律时主要使用了三种方法:“第一,是事先在观念中构思能够指引和控制人的行为的各种‘规则’;第二,是对实际进行描述并依据实际存在的行为探究其模型;第三,是研究事故、争端、冤情和纠纷的实例,考察它们的性质及其发生的原因和过程,如果可能的话,还要考察动机和结果。”[1]

人们的思想往往满足于以成文法典这种消极的观念准则作为真正的法律的代表。成文法犹如一个法律的编织物,如果有编织者的话,它在任何程度上也不影响成文准则的变化形式,即使有也难以用案例来验证那些不成文准则是否符合于实际情况。这种观念准则产生了抽象作用,很难用常情表达。它构成了法律的主体,它看上去偏离了思想准则,常以假定规则形式存在。
30 但这些口头规则除偶尔被违反外,通常是被遵守的。杰罗姆·弗兰克法官指出:“每一个群体都有他们自己的拟定标准,即假定规则,这实际上是任何一个群体自身

---

〔1〕 卢埃林、霍贝尔:《晒延方式》,诺曼,1941年版,第20~21页。

违反规则的一个方面。希腊人、特罗布里恩德人、纽约人和霍屯督人，不仅维护而且还创造出一些假定规则……虽然对这些规则他们并不严格遵守，有时甚至公开违反，然而却不愿意放弃它。任何群体的现象的存在，都是由于其政治团体虽然在表面上建立了法规，但却存在着漏洞，以及在该群体中潜藏着苛刻的道德标准与心理因素之间的隔阂所造成的。”〔2〕

对于一种法律制度所做的任何考察都会涉及并会注意到这种观念准则，即法律规则。因为在任何一点上都没有理由认为观念准则没有意义。它能引导人们的行为，而且常常适用于那些真正的法律所没有规定的行为。然而经验表明，在某种程度上总有些行为规范违反固有的观念准则。

德国早期的人类学研究者波斯特和科勒〔3〕在传统研究的基础上，对观念学派作了很好的描述。作为大陆法系的私法学家，他们要寻找原始社会的“法规”，这是自然的。由于在现存世界上不可能有原始人存在，所
以他们体验不到那充满活力的原始人生活中的法律。为了探讨原始人的 31
犯罪产生过程，其中包括特别具体的社会和法律发展的每个阶段，自然就驱使他们去考虑单纯的、特有的形式，而不去寻找相互影响着的原因。尽管波斯特试图以经验主义的方法进行研究，但在他那个时代可供使用的资料很少。在这个局限下，为了能够直接提出法的主体的原始资料，他便采用了大弗拉格博根提出来的，后来又由科勒和弗利克斯·迈耶等人进一步发展了的研究成果。他汇辑了许多关于法律的风俗问题的调查表，送到德国殖民地的官员和传教士以及其他的帝国占领者那里，希望得到协助。就这样在1893年、1897年、1906年和1907年这些表格被大量复

---

〔2〕 杰罗姆·弗兰克：“无法状态”，载《社会科学百科全书》（第9卷），1933年版，第277～278页。

〔3〕 A. H. 波斯特（1839～1895年）：《自然法学导论》，奥登堡，1872年版。《比较人种学基础上的一般法学概论》（两卷本），奥登堡，1880～1881年版；《人种学的法理学研究导论》，奥登堡，1887年版；《人种学的法理学概论》（两卷本），1894～1895年版。“他依次发表的作品是有体系的，这种体系不是在年代学或民族志的意义上将相类同的种族进行汇集。他将法律按照不同的标准进行了细致的分类，并通过收集各种不同部落中有关的一切资料来研究。他所探求的不是观念的共同起源，而是在相似的情况下，人类采取的相类同的权宜之计。”引自P. 维诺格勒奥弗和H. 戈伊坦：“比较法理学”，载《大英百科全书》，1949年第14版。约瑟夫·科勒（1849～1919年），编辑过许多年的《比较法学杂志》，“在其有生之年，科勒被一些人认为是最伟大的现世法理学家。同时，另外一些人认为他是一位难以企及的、无穷无尽的系列专题文章的勤奋的编辑者”。引自W. 西格尔：《约瑟夫·科勒》，《社会科学百科全书》（第8卷），1932年版，第588页。

制,并以德语和其他语种的形式广为散发。[4] 这种凭空构想法律事实的方式在科勒所列的问题单上就可以得到证实:[5]

Ⅰ. **家庭和人身法:**

问题1,母权与父权谁占优势。例如孩子随母姓还是随父姓？还是有的随母姓,有的随父姓？[6]或者为双方家庭共有？

问题3,家庭中父亲对妻子和孩子拥有哪些权利？

问题14,多大年龄结婚最为合适？

问题24,谁有离婚权？

Ⅱ. **财产法:**

问题41,土地法的内容是什么？

问题42,巫术能否保护财产？

问题43,所有权属于整个家庭还是个人？

32 Ⅲ. **刑法:**

问题57,血亲在故意杀人、无意杀人,通奸或其他案件中是否占优势？

问题59,谁执行血仇？有无和解赎金？

问题61,不支付赎金怎么办……

问题63,有无公共刑事的法律？特别是对酋长的刑事的法律？怎样惩罚？以奴隶替罪还是罚金？

Ⅳ. **程序法:**

问题67,债权人能否逮捕债务人？

问题69,是否有审判过程并最终判决？

问题75,“无原告即不审判”的原则在刑事问题上是否适用？

---

〔4〕 埃利克·舒尔茨—尤尔斯和伦纳德·亚当:《土著法》(两卷本第1卷),斯图加特,1929年版;《东非》、《前言》,第5~9页,阐述了问卷调查运动的简史。这本著作收集了调查中答卷的一些有用的资料。

〔5〕 约瑟夫·科勒:“研究所谓自然民族,特别是在德国殖民地的民族法律关系的调查表”,载《比较法学杂志》12:427~440,1867年。

〔6〕 一个望文生义的传教士对这一问题的回答是:“当他们年轻时,从母;之后从父。”利普斯:“那斯卡庇法”,载《美国哲学协会译丛》(第37卷),1937年版,第382页。

从这些问题的单子中清楚地看到,正如利普斯所指出的:"他们……在问题中强调这些部落的总的文化,特别是经济背景……其重点是在于寻找原始法的一般性的'规范'和'规则'"。[7] 例如从问题 57、61 和 67 就能看出,他们所希望了解的是要符合人的基本财产的情况,而不是像一般性规则那样的东西。在利普斯后面的注释中就能注意到这种后果。在卡门若他对这一方面作了深入的研究,他的研究更加接近了调查表的问题,"从审判的观点看,值得注意的是,没有一个愿意提供答案的官员,甚至是英国人也不愿试图根据所收集的例子回答任何问题,所以,想找出一般规则的倾向是十分普遍的。"[8] 虽然案情对官员们和教士们来说是熟知的(因为他们不可能闭着眼睛和当地人生活在一起),也强调在某种程度上以这些案情作为基础,但固有观念的影响使他们疏忽了真正的生活状态。

由伟大的先驱者沃兰霍夫创建的荷兰的人类法学派,他们在扩大范 33
围研究印度尼西亚的习惯法时也采用了这种观念式的方法。虽则程度上小一点,但仍然是很重要的。不过,荷兰人类法学派的著作与实际生活中的法律联系较为紧密,菲尔德所进行的研究就很少采用向传教士和行政官员提问题的方法。荷兰人没有把自己束缚在社会演变或历史文化传布的虚构理论中去。所以,尽管他们的研究目的在于观念准则,但他们的研究很有特色,其思想也比大多数德国人的观点更具有现实性。然而,他们对传统习惯法的研究毕竟是以观念准则为基础的,因此他们没有注意到用实际的案例来检验规则,没有注意实施制裁的种类或允许出现偏差的范围和程度。不过从另一方面讲,荷兰人十分注意案件的材料,早在 1910 年他们就建立了汇集有审判记录的"报告书"。另外还有,在莱顿大学的两次系列性讲座整理并概括了来自荷兰最高法院和地方法院所纂写的判例法。[9] 遗憾的是,荷兰人关于印度尼西亚法律的案例报告中的材料事实太少了,以致难以论证其中宣布的法律原则。或者说,他们集中的证据

---

[7] 利普斯:《那斯卡庇法》,第 382 页。

[8] 利普斯:《那斯卡庇法》,第 382 页。

[9] K. L. K. 恩托文:《从法理学看内地人的习惯法 1846~1912》,莱顿,1912 年版;J. C. 方德梅隆:《从法理学看内地人的习惯法 1912~1923》,莱顿,1924 年版;E. A. 博伦伯克:《从法理学看内地人的习惯法 1923~1933》,万隆,1935 年版。

超越了以自然习惯出现的法律规范的独立的本性。纲目太少,法律成分极低。

因此,塔·哈尔关于印度尼西亚习惯法的综合手册,吸取了全部印度
34 尼西亚法律的精华,得出了不止一种实例作为他所概括出来的许多例证的依据。我本来打算把塔·哈尔的手册译成英文,阿瑟·希勒和我想用习惯法中的一些恰当例子作为附录对其作一修补,但是邦德尔斯几乎没有充足的内容和程序案例来满足这一需要,所以我们只好放弃原来的打算。

简言之,用观念化的途径求取法律是值得重视的,它至少是一种达到目的的途径。它在实用上是有价值的,要使它成为法律,就要把它作为达到目的的主要途径。但不能急于求成,否则就会有遗漏而成不了一个完整的法律。只要沿着此途径,就不会把表面上已被接受而事实上是错误的东西当作真理来领会。

对于这种途径,R. S. 拉特勒在对阿散蒂法的研究中已作了详尽的描述。而这之前,R. F. 巴顿在关于伊富高的著作中,马林诺夫斯基在关于特罗布里恩德的著作中都有论述。这样的研究使他们避开了人们想象中所构成的法律行为,或者说在假定的情况下所做的对于人类行为有益的利益。关于马林诺夫斯基的方法,杰姆斯·弗雷泽的评价是:"这是马林诺夫斯基博士特有的方法。他列举了充分的理由证明人的本性的复杂性。他要求全面地去研究人类,认为人是有感情的动物,这有充足的理由。所以,这就是他为什么刻苦研究和考察人类行为的情感和理性因素的原因。"[10] 马林诺夫斯基认为,强调人是一个动物的目的在于,"不要去研究让人类的行为怎样去顺从规则,这是毫无必要的,而在于怎样使规则适应生活"。[11] 他以此为基本前提,不是促成而是避开了有利于描述行为和动机的原因。他所造成的偏差比规则更为明显。这不是因为他忽视了准
35 则,而是因为他没有研究事实的本质,以致使他的理论显得庸俗化了。这使得在原始社会的犯罪和惯例中只能找到六个案例,而且它们都是以叙述的方式出现的,不是以真正的案例出现的。所以,他遗留下了许多问

〔10〕 J. G. 弗雷泽为布罗尼斯拉夫·马林诺夫斯基《西太平洋上的亚尔古英雄》作的序,伦敦,1922 年版,第 9 页。

〔11〕 马林诺夫斯基:《原始社会的犯罪与习俗》,第 17 ~ 21 页。

题,并且未对许多问题进行恰当而详细的答复。巴顿关于伊富高法和拉特富关于阿散蒂法的著作则表现得较为详细。这两位学者在描述的方法上是最好的,他们没有因为比较法学中存在的普遍问题而放松了他们的主要任务,因为他们研究的是特定的专题。他们都是实地的考察者,并与当地人有着长期而密切的友好接触。他们没有调查表,依靠长期的连续的客观观察的笔记进行研究。然而案例很少适用。由于忽视了程序法,重点自然就放在实体法上。结果,巴顿的伊富高法研究记载了满满 73 页的实体法(有家庭法、财产法和刑法),但只有 17 页是程序法。在拉特雷研究的案例中这种悬殊更为严重。

如同英美的法理学的长期研究所表明的,假如法律被埋藏在程序的夹缝里,那么很明显,就会在实体法方面忽略了更为重要的描述方法的特点。以一些疑难案例的方法作为研究法律的途径,并不是一种万用灵药。 36
不要忘记卡多佐的名言:“我们不能为了个别而放弃普遍。”[12] 所以,它常被用来对观念上的问题和准则进行论述。案例常常是出现在整个文化的结构中,所以,案例的方法是可以借鉴的。就如同普通法的学者一样,他们分析了更多的案例,从而得出了原始社会的法律准则。这是一种科学的方法,从特殊到普遍,又从普遍到特殊来进行考察。案例方法的研究者绝不会忘记卡多佐的告诫:“我们不能从树上采摘法律规则的精华。”[13] 他认为收集案例仅仅像收藏珍品那样是远远不够的,还必须分析案例的内容,比较它们存在的普遍规律。所以,分析的方法是必要的,有关法律结构的假设也是必不可少的。“疑难案例本身是不会呈现出它们的原则的,它们总是迟迟地,似乎不情愿地暴露出它们的本质。”[14]

对所强调的一些复杂案例使用的折中主义的方法与观念方法的主要区别是:观念方法以理想规则作为它的起点,而案例方法则把规则的描述作为最后的结果。但这随之产生一个比较重要的副产品,即孤立的观念方法的结果充满着抽象的不真实的东西,而案例方法的结果却与真实生活联结在一起。所以,即使一个适当案例的范围和事实与准则之间有偏

---

〔12〕 B. N. 卡多佐:《司法过程的性质》,纽黑文,1921 年版,第 103 页。

〔13〕 B. N. 卡多佐:《司法过程的性质》,纽黑文,1921 年版,第 103 页。

〔14〕 B. N. 卡多佐:《司法过程的性质》,纽黑文,1921 年版,第 29 页。

差，也不能遗漏它，只有案例方法导致真正的法理学。

此外，在法学中还有一种方法出自案例，在对如自然法的假设中，我们引申出案例的重要性，并产生了另一个问题。法律是调整围绕着权益所发生的冲突。罗斯科·庞德说："法是试图调解、协同和妥协相互重叠
37 或彼此冲突的利益的。"[15]"法律相信在与观念准则的斗争中它取胜了，并把自己转向实际行动。"法律是在烦恼和预料到的困境中发展成熟的。它的存在是为了引导人的行为，使其权益的冲突不致发展为严重的碰撞。一旦权益发生冲突，它就起着消除社会混乱的作用。实际上，真正的法律准则只有在大的诉讼争执中才能得到检验，否则难以确定在其中哪种假定的规则实际上占了优势。一件事如果没有在适用刑罚的法律活动中被承认，我们将永远不会认识它。一种永远被遵守的法律就是十足的风俗习惯。否则，人们将分不清哪些是假定规则，哪些是真正的法律规则。因此，我们在处理疑难案件时不仅受科学方法的支配，而且取决于法律要素的性质（在任何社会实践中都渗透着与法律冲突的惯例和习俗。疑难案件直接帮助我们了解法律现象）。显然，在任何社会中，并不是所有的疑难案件都具有法律的意义，但所有法律意义上的案件都是疑难案件。

各种原始民族对案件的记录都有一定的方法，人类学家不可避免地遇到一个问题："你们怎样知道这些时期的情况？"如果没有以表格所表示的相当于这种方法的研究手册，就很难回答这个问题。因为这些记录肯定不完善，但其中的基本事实是有用的。起初这种根据调查的基本方法在一定程度上依赖于文化的性质，不管考察者是侧重于活生生的内容，还是侧重于已被废除并受到查禁的法律的各个方面，即使它仅存在于记忆和习惯之中。问题在于认识为其文化所决定的一定形式。研究的方法必须灵活，调查者应对调整的需要和对形势要求的观念保持警觉。这要考
38 虑各种因素，包括有关时代文化的价值体系，专题研究人员的技术能力，特别是语言能力和记录能力等。在调查中力争做到，第一尊重所调查群体的生活方式。人类学家只是作为参与者和监视人。第二要慎重地从调

---

〔15〕 罗斯科·庞德："法是试图调解、协同和妥协相互重叠或彼此冲突的利益。""社会利益的理论"，载《美国社会学学会会刊》（第15卷），1920年版，第44页。

查群体中选择一个或一些担保人，无论这些担保人在其部落或群体中的职务如何，但必须是大家所公认的有影响和有威望的领导者。因此，在工作中常常要花费一些时间去打探和观察以确定合适的人选，并同他们建立联系，赢得他们的信任和支持，但对那些表现出急切同你交友的人必须持慎重态度。因为这些人很可能在其群体中受到冷落，为了摆脱这种软弱和困窘状态，才在你这里寻找依赖者。这些人可能很健谈，但对其所在群体没有深刻的了解。所以，只有那些有威望的人才能为调查提供真正的帮助，使你能参加各种政务会议和仪式，毫无困难地在他们的人民中展开工作。相反，被冷落者为了得到好处，不惜泄露他们社会中的机密，但他很可能在考察结束后受到惩罚。在有宗派存在的地方，选择担保人是一个十分棘手的问题。因为要判断一个人是否合适，就要对他的所有社会关系进行考察。被考察者是这个社会中的一员，他很孤单，这意味着如果条件许可的话，他就会在适当的时候加入另一个宗派，然后可能泄露出原宗派中的一些秘密。

为了适应环境，训练专职的人类学者要会用各种不同语言记录，这样，抄写的熟练技能就是一个重要问题。因为在任何地方工作第一个要 39
做的是花费一定时间对日常交往中的所见所闻作出记录，这些事实相当一大部分是以原文、方言、民间传说和神话故事的形式出现的。这就要求专职的人类学家能适应语言环境，能听懂不同语言并作出记录。这样才可能达到以下三个目的：第一，可以使他们很快有语感，即使是不能讲。第二，如果被调查的对象的文化还处于原始阶段，则可以使提供资料的本地人看到人类学者能够书写他们的文字，并能读出所写的东西，而这种能力在他们之间或其祖先中是没有人能做到的，从而尊敬你。这对和本地人建立友好关系将起很大的作用。第三，这对研究工作也是个良好的开端，因为对难解的文字的研究是研究工作的出发点。

程序问题往往超出语言记录的作用。语言上的优势仅仅是研究的坚固基础，而且可以找到或训练一个无私的能如实翻译的译员，搞出完整的译文。从另一方面讲，最基本的是掌握关键词汇，或有潜在含义的词汇，这些对研究法律和财产问题同研究宗教问题一样，是必不可少的。在实际中人们可能发现有些词汇不能把它准确地翻译出来，或找不到相同的英语词汇。对它们必须做上记号,加以区分,这样在联系上下文时才能真正理解它们的含义。

脱离文化渊源的法律是毫无意义的。因此,研究原始社会的人类学家,在其具体调查法律问题之前,必须先研究该部落的人种学。从另一方面讲,很多丰富的有关人种学的论文都不缺乏对法律的适当描述。所以,当专门研究法律时必须注意,社会生活转变到法律阶段是很容易的。要继续调查与文化不同的法律问题,要做必要的令人满意的详尽描述,对其进行核查并做具体的综合性的了解。

40 无论是对现存的还是过去的文化进行考察,都和起初考察法律的步骤一样,即向那些有能力提供资料的本地人做调查。对现存文化考察者在工作时可以参考一些案例,但它是很少的,一些主要的案例要十年才出现一次。可是,几乎没有一个人类学者能在这种环境中待这么长的时间等案子的发生。既然所提供的案例并不都来自原始社会,那么值得怀疑的是,如果仅仅做这种研究就可能只从直接的观察中得到对它的分析。

无论是直接地研究案例,还是通过观念准则的记录改变案例,都取决于文化的实质。有些文化依据正规的范例而产生了习惯概念。至于其他则无关紧要。如林顿所指出的:“在已被意识到的正规化典范的程度上,不同的文化也表现出极大的差异。这从我与波利尼西亚人、科曼契人的接触经验中得到验证。波利尼西亚人所表现的正如艾米里·波斯特所述:在什么时候什么样的行为才是适当的。反之,当问科曼契人应怎样立即回答这个问题时,答案却是,‘那要视情况而定’。他们通常认为,行为是不受范围限制的,如个人行为,选择自由的行为。但当你举了很多行为的典范后,你就会发现他们的范围完全一致。要想更好地了解这一点,你应该考察科曼契人的行为。然而,在波利尼西亚人精心建立的部落里,要以观念准则为主然后进行研究,用以反对案例,这样可能很有效力。在科曼契人、首首尼人和北美印第安人的部落中,即使你花费了很长时间寻求用任何词语来表达观念准则,都将一无所获。”[16]

---

〔16〕 拉尔夫·林顿对 L. 汉克斯法官文章的评价:“某些原始文化中个人的不同地位”,载 S. S. 萨金特和 M. W. 史密斯:《文化和人格》(修订版),纽约,1949 年版,第 123 页;参见拉尔夫·林顿:《人的研究》,纽约,1936 年版。

在调查中,给你提供资料的当地人,如果他们对欧洲法律有所了解的 41
话,在调查中他们绝不会公开提及任何法律问题。调查一般是以简单地讨论任何民族或部落中解决纠纷这一事实开始的。例如,成员之间的争吵,相互的谴责,认为某人做了错事,如偷盗、伤害、辱骂、杀人等,"你们知道这类例子吗?那么告诉我这些是怎样发生的?"调查者常常这样问。当一个人开始叙述时,叙述过程不能被打断,对所叙述之事更不能有怀疑的表示。严格地讲,当人类学者在听取叙述时,不能表示出赞成或不赞成的情绪,也不能做笔记。当然这些在克勒斯村落人那里是无所谓的。

在叙述结束后,要牢记案例发生的时间、名称和提供情况的人与事件的关系。这就会对一开始提出的一系列问题得出一个详细的和重要的答案。然后再继续发问,探究提供资料的当地人对行为准则的看法,以及他们的亲属和一般公众是怎么认识的。下一步就是探究被认为是促成的因素,即为什么这样做?最后寻求对准则的感受。如果具体的条件不同,或者具体行为的发生方式不同,从案例假定的变化上可以了解到提供资料的当地人的想法是怎样形成的。[17] 后面的几个问题虽然没有涉及人类学者对案例本身的记录,但对分析案例的过程和弄清隐藏在其中的法律是非常有用的。通常情况下,一个案例会引出另外一个,出现同类案例的重复。很明显,调查者绝对不会仅对一个提供资料的当地人所描述的案例感到满意,而是会通过对不同资料反复核对,采取对很多当地人调查的办法,直到积累了很多素材,才达到满意的目的。

对案例的分析可以了解到行为经常发生的方式,从这种方式中可以制定出"真正的"准则,不管它是单一的还是可供选择的准则。变化的范围和程度也可能了解到。

对已记载的案例的有效性的测定所形成的问题,简单的解释不总是 42
服人的。虽然从很多当地人所提供的不同资料中,经过反复核对后得出了一致的答案,但这些人也很可能在使用观念准则的类型时无意地改变了原来提供的东西。因此,随着实际行为的结果,可能会出现一系列预料

〔17〕 M. J. 赫斯科维茨:"情况假设:一种田野调查的方法",载《西南人类学杂志》6:1~20,1950年。

到的已经社会化的行为。调查后所做出的鉴定书或报道必须有适应当地语言的能力。这些必须在头脑中经过过滤和充实,再最后通过。当然,这一问题在每个法庭都会碰见,法律心理学告诉我们,甚至最诚恳者提供的证据,也具有潜在的不可靠性,这是一个不证自明的公理。在人类学家在场的情况下,由于他是一位现场的观察者,所以对材料真伪的辨别自然容易些。但当他致力于历史事件的调查时,失真的危险性就大了。因为他们对什么情况都不肯放过。不幸的是,我们还没有达到这样的境地:能够明确找到认为可以使我们重新认识估价案例证据这种方法。总的来说,我们认识到了由一种文化所产生的用什么词来描述准则典范的程度。这种倾向很强,我们正在准备增加打折扣的成分。在文化上我们试图得到一种能够发现神话幻想产生的途径。这种神话般的故事存在得越多,在记载案例上越需谨慎。相反,越是平凡的,并存在于一个人思想中的事实,我们就越觉得他们的法律案例可信。

在社会的作用上,有关定下来的不同情况的程度,将被认为是重新了解的因素。加利福尼亚的伊尤克人中有很深的教条主义信念,即一个私生子在道德上是很不体面的,而且是一个无法避免的过失者。但被认为是不法的私生子这一客观事实,在伊尤克人的叙述中却很少谈到。再返
43 回前面所说的,我们和巴顿有同一种认识:"真正的伊富高的上层人士是不偷盗的,这是一个总则。"[18]或者如米什金相对应的说法,凯欧瓦的最下层成员"都偷自己的亲属,他们既无能又懒惰"。[19] 比起凯欧瓦的游民的行为,我们对伊富高不同阶层人们的行动不持任何怀疑态度。但是,即使是伊富高的上层人士干出偷窃之事,也会不了了之,或者把事情缩小到最低程度,这是千真万确的。相反,如果凯欧瓦的下层人士的某种行为被歪曲为有盗窃的倾向,也会被认为是偷窃。

对提供资料的当地人明确其提供者的姓名、地点和时间也是一个关键。如我了解的科曼契人的一起乱伦案件,可以说是我所掌握的最不清

〔18〕 R. F. 巴顿:《伊富高人的法》,第85页。

〔19〕 伯纳德·米什金:《平原印第安人中的阶层和冲突》,第36页,美国民族学协会专题著作4,1940年。

楚的一个案例。[20] 从实地考察回来,我就开始研究这些资料。当我给两个科曼契提供情况的人写信询问他们是否有把握认为这种案例是否确实发生过时,我的疑点剧增。因为他们的答复对我毫无帮助,但有两点可以说明这种案件确实发生过。当你读了美洲印第安人有关神话的书时就可得知,与其他平原部落几乎相同的故事,在这些当地人的头脑中是神话故事而不是案例。而这些在它们邻近的部落中也流传甚广。显然,我们应把它作为神话对待。

另一个出现的问题是,在疑难案例中所涉及的人,在部落中是有地位的呢,还只是一个平凡的人?如果是一位要人,那么有关他的故事就是一个英雄的传奇故事,或者类似于传奇故事。因为他是一个受尊敬的人。如果所涉及的是一个普通人,那么他就不可能得到如同一位英雄所得到的那种颂扬。当然,这种做法是很有偏见的。因为如果他们的地位相当 44
就不可能把故事中所涉及的人物给歪曲了,也就不存在对英雄行为的虚构情节。这种偏见认为,优秀的人总是好的,因为不是平常人。所以,对此类案例应详细研究。调查的方法最为有效。通过调查可以使提供情况的当地人以这些英雄的行为来衡量每天所遇到的事情,并把不协调的事物作为问题的焦点。

案例中涉及的伟人还有一点值得注意。由于他们的特殊地位,因而他们所引起的诉讼行为一般地说在法律上表现不充分。这使公正戴上了一层面纱。因为无论在哪种社会里,人格和地位都被渲染并影响着法律的作用。所以,调查者必须有意识地使案件内容充实,其中包括那些无名的并在首领中居于中间地位的懂得事务的人的案件。

最后,在分析个人提供的有价值的资料时,除了借助于对特殊案例的主要资料,反复核对一个案例中的一般过程之外,还必须了解提供者的个人品质。对那些故意说谎者要处置。那些献媚者所提供的情况要小心对待,这样才能增强合格的证据。那些真正为了提供资料的当地人所提出的问题是有辨别力的,应予重视。对证实其重要性这个问题,重版未成之

---

〔20〕 E. A. 霍贝尔:《科曼契印第安人的政治组织和法律习俗》,第 110 页,美国人类学协会专题报告 54,1940 年。

作《晒延方式》一书中，已做了清楚的描述。此书对两种提供资料的当地人的性格作了比较。如其中的斯顿普·霍恩是一个细心的普通人，当时他已86岁了，在所有被调查者中他是一个正派人。他的叙述总是以发生在土著居住区的帐篷里的故事开头。有两次他为了澄清疑点去找另一位老人核对事实，并发现自己所叙述的是正确的，在他叙述之前或对他知道得还不太确切的事，他常去询问别人。对于疑问，无论是否能得到答案，
45 他总是先停下来沉思一会儿，以便调查者能准确地记录。他说自己仿佛正回到那遥远的岁月，他想让自己竭力去想那些情况。有三天他没有提供任何情况。他用鹰毛扇子隔开了我们之间的视线，他对海伊·福汉德说，如果外面有任何声音影响他的注意力，他就要把头伸到门外去看看。曾有一次当提到一件有关宗教的事情时，引起了他的一阵惶恐。后来他提到了一个誓言，陷入了沉思，扇子也掉在地上。他觉得自己最好说出其余的部分。他说："只有这样你们才能得到真正的资料。"如果说有人能提供出真实情况的话，那么，斯顿普·霍恩就是其中之一。卡尔福·沃玛尼也是一个重要的提供者。她所提供的具有另一种特性。她85岁了，是一个酋长的妻子。她是一个热心人，爱闲聊轶事。本地发生的轶事她有强烈的求知愿望。她一生中所经历的能引起她注意的任何事，无论是好的还是不好的，她都有很好的记忆。她所叙述的事不是从帐篷开始，而是以妇女们特有的谈论方式讲的。她的叙述有始有终，并且很有特色。她说得很详细，能给所发生的故事增加趣味性。详细地描述不仅增加了逼真的效力，而且使那些确信对这些事实很了解的人，如同又回到晒延的生活中去了。对其他提供者的描述有必要进行核对，而卡尔福和沃玛尼所讲的故事中的有关法律问题被证实了。凭借卡尔福和沃玛尼的荣誉，我们对他们所讲的任何故事都毫无怀疑之意。[21]

上述简单的核查进一步证明，从案例中所提取的精华基本上真实。但是，尽管小心谨慎，在很多实例中仍不免留下不真实的残迹，不敢确信它们都符合事实真相，只能说同观念准则相比，它们更接近生活的事实本质。在普通的人类文化中，它们比那些广泛描写的文章更容易辨别，更详

---

〔21〕 卢埃林、霍贝尔：《晒延方式》，第30～31页。

细具体。当然,用案例的方法并不是一个完美无缺的方法,但它对取得正确的原始资料来说,还是一个较有创造性的和实用性的方法。可是应注意,虽然这样获得的资料对于分析法理学的构造很有用处,但这并不意味着仅有这些就够了。“虽然案例本身不是确切理论的代替物,但它却能为作者和读者检验理论。”[22]

---

[22] 卢埃林、霍贝尔:《晒延方式》,第40页。

第四章　在研究原始法中应用的基本法律概念

如果说在原始时代也存在着与我们这个时代相同意义上的法律的话，那么，现代西方法理学研究者所使用的基本方法，在某种程度上也同样对原始法研究者起着作用，尽管它是适应研究文明社会的法律体系的产物。既然如此，那么，人类学者也可以在现代法理学的基本概念中找到某些现成的原始法的研究方法，也能在质和量两个方面获得完整的和健全的人类学法学的基本方法的某些秘密。进一步说，这些秘密是与对法律研究者有意义的一种方式联系着的。

当然，如果没有法院、律师、法学家去扰乱和歪曲这些基本概念的内涵的话，那的确就好了。但事实并非如此。卡尔·卢埃林已经很有说服力地把这个问题提了出来，即"法律的专门性术语的应用已在两个方面泛滥成灾，而且目前还在继续泛滥。它处于两种含混不清的状态：同一术语有多种含义。由于其含义太广，以致对简单的纠纷都不能赋予明确的意义。低劣的逻辑学家和科学家都处于这种状态。"[1]万幸的是，韦斯利·纽

---

〔1〕 K. N. 卢埃林：《多刺的灌木丛》，纽约，1930 年版，第 83 页。

科姆·霍菲尔德把这些基本法律概念用一种进步的体系加以简化,以至于使它简洁、明确和具有普遍性。[2] 霍菲尔德已经修正和规定了手头上在原始社会中得到严格应用的法律材料。马克斯·雷丁经过调查后认为,“再版的霍菲尔德的分析,已经慎重地抛弃了原使用过的甚至被认为 47
是非常重要的,也相当敏感的大量的曾详加说明的术语。另外,我们甚至发现了他的这些术语的逻辑关系。”[3]科尔宾、戈贝尔和其他一些学者也各自完成了对霍菲尔德的重新研究,按照雷丁所提供的思想方法,使再版的霍菲尔德体系大大地明朗化了,并在目前被应用于原始法的分析中。

霍菲尔德的基本前提就是,所有的法律关系都是人与人之间的关系。或者如科尔宾所指出的:“人与物之间不可能存在法律关系。”[4]法律关系的出发点是与物有关的个人之间的关系。但是这种出发点仅仅是被置于已被卷入纠纷的人与人的那种关系之中。“在每一个案件中,原告、被告、特权、争端、权力等,全部都贯穿着人与人的关系。”[5]这样一来,每一 48
对法律关系都是双边的。霍菲尔德的体系把四对基本的关系都区分为两个方面,因此出现了八个概念。它们如下图所示构成了四对基本的相互关系:

人 A		人 B
Ⅰ请求权	⟷	义务
Ⅱ特权	⟷	非请求权
Ⅲ权力	⟷	责任
Ⅳ豁免权	⟷	无权

Ⅰ. 请求权意味着 A 有一种 B 必须按照 A 的请求行为的法律期待权。A 有权“请求 B 必须为自己做什么或不做什么”,A 还可以借助于法

〔2〕 W. N. 霍菲尔德:“在司法推理中所运用的一些基本法律概念”,载《耶鲁法学杂志》3:16,1913 年。“在司法推理中所运用的基本法律概念”,载《耶鲁法学杂志》26:710,1917 年。再参见霍菲尔德:《在司法推理和其他法学论文中所运用的基本法律概念》。

〔3〕 雷丁:《霍菲尔德的重新评价》,第 1163 页。对霍菲尔德学派概念最新和最好的分析,参见斯通的著作第 5 章。

〔4〕 A. L. 科尔宾:“法律的分析和术语”,载《耶鲁法律杂志》29:165,1919 年。

〔5〕 K. N. 卢埃林:《多刺的灌木丛》,第 86 页。

律的强制力来对抗B。如果B没有按照A的请求做，那么就有债务发生，B必须付给A 100美元。这就是A的请求权的内涵。义务意味着B必须根据A的请求以一种特殊的方式作为或不作为；B可能问，"根据A的请求，我应该做什么，不该做什么？"就债务而言，B必须付给A 100美元。这就是B的义务的内涵。或者A有一种禁止B侵害自己的法律期待权，这也是A的请求权。B不得侵害A，这也是B的义务。

Ⅱ.特权意味着A相对B而言有取确定方式的行动自由。他可以问，"如果没有遇到B诉诸法律保护自己的情况，我能干什么？"因此，相对于B而言，A能自由出卖他的汽车给x、y、z。这就是A的特权的内涵。非请求权意味着，如果就B而言，A以确定的方式行动时，B不能要求获得法律的赔偿。没有一种义务能够由于A对B的特殊行为而强加在A的头上。B的这种关系相对于将要以那种方式行动的A而言，是A可以自由地出卖他的汽车给x、y、z，对此B没有请求权。

Ⅲ.权力意味着A可以自主地创造一种新的法律关系影响B。A会
49 问，"如果我采取了这项措施，它是否将使我获得一项新的请求权，而给B增加一项新的义务？"B可以向A提出一种拍卖的要价，A可以通过签订合同接受这一要价。A有创造新法律关系的权力。B的要价仅仅是他的特权，他能自由地使用它，但要价本身并不产生权力，A可以不理他。因此，B的行为不能创造新的法律关系，但A通过接受B的要价则能创造新的法律关系。责任意味着B必须受到A的自愿行为所创造的新法律关系的制约。因此，如果B提出要价，A能够通过签订合同来影响新的法律关系。这就是B的责任。

Ⅳ.豁免权意味着A不一定要受B企图自愿创造新的法律关系的影响。因此，如果B提出要价，A可以按照自己的意志拒绝或忽视这种请求。这就是A对B的行为的豁免权。无权意味着B不能以他的行动创造一种新的法律关系影响A。假如A拒绝B的要价，B再不能做什么。这就是B的无权。

应该说明的是，上述四对关系中的两对是肯定的（积极的），从法律的角度而言，另外两对则是否定的（消极的）。请求权⟺义务和权力⟺责任的关系是肯定的，积极的，是通过法令的方式加以强迫的，因为它们

是一种强制的关系，必然受到法院和其他执法机关的权力的强制。

特权⟺非请求权和豁免权⟺无权的关系，从另一方面看是否定的和消极的。它们自身不会直接受到法律方式的强迫。更确切地说，它们限制了法律涉及范围的界限，限定了法律控制的空间范围以外的行为类型。它们不一定要受到法院和其他法律执行机关的强制。当这种否定关系被称为法律关系时，它仅仅是从这个意义上而言的。这就使法律制度宣布了一种公开的决定，以至于使某一些行为必然归属于否定的特权⟺非请求权和豁免权⟺无权的关系之中。因为在一般的制度下，这种决定的大部分是由立法者制定的，我们卑躬屈膝地称它为“法律”。 50
这引出了下面的空话：“法律说 A 可以卖肥沃的土地给 x、y、z。”这个尖锐的空话意味着：“法律宣布 A 可以卖肥沃的土地给 x、y 或 z。”更幽默点表达就是：“如果 A 把土地卖给 x、y、z，法律就没有屁事了。”如果如上面提到的那样清楚，那么否定的法律关系就是一种“无法”的声明。

在原始法的研究中，识别这一特征特别重要。它有助于消除原始人的法和习惯合一的错误观念。在我们的法律体系中，A 能胜诉于 B 的每一请求权都伴随着法院的支持。法院强迫 B 履行他的义务。原始社会也是如此。如果有人偶然侵犯了 A 的法定权利，A 就有在临时的法院起诉的请求权。公法体系存在之时，情况也是如此。但需要注意的是，那时还没有正式的法院和特殊化了的法律人员，受害者自己或他的男亲属必须亲自实施这种个人请求权的情形是经常出现的。如果他们采取了一种被社会承认和普遍接受的方式，他们就能取得法律所认可的特权。我们的法律体系与原始社会相比有明显的区别，在我们的法律体系中，败诉是因为这样一种请求权，它是由一群人因侵害行为而引起的一系列更深一层的请求权而造成的，并由法院或执法人员强迫加害一方履行义务，赔偿损害金或加以惩罚。在原始社会的私法体系中，败诉是因为这样一种请求权，它是受害方对加害方所享有的特权。而义务的履行、损害金的赔偿或刑罚的施用，都是由受害方和他的男亲属用规定的方式执行的。

就原始法而言，它不仅是特殊的，而且对一般的法学也有重大的价值。这里有一点应加到霍菲尔德的学说中去，这就是在任何社会中都有一个构成整个社会的一系列子群。每个子群都将有自己的法典和对他们的成员具有真正强制性质的规范。而在这种水平上的子群,具有非常相似特点的法律。许多社会都以此事实作为出发点,即个人既是子群的成
51 员,又是全社会的成员,虽然它们的处于不同水平上的法律关系可能是尖锐冲突的。因此,分析家必须经常意识到这种水平上的法律关系和不同子群水平上的社会规范之间的不协调。如选征兵役的行政机关不承认一个虔诚的反对者所狂热崇拜的对象的例子,可以用来很好地阐明被法律强加的各种义务与宗教的绝对冲突。霍菲尔德认为,对原始人的研究将会遇到区别一个个类似问题的困境。甚至在依照想象推测的良好的秩序中和彻底文明化了的法律系统中,多种同类物也会使他们陷入难以分辨的困境。像西格尔所说的,即使当霍菲尔德消除了在法与公平之间没有冲突的古典理论后,他还是明确地指出,在较长时期的社会的法律制度之内,两种不同水平的法律之间仍然存在着强烈的不协调。[6]

霍菲尔德对基本法律概念所进行的极富有影响的研究结果,给最令人伤脑筋的原始法问题的分析提供了一个体系。一个棘手的问题就是描摹或陈述那被称为相对于“私有”而言的“公有”和相对于“物质”而言的“非物质”的社会制度的实际表现形态问题。这里就涉及概念问题,当然,这些包含着简单含义的概念,就其自身而言并不是很重要的。这是因为就清楚地分析复杂化的原始法制度的细节而言,它们很容易变成令人不满的代用品。准确深刻的分析使大量的尖锐激烈的争论变得没有必要,从而把社会科学的无地位的比较法学留给政治家。

为了达到这个目的,我们可以通过认真地分析从北加利福尼亚的尤罗克印第安人那里所获得的材料取得效益。尤罗克人是因克罗伯教授从人类学的角度对其基本法律制度进行了概括的著作才闻名于世。[7] 尤
52 罗克人生活在克拉马斯河下游和大西洋沿岸地区。他们曾以原始渔猎和采集食物的方式维持生存。他们的世界是一小块典型的原始生活画面。

〔6〕 西格尔:《法律探索》,第 400 页,n,22。

〔7〕 A. L. 克罗伯:《加利福尼亚的印第安人手册》,第 20 页以下,美国民族学管理局公报 78,1925 年。《尤罗克人的法》,第 511 ~ 516 页,再参见 W. 戈德施米特:“伦理学和社会结构:民族学对社会结构的贡献”,载《美国人类学家》53:506 ~ 524,1951 年,该文对西欧和尤罗克社会的伦理作了深入的比较。

这是一块编织得很美妙的茧状地段和海岸沿线。他们愚昧地认为山脉的走向构成了他们的生存线。他们用传统方式以人名和符号给他们所熟悉的地区命名,使它们成为可以辨认的。这说明尤罗克人的愚昧保守以及这种状态对所有的人和物的影响。尤罗克人对财富的积聚和炫耀表现了极大的兴趣。他们把成串的贝壳、鸟羽和大量的礼仪性的黑曜岩石片作为财富的标志,同时财富的标志也可以在消费品中找到。人的威望则是从大量有价值的商品中获得的,在这里财富在保持个人的优越地位和威望中具有极重要的意义。

除了私生子和奴隶外,所有的人在最轻微的伤害中也能享受请求权、特权、权力和豁免权。在尤罗克人中,虽然没有对全体人员而言特殊化了的法律强制,然而有一种规则化了的法律意义上的程序。它通过收税和征集赔偿金或者对罪犯处以伤残刑甚至死刑的办法,迫使罪犯接受公认的法律准则。像戈贝尔实地调查中所得出的结果那样:“最后的分析说明对身体施行暴力行为是法律的力量。”[8]在尤罗克人的案件中受害方和他的男性亲属有权利提起诉讼,这在原始私法中是常见的,但是他们不能自己审判罪犯或决定惩罚性的赔偿金范围。审理工作是由处于公正立场的非正式法院或由从与诉讼参加人没有血缘关系、没有被诉讼的部落中的任何氏族征服的其他部落中挑选出来的中间人进行的。在被挑选出来审理这一案件的四个人中,原告提名二人作为自己的代理人(和现在的概念含义不同),被告也提名二人作为自己的代理人。不论这些人作出怎样的决定,都是这一案件的最后判决。中间人从原告和被告以及其他有根据的原材料中收集证据。他们根据实体法,能够对手头的案件所适用的
原则和诉讼请求,在原被告之间协商,然后作出判决。如果在审判中发现 53
被告有错误,他们就会宣布一个对被告不利的判决。这实际上是把原告的请求作为有法律根据的请求,从而对其请求作出的支持。由于被告被判决负有不履行职责的义务,法官按常例判决他们支付赔偿金。在违约案件中,被告常常变成原告的债务人,同时被告在履行债务时要征得原告

---

[8] 尤罗克的文化和人格的讨论,“文化的心理学研究”联合研讨会(心理学和人类学),1941年春在加利福尼亚大学伯克莱分校举行。

或他的亲属的许可,在这种情况下,即使公众的舆论支持原告,但这种行为还是有卷入世仇的危险。每一个诉讼当事人都把贝壳或作为财富特殊标志的软底鞋交给他们的中间人,作为对他在审判这一案件中所付出的劳动的补偿。

在确定赔偿金的分配中,中间人受牢固建立起来的价值原则的制约。除了私生子和奴隶外,每个人都会得到一份固定不变的抚恤金。每一种东西相异于它的固有价值,这是由在预先的经验交易中所支付于它的那些因素决定的。每一种无形财产权一般公认为甚有价值。能独自使婚姻发生效力的新娘聘礼决定了抚恤金,因为一个人的合法地位等价于他父亲付给他母亲的新娘聘礼的价值。私生子没有抚恤金,原因很简单,他父亲未把新娘的聘礼给他母亲,因而他们也就没有什么法律地位。这种情况在理论上和实践上都说得通,因为这样的人没有获得他父亲的男性亲属对他们的支持,母亲的男性亲属也会因自告奋勇地站出来为他们的利益辩护而感到耻辱。他们没有正当的合法地位,变成了社会的弃人。对尤罗克人来说,这些人是耻辱者,所以他们的地位比卑贱的替罪者稍好一点而已。

在尤罗克人那里,对人的伤害是根据侵害程度和加害者的抚恤金的
54 价值来衡量的。尤罗克人的法律包含着许多有趣的法律关系。在霍菲尔德的术语中所引用的例子说明了这一点。第一案件起因于海外,它给尤罗克人保留下来责任的概念。这一案件的产生与尤罗克人居住的位置有关。尤罗克人所居住的克拉马斯河流域为私人所占有,这里十分有利于发展渔业。与其他人相比,世袭财产的所有者享受着独占这些有利地形的请求权。但这种权利对所有在他的地区的打鱼者来说都是一种暂时的特权。当然这一特权的扩大使用对任何第三者而言,又都附带了一种责任,这就是不能使任何在他所辖地区打鱼的人受到侵害。如果这些人在打鱼时不幸滑倒损伤了身体,那么他可以在主人保护他免受灾害的原始请求权中,获得对这种损伤赔偿的正当请求权。

与此相似,克罗伯教授记录了另一种案例。在这种案例中,一个客人随同三个兄弟出海打鱼,不幸被淹死。对此,死者的亲属便要求赔偿抚恤金。这三兄弟否认这一请求的合理性,拒绝承担责任。为此该客人的男性亲属提起诉讼。选出的中间人出示了证据,陈述了法律,作出了判决,

同意该客人亲属的请求。判决所依据的证据就是，这三兄弟邀请该客人和他们居住一夜，并且是在该三兄弟所有的河流上淹死的。尤罗克人的法律认为，保护客人的安全是主人的一项责任，这样等价的责任就被判处有玩忽职守罪，而对客人的淹死有责任，并须支付死者亲属以抚恤金。

作为产权保护者的土地所有人，不仅与权力和特权有关，而且与独特有趣的义务有关。这里我们再举一个90年前发生的案子，它可以说明尤罗克人由于对财产的崇拜而引起的对法律关系崇拜的情况。M家是一个没有海滩但长期拥有从其居住地点向周围扩展四海里的捕猎海物的所有 55
权。名叫L的猎手多次忘记了这一点来捕鱼。M的家庭没有向法院起诉，而是用箭射伤的方式惩罚了L的父亲。L的家庭因此提出诉讼，中间人用规则化的方式审理了这一案子。他认为，L对M家的沿海生物的捕捞请求权的侵害程度，高出了M家对L的父亲的侵害程度。为此他判决取消了L家提出的诉讼请求。大家认为判决公平。但L不服，在判决宣布的两天后，诅咒了M。尤罗克人的法律把诅咒称为职能亵渎。这样M向法院提出L家支付赔偿金的要求。在审理中，鲁莽的M的亲属杀死了L。这样，他们在蔑视法院的同时，还越权实行了一个过分强烈的惩罚行为。为此L的姐姐以咒骂杀人者来施行报复。这样做是她的特权。L的母亲要求将M家世袭的沿海捕捞请求权交给她，作为补偿杀死她儿子的抚恤金，结果她获得胜诉。[9]

这些例证足以说明两个问题：第一，用霍菲尔德的方式对原始材料进行介绍是可行的；第二，这些介绍更进一步加深了从法律角度对这些案件的争论和准确的关系，以及界限的认识。

第三点要指出的是，霍菲尔德的分析方法完全可以取代没有必要的争执和混乱。对某些原始的财产形态或“公有”、“私有”的认定，已变成集体主义和个人主义人类学家们发生冲突的领域。在法学界，法学家们 56
因此产生了争执。例如威廉·西格尔就谴责布朗尼斯拉夫·马林诺夫斯基，说他犯有“带着从现代共产主义痕迹攻击原始共产主义的错误”。[10]

---

〔9〕 这一案件不太正式的叙述见R. L. 克罗伯：《尤罗克人记事》，第182~199页，加利福尼亚大学出版社，美国考古学和民族学第35卷，1943年。

〔10〕 西格尔：《法律探索》，第53页。

因为马林诺夫斯基提出了美拉尼西亚的独木船的所有权不归公有的主张。英国的人类学者 W. H. R. 里弗斯也坚持这一主张。[11] 马林诺夫斯基曾不遗余力地强调,作为美拉尼西亚实例的脱贝允德独木船的所有权不是共产制而是个人的"义务"、"特权"和"利益"的复合物。[12] 马林诺夫斯基在结论中说:"所有权既不是被像共产制这样的名词规定着,也不是被像个人主义或个人股份公司这样的引证规定着,而是被具体的事实和使用的状态规定着。关键是义务、特权和相互关系把共同所有者与物,以及相互间的关系联系起来。"[13] 在这里他非常接近霍菲尔德的思想和术语类型。如果他的规则用霍菲尔德的术语加以陈述,那么他关于美拉尼西亚人的原始社会的自然财产结构,是不可能被粗暴地歪曲的,特别是不会被法律研究者所歪曲。因为就其基本成分而言,如果复杂的法律和社会制度被简单化,这些粗糙混乱的幻想概念就会被排除。混乱和无意义的争论就会带着那些无用的垃圾堆而滚蛋,因为这些东西中的不清楚界限常常使人们发生争执。这样一来,我们就不会把尤罗克人对独木船的所有权称作"公有制"或"私有制",也能很好地解释和理解它。从表面
57 上看,尤罗克人的独木船归所有者所有,其实这是一种混合的特殊的请求权⟷义务,特权非请求权关系。所有者拥有一系列对抗任何第三者恶意干涉和损害其船只的请求权。同时他还有对抗任何把它使用到公共水面上去的人的特权,以及在买卖契约中的一般豁免权。他有权把它们作为"礼品"出卖或赠给他人。这些都是私人所有权的全部属性(尽管这样的豁免权在所有的原始文化中不可能被享用,特别是在交换赠与与复赠与起作用的地区)。[14] 他要承担一系列界限分明的义务,这些义务在某种程度上限制了他在这些物体上的一些排他的特权。例如,一旦有人要求摆渡时,他就必须摆渡,因为他有摆渡任何要过河的跨国旅客的义务。如摆渡失事,旅客就有权要求以贝壳作为赔偿费。与独木船所有者的义务相适应,对要求摆渡的旅客而言,他享有一种因摆渡而引起自己任何财

---

〔11〕 W. H. R. 里弗斯:《社会的组织》,纽约,1924 年版,第 106 ~ 107 页。
〔12〕 马林诺夫斯基:《原始社会的犯罪与习俗》,第 17 ~ 21 页。
〔13〕 马林诺夫斯基:《原始社会的犯罪与习俗》,第 20 ~ 21 页。
〔14〕 H. N. 沃德尔:"原始礼物",载《社会科学百科全书》(第 6 卷),1931 年版,第 657 页。

产伤害的请求权。例如,当他在摆渡旅客的过程中,他的房屋失火并被焚毁,他就有权要求摆渡的旅客赔偿他的全部损失。因为按照推理,如果他没有受雇于摆渡,他就完全可以把火灾控制住。

对原始社会中的这些例子的分析导致了相一致的库克的以罗马和英美法为基础对所有权的系统论述,这一分析似乎对要求适时的分析特别适用。他说:"人对物的所有权的主张形式上是一种简单的声明方式,实际上它获得的是一个非常复杂的法律权力的集合体。"这种权力集中与这一物质直接联系着,并间接地与给予他的所有这些存在的权力的事实联系着。这就是说,所有权意味着一种权力的集合和包含着形成这种权力的那些事实的存在。当我们对构成所有权的一系列权利用霍菲尔德的术语分析时,我们就会发现它们不仅是由一套数量不定的人的严格意义上的权利或针对一批负有相应义务的数量不定的请求权组成,而且也是由数量不定的且为数众多的特许权、权力和豁免权组成。这一系列权利处 58
于不停的变化之中,就像一个人的生命过程中有出生、长大成熟到足够承担法律义务和直到死亡一样。它们也会随着其他事物的发生而变化。[15]

人类学家不得不同意霍菲尔德的观点,即这种物体与出于对这种物体的尊重而决定和规定的可行性行为的那种网状社会关系相比,是缺乏财产上的意义的。充分意义上的财产是关于那个物体所利用的网状社会关系。在其中一个人或组织被默认或公认,具有一种准独占权和限制请求权、特权、权力和豁免权。这样就本质意义而言,财产有两方面的意义:(1)物体;(2)限制和规定人与物之间关系的社会关系。这种限制关系,习惯地被一些正统的经济学家和法学家作为一种独占权的使用论及过。[16] 今天经济学家和大部分法律思想家都对财产物体的绝对控制权有自己的观点。他们认为物体的绝对控制权最多只能是一种相对权。所谓的绝对控制权充其量是一种准独占权。它总是被另一些人强加给财产所有者的那些暗含的、惯常的要求权和限制约束着。即使法律并没有对个人财产物体的使用和处置暗含什么限制,上述情况还是存在。虽然个

〔15〕 W. W. 库克:"所有权和占有",载《社会科学百科全书》(第11卷),1933年版,第54页。

〔16〕 例如T. E. 霍尔兰德:《法理学原理》(第8版),第180页:"它通常被解释为对物的绝对控制",纽约,1896年版。

人可以通过自身的努力创造而获得财产物体,或在原财产的基础上增加新财产,但我们应该认识到这是社会赋予的,而绝不是什么个人的功劳。虽然个人可以是某种有价值物的拥有者、无主物的拾得者、一些物的占有者或创造者,但只有社会上的其他人对这种占有已经公开承认或默认,赋予该物以财产的属性后,他们才对它拥有所有权,也才处于一种特殊的法律地位。[17]

59 如对财产的物体从社会心理学的角度予以考虑,那么,它总是刺激着所有者和非所有者,从而使他们产生一系列特殊复杂的行为,并决定相同的财产物体所有者和非所有者的作用。于是,凯恩斯说:"财产关系是三合一的:A 拥有 B 而反对 C,这里 C 表示其他任何人。"一个社会人类学家认为,"A 对 B 的作用和法律地位与 C 对 B 的作用和法律地位是不相同的,这里 B 表示财物,C 表示其他任何第三者。"[18]这个财产的概念将有助于明确不是被看做占有转移或遗产转移的那种继承,而是从死者到继承者的那种法律地位的转移。当 A. R. 拉德克利夫—布朗得出在父系社会继承权归男性、母系社会继承权归女性的结论时,他对原始社会的继承权的探索已接近事实真相。特别是他说:"总之,虽然有例外,但是财产的转移总是同法律地位的转移沿着一条线进行的。"[19]不过,他并没有看到财产的转移就是法律地位的转移。我们从此可以推知,如果重要人物的法律地位已转移到某一个亲属集团中,那么财产的法律地位也会以同一方式转移。并且进一步推知,根据社会组织间的密切关系,财产法律地位
60 的转移一直被期待占有着。这样一来,社会人类学家的探索就和我们目前对继承的看法一样。我们认为继承不是作为"活人对死人财产的占有这种行为",[20]"或者不是作为对死者所有权利的继承",[21]而是看做从死者到活人的特殊财物法律地位的转移。这些特殊财物不仅"包含着不

〔17〕 林顿:《人格的文化背景》,第 76 ~ 77 页。该特殊的身份指"一个特定的个人在一个特定的时间内,居于一个特定的体系之中的地位"。

〔18〕 H. 凯恩斯:《法律和社会科学》,纽约,1935 年版,第 59 页。

〔19〕 A. R. 拉德克利夫—布朗:"世袭和父系社会的继承",载《依阿华法律评论》20:297,1935 年。

〔20〕 G. D. H. 科尔:"继承权",载《社会科学百科全书》(第 8 卷),1932 年版,第 35 页。

〔21〕 W. E. 鲍德温:《布维尔法律字典》(修订版),克利克兰,1934 年版,第 549 页。

确定的能有效地对抗任何负有义务的人的请求权，而且包含着大量不确定的特权、权力和豁免”。用这些概念来处理原始社会存在的非有形财产，像有形财产一样，是不困难的。R. H. 洛伊的著作中有关这个问题的论述，首先引起了人类学家的注意。他反对在法制史中到处使用财产这个概念，认为无形财产的概念受到了现代法律制度的影响。因为原始人缺乏那种程度的思维能力，因而这个概念是虚假的。[22] 洛伊教授关于在原始人中作为无形财产权存在的论据的某些原始记载的阐述，受到了西格尔的挑战。他不承认无形财产可以在任何意义上作为一种“财产”的存在。他说：“在论及原始社会制度时，使用‘占有’一词比使用‘所有’更合适。”他认为无形财产不过是一种人的存在属性，而绝不是人的一部分。因为在任何法律意义上它也不能作为“财产”对待。因此，早期法律对无形财产所持的否定态度是具有一定的真理性的。[23]

面对这些混乱不清的争论，库克在论文中接受了被霍菲尔德搞清楚了的所有权概念和行之有效的分析方法。他问道，当我们拥有任何有形或无形财物时，是否可以说我们拥有所有权呢？现在我们举一个被洛伊提出的无形财产的例子，看能否把它们作为含有所有权的东西加以对待。 61
安达曼岛上的一个居民创造了一支用来集合安达曼人的歌曲。这支歌曲很受欢迎，但却违反了安达曼人的社会习惯，所以除了作者之外没有人敢唱它。[24] 不能设想如果真有人敢唱它会发生什么。因此，在生存的安达曼人中要知道社会风俗对歌曲的制约程度是不可能的。第四个被洛伊教授举出的例子是巫术的程式、祈祷文和宗教术语的私人所有权。在原始人中间，这些超自然的语言形态常常被拍卖或赠与。当一种类似的权力扩大到接受者时，这些被引证的例子中的所有者，完全可以让渡他的财产，或最多不过是出卖和给予这些接受者一些在其中受到限制的利益，和应用歌曲或程序的那种受到限制的权力。

当然，批评还涉及其他几个方面。为对抗从授权者那里得到无形财

---

〔22〕 R. H. 洛伊：“在原始社会的无形财产”，载《耶鲁法律评论》37：551～563，1928 年，以及他的著作《原始社会》，纽约，1920 年版，第 235～243 页。

〔23〕 西格尔：《法律探索》，第 50～54 页。

〔24〕 R. H. 洛伊：《原始社会》，第 236 页。

产权的篡夺者提出的请求权，由受害者施行的惩罚性的刑罚、赔偿金的请求，以及在原始社会的诉讼主体等几个方面，都没有证据加以证明。不管怎样，这些消极的证据，除了从地下发掘获得的证明外，很难给人以证据的印象。因为原始人争执的只是很小范围的事实。同时，被挑选出来作为证据的大部分事实，并没有得到认真的考证。我们所知道的只是超自然的惩罚。作为保护这些权力方式的法令，很明显只是一些原始宗教的教义，而不是严格意义上的法律。霍菲尔德的美妙分析使其学说广加应用，致使除法律关系外的其他社会关系清楚化。

现在让我们来看一个平原印第安人中的施幻术者通过斋戒以寻找超自然力的例子。这个印第安人说他在梦境中遇见了一头大熊向他走来，并同他讲话，还教给他四支新歌。熊还用它的符号和手势指导他制造一
62 种用生牛皮作的盾牌，告诉他盾牌的用途以及在交战中怎样保存自己。熊说交战前唱这四支歌，盾牌就会保他免予一死。后来他按照熊的指导做了一个盾牌，在交战时他唱着这些圣歌，然后迎着敌方的投掷物冲了过去，竟没有受到任何损伤。就这些歌和盾牌的价值而言，它们是显而易见的；洛伊教授已清楚盾牌是一种私有财产物。但在印第安人的文化中，像这样的盾牌几乎没有什么价值。同盾牌所联系的价值，不外乎是双方交战时的那些歌曲和那种不可思议的神秘力量罢了。无形财产就是这些东西的价值。歌曲、盾牌这种复合物和那种神秘的力量，能够作为礼物转移给后代、兄弟和朋友，或者能够被在公共场所拍卖。接受者能够使用这种复合物，当然也可以通过一定的仪式获得这种权力。但他如果越权使用这种盾牌和这些歌曲，结果就很可能被敌方的武器杀死，以作为超自然力对这种行为的惩罚。不过我们可以相信，如果这些东西被别人偷去，真正的所有人还是能够再次获得其所有权的。用霍菲尔德的话表达，就是所有这些都意味着只有该幻术复合物的所有者能够唱这些歌曲，占有这些独具特色的财产。其他人是不能这样做的，这也就是他对其他人的请求权。从他与本部落战士相处的关系看，意味着 A 能独自唱这些歌曲和占有这些具有特色的财产，B（其他人）都不能，这也就是 B（其他人）的义务。B 的义务的履行是由非法律的超自然力强制的。在侵害事件中，B 的义务不是表现为出让土地来满足 A 的请求权。

这种陈述表明,不是作为法律力量而是作为超自然力量在原始文化中起作用。当世俗的普通法不能补救甚至被推定为不能补救时,这些超自然力量就可能被认可为法官来裁决这些案件,并被认为是最公正的。我们如果进一步探究一下,A让渡了这一复合物,这是他的特权。相对于
A的家庭而言,我们可以推定A是自由的。他可以把这个复合物让给一 63
个非亲属。他的儿子X是无权阻止他这样做的。假如说B用了三匹马交换了这个复合物,A可以让渡这一权力。反过来,假如说B提议用三匹马交换这个复合物,A拒绝这种倡议,这是A豁免权。但是在一些文化中如晒延人中,A就不能很自由地拒绝B的这种倡议。在这种文化中,A掌握的这种复合物,由于其他人的权力而强迫他通过这种提议予以让渡。A的所有权关系,伴随着各种不自觉的让渡义务。

在这里,如果我们没有大量充分的由所有权关系所产生的权力集合物[(在严格意义上而言)所有权关系不仅包含着一种绝对的权力,或者有效对抗任何义务人的请求权,而且包含着大量不确定的特权、权力和豁免权……],谁能对此确定地说它是无形财产呢?

霍菲尔德的分析使这个问题清楚了,因为他的基本概念不仅适用于基本法律关系的分析,而日适用于对任何复杂的规范或强制的社会相互关系的复合物的基础分析。即使我们承认一种社会关系必须经过法院加以审判和通过被法律认可的政务官加以实施,即使我们接受了社会关系也是被作为超自然力确定的而不是作为原始法律力量确定的主张,霍菲尔德的体系还是能够有效地影响一种对原始人作为除无形财产这种法律关系以外的其他社会关系的分析。综上所述:"用更加完美的术语和思维工具思考这些问题,你就会得出清楚的不含糊的结论,这是因为你的术语是不含糊的。"[25]

〔25〕 K. N. 卢埃林:《多刺的灌木丛》,第88页。

第二编

各种方式的原始法

第五章　原始无政府状态下的爱斯基摩人的基本法

尽管我们在谈着和写着“爱斯基摩人”，但实际上并没有爱斯基摩部落。因为大约只有2万人的爱斯基摩人稀疏地分布在与外界隔离的北极地带，它分布在北美北部、格陵兰岛的西部和东部的大约6000英里长的广大地区。人口密度不等，从平均每65平方英里一个人到每200平方英里一个人。由于他们被遥远地分离开，尽管爱斯基摩人善于游移，在一年之中打猎和互相拜访要游历数百英里，但是就地方团体相互之间的交往而言，既不频繁，又不持之以恒。至于上层建筑，包括一系列地方团体的社会机构，则从未出现。

爱斯基摩人的团体或村区的范围非常小，以至于探险者或捕鱼者几乎找不到100人以上的独立社区。因而早期的爱斯基摩地方团体特别小，常常只是最亲近的人们聚集在一起。只有当某个爱斯基摩人穿越荒无人烟的地区或乘船去拜访另一个社区时，他才进入与自己所在社区有关的另一群体中。通常一个爱斯基摩团体由有内在联系的大约12个家庭所组成。家庭关系，除靠近北极地带内的以外，并未受到应有的重视。所以，存在大量地渗透到家庭内部的惯例，并且朝两边延伸发展。就社会机构而论，人类学家认为，它使爱斯基摩人成为闻名的、真正的原始人团体之一。冬季，他们的房子通常是许多家庭在一起，但是在每一个大家庭内部，每一个小家庭却是自治的。本来各家族之间可以有密切的亲戚关系，但他们并不如此。他们的所谓朋友也仅仅是以其所好为
68 基础的。家族和氏族只在他们不注意时才最为显著。这样，尽管家族关系并未被忽视，但是地方团体的机构和整体方面，家族关系仍不是基本的准则。就某个团体而言，同样也是由所在地方来规定，这是爱斯基摩人自己承认的。他们指出，每一个地方团体是由一个地名加一个后缀——miut 组成，意思是"什么人"。库斯科魁木尤特人是因为这些人居住在库斯科魁木河下游的缘故。

那些曾拜访过爱斯基摩人的人们，对其狩猎的技术和水平有着持久的崇敬之感。与此相同的是，从人类学家的观点来看，他们对爱斯基摩人的文化和语言也有着高度的赞美。会说格陵兰爱斯基摩人方言的拉斯穆森曾作了一次旅行。他在穿越从加拿大到西伯利亚的途中，能同他所遇到的并认为值得纪念的所有爱斯基摩人互通信息。[1]

不同地区的生活方式及信仰各异，这种现象也存在于爱斯基摩人之中。例如在阿拉斯加的西南部，由于受英联邦哥伦比亚西北海岸比较发达的印第安文化的影响，或直接受到东北亚的影响，所以社会结构有所不同。[2] 因此，一个爱斯基摩群体的法律制度无法与另一个简单相比。有鉴于此，我们对爱斯基摩人的法律的研究就不能仅限于一两个群体，而必须广泛地收集资料。对仅属于某一群体的东西，我们必须加以注意。

爱斯基摩人的社会生活相当简单，他们的法律还相当低级，以至于他们的文化的最基本的东西，也几乎没有变为法律上的基本原理。当然，这些基本原理几乎没有一个被爱斯基摩人确认为明确的公理，这是因为爱斯基摩人的思维方式所致。相反，作为伊哥鲁利克爱斯基摩人的欧鲁洛，
69 以极其愤慨的态度抗议库恩德·拉斯穆森的固执提问，说："过多地考虑只会招致麻烦……我们爱斯基摩人不是要解决一切疑难问题的人，我们

---

〔1〕 克努德·拉斯穆森：《横穿美洲北极》，纽约，1927 年版。

〔2〕 玛格丽特·兰廷斯：《阿拉斯加人的礼仪组织》，美国民族学协会专题著作 10，1947 年。

用自己记得的词句重述他人在路途上曾告诉我们的那些古老故事……而你们总是想使这些不可思议的事情变得有意义，但我们却不想为此自找麻烦。我们不赞成理解。”[3]然而，尽管爱斯基摩人不局限于自我剖析之中，但他们有意识地尝试去制定一个富有逻辑和比较稳定的社会行为体系。这个体系对它的前提来说是有意义的。这个前提取决于他们的信仰，并通过大量的观察，以事实来论证，如同现在摆在我们面前的公理一样。

在爱斯基摩的文化中，有法律意义的公规如下：

公理一　有精神的东西和全部动物，从它们具有灵魂这一点来说，和具有感情理智的人相似。

推理1. 一定的法令会使他们高兴，另外的则使他们愤慨。

公理二　人类生活的一个重要方面对动物的灵魂和有精神的东西的意志来说是低级的。

推理1. 当动物由于人类的行动而感到不愉快或非常气愤时，它们就会拒绝给人所渴望的东西而施展魔力来惩罚人。

公理三　生活是艰苦的，安全感的系数很小。

推理1. 非生产性的社会成员无存在的理由。

公理四　全部自然资源应自由使用或共同使用。

公理五　像利用时间一样，全部生产工具（如打猎设备等）必须保持有效的使用。

推理1. 私有财产被别人使用其价值大于所有者无效占有。

推理2. 没有人能比所有者使用占有更多的东西。

公理六　自我必须通过行动来寻找自我的现实。

推理1. 个人的自由不能侵犯其他人正常活动范围的最低限度。

推理2. 自我行为的尺度把握对男性来说十拿九稳，对女性来说还必 70

---

〔3〕　克努德·拉斯穆森：《伊哥鲁利克爱斯基摩人的观念文化》，第69页。第五次图勒探险的报告1921～1924年，第7卷，1929年。

须竞争。

推理3. 丧失行动能力的人不值得活着。

推理4. 一种物体的自然的或人为的利用,比物体的"所有权"有更特殊的地位。

公理七　女性虽然在社交方面不及男性,但她们在经济生产和生育后代方面则起着重要的作用。

公理八　夫妻组成的小家庭是基本的社会的和经济的单位,他们的活动范围自治。

公理九　为了个人和地方团体的安全,自己的行为必须是预定的。

推理1. 战争行动必须限制在一定的程度和范围之内。

怎样使这些公理转为合法的或半合法的原则或规范呢?

拉斯穆森说:"对无法预知的灾难的恐惧,使爱斯基摩人坚持自己的信条,他们深信受精神世界的支配,并希望凭借发现精神的意欲以便预先制止它们。"伊哥鲁利克的哲人奥安说:"我们相信什么? 我们什么也不相信。我们只有害怕。"这确实是真的,但并非是全部事实,它只是一般情况如此,面对具体行为却相反。为了说明爱斯基摩人的整个系统,我们接受了奥安的说法便可以阐明其轮廓。但是,必须使那些精华的东西继续保留在单一的体系之中。

从人们思想上的恐惧心理可以看出,成千上万的人因一些戒律而时刻限制着自身的正常发展。爱斯基摩人就是如此。那些受戒律支配很深的人,已难以感觉出自己受其影响。为了预防好战行为或怕别人不尊重自己,大量的戒律涉及动物的精神世界和控制他们的诸神。戒律相当广泛,以至于爱斯基摩文化中少量的法律规则由于受到超自然的颂扬,而在大部分地区发生作用,并统治着爱斯基摩人的社会和经济生活。迷信和
71 宗教对人们行动的引导作用,远远超过法律。根据爱斯基摩人的观点,违反这些戒律就是最大的罪过。随罪过而立即到来的是疾病。每一个罪过都有助于阴暗的、有害的妄想形成,并会掩盖罪犯的真实心理。加拿大中部和格陵兰岛的西部的爱斯基摩人认为,在公众集会上忏悔可以净化其

灵魂。随之而来的是产生病人意想不到的凶猛的巫师(或巫医)为之忏悔的情况。村长也为之祈祷,这是从过去的共同祈祷到现在的独自祈祷。为了求得上帝的宽恕,他们带着哭泣祈祷,希望被沾染的灵魂得到净化。尽管一个罪犯可能毁坏许多事情,但爱斯基摩人却对他们能忍让和表示同情。因为他们是极少数人,所以犯人不敢重犯以免被当场抓获。罪犯从精神不安中解脱出来的疗法,我们从下面摘录的拉斯穆森的著作中的描述将可以看到,就连巫医发现线索的简单技术也清楚地揭示了。在那时地区集团的忏悔牧师是戏剧性的和滑稽可笑的,他使其听众毫不怀疑。在患者身边载歌载舞的巫师是审问者。他唱道:“正是你,这个阿克沙魁尼利克,我带着救助的精神问你,这个正在受苦受难的人的不幸从何而来?是不是由于近来或过去我吃了一些违背戒律的食物呢?是否由于那 72
躺在我身边成为我妻子的人呢?或者是由于妇女自身的痛疾所致呢?难道她是灾难根源吗?”患者答道:“疾病是由于我自己的过错所致,是我自己使疾病充满了我的生活,我的思想已经腐化,我的行为也变得残酷。”巫师打断她,继续说道:“她看起来像个放荡的女子,而实际上还不是。难道她不是像隐藏在耳后,看起来像耳的软骨一样吗?有些东西在闪烁着白光,那是烟头,否则能是什么呢?”听众立即大哭道:“她已经吸了一袋烟,应该不再吸烟。这倒没有什么关系,我们对此不表任何态度。让她自己放弃吧!陶瓦!”……他们就这样继续争个不休。[4] 73

在这里巫师的威力正如他所指导的公共忏悔一样,并还会作为法定的东西立即呈现出来。就犯罪者来说,他参加忏悔是“自愿的”,直至忏悔到来之前,也没有法律的强制力显示出来。而且,巫师的活动不管怎样,都是在极力地描述合法的权威性,并尽力创造合法的行为。一位很有声望和权威性的巫师,可以把他的团体的一些人作为对动物和精神世界的大不敬者公开地加以谴责,并且想怎样惩罚就怎样惩罚。最轻的惩罚是由巫师安排的不给罪犯吃饭。在巫师看来,通过最为显著的赎罪办法就是引导一个有过错的妇女与其交流思想,因为他的超自然的权威可以起抵消罪过的作用;或者引导她与一些特殊的男人同居。更带有戏剧性的

〔4〕 拉斯穆斯:《伊哥鲁利克爱斯基摩人的观念文化》,第131～140页。

是，他可以公开声明一夫一妻对一定的精神世界应该负一定的法律责任。在此基础上，夫妇可以被命令分居，有时还带着与他们必须再婚的人的一个证书。[5] 有一个暗示，那就是一些安格科克们在制造一些讹诈方面，没有超出这个权威之外。起诉一个已婚妇女的男人，尽管这位妇女尚未从与她丈夫的争执中退缩，他可以"贿赂"一位安格科克，请他捏造其婚姻招神灵嫌怨的依据。另外，用少数冷嘲热讽者的观点来看，则可以建议一些特权者(安格科克)，为获取一定的费用，将他们的权力出卖。在阿拉斯加半岛的西南地区，巫师可以"严厉地命令人们聚集在其周围，从他们身上收取一些合理的有价值的东西。"[6]那些未能很好地接受巫师命令的人，则可以被驱逐出团体。如一个名叫拉卜拉德的姑娘，由于她坚持将驯鹿和海豹的肉放在一起来吃，因此，在冰天雪地的严寒状况下被驱逐出去了。这应归罪于大陆和海上居民分离主义的感情，这也是爱斯基摩人最
74 基本的戒律。他们认为，她的行为会危及整个团体。因为发怒的动物会纷纷远离此地。而这势必给猎人带来饥饿和挫折，给团体造成了威胁。当安格科克已经宣布某种行动或交际对某种精神、有秩序的忏悔或赎罪有害时，他的教诲往往被忽视。

从公理一和公理五以及由它们得出的推理中，人们能够感觉出一条合法的原则，即故意或固执地破坏戒律，将从团体中被驱逐出去，以此作为惩罚。同时，如果两性问题证据确凿的话，安格科克将会把他的权力延伸到在人们看来尚十分含糊的性禁忌的案件之中。按规定破坏戒律是应受超自然力惩罚的，故意和重新犯罪则应受到法律的惩罚。刑罚形式是将罪犯流放到北冰洋地区。

第三个公理和它的推论，没有表述为法律的强制命令形式，而相反地表述为特权。杀婴者、杀伤者、杀老者以及自杀者都属于特权行为，它是由社会批准而实施的。

在爱斯基摩人中，残害婴儿的事件很多，这是因为过多的婴儿对他们来说是个负担。虽然，如果条件允许的话，爱斯基摩人总是渴望将他们的

---

〔5〕 E. W. 霍克斯:《拉布拉多的爱斯基摩人》，第 21 页；加拿大的地理勘探研究报告 91，人类学系列，第 14 号，第 86 页。

〔6〕 玛格丽特·兰廷斯:《阿拉斯加的礼仪组织》，第 86 页。

孩子喂养成人,但环境艰难的话就难以实现这一愿望了。其次,就每个家庭而言,它可以自己作出决定,看它目前的资源是否可以保持孩子通过不景气时期。如果作出一个否定的决定,或已实施,那么将不存在社会的谴责和法律的惩罚问题。影响婴儿生存的第一个限制因素就是母亲抚养孩子的水平问题。爱斯基摩人如同别的原始人一样,哺乳期很长,有的长达数月甚至几年。这种情况完全不同于我们现在的习惯。爱斯基摩人的孩子躺在母亲的怀里,至少要长到2~4岁。成了青年时,甚至到了15岁左右,如果尚未结婚,还可以乘机躺在母亲的怀里,从母亲的身体获得滋
养。[7] 而这对母亲来说,要同时照看两个或者更多的孩子,繁重的和无 75
休止的劳动将会使之感到相当困难。而且,当她外出或在室外工作时,她每次只能带一个孩子。如果大一些的孩子尚未断奶,那么新出生的孩子,必然被处死。这几乎是主动杀死孩子的主要原因和现象。

养父母的地位,所有的爱斯基摩人都予以承认,虽然他们与生父母没有血缘关系。没有孩子的夫妇通常渴望收养一个孩子,这样可以或者传宗接代,或者为防止年老的不便。这是为贫乏的社会所提供的一个小小的安全保证。

如果小孩是孪生,那么,其中之一将难免被处死。这倒并不是出于厌恶之感,而是由于援引惯例。[8] 大多数爱斯基摩人,如果他们愿意接受一个孩子予以抚养,他们则希望从生父母那里得到抚养费。拉斯穆森曾谈及一个名叫内奇玲缪特的爱斯基摩人,她生下了一对孪生子女,就为其中的一个准备了一条狗和一个带边的平锅。他们留下了较胖的一个。如果留下的孩子无人接受,则将被处死。办法是窒息而死,但更多是习惯放在室外被冻死。任何一个发现被抛弃的孩子的人,都可以不对其父母付出任何费用而收养他,这是因为他们认为,父母抛弃孩子就等于抛弃了自己的权利。

女孩是被大量杀死的主要牺牲品。这是由三种因素所致:第一,男人是基本食物的主要生产者;第二,成年女儿到了结婚年龄比男的更常常离

〔7〕 彼得·弗兰伊赤:《北极冒险》,纽约,1935年版,第9页。

〔8〕 W.I.托马斯:《原始行为》,纽约,1937年版,第9~16页。

开父母,因而女孩比男孩作为年老的备用物来讲,更不可靠;第三,职业上的死亡和戏剧性的自杀减少了成年男子的人数。

76 拉斯穆森认识的一位妇女,在60年中生了20个孩子,其中15个为女孩,5个为男孩。10个女孩在刚出生时就被处死了。4个死于疾病。5个男孩其中之一在海里被溺死,4个活着。[9] 这是一个相当有代表性的例子,并告诉我们这种杀婴行为在团体中得到赞许。韦尔所汇集的普查材料显示,在爱斯基摩人的14个团体中10岁以下的女男比例是,从最小的42比100到最大的92比100。十之八九的团体是71比100。其中,1/3的女婴被杀死。因此,到15岁时情况就不同了。在20个团体中,仅有3个是女的少于男的,一半以上的团体的男女比是100对110。与此同时,在切斯特菲尔群岛和哈得逊湾的西北海岸已增到131个妇女比100个男人。这是由于男人们出外打猎以及相互之间残杀的结果。而女性不是如此,除非因饥饿减少了人口或者迫使重新组织生活规划。从爱斯基摩各团体的平均数看,有大约比男性多一倍半的女性。由此看来,爱斯基摩人
77 的一妻多夫制,显然不是由于杀女婴者的任何过错行为所致。正像一些作者所猜想的,它的原因在于另外的社会因素。[10] 杀伤、杀老以及自杀都是从属于杀婴的同样推理——生活是艰苦的。那些不能充分承担其生产重担的人们,将丧失其生活的权利。

尽管在爱斯基摩人中有老人被处死的习惯,但这多来自老人自己的请求。杀死的行为将由与之有亲戚关系的人来实施,这是为了防止复仇的可能性。因为杀婴行为一般很容易为大家所接受,但杀老和杀伤者则相反,十分难以为大家所接受。因为长年建立起来的感情上的结合难以割断,以及一个老年人坚持他的请求权让别人杀死自己的情形并不少见。所以,亲属被迫履行他们的职责,而不得不杀。韦尔记载了一件沉痛的事例:一个生活在底欧米德岛上的猎手谈到最后是在怎样的情况下杀死他父亲的。他的父亲已值暮年,一日不如一日,他再不能像其他成员那样对团体有所贡献了,所以,要求儿子杀死自己,他叫一个十二三岁的小男孩

---

〔9〕 拉斯穆森:《穿越美洲北极》,第226页。

〔10〕 例如,C. K. 加伯:"爱斯基摩人的杀婴",载《科学月刊》64:98~102,1947年。

使劲地将他的一把大猎刀磨快。随后指着他胸部容易刺进的部位，让他儿子来刺。第一次儿子将刀插得不太准，没有起到应有的效果。老父亲带着严厉和忍耐的情感说道：“孩子，再高一点。”第二刀很准，可怜的父亲就去见上帝了。[11]

以刺杀致死并非爱斯基摩人杀老人的唯一形式。吊死、绞死、堵在雪洞里冻死，以及由一群旅游者将该杀之人抛弃在广阔无际的荒漠之中的方法等，也被各种各样的爱斯基摩人所采用。在爱斯基摩人的神话中，我们可以发现他们在进行这种活动时的内心冲突。而对于那些毁坏他们生命的人来说，似乎根本没有什么社会责任。但在伊哥鲁利克的神话里，体弱多病的以及年老者则被遗弃，“一般对于那些自暴自弃和带有严重自卑感而死的人，则规定一些不可思议的补助方式”。[12]

自杀者、杀老者和杀残者的事件，均带有一种协助的因素和性质。在切斯特菲尔群岛，一位女婿帮助他的岳母自杀，由于她患了肺结核病，所以决定上吊自杀。“她感到自己老了，并且已经开始出现了血外流的情况。她希望快点死去，并且我也同意。我仅仅在房梁上很快系上一根绳子，其余的事就由她自己干了。”[13]

在格陵兰东部，一个妇女领着一位瞎了眼的邻居去当地自杀的悬崖处，以便她能跳崖结束自己的生命。这位妇女仁慈地告诉霍尔姆，她是怎样接受所提供的服务费。她虽然不是她的亲属，但是一位朋友。[14]

在调和两种冲突的价值体系中，一个真正似是而非的例子是，一个切 78
斯特菲尔群岛的老人，在他妻子的帮助下上吊自杀了。他妻子对拉斯穆森解释说，这不是真正的自杀。她和她的丈夫都转信天主教。他们开始信仰引导人的生活的唯一的上帝的学说。因为当她的丈夫将自己关起来，在临断气之前作祈祷时，她则拿着一个带着耶稣像的十字架模型站在一旁。这可以与天主教法庭的实际相比较——她放弃了他，随之举起了

〔11〕 E. M. 迈耶：《爱斯基摩人》，第 138 页。

〔12〕 拉斯穆森：《伊哥鲁利克爱斯基摩人的观念文化》，第 160 页。

〔13〕 拉斯穆森：《伊哥鲁利克爱斯基摩人的观念文化》，第 96 页。

〔14〕 G. 霍尔姆：《阿哥马沙利克的爱斯基摩人的人类学素描》，第 74 页；《关于格陵兰的报道》（第 39 卷），1914 年版。

十字架。而后当她看着十字架时,他就自然而然地死去了。“在他们当中,仅仅有个别的死得匆匆忙忙,一般都死得非常缓慢。”[15]

自杀看起来似乎是在个别情况下被实施的,这是由于“心理上的烦闷所致”。在拉斯穆森的报告中有这样的两个案例,它们是相当典型的。那是将裸体的人放在室外活活冻死的。这将那些由于一定原因而自我毁灭的情况作了充分的揭示。一位伊哥鲁利克老妇人突然被冻死,于是就连尚未穿衣的她的儿子外出也遭到同样的命运。[16] 一个动不动就对其继子发火的继父骂道:“我是多么希望你去死!你连饭都不值得去吃。”这个可怜的小伙子随之答道,从今以后再也不吃饭了。那天晚上他裸体走进雪地,被冻死了。[17] 在猎人中最危险的是溺死。在伊哥鲁利克人中流传着月神的呼唤:“跟我来!”那不是痛苦的死,仅仅是短暂的头昏眼花,它不要自己杀死自己。

还有依赖于第三个推理所产生的一种特权,即在饥饿的情况下,同类可以相食。尽管享乐主义食人者在一些民族中存在,非洲尤其如此;尽管许多原始部落为了获得超自然惩罚牺牲者的力量而实施这种仪式,即互相残杀。但爱斯基摩人只是在大灾害以及非常饥荒之时,才取同类相食的办法。威廉岛上的族长对拉斯穆森说:“许多人已吃过自己的同类,这并非来自任何欲望,仅仅是为了保持他们的生命。在许多案件中,经过苦
79 难之后,他们对死就不会太敏感……但是我们自己是否可以用这种方式呢?尽管我们难以发现,但当我们吃起来以及自己感到满意时,就可以明白他们是怎么回事了,回过头来我们再看一个身体健康的人怎样能够吃得好一些?除了那些理解饥饿的疯狂者,我们仅仅知道,每个人都有同样的生活欲望。”[18]

推理4即所有的自然资源可以自由使用或共有。而土地起初并不是任何形式的财产,它是公有的。土地甚至被认为是公共的领土,特别是在

---

[15] 拉斯穆森:《伊哥鲁利克爱斯基摩人的观念文化》,第97页。

[16] 拉斯穆森:《伊哥鲁利克爱斯基摩人的观念文化》,第95页。

[17] 拉斯穆森:《穿越美洲北极》,第16页。

[18] 拉斯穆森:《穿越美洲北极》,第223~224页。再参见F.博厄斯:《巴芬兰和哈得逊湾的爱斯基摩人》,第470页,新闻报15,美国自然历史博物馆,1907年。

那些荒无人烟的、无生活意义的地方更是如此。尽管每一个地方团体与一些特定的区域在传统上有联系，但爱斯基摩人尚未产生哪怕是最低限度的对领土的主张。一个人，无论他属于哪个团体，他都可以在他喜欢的地方打猎。因此，不允许别人进入自己的打猎地的行为，是受到憎恶的。但阿拉斯加西部除外。那儿的爱斯基摩人受到了印第安人的个人主义和大家族主义的影响。据玛格丽特·兰廷斯的观察，当大陆上的爱斯基摩人穿过努尼瓦克岛时，也从未引起当地人的反对，连不悦的表示也没有。霍克斯也谈到一种有趣的现象。拉布拉多半岛上的狗尽管在河上习惯于捕一种特殊的鱼已长达数年了，但它们却宁愿跑到别的地方，而不愿与其他任何一只跑在自己之前的动物发生争执。总之，爱斯基摩人陶醉于海上的活动，因而土地被忽视，也未形成财产的观念。另外，运动以及人们使用最多的物品也反对使用财产的概念。根深蒂固的爱斯基摩个人主义者，借助于一定的公理来加以表示，这种公理是通过他们自己发现一些行为的真实性后，假设观念产生了一些维护私有财产的法律方式，一个物体的被创造使得它的创造者成为私有财产者而确立的。如就打猎来说，猎物归自己所有。在格陵兰东部的安马沙利克，谁挖开一个海豹洞谁就对该洞和海豹有专利权。还有那带着渔叉头逃跑掉的海豹常属于那些真正捕捉和杀死该海豹的猎手。——尽管有渔叉，并没有所有者的标志在上面，仍应将海豹返还原主。但是，任何一只海豹如果被开汽船的人叉住，那么这就会触及开船人所布下的网，猎物得归其主，这是由于汽船的拖力才最后将海豹捕获。

打猎也是这样，人们主要根据每个人在打猎中的参加顺序和实际作 80
用进行分配。每一个人借助于他的活动就会产生取得特定部位的请求权。巴芬岛上的居民为我们提供了一个典型事例。“谁第一个接受去刺海象的任务，便得象的前半部，谁第一个来到他身边当助手便分得前半部的另一侧，下一个是脖子和头，再后来的两个分别分后半部的两侧。”[19]个人的气力融入到合作队伍之中，将会使那些自愿加入到队伍中活动的每一个人发挥其最充分的请求权，并反对那些分享胜利果实的关系户或

〔19〕 博厄斯：《巴芬兰和哈得逊湾的爱斯基摩人》，第116页。

大陆上的另一些人。就联合竞争而言,在这个活动中,一个猎手行使了他的权力建立了一个新的法律关系。其他猎手无权阻止他,而且成为他主张的相互关系中的义务的承担者。

我们反对这个公理的个人主义的引申,不过,没有人可以更有效地使这个公理起作用。放弃食物和资源,并不意味着放弃他们的所有财产,而这将在爱斯基摩人中赢得尊敬和领导地位。在阿拉斯加西部,就白令海峡水域而言,那儿的爱斯基摩人已深受西北海岸迅速发展的印第安人的
81 财产观念的影响。一个人可以暂时地积累食物和主要的未生产物。但是依据公理十在法律上的适用,所有的人,甚至于阿拉斯加西部的爱斯基摩人,都不允许有超出普通水手的财产,只有在他被认为捐助公益事业的目的时,才可以积蓄财产。E. W. 纳尔逊说:"在每一个村庄,就聪明人来说,积累财产和成为公认的领导是非常普通的……在每一个贸易活动中,这些人通常都是木框皮舟的所有者,并且控制着别人,甚至到了为自己利益而从事贸易的程度。但只要他被认为是公共利益的捐助者,其领导者的权力就能维持下去。这种人每年夏季坚持要收集大量的食物,以便冬季和节日之用……爱斯基摩人非常妒恨那些收集大量财物的人,因此这些富人为了赢得大家的善意,便被迫与团体进行一些公开的贸易……举办一些小型的节目,并献出一些食物和礼品。这样,人们就会跟随他,他也有利可图。"[20] 纳尔逊说,那里的"企业家"如果集中了过多的财产,并被认为不是为了公共目的的话,那么,他在人们的心目中就印象不好,就会引起人们的愤慨。最终他不得不痛苦地举行一次宴会,把所有的财物毫无保留地消耗和分配掉。他也以此为训再也不会聚集财物了。如果他长期拖延不这样做,那么他就会未经审判被处死,他的物品将由执行人分配给大家。不管哪一种办法,从此,他的家庭财源将被断绝。[21] 在阿拉斯加西部,拖延不分配重要的财产而自己利用被认为是重罪,并且财物要收为公有。走遍北极的所有地区,可以看出,把基本的公理变为法律,是没

〔20〕 E. W. 纳尔逊:"白令海峡周围的爱斯基摩人",载美国人类学社编:《年度报告》,1899年,第17期,第305页。

〔21〕 E. W. 纳尔逊:"白令海峡周围的爱斯基摩人",载美国人类学社编:《年度报告》,1899年,第17期,第312页。

有必要的。爱斯基摩人慷慨好客的伦理观,足以使我们明白它已经给予了我们什么。

爱斯基摩人都是无政府状态者,他们不具有正式意义上的政府,对领 82
土的要求根本就谈不上。权力的高度集中是不存在的,在这种情况下,爱斯基摩人的社会是相当民主的,但涉及每个具体团体时,其技术发展是不平衡的。一些人易于采取迅速而有力的行动,他们是团体的核心人物。爱斯基摩人认识到了这一点,这从他们接受卓越的猎人或巫医上已得到证明,这就像为其团体寻求出路一样。

巫医的权力我们已讲过了。那么,世俗的领导是什么?是酋长吗?是的。酋长在每一个团体中都有一个,他们为大家所公认。“他们几乎永远是最好的猎手,在早晨总是第一个起床和第一个走出室外。他们制订打猎计划,他们的智慧和经验受到大家的尊重。”[22]在加勒埔的爱斯基摩人中,他们被称为“伊侯米特克”,意思是思想家(包括为别人着想);在巴芬岛称为“皮美厄”,意思是他什么事都最清楚;在乌那利特称为“爱那尤乎克”,意思是所有的人都听从他。这样的人以乌那利特的标准来说是“富有的”。因为他们有好的装备可以维护很好的家庭,以及贮藏品。但是再富也不能取得领导权,因为富并不意味着他具有领导者的品质,所以他们只能叫“塔——哥”,即“富人”。

像在北极地区的其他地区一样,在乌那利特的爱斯基摩人中间,酋长只有着不固定的统治权,他不进正式的政府机关。他们不是被选举的,也不是通过任何正式程序产生的。当别人接受他的判决和意见时,他就是一位酋长。当人们否定时,则不是。酋长是这样的人,他们能打猎,“熟悉传统的风俗习惯和节日的礼节仪式,属于不平常的能使他人服从自己的社会地位的人,是团体中的一位最重要的顾问”。[23]这些就是人类原始社会中政治权力的萌芽。

在爱斯基摩人中不存在一个人的直接权力超过其他人的现象。那里,比赛和善意的竞争都非常厉害,但是爱斯基摩人中间总的来说是和平

〔22〕 弗兰伊赤:《北极冒险》,第 138 页。

〔23〕 纳尔逊:《白令海峡周围的爱斯基摩人》,第 304 页。

83 的。他们的团体之间不发生战争。他们没有妒忌之心,他们租赁和交换妻子,但并无恶意。这的确是事实,但这些事实并不能证明他们中毫不存在侵略和妒忌别人的心情,尽管广阔的地区内允许各种各样的不同性别的人进行生活体验,包括婚前和婚后的人。但是在爱斯基摩人中仍然发生为了占有和争夺妇女而引起的激烈冲突。挑起冲突的形式是明显的通奸和意欲占有别人的妻子。不过一个丈夫把自己的妻子租给一位朋友,这是另外一回事,并不是通奸。还有,如果一个男人和他的妻子加入到熄灭灯火的游戏之中,即许多对夫妻在一个暗室中摸找异性,当灯亮时即可将找到的带回家,这在爱斯基摩人中也不认为是通奸。通奸仅指妻子事前未请示或没有得到丈夫的暗示同意与别人发生性关系。而经丈夫同意与别人发生性关系的事,是很常见的。如果某人未经丈夫的同意与其妻发生了性关系,这种行为对男的来说应受到谴责。但丈夫只能凭借第三者谴责他——与之进行一次歌赛。或者从别人的观点来看,应该让他自己反省!

公开地占有别人的妻子,是对其地位的公然挑战,结果之一就是相互残杀。库思德·拉斯穆森说,当他访问加拿大马斯克·乌克斯的爱斯基摩人时发现,早在18世纪20年代组成的团体里,15个家庭的所有成员已卷进了相互残杀的旋涡。对他们来说,即使不是作为主要的而是次要的,往往"因女人发生的争吵,就成了这一行为的起因"。[24]

由于缺乏标志着结婚和离婚的明确仪式,因而给部分爱斯基摩人增加了许多困难。结婚是缔结以共同生活为目的而发生的单纯的超友谊关系,但离婚的原因不仅仅是不再共同生活。一个妇女如同一个男人一样,
84 随时可以终结一桩婚姻关系。在婚姻中地位的转移是非常容易的,以至于公开的邀请作为引诱而存在于破裂的家庭中。从相反的地位来看,没有文明的计划使结婚以明显的方式为排除第三者闯入而服务。这可能部分在于爱斯基摩人社会中缺乏结构的状态,但也反映了爱斯基摩人对固定的家庭来说,尚缺乏控制力。这种状态有助于因邀请闯入者而发生冲突。因为在爱斯基摩人中间妻子像其他东西一样可以容易地借到和租

---

〔24〕 拉斯穆森:《穿越美洲北极》,第250页。

出。就妻子来说，也缺乏明确的民主自由，她们从何时被借、何时结束以及占有从何时开始等，规定都不明确。一个依自己意志而离开丈夫的妇女，可以认为她是为了新的联络在自由自在地行动，和她有交往的男人也同样。另一方面，她如今的丈夫可能已同时结束了长途外出，所以不可能接受作为真正离婚的分离，他妻子新的家庭关系，虽然对他来说不能被看做重婚，但却是通奸。麻烦于是就会随之而起。

爱斯基摩人婚姻关系的微弱以及性生活的泛滥，索尔比泽所写的关于东格陵兰的报告中作了详细的描述："S 是一个三十多岁的男子，也是一位巫师和著名的猎手。在去年春季他有两个妻子。其中的一个是 P，他杀了她的父亲使之被迫与自己结婚已数十年，生了两个儿子。另一个是 A，结婚不久就被 V 夺去了，为此二人结下了仇。为了报仇，他怂恿 I 夺取了 V 的前妻。……当 V 发现此事时，他找到 A 的母亲商量，是她怂恿女儿离开 S 的，她说，我不能支持你的两个妻子。A 之所以要离开 S 就在于 S 老责怪和凌辱她……于是 A 离开 S 跟 V。后来，S 又意外地带回来一个新妻子 W。S 是她的第七个丈夫。她因为相当任性，杀了打算放弃的孩子，便离开了第六个丈夫。为此，她俨然像第三个妻子。S 是在一次熄灯游戏中赢得她的，当然是用武力将她带回的。当 P 看见这个新娘时，她非常气愤，责怪其丈夫。他勃然大怒，打她甚至用刀刺她的膝部……几天后，W 乘一个机会离开了 S，随着一些参观者到了另一个部 85
落，到了那儿她立即与一个男青年 M 结婚。这是她第八次结婚。但三个礼拜后她又离去，回到第六个丈夫的身边。在 W 离开 S 的几天后，P 抓住了她。P 现在是 S 的敌人，暗地里监视着他。"[25]

在这种竞争的情况下，被获胜的男性所占有的妇女是对丈夫拥有一个妻子的品德的一种侮辱，也是对其丈夫威望的一个挑战。其结果是怀疑、不和、恶意、残杀，或导致以击鼓相斗。由此看来，两性的竞技场是爱斯基摩人早期滋生麻烦和法律的土壤。

伊哥鲁利克、加勒埔和科波的案例告诉我们，杀人的声望能导致人们陷入对妇女的追求之中。在伊哥鲁利克有这么一个案子。当一个强壮的

---

〔25〕 索尔比泽：《阿玛沙利克的爱斯基摩人》，第 71 ~ 73 页。

名叫魁尤克的男子的妻子死了时,他召集了一些朋友去邻村绑架了肯格的妻子。他是个武艺超群的人。但是这一生活的变迁,使他除肯格及其两个兄弟以外,对所有的人变得软弱无力了。此外,随他去的朋友也返回故乡,当魁尤克刚到肯格家时,肯格出外打猎,所以他俨然像肯格妻子的丈夫一样,指挥一切。后来肯格返回家中,他遭到了魁尤克的辱骂。肯格没有立刻作出反应,而是躲到小茅屋里唱一首不可思议的具有魔力的歌,使魁尤克睡觉了。随后他走进屋子刺了魁尤克一刀,并立即拉起魁尤克的妻子离开了屋子。魁尤克乱蹦乱跳,血流不止,不一会就倒下死了。肯格的村民随后也就开始攻击魁尤克的两个兄弟,他们住在附近。其中一个被刺死,另一个逃回了家乡。尽管这个兄弟常常表示要去复仇,但却心有余而力不足。[26]

还有一个加勒埔的爱斯基摩人的案例:一个名叫伊哥尤嘎流克的帕德勒米尤特部落的酋长,他追求一个姑娘,遭到了姑娘父母的反对。为了寻求办法和显示自己的高傲,他躲在姑娘家附近的树丛中,枪杀了姑娘的
86 父母、兄弟和姐妹,共七八条人命,仅剩下这个姑娘,迫使她与自己成了亲。拉斯穆森认识这个人,认为他“聪明、自信、智力高超”,在他的部落中是最有权威的人。[27]

另一个是科波的案例:在1905年,南此令米尤特的一对夫妇迁至爱沙哥米尤特定居,同时带着三个已长大成人的儿子。其中最大的一个娶了一位爱沙哥米尤特的女人为妻。当地人宣称,他们必须与该妇女进行有规律的性交活动。这位丈夫不愿意,但又无力反抗,于是刺死了自己的妻子。随后,这个丈夫被其岳父和支持者抓获杀死。这个丈夫的弟弟为了保护其兄,从背后刺死了这个岳父,自己也受了重伤。爱沙哥米尤特人考虑了这一情况,为了防止血亲复仇继续下去,建议完全根除这一家的成员。结果只剩下一个可怜的儿子,他感到危险逃出来了。[28]

---

〔26〕 拉斯穆森:《伊哥鲁利克爱斯基摩人的观念文化》,第297~298页。

〔27〕 拉斯穆森:《穿越美洲北极》,第60~61页。

〔28〕 戴蒙德·詹内斯:《科五白爱斯基摩人的生活》,第95页;《加拿大极地探险报告1913~1918年》(第12卷),1922年版。兰延斯博士指出:在努尼瓦克岛的爱斯基摩人中,家庭生活是很秘密的,因纠纷而发生的杀害比东部的爱斯基摩人要少得多(这是他向作者的口述)。

在弗罗伊赤所收集的一些靠近北极的爱斯基摩人的谋杀案中，几乎每一个妇女都是一个麻烦的因素。由夸归奇引起的塞克鲁沙那的谋杀案就是一个很好的例子："塞克鲁沙那经常捉弄贫困的夸归奇（他是一个年轻的鳏夫）。一天他们俩一块外出打猎……在回家时塞克鲁沙那说，回家后夸归奇可以和他的妻子睡在一起，以此来逗弄他。但是，当夸归奇想占这一便宜时，总发现她的丈夫就在她的身边……除此而外，塞克鲁沙那为了向夸归奇显示幸福婚姻的许多好处，便打他妻子，而且总是当着夸归奇的面打。春季的一天……夸归奇用渔叉刺死了塞克鲁沙那……然后带着凶器回家。他告诉死者的妻子，他打算和她一起生活……这位可怜的寡妇温顺地接受了这一要求。"[29]

当然，谋杀也有来自另外一些原因的。詹内斯论述了一些不太重要 87
的辱骂言行，都可能成为科波的爱斯基摩人谋杀的原因。正像有一位妇女，仅仅因为嘲笑别人不生育而被刺穿了腹部（这是在报告发现的 27 个案例中女性实施的谋杀案之一）；或者一个男人为了证明被害者所说的谎言而切开了其腹部取出肠子却不知道刀子可以使人致死。[30]

谋杀通常几乎都是由杀人犯买通单身汉或小孩干的，这些人成了牺牲品。在许多情况下，渴望得到一个妇女是谋杀的起因，但这并不是真正的动机。为了安抚丧失亲属的家庭，一个社会个亟须一个规定，把责任放在杀人犯的身上。

同态复仇往往由受害者集团中的亲属来实施。这种情况在爱斯基摩人中，除科波·伊哥鲁利克和格陵兰东部外，大都如此。这些地方到了后来，由幸免者亲属根据其"实力"自由决定方式。这正像伯基特—史密斯所解释的，这与保护主义的原则有关，即一个人把被他所杀的人的儿子以继子抚养，当这个孩子长大成人时，他就可以向其继父进行这一拖延已久的血亲复仇，就像冰岛古老的风俗一样。[31]

同态复仇的实施，可以立刻进行，也可能延期进行。在后来的案例中，中部的爱斯基摩人的杀人犯，可以在友好的情况下与那想要对他复仇

---

〔29〕 彼得·弗兰伊赤：《北极冒险》，纽约，1935 年版，第 297 ~ 299 页。

〔30〕 詹内斯：《科五白爱斯基摩人的生活》，第 94 ~ 95 页。

〔31〕 K. 伯基特·史密斯：《爱斯基摩人》，纽约，1936 年版，第 152 页。

的人生活在一起，直到某一天，也许几年以后，被仇人从背后刺死或枪击死。纳尔逊记载了白令海峡的爱斯基摩人中的一个谋杀案例，被害者的
88 幼子让他叔父救了。当这个孩子长到10岁时，一天正当谋杀者在孩子的帐篷里套狗时，他叔父告诉他报仇的时候到了，递给他一个装药的枪。这个孩子拿起来对准谋杀者扣了扳机。就这样，替他父亲报了仇。[32] 如果报仇者希望做得更光明正大，那么，谋杀者也乐于应战，这样二人进行角斗。如果谋杀者输了，则遭受死的痛苦；如果他赢了，则有权杀死受害者中的另一个人（不过这并无案例为证，似乎也根本不适合爱斯基摩人的情况）。[33]

复仇杀死他人并不意味着一个人勇敢。因为一般说来，谋杀者是被偷偷处死的。仅仅在格陵兰西部，才事先发出一个警告，表示谋杀者将面临死亡。对此，科尼哥让人们注意古老的斯堪的那维亚半岛的法律。这个法律规定，在实施法外的杀害之前，要作一个死亡的口头声明。他建议将这种情况推移到爱斯基摩人之中。[34]

那些杀了一大批人的人可以在团体中立即增加他们的威望，而不是相反。但对于惯犯来说，却并非如此。他会成为社会的一个危害，因为他易于在任何时候杀死另一个受害者。作为一种危害，他自然就变成了公敌；而作为一个公敌，他将会成为公共攻击的目标。攻击是合法的，是执行者的一种特权。单个谋杀者是私人的过错，应由受害者亲属实施，屡教不改者成了公共的罪犯，应由团体的头领亲手处死以示惩罚。博厄斯给我们提供了一个这方面的典型案例。他写道："事实上在部落中已发现的风俗习惯非常广泛，所以只能以我自己观察所得来论述。在帕德利有一
89 个叫帕德路的人，在坎伯兰海湾引诱了当地一个人的妻子遗弃了她的丈夫，并赶走了他。被遗弃的丈夫伺机报复……他在帕德利拜访了他的朋友，但在他尚未报仇之前却惨遭杀害。受害者的弟弟又去为哥哥报仇，也遭到同样的杀害，第三个坎伯兰海湾的人去又遭杀害。由于帕德路的行为十分残暴，当地人很想除掉他，但没有一个人敢去攻击他。当其首领安

〔32〕 纳尔逊：《白令海峡周围的爱斯基摩人》，第293页。
〔33〕 弗郎兹·博厄斯：《中部爱斯基摩人》，美国民族学协会年度报告6，1888年，第582页。
〔34〕 H.柯宁："爱斯基摩人的违法及其调解"，载《人类学》18～19：306，1923年。

卡德来尤特知悉此事后，便出发向南，询问沿途每一个帕德利的人，该不该杀死帕德路？所有的人都主张杀死他，于是他被人从背后枪杀了。”[35]同样的事例，除格陵兰东部外在其他地区也存在。最主要的因素是死刑的执行人，他们之所以这样进行杀害行为，是因为他们寻求和渴望预先得到团体赞成解脱其行为。当这样的赞成一旦获得，对死刑的执行者来说，就不可能遇到复仇行为。因为他的行为并非谋杀。他是以人民的名义来执行一个公共判决，这是他的职责。更进一步说，复仇被排除的原因很简单，那就是在大家统一的意见中，也包含着杀人犯亲属的意见。

由于加倍地防止了对死刑执行者实施血亲复仇的缘故，所以，可以号召近亲属他们自己去执行团体的意志。例如在 1921 年，安维利哥尤阿米尤特的首领接受了他的 54 个老乡的委托杀死了他弟弟。他弟弟偶然狂怒杀死了一个人，并在病狂中伤了另外一些人。该首领有些不大情愿，不过最后还是去了。他向其弟弟解释了他的处境，询问弟弟用哪种方式去死，是刺、缢还是枪杀？弟弟选择了后者，当场就被打死了。[36]

在阿拉斯加北海岸的巴罗角，一个人和叔叔杀死了他们的亲属。这个亲属谋杀了一二十人。这些人是在从黑斯赤欧岛去巴罗角的途中遭到伏击而死的。此事因他残害了一个小孩而暴露后，根据传教士的命令而被杀死，并用鱼叉剥了皮。所有的爱斯基摩人都对这种前所未闻的惩罚 90
产生了厌恶感，他们认为“剥了一个人的皮，并不能医治他”。但是，人们变成杀人狂的情况却由此得到了改变。

就爱斯基摩人的一般情况看，对于谋杀者的基本办法就是把他人树为公敌。[37] 威胁和辱骂可以导致同样的后果。因为被大家讨厌的人是要被驱逐的，如果他继续其扰乱行为，再予以杀掉。

巫术和爱说谎者与杀人累犯归于同一类，因为施巫术者是一个杀人犯，爱说谎的人也被认为是一个公共的危险人物。他们应服从公共意志的判决。在格陵兰西部外沿地区，当一个巫师被叫做巫术师时意味着是

---

〔35〕 博厄斯：《中部爱斯基摩人》，第 668 页。

〔36〕 拉斯穆森：《穿越美洲北极》，第 175 页。

〔37〕 K. 伯基特 · 史密斯：“艾格戴斯曼德国及其土著民”，载《关于格陵兰的报道》（第 66 卷），1924 年版。

有罪的,巫术师可以由巫术受害者的亲属杀死。在格陵兰西部,当地人都是以侵犯团体而处死的惩罚来对待所有的巫术师的。无人保护的寡妇、无儿无女的成年男人通常由巫医指说为巫术师。他们容易被作为目标,因为他们无人保护。于是,团体的要求也可以得到满足。博厄斯报道了巴芬岛一个巫术师的破坏活动,“他企图以魔术杀死一大批人”。团体讨论了这件事后,决定杀死他。他被一位老人从背部刺死了。老人是为了感谢团体而这样做的。[38] 在靠近北极的爱斯基摩人中间,拉斯穆森也报道了类似的例子。[39]

从格陵兰到阿拉斯加都有说谎者被处理的报告。尽管我们尚不晓得这种戏剧性行为的原因所在,但根据公理九,这是因为他们做了那些必须
91 从团体中永远被驱逐出的屡次杀人的犯罪。说谎是极其无礼的,就像格陵兰海岸西北部卡拉伯克的任性的孩子的无礼行为一样。据弗雷伊赤说,那并不是值得鼓励的行为。“在约克角,这种任性行为在孩子们初次参加社交活动时就表现出来。一次一个孩子收集了一大批已坏的鸟蛋,把它藏一个山岗上。某一天他歇斯底里地大喊道:‘一条船,一条大船来了!’当然这些话对那些很少受到外来者访问的当地人来说还是有诱惑力的。于是村民们都匆匆忙忙地来到小山岗去看船。这时这个孩子蹲在一块大石头后边,当村民靠近时,突然跳出来,用他已准备好的武器投向村民。结果砸坏了寡妇卡拉伯克的房子,她无力劝阻,更不要说去重建房子了。于是,她请求马亚克帮助她除掉这个孩子。马亚克把这个孩子带到一条冰河边,从冰缝中把他推下去了,显然这会使这个小孩丧命。而后,卡拉伯克走向传统的哀悼室吊唁。可是她被小孩子的突然闯入打断了。原来这个小孩没有死,他死里逃生,顺着冰缝到达附近的海口上来了。从此以后,谁也不敢碰这个小孩子。小孩子使出了所有的诡计对他人进行报复。他成为一个肥胖得用皮带束着肚子的年轻人,他没有一套打猎工具,所以他不得不和别人一道打猎。一天,当马亚克外出打猎时,他走进马亚克的房子,告诉马亚克的妻子说,他已跟随马亚克打猎一段时间了,

---

〔38〕 博厄斯:《马芬兰和哈得逊湾的爱斯基摩人》,第117~118页。
〔39〕 拉斯穆森:《北极的人》,纽约,1908年版,第156页。

当他们离别时，马亚克告诉他住在马亚克家里，并可以行使一个丈夫的所有权利。马亚克的妻子是一个十分温顺和忠于爱情的人，就顺从了。但未等到她丈夫返回前，她意识到是上当受骗了，但为时已晚。所有的村民都嘲笑马亚克。这个孩子随意地到一个个的地窖，但不接近别人。他的母亲也对他束手无策。最后大家决定对她母亲说，如果她要挽回其家庭的尊严，必须杀死他。一天晚上，当孩子入睡时，他的头靠在床边，母亲就用绳子系了一个活结，套在他脖子上，又将其拉紧。就这样结束了这个孩子的生命。他的母亲也因此受到人们的尊敬。现在她又结婚了，她那和蔼并富有声望的话语，在集会上总被认为是有价值的。”[40]

在小的爱斯基摩人的团体中，争论中的证据不会产生大的问题，只是
因为足够的直接的信息似乎通常就在手边。当事实不知道时，可以求助 92
于占卜，但当涉及明显地恶意冒犯或如科波爱斯基摩人中在一个人死于巫术时则不用占卜的方法。[41] 占卜的方法是，用一条绳子绕在一个躺在地上的人的头上，或绕着上衣，甚至占卜者自己的脚。当灵感到来之时，问题就明白了。以物体举起时的困难或容易，来回答“是”或“不”。据兰廷斯博士报告，在努尼瓦克岛，占卜的方式是将水灌入一个煺了毛的动物腹中，然后放入静水中，看有没有犯罪者的影子。

杀人者的争论在许多爱斯基摩人团体中，解决的办法是诉诸搏 93
斗——摔跤、格斗或角斗。格斗主要流行于沿大西洋一圈从哈得逊湾到白令海峡中部。摔跤主要出现于西伯利亚、阿拉斯加、巴芬岛和格陵兰西北部。[42] 唱着斗士之歌进行角斗出现在格陵兰的西部和东部，这是当地的一大特征。在无占卜因素影响的情况下这三种决斗形式都是战斗的赌注。在格斗中，双方面对面，他们可以选择直接用肩膀去痛击对方头的一边，直到一个人倒下即告成功。在格陵兰角斗是在欢快的歌声中进行的。歌唱如果偏向一方太甚，另一方就会用他的前额来撞对方，对方则以头迎击。胆怯的一方要受到旁观者的嘲笑，在歌声中败下阵来。作为法律的形式，拳击和角斗比长期的相互残杀来说，则更为普及得多。当他们在召

---

〔40〕 弗兰伊赤：《北极冒险》，第123～124页。

〔41〕 詹内斯：《科五白爱斯基摩人的生活》，第212～217页。

〔42〕 柯宁：《爱斯基摩人的违法及其调解》，第295页。

集团体会议之前，把这些作为团体的一项运动节目时，比赛则提前通告并在节日举行。秘密的、欺骗的以及暗里伏击的方式都不属于这种比赛的内容。拳击和角斗有点像比赛，并非要致对方于死地，只是为了征服对方。但这与中古时代的决斗，以及基本的司法制度，却无任何联系。争论后面的事实无论是什么，它们对结果都毫无作用。谁赢了，就赢得了社会的尊重！谁输了，将遭到失去社会地位的痛苦。但除了自杀、拳击和角斗作为解决争论的方法，显然是大有裨益的。摔跤起着相同的重要作用。尽管摔跤在巴芬岛和拉布拉多半岛上可能产生极为严重的恶果。因为在这两个地方，取胜的一方可以杀死失败者，摔跤之歌偶尔作为实施血亲复仇的一种方式加以使用。爱斯基摩人的东部和西部的斗士之歌都十分出名，它是对高水平者的鼓励，歌中所用的词言简意赅，“就像我们用斧头劈成的白木屑一样”。[43]

以歌相斗也被用来消除嫉妒和争论，但谋杀不在其内。对一个东格陵兰人来说，如果他的体力太弱，以致不能在格斗中坚持到底或如果他非常擅长于歌唱的话，他都可以通过一次歌唱比赛来相斗。不过东格陵兰人所热衷的仅仅是歌唱的艺术性，其目的在于忘掉嫉妒的根源。歌唱的技巧在所有的爱斯基摩人中都是差不多的，除了个别佼佼者。歌唱的形式几乎全部沿袭了传统习惯。成功的歌唱家都是将传统的模式加以组合。他之所以竭力采取如此方式，目的在于博得观众的热烈赞扬，因为最受欢迎的歌唱家就是“胜利者”。当然，胜了一场歌赛并不意味着可以补偿他在过去的损失，但人们认为最重要的乃是声望。在格陵兰东部，以歌相斗可以持续几年时间，当然这仅仅是为了开玩笑而已。但在别的一些地方，恶意的比赛通常在很短时间内就告结束。传统的歌曲常被采用，但一些特殊的组成部分都是为了寻找机会嘲笑对方，和为了有效地弥补歌中的不足之处才被创造的。

在一些情况下，他们的歌描述其制度，以起到作用。例如，爱帕将爱格赛的第三个妻子拐骗走了。爱格赛向爱帕提出进行一次歌赛的挑战。
94 由于爱帕不是真想应战，所以便叫其一个继子 M 代为歌唱。M 控告爱格

---

〔43〕 摘自基利尼(Kilini)的斗歌。拉斯穆森:《格陵兰的传说》，柏林，1922 年版，第 236 页。

赛企图谋杀。当轮到爱格赛唱歌时，他用适当的嘲笑和挖苦滑稽的姿态回答道："我真想帮助我的对手唱出歌声（他将一条木片放在嘴里，然后把嘴往开里锯）但无济于事。""我们对他能干些什么呢？他既不能唱出什么，又不能发声，由于人们听不到他的声音了，我还是最好把他的嘴拉开一点为好，使它尽量变得大一些"（他用手指将嘴拉张到一边，使其像哭泣，然后用一根木杆将上下支住）。"我的对手极其愤慨地说要反对我，说我想将A先伤害，然后杀死。"当我们从南方来到这里时，正赶上击鼓比赛，有一千多人先谴责A（他将一条带子放到嘴里，并打上一个结）……歌唱持续了一个多小时。爱格赛以此来嘲弄对方，M则鼓励听众高声呐喊和嘲笑他，以此来表达他的漠不关心。[44]

另外一些歌曲则很少凭借滑稽，而是借助于讽刺和蔑视。如当K和E面对面时，他们在下列的仪式中带着舞姿歌唱（由于E和已年老的K的离婚之妻结了婚，现在她去找K，表示想返回，而E不愿放弃她，于是组织了一场赛歌）。"K唱道：'现在我将用一些话——一点点，苛刻的话，正像我用斧头劈碎的木屑一样。歌曲来自古代——一支祖先的气息，一首思慕我妻子的歌曲。一个无耻的黑色之徒已经偷走了她的心，我试图竭力蔑视她。一个热爱人类生活的，可怜而不幸的人——一个来自荒年而吃
人的野兽。'E答道：'粗暴无礼的言行已赶走了祖先的气息，这样可笑的 95
自大，真是厚颜无耻。多么动听的一首艺术之歌！把罪责归咎于我。你将把恐惧之感投入我的心，而我并不怕死。嗨！你唱到我的老婆，是你的奸妇。你并不很爱她，所以，她太孤独寂寞了。你忘了在歌中赞扬她，在铿锵有力的赛歌中。而现在，她是属于我的。她再不会光临歌唱之境，陷入爱情之中。在不相知悉的家属之中，成了妇女们的背叛者。'K和E就
是这样，看起来像是彬彬有礼地，互相奚落对方，并唱出自己的辩解之 96
词……"[45]

在格陵兰西部，歌唱者的家属可以为他们声援。在预备赛歌之前，歌唱者唱所有的歌，直到所有的家属完全知悉。当比赛处于高潮时，他的家

〔44〕 G.霍尔姆：《阿哥马沙利克的爱斯基摩人的人类学探讨》，第87页。
〔45〕 拉斯穆森：《格陵兰的传说》，第235~236页。

属异口同声地加强他的歌调。尽管这样是令人不快的，但它不仅是会上流露出的不满情绪的一种好形式，而且也是对自己人表达同情的一种方式。而人们所希望的是，所有的参与者通过比赛之后，都仍将是最好的朋友。相对于东海岸的人来说，格陵兰西部的人，还运用自嘲的方式。“这在爱斯基摩人中是有特殊意义的。”似乎在同一时间内，对手遭受到严厉的谴责和有力鞭挞。例如，有一首歌唱的是一个丈夫把矛头对准了一个引诱他妻子并竭力掩饰自己的卡亚克人。事情败露后，妻子受到严酷的体罚，同谋者受到了口头谴责。歌是这样唱的：“安，我对此感到十分怀疑！为什么我感到必须唱它呢？在我的灵魂深处，那是无济于事的！无论如何，它可以唤起我唱一首歌，来控告他。我多么傻，现真想就他的利益，惹一点麻烦。当我们一起在北部长大时，当我们一起在光阿利纳奇
97 时，她使我生气，那是，经常发生的事。当然，我也习以为常地打骂我的妻子，我不会无缘无故地生气的。平时我对她的干活不满意，因为我的卡亚克人的面子已给丢尽了。这已经完全公开化了；当我出外一小会儿时，他们就说，你看来想要对我发表什么意见，那就是我总习惯于行为相当凶狠，那就是我每次都非常地大方。给他以同样的待遇，我为什么不用一把利刀捅他一下。我对你的行为太慷慨了，真遗憾！真后悔不该把我的一切都告诉你，你这无赖，根本就不会想到我的愤慨。”[46]

在北极地区的爱斯基摩人中，斗歌形式也被采用，但没有角斗和拳击。北极地区中一种最滑稽的演出就是描绘动态中的形象。由拉斯穆森制作并在 1937 年发表的“帕劳亚的婚礼”对此作了详细的描述。

在哈得逊湾北部的伊哥鲁利克的爱斯基摩人中，歌赛也是一项极为重要的艺术。在这里，被认为是最有影响的歌唱家必须有一个“伴歌者”。这是建立“正式友谊关系”基础上的一个惯例。这种同志式的友谊之情已传播到西半球的原始居民之中。伴歌者相互竞争，在所有的事情上都试图超过对方。当他们相遇时，交换最为宝贵的礼物和妻子。每个人都用其歌的最美妙之处来与别人比赛，或者用最熟练的部分，而不是以诗体形式出现的混乱的演讲。当伴歌者相互谴责时，那是开玩笑，是以无忧无

---

〔46〕 柯宁：《爱斯基摩人的违法及其调解》，第 313 页。

虑、十分幽默的态度进行的。当一个人接受一个恶意的斗歌比赛时，无论如何，歌的大意是有区别的。尽管歌的旋律给人以动听的印象，但刻画出 98
的对手的无礼和滑稽、可笑会产生其无用之感。在格陵兰岛，比赛中赢得了观众，或者使对手无言以对的人被认为是胜利者。但不论是胜是负，双方都希望友好如初。作为他们和解标志的就是相互交换礼物。[47]

进一步从内地看，加勒埔的爱斯基摩人居住在全部爱斯基摩人的正中，在这儿也有斗歌仪式。[48] 从拉斯穆森的报告中，我们看到一个人的材料，此人是一个被妻子遗弃而正遭磨难的人。他的妻子受其虐待，逃离后加入歌唱者的行列。这一问题的性质，读者是熟知的。歌是这样唱的："人们在窃窃私语，丈夫和妻子的一些事情。他们总是难得统一，为什么呢？正处于愤怒状态下的妻子，将其夫的皮衣撕碎后，乘着他的小舟，带着儿子而去。唉！啊！所有的人都听着，你以为他会干什么呢？会嫉妒吗？他最恨的是谁？但他毫无力量地晕倒了。哭泣毫无用处，大概仅是谴责咒骂吧！可是，正是他这个愚蠢之人，一开始就用无礼之词与妻子争吵。"

斗歌使阿拉斯加西部的所有地区变得十分复杂，甚至延伸到阿留申
群岛内部（据俄罗斯传教士韦耐门努所报道）。这说明，斗歌是流行于爱 99
斯基摩人中最基本（可能也是最古老的）形式。如果斗歌在解决争端和恢复已疏远的团体内部成员的关系方面有所帮助的话，那么它就是法律上的一种措施。参加比赛的双方中的一方将获得有利于自己的"判决"。然而不可能有按真实的法律所规定的权利和特权作出的公正的判决。通过歌赛，使参赛双方发泄了怨恨和消除了积冤，心理上得到某种满足和得以恢复平衡。而能如此，也就足够了。爱斯基摩人的社会所需要的，如同他们所设想的那样，有这样的审判，也就足够了。就他们所取得的成就而言，这是在多次失败之后所取得的一种"较高"文化的一个因素。不管怎样，它不像战争那样残酷，因为在斗歌中无严酷折磨的因素。超自然的威力也无助于加强那些有自主"权利"的歌手的勇敢。我们应牢记，这种

〔47〕 拉斯穆森：《伊哥鲁利克爱斯基摩人的观念文化》，第 231 ~ 232 页。
〔48〕 韦耶：《爱斯基摩人》，第 227 ~ 228 页。

"权利"对歌唱者或歌唱的结果并不重要(尽管能或多或少积累一些控告有罪的事实,来反对他的对手的歌唱者在事实上处于有利地位)。

由于法庭上的比赛可以成为在辩护律师双方中的一场体育运动的项目,所以,法定的歌赛首先就是——所有的比赛都是为了提供最大的快乐。因此,最富有的就可以使双方辩论的解决作用被忘掉,如果忘记中能忘记最初的目的,那就再好不过了。

从这些情况来看,爱斯基摩人的社会,没有政府、没有法院、没有警察,也没有成文法。用来保持这一社会的平衡和引导人们行为的,是原始的法律途径或与此相同的东西,用之维持秩序,使人们紧密地团结在领导者的周围。这些东西和社会的原则,以及按照爱斯基摩人所形成的一些最基本的公理所产生的价值体系相一致,社会体制也便应运而生。这里,以我们的观察看,已经有法律的骨架了。但爱斯基摩人社会体系的不足之处也很明显,即因武力冲突而造成的男性的大量死亡,影响了社会的发展,而这个社会中存在的残杀习俗,却对此不仅允许,而且予以鼓励。

第六章　北吕宋岛伊富高人的私法 100

在研究原始的法律制度、政治制度的性质和作用时,伊富高人的最大意义在于,他们表明了为了建立一个相当基本的社会结构而精心制定的一种家族内部的法律所能达到的深入程度。伊富高人的情况也表明,社会的错误是与那些执行法律和控制政府的政治理论家们完全分不开的。例如,R. M. 麦基弗说:"财产权是法律的权利,换句话说,它是依赖于政府的权利,它只是因为政府认可并保护它们时才得以存在。"[1]也表明了他们在一个法律体系中所能发挥的作用的天然局限。关于伊富高人的法律资料,我要感激已故的 R. F. 巴顿,尤其他的那些打动人心的和具有穿透力的观察意见,是极其准确和生动的。在道路崎岖的吕宋岛北部山区深处的村庄,伊富高人耕作水稻已有无数的世纪。那里的山地受到严重的侵蚀,被分割成千万个碎小的部分,很难平整为稻田。只是在山谷的底部才有小面积的珍贵平地。随着发展,伊富高人已在山坡上修造了狭窄的梯田。这些梯田沿着峡谷的走道一个接着一个。那些看到过这种景象的人都说,整个世界也难找出和它相像的

〔1〕 例如,R. M. 麦基弗:"政府和财产",载《法律与政治学杂志》4:5,1946 年。

101 东西。为了能得到20英尺宽的平地，伊富高人有时还要修筑一道约15英尺高的梯田墙，以加宽梯田的面积。[2] 而做所有这些，完全用的是双手和简单的工具，那时还没有比木制铲和撬棍更先进、更有效的工具。灌溉渠从山间的溪流和泉水中引来水源，浇灌着沿梯田边缘修筑的防水坝内的稻田。

伊富高人是以灌溉和锄头耕作的农人。而灌溉耕作不可避免地会孕育着法律，因为，用水权的掌握和精心制定的不动产制度，需要裁决和保护的有效机构。在伊富高人那里，对实体法的细节进行详尽地阐述已经出现了。而且，伊富高实体法的复杂性，比得上早期的文明民族。但伊富高法的作用过程却是最原始的，并且仅有微弱的发展。他们的社会结构允许有小的权力的中心或代表。对已有明确依据的事情，代表同一地区的全体居民行使强制性的制裁。

伊富高人约有7万人，[3]尽管从人类学观点看他们是有组织的部落，但从政治学的观点看却不是。因为政治上没有人被认为是首领。那里没有部落的、地区的或村的委员会，而仅有在家庭中有一定地位和资格的家长。在伊富高人看来，家长不是一个工头，但却是家庭的"中心"。尽管他在法律上和经济上领导着家庭，但在家庭成员眼里，同以任何方式统治的领导相比，他更像个一体化的核心。

村庄在伊富高人居住地所起的作用是不大的。因为房屋分散在山谷的上上下下。在有些地方，十来所房屋可能会形成一个群集区，由此组成一个村庄。然而这样一个村庄充其量仅仅意味着是一个政治性和防御性的单位。以割取敌人的首级为战利品的伊富高人，杀了敌人的整个家庭成员后，他一般不会遭到被他杀掉的那些同村庄人的攻击，除非这些成员来自长期结仇的地区。因为复仇队伍是以亲属关系为基础组织起来的，而从来不以本村村民为基点。村民们的思想感情是希望改善那种在同村居民间发生争端时所受到的严厉制裁，他们不像一个我们所理解的村庄那样参与法律上的活动。

---

〔2〕 R.F.巴顿：《伊富高法》，第9页。
〔3〕 R.F.巴顿：《卡林加人》，第15页。

伊富高人虽然以亲属关系所组成的小单位起着重要的作用,但它们 102
的结构却很简单。一般从个人这一辈算起,只包括父母双方亲戚关系中上下数三代。更远的亲戚是否得到承认,取决于其声望、势力和能够给予帮助的大小。在这一点上,血统和氏族是不存在的。这种简朴的亲戚关系制度直接反映在称谓上。它们既不是被区分为表兄弟、姑姨、叔舅,也不是侄子、外甥等。一个人自己这一辈(兄弟、姐妹、表兄妹)全部统称为"土郎"(兄弟),父母那一辈统称为"阿那"(男亲)和"伊那"(女亲)。儿女辈统称为"阿那克"。而全部祖父母辈和孙子辈按辈划分为一个部分,叫"阿波"。男性亲属就是男性亲属,他们组成一个坚固的单位,仅有辈分之分。父母这一辈在性别上的区分,仅仅是一个元音字母 a 和 i 的差异。

当一个人(男人或女人)结婚时,他也就具有了他的配偶亲属的身份。当他支持谁或向谁提供自己的帮助时,总是先说明自己的身份,在任何纠纷中,他自己的血亲总占优先地位,而姻亲则居次要地位。

比伊富高人简单的家庭制度更能引人注目的是其阶级制度,尽管按他们的观点看这是次要的。寻求威信和声望,使得伊富高人每日都在为财富而奋斗。其最终目的是取得社会最高层——卡登扬的形象。而要成为一个卡登扬,一个人必须要有卡登扬的祖先。"但是又有谁穷得不能在家族的历史中提出一个卡登扬的祖先,并清楚地一代一代地追溯到最有钱的那个祖先以及曾被洪水解救了的姐妹呢?"所以,真正的基础是财富。在伊富高人中,财富意味着有足够的稻田和生产出多余的粮食;过剩的财
富可以放债,利率按当地的习惯。这样,碰上一个好运气,他可以积累起 103
一份产业。然后他便能修建一个哈格希像。这是一个卡登扬才能修建的在其住宅前炫耀财富的塑像。这样,他才可取得意味着悠闲自得的高层地位。但是,在他未举行一种叫"尤耶瓦"的宴会前,他还不能真正取得这个地位。"尤耶瓦"是一连串讲究的盛宴,需邀请本地区的所有人赴宴。这样,他的过剩的财富就会被热心的宴请快乐地吃喝掉,并将其中的一部分虔诚地献祭神。通过大家出席宴会,品尝那些精美的食品和分享他的财富,他的同胞们把他提高到了卡登扬的社会地位这一高等的社会阶层。卡登扬地位的取得,虽然耗去了他一大部流动财产,但他仍有田地。这样一来,如果他的家庭成员中没有很多人生病花去许多祭祀费用的话;如果

他没有不明智的行为从而造成他在涉及法律问题的争斗中受到挫折的话;如果他未因受骗或赖账蒙受损失的话,他可以在整个一生中是一个富有的人,一直保持着富有的形象。但对他的儿子来说,他们要能够成为卡登扬,必须重复其父亲行为的过程。

伊富高人的中产阶级称为“图克莫”。其组成的人员是自己拥有土地,并能生产出在正常情况下足够全家一年食用的稻米。他们的收入可能比平日的食用稍多或稍少一点,但他们没有足够的余粮经常拿到市上去出卖。

“纳沃特沃特”是伊富高人中的贫穷阶层。他们不得不在森林里或覆盖着草丛的山坡上披荆斩棘地平整出与灌溉渠平行的土地作为暂时的田地,种植一种名叫“卡马蒂”的类似番薯的一种作物,以补充他们的食物。在这之前,“卡马蒂”原是伊富高人的主食,但如今吃“卡马蒂”的人被认为生活过得很苦。

巴顿没有贸然地对伊富高人的各阶层相互间的频繁交往作出估计。然而他认为,大部分伊富高人的生活水平接近于最低限度,或处于“卡登扬”与“纳沃特沃特”之间。伊富高人认为,一个人的伟大在于其威望,而不是在于物资多少。在康格地区居住的109户伊富高人家中,40年前拥有两亩稻田的有20户人家,拥有一至二亩的40户,一寸土地也没有的仅9户。

从这个一般背景和有关关于伊富高人的资料中,我们可以将伊富高人中有法律意义的基本公理归纳如下:

104 **公理一　夫妻双方的亲属集团是主要的社会和法律单位。它由已死去的、活着的和未诞生的人组成。**

推理1. 个人对他的亲属集团的责任超过自己的任何利益。

推理2. 亲属集团要对它的成员的行为负责。

推理3. 亲属集团应向它的成员提供保护,并且惩罚对他们的外来侵犯行为。

推理4. 亲属集团应控制和掌握本族全部的基本资金和物资。

推理4′. 个人所有的稻田,以及作为宗教象征的世袭家传产,被限制由信赖代表亲族的人经营管理。

推理5. 婚姻使夫妻双方都承担着严格而有限定性的责任。任何一方对自己血亲的责任有优先权。

推理5′. 婚姻的性交权只存在夫妻之间。

推理6. 由于不断延续的生儿育女是亲族永存的根本，所以一个小家庭是为它的儿童而存在的。

公理二　男人和女人具有同等的社会和经济价值。

公理三　超自然的强力控制着人的大部分活动。人类的行为与超自然的偏爱要么一致，要么不一致。

推理1. 对最重要活动所作的占卜应作为一致的决定。

推理2. 超自然的现象可以被一个有魔力和有影响的人，通过献祭等控制到某种程度。

推理3. 割取敌人的头颅是宗教和魔力的需要。

推论3′. 以割取敌人头颅作为战利品的成功记录，将给一个男人（和他的亲族）带来威望和权力。

公理四　资金和财物可以凭着喜爱向外放贷，借给他人。

推理1. 财富非常重要，财富的拥有能带来权力和威望。

推理1′. 债务永远不死。

公理五　稻米是一种上等食物。

推理1. 稻田的所有权对财富的拥有来说，意义最大。 105

推理2. 由于稻子的茁壮生长离不开水，所以水源便成为稻田所有权的根本。

公理六　居住上的接近改变着血亲上的首要的绝对性，亲族对本族以外其他人的责任，随着距离的变远而减少。

推理1. 人们应避免和没有血亲关系的邻居争吵，并应尽快地解决互相间的争端。

推理2. 一个人可以很随便地立即杀死一个其他地带的陌生人。

这里我们首先来考察实体法，然后转向法律程序。尽管这有些不自然,可事实上,由于伊富高人有着不同形式的财产概念,比起实体的区别来说,则更多地依靠程序上的规定。

他们的财产有两种,以要求或不要求一种叫“伊保义”的仪式实现财产的转移相区别。“伊保义”仪式于宗教节日在买主家举行。仪式结束时,他付钱给卖主,也付给代理人和证人一定的费用。节日的开销和其他附带的花费,由“伊保义”财产的受让人全部承担。“伊保义”财产本身有三种:(1)稻田;(2)祖传的世袭财产,包括佩戴于脖子上的金首饰、珠串、玛瑙、有血纹的绿宝石念珠、米酒罐、铜锣以及敌人的牙床骨;(3)森林地。事实上这些财产是家庭财产,没有一个人可以把家庭拥有的这些财产中的任何一项出卖,除了在急需的情况下,并经得家族全体成员的一致同意后,才能例外。如果男性亲属在“伊保义”财产的出卖中忽视了这种规则,那将意味着他会与亲族的财产分离。伊富高人之所以规定这种真正有效的制裁,是因为没有任何亲属会支持一个无能的男人。

另一种财产叫“艾德·马·伊保义”。它是属于个人的财产,可以不通过任何仪式转让。它是由一些动产如普通的家用器皿、毛毡、动物、家
106 禽等,和一些特殊的不动产如房屋、咖啡林、椰子林、槟榔林和卡马蒂田等组成。一个代理人或中间人通常可以安排一次买卖,或者对这类物品提供一种象征性的誓言,但不举行任何仪式,不需要证人,也不需要征得亲属中的男性对他的这一转让行为的一致认可。

显然,“伊保义”仪式的作用,在于为转移土地上的各种重要的财产形式的所有权提供一个公开的记录。这种记录是没有形成文字的东西。因为主要的财产虽不贵重,但却是家庭经济和生存所依赖的财产,即稻田和具有绝对效力的世袭家产。正像巴顿所指出的:“在伊富高人的观念中,土地和那些世代相传的有价值的物品,不能成为任何个人的财产。它现在的拥有者从时间性而言,与家族对田地和世袭财产已有的几十年或几个世纪的拥有相比,仅有一种暂时的、不稳定的所有权性质,或更确切地说只是一种占有权。他们的所有与完全的拥有相比,更具有信托的性质,即他们是为晚辈人而管理着一种信托财产。”[4] 在伊富高人的法律观念

---

〔4〕 R. F. 巴顿:《伊富高法》,第39页。

中,家庭委托和委托的概念,是与委托人占有和个人拥有存在着明显的差别的情况下,不断发展的。这是公理一的一个自然结果。

因为伊富高人的家族有着生老病死和繁衍后代等许多问题(按照公理三,只有死人进入超自然的境界之后,才能保持现在和将来的平衡),所以,家族内的土地可能被卖掉,以购买祭祀用的动物,来陪伴已死祖先的亡灵。这些土地也可能由于为了使家庭成员从病危中恢复过来而被卖掉。因而,实际上过去长期属于某个家族的田地,与现在新获取的田地相比,对这个家庭而言具有更多的精神上的价值,所以它的卖价也相应要高一些。

在购买田地时,买卖事务由代理人和证人负责,包括没有结算完的财产和给卖方男性亲属作为放弃他们家族出卖田地利益的礼物。这几乎等于支付了土地本身的价格。价金是按 10 等份支付的,其中两份要作为最 107
初的分期付款。这样买方取得了田地的占有权和使用权,但不是所有权。当最后一笔分期款项支付后,额外的支付便开始了。那些额外的支付,虽然付给每个人的数目不多,但总数是很大的,其精神上的意义更大。每次支付有着一个隐含的名称,这些名称产生于对农田的耕作步骤,和对土地转移过程中一些活动的描述。如“收割水稻”、“水稻打捆”、“田地灌溉”、“超产水稻”等名称。似乎它们和水稻的生长过程有着不可思议的联系。但这一点似乎是清楚的,即田地权利的转移不仅影响到有形财产的让渡,而且影响到联想中的真正能使特定田地产生活力的各项无形财产权。

如果土地被冲毁,或稻田围墙倒塌,买方在“伊保义”交易后的一年内,使这次买卖无效,并收回他花费在那块土地上的全部费用。正是基于上述事实,必然可以得出这样一个结论:“卖方并未被免除他在一定时期内要使那块田地兴隆和富饶的责任。”[5]

田地除了出卖外,还有抵押。一个需要钱财来举办葬礼,进行祭祀,支付罚款或赔偿损害的委托人,可以将田地的一部分换取贷款,也就是说,把这部分田地抵押给债权人作为债务的担保。伊富高人称这种情况为“巴拉欧”。这使债权人受到了保护。因为他通常绝不会贷出一笔比抵

---

〔5〕 R. F. 巴顿:《伊富高法》,第 50 页。

押的土地现有价值还大一半的款项。进一步看,抵押土地将由他一直占有和使用,直到债务全部还清,即使这个时间长达一代或几代人。对于后代来说,各项债务转给债务人的继承人。对另一方来说,各项债权是可继承的财产。在这种土地抵押的借贷中,付给贷款方的利息,以贷款人从所抵押的土地上获益的情况而定。

108 实体财产的借贷,是通过中间的代理人进行的,佣金为借贷总额的5% ~12%,佣金由出借方支付,但最后这笔费用仍旧落在借方身上,因为这笔费用已加进了基本债务的总额之内。进行田地的抵押借贷,是不需要"伊保义"仪式的,代理人就是必需的证人。

法律允许债权人在他需要资金时对有关土地实行再抵押。对此他所受的限制只是,他贷入的钱财不得多于他本身所贷出的。这显然是对原债务人的委托人的一种很好的保护。违反这一规定是一种违法行为。但是除了巴顿的含义深刻的评语外,我们不知道这种行为的严重后果。他说:"这是一场争论的开端,它会以尖锐的对抗而结束。"[6]

一块没有水源的稻田是无用的。因此,任何稻田的转移,就事实而论,包括对通常灌溉该稻田的用水权。灌溉权一旦被确定后,就是永久性的,但却可以转让。水源既是公共财产,又是私人财产。从公共地域内的山泉流向公共地域或私人田地上的水,在优先权的基础上,对所有的使用者来说都一视同仁。这也就是说,首先是占有泉水下游田地的人有着该田地用水的优先权,即使后来的人在他的田地和泉水之间开垦了田地,也只能使用他用剩下的水。如果一个泉水在私人土地上,所有从这一泉中流出的水,全部属于土地所有者家族。然而,这个家族的成员可以出卖剩余的水给其他家族的人。通常他们也确实这样做了,而且这种出卖权是永久性的。

水渠是由一个家族共同修建的。水渠的永久性利益也可以出卖给其他家族,因而水渠的维修便成为所有用水渠灌溉田地的人的共同责任。因为没有新的维修,就会影响其他成员的原有的灌溉条件。而要保持土地的肥沃,又需要经常大量地引水浇灌黏土和腐叶土。因此,一块田地的

---

〔6〕 R. F. 巴顿:《伊富高法》,第45页。

拥有者，既有着打开其土地上游中任何水闸的特权，又有使这些水闸恢复原状的义务。

一些小物品和牲畜的借进借出，在伊富高人中进行得很频繁。任何一件大事，如葬礼、从疾病中康复、升到卡登扬阶层、结婚，都可能使一个 109
家族发生范围很广的租借关系。即便是同家族男性亲属间相处得很好，最短租期的利息最低通常也要100%。当延期时间多于一年时，利息则会达到300%～400%。伊富高人说："一个借债的人会失去很多财物！"这是不足为奇的。同时，伊富高人会有如此多的诉讼涉及债权问题，也是不足为怪的。如果没有立法的限制，一项债务将永远不会消除。

在考虑伊富高人的继承法之前，有必要首先讨论他们的婚姻这一基础性的东西。在这里婚姻也是一种交易。依照公理四，婚姻被认为是两个家族间世俗的民事合同。依照公理二，婚姻关系中的男女是平等的。这是因为每一方带到婚姻中的财产，在数量上被认为应是相等的，即由女人和男人在同样的基础上继承和持有财产，并且男女都在田里劳动。

男女双方在婚前的很多年中没有相爱的对象，他们无忧无虑，父母对他们几乎是放任的。在青春期，小伙子和姑娘们都离开了他们的家庭，以避免住在同一屋里的兄弟姐妹间发生同血缘的私通关系。姑娘们通常去一个叫做"安加曼"的地方，即被安排作为少女的寝室或寡妇家的空房间，小伙子们则到处徘徊，在没有自己姐妹居住的"安加曼"以外的地方寻找过夜的场所和夜间同宿的伴侣。相爱开始是自由的和不稳定的，到一个小伙子和一个姑娘开始固定地最后住在一起，就决定了（或被他们的家庭同意）应结婚的时间。在婚姻交易完成和田地最后决定给予夫妻之前，要举行四种庆祝仪式，包括屠宰牲畜和交换礼品。每种仪式都伴随着吉祥的占卜。这一切对于一个贫穷的男子来说，也许要花费多年的时间准备。这对青年男女在进行了第一种仪式"莫木厄"之后，就可以作为夫妻生活在一起。结婚后每一方向对方有赔偿性不贞洁损失的有限请求权。这种损失的程度通常被认为犹如第四亲等之间通奸那样轻的损失。

结婚中重要的是土地和家产的分配。父母在每个子女结婚前就把土 110
地和家产分给他们，否则长子独得家产和土地，次子女依靠长子，这样长子即成为家庭的"中心"。伊富高人认为，有一个强大的"中心"比分成几个较弱的部分要好。完婚后子女就享有对家乡和土地的所有权,然后自己创家立业。至最小的孩子结婚后,父母亲就完全被剥夺了家产的管理权,那时则轮到子女赡养父母。此后,父亲以自己被作为家庭的“祭司”而感到心满意足。

对于卡登扬阶层的和自喻为卡登扬的子女来说,他们没有随便去“安加曼”的自由,因为这可能会导致不相匹配的婚姻,即一个富家子弟和一个穷人的或有劣迹的女子结合。这意味着将个人的偏爱置于了家庭的利益之上。而没有均等的家产的婚姻是不幸的。为了避免这种不幸婚姻的发生,富家的父母亲在孩子很小时,就着手安排他们的婚姻。[7] 甚至发生这样的事,那些想结一个好姻缘且眼光远大的父亲们,为子女们指腹为婚,以至于不惜将用途广泛的“曼巴加”作为商谈的条件,预先达成家产特殊分配的协定。结果在首次婚宴仪式之后,年幼的孩子就算暂时结婚,轮流在各家生活,一直到长大成人。而当他们举行最终一次婚宴之后,便接受了全部的世袭家产。在完婚之前,任何一方的贞操不忠,都按二至四等亲通奸罪论处。

所有的婚姻,无论是由于死亡还是由于离婚,都必须通过一种称为“格堡”的支付形式而废除婚约。“格堡”的字面意思是“结束”。正像在“留利瓦”案例中所反映的,不对夫或妻一方的家族支付“格堡”而再婚的,要受到严厉的制裁。留利瓦遗弃了他的妻子,拒绝支付妻子家族的男性亲属要求的“格堡”,他倔强而骄傲(其中包含着忌恨),对于前妻向他
111 提出上述要求的“莫卡鲁”(法律程序上的中间人)奚落道:“即使他家族的人都秃了顶,也休想得到任何‘格堡’。”四个中间人接连被打发走,留利瓦毫不动摇。最终,他前妻的兄弟依照魔术般的惯例,作了一次首级搬家的冒险行动。他们中的三个人伏击了留利瓦,并在他的背部将他分尸两段。留利瓦估计错了,他的家族没有作任何努力为他的死报仇雪恨。[8]

如果个人有强烈的要求,而另一方坚决拒绝,也可能导致可怕的后

---

[7] 巴顿将这种婚姻称为“契约婚”,以与“试验婚”相区别(《伊富高法》,第 19 页)。但是,这种划分是不合逻辑的,因为这两种婚姻都是一种契约的订立,两者都受契约的约束。其唯一本质的区别在于签订合约的程序不同。

[8] R. F. 巴顿:《菲律宾的不信教者》,伦敦,1935 年版,第 250 页。

果。莫木普拉的南利加,其妻子来自鲁乎达。她死后南利加支付了惯例的“格堡”以终止婚约。但在分配时,他的一个内弟欧乎达不在场。欧乎达回来后派中间人索取补遗支付“弗克当”。南利加很犟,说:“我已经送给了他们长柄壶和‘布洛斯’。他们已从我这里得到了想要得到的东西,不要老是跑来提出这个要求。”中间人退出了案子。一天,欧乎达在田里干活,看见全副武装的南利加循道而至,就藏好长矛,待南利加走近时拔矛刺进了他的背部。事后,也没有任何复仇的行动。[9]

由此看来,婚约的解除必须是绝对的、无条件的。

死亡和离婚均可以终止婚姻。令人吃惊的是,由于过分强调结婚,所以离婚与结婚一样频繁。然而,似乎正是因为相互的婚姻义务的特殊性和复杂性,所以造成了许多婚姻的脆弱性。的确,从对许多具有特殊原因的离婚案件的调查中,也表明了这一点。这些特殊的原因,据巴顿列举的有:(1)在婚礼的四次宴会的任何一次上,有供奉动物胆囊这样的不祥之 112
物的征兆;(2)在完婚后的第一年中,任何一家的便宴中有胆囊这样的不祥之物;(3)不生育;(4)接连的婴儿不活;(5)持久的性功能障碍;(6)不愿过性生活;(7)精神恍惚;(8)对姻亲有侮辱性语言;(9)减少了在婚约上达成的田地面积;(10)由于不充分的理由和未征得另一方的同意而变卖粮田;(11)当他们达到结婚年龄时,继续拒绝岳父在婚约上的田地要求;(12)无端借债;(13)懒惰和有得过且过的行为;(14)不能履行与结婚有关的某些特殊义务;(15)夫妻一方的家族对另一方在法律上冒犯;(16)患精神病;(17)极端的忌妒;(18)不能宽容;(19)缺乏感情;(20)遗弃;(21)通奸。[10]

巴顿特别强调:“不能过分强调丈夫和妻子结合为一个家庭,他们仅仅是联姻。把每一方系到男方家族的系带上比把双方系在一起的系带要结实得多。一个伊富高人在给我解释这一点时,把双手平摊开放在一起,两个小手指碰在一块,代表夫妻二人,双手代表双方的家族。假如双方的家族分离,夫妻关系势必疏远,因为小手指与双手连在一起。”[11] 这种分 113

〔9〕 R. F. 巴顿:《菲律宾的不信教者》,伦敦,1935 年版,第 49 ~ 50 页。

〔10〕 R. F. 巴顿:《伊富高法》,第 30 ~ 31 页。

〔11〕 R. F. 巴顿:《伊富高法》,第 25 页。

离就法律形式而言,并不十分冷酷无情。除“格堡”外,挑起事端的一方必须象征性地支付一小笔款项,以平息感情由此受到伤害的夫或妻在精神上的痛苦。这一小笔款项称作“呼德呼德”,意思是“平息精神上的创伤”。[12] 在伊富高人中引起精神痛苦虽不是离婚的理由,但却是经常地和难以捉摸地引起离婚的原因。离婚的原因是纷杂和古怪的。精神上的痛苦只是一个微不足道的副产品。

在离婚案中,财产的处理既简单又合理。如有孩子,孩子的利益放在首位。双亲所有的财产(除个人的财产外)在离婚时都必须分给孩子。除一些父亲有田地母亲没有,而子女已成年的离婚案外,离婚后孩子随母亲生活,母亲为孩子管理田地直至他们结婚时把田地移交给他。在无子女的离婚案件中,夫妻在结婚时各自购置的财产归原主。在共同生活期间共同努力所获得的财产,按两个公断人的仲裁平分。公断人由夫妻各挑一人,公断人可得到一部分财产作报酬。

由此看来,伊富高人的基本财产法、家庭法、灌溉法、销售法和债务法等在很大程度上都具有合同的性质。

就伊富高人社会组织的性质而言,不可能有犯罪行为。[13] 所有的法
114 律认定的犯罪,在英美法系中称为民事侵权行为,即独立于合同之外的私人的过失或损伤。在伊富高人中任何导致起诉的责任,都取决于受害人;任何损害赔偿金和制裁,或是要被告所承担的惩罚,都是由原告及其男性亲属提出和要求的。习俗要求在进行直接的抓捕和开战之前,一定要竭尽全力地使用各种适当的传统方法来解决。只有当请求者享有社会的公认特权,在法定的时间内以合法的程序进行诉讼时,才会出现法律上的强制、实体法规定的法律事实、程序法规定的程序和诉讼时效。

除了杀人案中进行血亲复仇外,伊富高人在一般程序上都要有中间人,就像在相识的好友中进行协商一样。在订立合同时我们已看到了“曼巴加”所起的作用。中间人在诉讼程序中可能是相同的一个人。在这种

---

[12] R. F. 巴顿:《伊富高法》,第 32 页。

[13] 巴顿将一切依惯例需予以惩罚的侵害行为作为犯罪,并列在刑罚法的标题之下。但是违法的行为也是要受惩罚的,仅用“刑罚”一词,并不能将一种形式的刑罚同另一种形式的刑罚区分开来。《伊富高法》,第 61 ~ 90 页。

情况下被认为是“莫克鲁”，即中间人。“曼巴加”从字面上讲是“提问人”、“请求人”，而“莫克鲁”的字面意思是“建议人”，他在职能上是一个调停者和中间人。[14] 他始终在纠缠不休的案件中起着主要作用。

“莫克鲁”的存在，表明了法律制度发展的第一步。他详细而清楚地向人们阐述消除紧张局势，惩罚错误，以及正常的平衡被指控的那种违法行为破坏时，恢复社会平衡和一般社会利益的意义。他被认为是一个准大众的官员：公平的第三者当事人。他代表着大众的利益，监视着裁判的公正完成。他没有固定的办公处，只有当他扮成某个案件的“莫克鲁”时，他才是一个准官员。况且，人们是不选他到某个职位上服务的。他不是一个法官，因为他不作判决；他不是一个仲裁人，因为他不宣布裁决。他仅仅是一个有力的中间人，一个权力有限但常常具有强大说服力的调停者。

“莫克鲁”始终是卡登扬阶级中的一员，他是一个有声誉的普通人，就像是一个以割取敌人的头颅作为战利品的人一样。这意味着他拥有的影响是来自他个人的声望；但更重要的是他无论处于什么紧急情况下，都能得到自己的男性亲属的有效支持。

在任何法律活动中，“莫克鲁”都是原告人选择的。对于案件，任何一 115
个和双方当事人没有关系的卡登扬都可以被要求参加审理工作。在违反契约而欠债的案件中，在求助于一个“莫克鲁”调停以前，一般要尽量地努力先收取自己应得和可得的权益。在侵权行为的案件中，受害人立即与其男性亲属商量，并征得他们的同意后，尽快地找一个“莫克鲁”。

巴顿认为“莫克鲁”没有什么权威，但他本人很难提出根据加以论证。他说“莫克鲁”从不宣布一个判决，或亲自加强最终商定的协议的执行。而这一切都是真实的。在这个限度内，“莫克鲁”的确不享有权力，但他肯定有权威强迫被告参加辩论。因为当一个“莫克鲁”和一个违法者交涉时，“如果被告没有认真地听和认真地思考而是逃跑，或者当人们接近他时他以武力相威胁，这个‘莫克鲁’就会等着，直到被告逃回家，他跟随着被告，手里拿着一把刀坐在他面前，强迫他听”。[15] 如果一个人握有权力

---

〔14〕 R. F. 巴顿：《伊富高法》，第95～125页。

〔15〕 R. F. 巴顿：《伊富高法》，第94页。

和财富,并有一段显赫的历史,又是为大众的利益执法,那么发动战争的刀就是最有法律效力的权威。

"莫克鲁"不是原告的辩护人,他同样为被告的权利得到实现而感到高兴。他努力奋争,按照一般公认的标准改变具有争议的协议。他是敌对双方的中介人,当事双方由于有了争端,不愿与对方见面或讲话,除非争端能以一种见面的方式解决。所以,"莫克鲁"来往于陷入激烈争议的双方之间(这不仅意味着当事人本身,而且还包括他的家族)。首先,他们转述原告的要求,然后带回被告的提案。无论他的最终目的是什么,被告未必会轻易地妥协让步。"因为被告认为自己的利益和自尊心要求自己不应顺从他,或匆忙地接受惩罚,也不情愿支付一笔昂贵的罚款。假如他
116 能成功地打消原告的要求,他甚至可获得声望。面对当事人的对抗局面,'莫克鲁'绝不会忘记把自己准备防身的长矛擦亮磨快,因为他每日都行走于这样一种危险之中。"

"然而有时被告会铤而走险,最后可能会得到他所能得到的最好结果。如果他是有理的话。"[16]"莫克鲁"对此非常清楚。所以,他斥责、哄骗、讽刺、挖苦,惹他们发脾气,刺激他们的战士的残忍性,以召集他们的男性亲属,嘲弄被告支持者的弱点和其论点的浅薄。如果以他说话中流露出来的忿懑来看,他不再像双方的中介人,倒让人感到他是对方的同盟者。当他带回被告的反应后,他用同样的方式对待原告。他知道原告夸大自己的苦处,是为了希望多得损害赔偿金。他努力促使原告削减最初的要求,以达到双方接近取得共同协议的程度。像这样,"莫克鲁"不得不处理一大堆难以妥协的事情。"任何一个重要的请求都会引起两方之间的反目"。但是原告并不十分焦急,因为他并非非杀了被告不可;而被告也不是急于防御被杀掉。"双方的家族都急于得到一个能使自己显得体面的完美结局。"[17]他们眼前的纠纷已经够多的了。邻村的人们也想看看自己的近邻内部的纠纷被拖垮或松散,以至于在对敌战争中不堪一击。所有这些因素都有助于诉讼的双方获得一个和平的结局。[18]

---

〔16〕 R. F. 巴顿:《伊富高法》,第95页。
〔17〕 R. F. 巴顿:《伊富高法》,第94页。
〔18〕 R. F. 巴顿:《伊富高法》,第95页。

对于“莫克鲁”来说,先不说他有着服务于民众的兴趣,以及他因成功的记载提高了自己的声誉而产生的自我满足。每一次诉讼的成功解决都给他带来了新的案子,而每个案子又都给他带来数目很大的酬谢,包括野生动物和珍贵的货物。这些酬谢都是从被告增加的费用中来的。

在损害赔偿案件的裁定中,有五个重要的因素:(1)罪行的性质;(2)诉讼当事人双方的地位;(3)卷入这一纠纷的双方当事人亲属的相同利益和态度;(4)双方主要当事人的脾气和名望;(5)双方亲族居住的地理位置。

1. 对和解侵权行为来讲,习惯上的费用和损害赔偿金是非常固定的。 117

2. 刑罚至少按卡登扬、图克莫和纳沃特沃特分为三个等级。当双方当事人处于同一等级时,就很容易使用习惯法意义的刑罚。只是当双方属于不同的等级时,使用何种刑罚的界限就不那么清楚了。在任何诉讼活动中,被告人应尽力支付和他的社会地位相适应的数目款项,但这或多或少地决定于和整个案件有关的其他因素。这样,如果原告是一个卡登扬,被告是图克莫或纳沃特沃特,那么被告就不得不付一个图克莫或纳沃特沃特所希望的大数目。如果调一下诉讼位置,卡登扬被告就只付一个富翁所要求的最小数目,或者折中两个阶层的标准。这是依照公理四中的推理1进行的。

作为一种相对标准的参照物,下面的表格表明了对第一次婚宴后轻微通奸行为的习惯罚金:[19]

阶层 罚金内容 等级	卡登扬	图克莫	纳沃特沃特
	一条羊毛毡	一只贵重的水壶	一只水壶
	只贵重的水壶	一只水壶	一只便宜的水壶
	四个铁质家具	一只便宜的水壶	两个铁木家具
	三个铁质家具	一只水壶	一只便宜的水壶
给中间人的佣金	一件礼服		

〔19〕 R. F. 巴顿:《伊富高法》,第62页。

如果完成了最后一次婚宴和财产的转移,所发生的通奸行为的罚金就会加重。由六成增加到十成,而价值也就六倍于以前。“六”和“十”是指行为的支付价金。“十”是指更为严重的违法行为。

伊富高人的不法行为有巫术、杀人、通奸、伤害、置无辜者为罪犯、严重伤害动物、纵火、乱伦、侮辱、诽谤和诬告,以及违法乱捕。

妖巫者眼光凶狠,口出咒语,捕掳灵魂。和所有的原始社会一样,伊富高人从不混淆魔力和巫术的界限。前者是为了促进水稻的生长,保护农田,奇迹般地增加粮仓中的食物,是用来帮助治愈病人和支持战争,所以它受到社会的鼓励,是一种法律意义上的特权。但巫术则是另一回事,它是社会机体内的凶杀者。

一个普通人发出的咒语对上层和中层的伊富高人需付“十”的罚金;下层需付“六”的罚金。但对巫术咒语则不能容忍,最后要强行处死。灵魂的捕虏涉及受害者祖宗的灵魂。它是用各种符咒的复杂方法,以捕获蚂蚁或飞虫的方式来抑制牺牲者的灵魂。这是它给人们的一般印象。如此的妖巫肯定会被杀掉,甚至会被自己的亲属们杀掉。

我们已经知道,通奸罪是根据已完成的结婚步骤来分级定刑的。犯罪的目的对犯罪事实的严重程度上有影响。被称为“鲁克打波”的通奸行为,由于行为极为隐蔽,很少为人所知;而被称为“好克特”的严重通奸,则是臭名昭著的。这意味着一个正人君子以真正的侮辱损坏配偶。如果没有闹得满城风雨的话,一个妇女容易原谅丈夫对自己的遗弃行为。对于男子则不然,迫于公众舆论的压力会使他提起诉讼。我们看一下伊富高
118 人订立的婚约的情况就会发现,付给受害一方的赔偿只是“六”或“十”的第一部分。这笔赔偿金的其他部分,则由他或她的男性亲属们瓜分了。

伊富高人的通奸案中的一个有趣的现象是,离婚诉讼案中的被告必须从两个方面支付损害赔偿金,既给予自己通奸者的配偶,又给自己妻子的男性亲属。这是对他破坏婚约的一种严厉惩罚。这一规定同样适用于妇女。很明显,通奸是离婚的导火线,但这不是绝对的。如果想继续维持婚姻关系,过错者必须举办一个“大幸福”的宴会,款待他的妻子及其亲属。宴会能恢复和更新双方的平等关系。尽管从法律上讲,受害者配偶有权要求通奸双方支付赔偿金,但他或她可以原谅自己的配偶,而仅仅控

告第三者。

如果丈夫吃惊地看到自己的妻子正与人通奸,怎么处置通奸的双方呢？法律和习惯的做法是有冲突的,或者更精确地说法律无明确规定。巴顿讲了几个他听说过的故事。正在与人通奸的人被她的丈夫从背后伸出的梭镖致死。牺牲者的亲属声称,为这等事受到残杀是极不公平的。然而巴顿没有说清楚到底是妻子的亲属还是情夫的亲属提出这种异议。总之,这些亲属认为,丈夫至少应该在实施复仇行为前,以收取赔偿金的 119
形式作为一种补偿。然而人们普遍认为,一个火气不大、在这种情况下不杀戮通奸者的男人,一定是一个爱钱胜过爱自己尊严的可怜虫。所以,一个血性男儿就该手执长矛或梭镖复仇雪耻,因而在习惯上人们通常比起事后提起诉讼来说,更容易选择这种直接的方式。

乱伦在伊富高人很少见。它不是一种法律能惩罚得了的现象,因为它主要属于一个家族内部的事情,况且一个伊富高家庭也不会为此使家庭受到起诉,除了那些在灵魂捕获中放纵自己的成员们。

由于伊富高人的性形式上的矛盾性,所以强奸作为一种普遍的法律 120
争议而出现。在未婚的人们中,性爱是自由的,但不应过于轻率。对于一个姑娘来说,她第一次接触男子时应表现出羞怯和保持一定的距离。因此,可怜的小伙子就得耐心地弄清姑娘是假意推托还是真正拒绝。面对这种情况,可怜的小伙子是难以区分的,只有当蒙卡鲁(中间人)向他的冒失行为索取赔偿金时他才能知道。已婚妇女的地位不同于未婚女子。所以已婚男子对已婚妇女的强奸行为,既侵犯了该妇女的家族,又侵犯了其丈夫的家族。这与通奸所造成的危害相同。假如这个强奸犯是已婚男子的话,他不仅要对该妇女及其丈夫的家族,也要对自己妻子的家族赔偿自己行为所造成的损害,而这将会使他在经济上陷入困境。

虽然诽谤和侮辱行为在伊富高人的习惯里不算大的危害行为,但这种行为的数量却很多。伊富高人有一张表情丰富的脸,他们的性情易于因诽谤而动怒。像侵害行为一样,诬告产生同样的情感。尽管这种侵犯造成的危害并不严重,然而在一个爱好诉讼的民族中,它却有力地导致控告的发生。因为败诉的原告不仅必须对被告的名誉所造成的损害予以赔偿,而且要支付中间人的费用,所以,一个无罪的人是不会在诉讼活动中有所损失的。

如果偷东西者是卡登扬或图克莫阶层的话,不仅盗窃物必须归还物主,还要施以惩罚。对卡登扬阶层者来说,需要价值4倍于被盗物品的惩罚;对图克莫来说,价值相等就行。一个可怜的纳沃特沃特仅要求其物归原主。但无论是谁,都必须付给中间人费用。当然这要根据犯罪者的阶层等级而分为不同的等级。

在伊富高人中家畜被认为具有法律意义上的地位。故意杀害动物被视为杀人,动物属于家庭成员的一部分。对伊富高人来说,对其家畜的伤害就是对人的伤害。这种伤害被称为“哈保德”,几乎与杀人案件中所造成的危
121 害相仿。这确实是严重的。但是,当一条狗正在咬人时,为了安全,人们可以采用防卫手段将狗打死;对一头闯进排干水的田地里吃稻子的猪,也可以采取这种办法,这不属故意杀害。可是如果受侵犯的人没有杀死那个牲畜,仅仅将它赶开的话,那么它的主人就会要求赔偿损失。

很清楚,伊富高人是个很注重财产的民族。违约和民事侵害总是以财产的数量来衡量。他们总是准备着一杆梭镖,那些不愿按照要求去做的被告将被刺死。但不管怎样,只要案件在中间人手中,就不会动用梭镖,因为这样做可以使中间人和他的家族与自己一起来对付被告。

当两个当事人之间完全出现僵持局面时,中间人就会退出案件。不过得正式宣告,并迫使双方在两周或一月内停战。在停战期间,如果一方向另一方开战,中间人就会自动集合其他中间人以反对好战的一方。停战结束后,原告可以采用两种方法:或者他通过新的中间人劝告被告就范;或者如果其亲属和他站在一起的话,他们将通过武力征服被告。

“如果一方家族无过错,特别是已经过蒙卡鲁(中间人)调解过,即使仅仅是一件债务纠纷,责任者也会被处死。而这一做法会得到公众舆论的支持,受惩罚者的亲属也不大会进行报复。”但现在这一法律已经不太有人遵守了。复仇之事时有发生,从而导致世仇的恶性循环,它使伊富高人最后不得不用联姻的办法来终止这种场杀戮。

在家族的地盘以内,残杀要少一些。邻居们对此类事件不介入纠纷,
122 只对当事人施加压力促使问题的解决。中间人则竭力进行调解。诉讼当事人觉得自己有义务使自己的家园免遭于难。所以,当残杀在家族地域

内发生时，不至于升级到砍头颅的地步。虽然争斗也时常发生，然而持续的时间不长。

如果家庭脱离开家族而进入“中立区”时，众多的男性亲属不与自己生活在一起，这时人们就不会总是触犯法律。中间人应参加同住在中立区域的人们的辩论。随着领域的扩大，划出了“战事区”。除了为数很少的亲属外，这儿的每个人都是“坏的”。长期的纠纷总是与周围区域的某些家族有关。新的纠纷一般不多，而法律的程序却是马马虎虎的，容易导向死亡。这里常有杀头之祸的到来，因而在这一地带旅行是很危险的。“战事区”没有限制，无论什么人在这里一露面就可能被杀掉。在这里为了树立威望和宗教上的需要，砍头是很随便的。除了少数参加了“比伊昂”协议的权势人物外，这里长期的敌意是大于法律上的限制的。

尽管伊富高人的制度是建立在家族主义之上的，但也并非地域主义丝毫得不到承认。像洛伊所指出的那样，[20]近亲关系在伊富高法的实施中只是一个有利的因素。很清楚，在与地域的反比中，伊富高社会的道德很严厉而它们的地域并不大。巴顿指出：“近亲关系这种脆弱的枢纽分为两种：一种是积极类，即与他们相处的友善关系和居住的邻近程度成正比；另一种是消极类，即对自己和邻居的敌人的仇恨程度与距离成正比。”[21]

附带地让我们记住，伊富高人不是为政治的原因而进行战争的。的确，他们不懂得战争的社会性，他们仅仅是由于被侵权而杀人，然而这不是战争。

在伊富高人的用语中，近亲关系有其特殊的习惯表示法。如果一个“中立区”或“战事区”的人进入“家族区”，绑架了妇女和儿童，或抢走了东西以便还清债务，那么经历了这场浩劫的当地人，尽管与蒙难者没有血 123
缘关系，但只要他是卡登扬或图克莫阶层的人，他将要求图莫克形式的赔偿金。巴顿起初认为，这笔赔偿金是用于区别该旁观者不是同谋的，他征收此便是除去这一嫌疑的明证。掳掠者支付图克莫亦是对旁观者无辜的

〔20〕 洛伊：《国家的起源》，第 58 ~ 59 页。

〔21〕 R. F. 巴顿：《日照中天》，第 106 页。

公开确认。因而不收取的旁观者则被视为嫌疑人,他们轻则会名声扫地,重则会被被害人家属处死。当然,他们也可以选择见义勇为,帮助受害者,但如果他与之没有血缘关系,他是不会这样做的。[22]

但在巴顿死后出版的有关"卡利加斯人"的著作中改变了这一看法,说这是一种主观臆断。而认为这是对掳掠者的一种敲诈,意思是:"我抓住你,交出东西来。"如此得来的钱物是其不作声的代价,以及非同谋的证据。这意味着他们被歹徒收买了。[23] 不过,无论其复杂的内心动机如何,收取图克莫的行为,是基于其与被害者同一地缘关系,尽管非常淡薄。

地域的枢纽在对付某种严重斗争爆发的可能性,和对付破坏伊富高人宁静生活的因素上起一种抑制作用。除了求爱的少年、卡登扬或他的因与别的住在外地的卡登扬签订协议的代理人,其他人在纠纷区或战事区旅行是十分危险的。"比伊昂"是一种盟约,其目的是为了保护长途经商。求爱的少年和"比伊昂"协议的签订者得到特许,他们能免遭攻击。巴顿忽视了情人免难的社会意义,他没有进一步探索和报告其细节,没有
124 论述到情人们如何与入侵者加以区分而免予一死。没有任何关于伊富高人解释的这种敌意的墙如何被破例地打破的调查资料。但我们必须也应该假设,这不是出于众人都喜欢恋人这一浪漫原因。和平对于经济和社会都大有好处,因为充满敌意的气氛会使得人们无法实现自己的许多目标。伊富高人也同世界上其他地区的人一样,一个实现建设性的与和平友好关系的方法就是近亲通婚。的确,在伊富高人中,解决世仇的一种必然方法就是通婚。[24] 从而使两个家族结合为一个社会合作的更大机构。而获得这些益处以及缓和世仇的社会危害性的一个可行的方法,是让小伙子们谨慎地寻找女友。爱德华·泰勒爵士认为:"人类的历史不断地证明,原始部落在他们作出决定之前,必然先考虑通婚还是被消灭这一简单可行的选择。"[25] 对伊富高人来说,虽然不会如此明确,但他们显然选择

[22] R. F. 巴顿:《伊富高法》,第 83 ~ 85 页;又见《卡林加人》,第 140 页。

[23] R. F. 巴顿:《卡林加人》,第 141 ~ 142 页。

[24] R. F. 巴顿:《伊富高法》,第 108 页。

[25] E. B. 泰勒:"制度发展的调查方法,婚姻和继承法的适用",载《皇家人类学杂志》18:267,1888 年。洛德·博林布罗克在一个世纪以前提出一种与其类似的论述;见 A. O. 奥尔德里奇:"乱伦的含义:从哈奇森到吉本",载《伦理学》61:309 ~ 313,1951 年。

了一种可以减少死亡人数的方法,而且更重要的是,逐渐增加经济和社会方面合作的可能性。

"比伊昂"协议也是为达到同一的目的。它的条款要求合作者在他居住的地区保证与其合作的对方的人身安全,以及对方的同伴和代理人的人身安全。在此地区如有人攻击来访者,那么则意味着担负保卫责任的合作者代表受伤害的"比伊昂"协议的合作者,征收损害赔偿金。一旦合作者被谋杀,他必须为之复仇。在这个协议的有效期内,它的法律效力涉及合作者双方的地区。尤其是当合作者双方都在社会上享有崇高声望时更是如此。尽管这样,这种协议在伊富高那里时间都很短暂,因为它会给
卡登扬和他的家族们带来沉重的负担。这样一来,当一个"比伊昂"协议 125
结束后,它们之间则是一种低水平的敌对关系,直到另外两个卡登扬认为有必要建立和实施新的"比伊昂"。因此,这实际上是一种间歇性的风俗,但它是一种崇高的、永久性的结构的基础。

在归纳和估量伊富高人的法律制度时,我们发现其法律制度最有意义的方面不在于引人注目的复杂的实体法,而在于他们使用了"莫克鲁",即"中间人"。"莫克鲁"代表着司法发展过程中发展前的一种形式。在这里,他是整个社会的官方或半官方代表。在调停他们所属的部族的争吵和纠纷时,他是社会利益的表达者。所谓的自助形式的作用是有限的,因而不可避免地导致使用社会调停者这个正确的解决方法。

假如我们把两个有争端的家族视为当今的两个国家,我们就会注意到作为司法中间人的作用是和当今国际事务中的调停者的作用相同的。假如国际调停"是一个或数个国家为两个或数个有争端的国家作出的一种可能解决他们争端的方法的行为",而且假如"接受建议的最基本的前提是双方没有任何责任"的话,[26]那么我们发现,伊富高人之间也正是如此做的。

在巴顿所引用的调停者的所有四个附加的必不可缺少的特点中,伊富高人所做的也与这全部一致。当争端的问题与调停者无关时,调停的正当理由是什么?波特回答说:"第三国持有负责避免友好关系被严重损

〔26〕 P. B. 波特:"调停",载《社会科学百科全书》(第10卷),1933年版,第272页。

害和寻求其所属成员之间国际和平的权利……事实证明这种理解是正当的。而为证明代理权是正当的,必须确立这种权利,包括解决的建议。"[27]这就是"莫克鲁"合法存在的理由和目的,这一切都随着他得到的自然增长的酬金而得到加强。"调停的产生是应争端的一方或数方的要求"。伊富高人在此之前还有对原告开始的限制。"调停者的行为一般会延长,直到为解决争端所提出的建议得到重复和修改。"最后,"当所提出
126 的方案被有争端的当事人所接受时,这个方案就对当事人有了约束力。"[28]伊富高人比现代国际法在增强调停进程中还要深入两步,如果伊富高人的调停者是应受到侵害一方的要求的话,那么这种调停就是强迫性的。进一步说,在调停进行时和平不会受到威胁。即使在取消"莫克鲁"所造成的不成功的结局时随之而来的休战期间,和平也不会受到威胁。因此,伊富高人在他们的法律发展中超越了当今国际事务中所取得的调停水平。但他们停顿在极度缺乏仲裁的水平,"莫克鲁"不做出任何决定。总之,他们在真正的司法发展过程中绝不只是闪烁出微弱的光辉。

---

〔27〕 P. B. 波特:"调停",载《社会科学百科全书》(第10卷),1933年版,第272页。
〔28〕 P. B. 波特:"调停",载《社会科学百科全书》(第10卷),1933年版,第272页。

第七章　形成中的平原印第安人部落：科曼契、凯欧瓦和晒延的法 127

人类生活在北美洲大平原的西部至少已有 1 万多年的历史了。当最后的冰层向北退去时，人类就开始在这里生活。他们所创造的远古文化影响了后来相当长的一个时期。而在 18 世纪时，平原印第安人的骑马、猎取野牛以及住帐篷的生活方式，给印第安文化的发展增添了十分新鲜的内容。但是在哥伦布发现美洲大陆以前，大平原河流纵横，依靠步行的印第安人行动不便，他们不愿意冒风险深入到泥泞无边的草地中去。欧洲人的到来，才彻底改变了这一情况。大平原南部的西班牙人带来了马，从而为土著人深入大平原提供了工具。漫游在草原上的大群野牛和羚羊也诱惑着人们去追捕。法国人、英国人在大平原东部边疆的扩展，促使伍德兰德部落迁移到远处。白人的定居也迫使一些部落很早就向西转移。此外，各帝国主义者在皮毛贸易方面的竞争，也加速了其他土著的移居。参加毛皮交易的部落不惜牺牲邻近部落的利益，来扩大自己所设陷阱和捕猎的地盘。英国人把枪交给了同他们贸易的部落，唆使这些部落驱赶那些同法国人有贸易的部落，法国人也以同样的方法予以回敬。这两边的人不断用新的武器驱赶在 128

他们前面的没有武器的部落。在背后有威胁,前面草原有诱惑力的情况下,于是一些密西西比河山谷的部落,其中包括晒延人,就到人烟稀少的西部寻求安宁和繁荣。

1600 多年前,晒延人就生活在靠近密西西比河源头的湖畔地区,以采集食物为生。17 世纪初,他们开始向西迁移,一直到达科它斯的密苏里河。在这里他们住进棚屋,种植玉米。种植玉米的方法是他们从阿里卡拉部落学来的。将近 18 世纪末,他们又开始向平原内迁移,成为一个游牧部落。[1]

科曼契人在 16 世纪时已生活在黄石河上游和密苏里河周围。他们是首首尼人在东部的一个分支。那时还很难将他们与其他首首尼部落的首首尼人区分开来。到了 18 世纪,科曼契人迁移到平原的南部。同时首首尼人也被东部的入侵者赶回了岩石山与之分开。从此,科曼契人成为一个独立的部落。他们也是最先得到马匹的印第安人。[2]

此后不久,凯欧瓦人也从北面进入了平原。于是,三个部落都从边缘来到了大平原。在这片新的土地上,有着不同的部落和语言、不同的文化传统。但由于平原上的生活骚动不安,所以他们彼此间相互影响。在衣食以及战争、宗教等方面,他们像所有的平原游牧部落一样,有许多相似之处。

在这三个部落中,数科曼契的文化基础最为贫乏。它的前身是所谓
129 的西部大盆地的“掘草印第安人”,即靠掘草木根为生。这个部落不大的社会组织,生活、迁移都以小而孤立的家庭群体为单位。每一个家庭群体在管理上独立,经济上自给,生活水平很低。他们的宗教意识很模糊,几乎没有什么仪式。艺术贫乏,生活艰苦。他们躲避战争,因为他们缺乏军队和战斗技巧。[3]

科曼契人尽管没有完全摆脱过去的影响,但他们在新的居住地还是在很大程度上改变了自己的生活方式。丰富的食物和马群为他们的繁荣

---

〔1〕 G. B. 格林尼尔:《晒延印第安人》(2 卷本),Ⅰ,第 1 ~ 45 页,纽黑文,1923 年版;约瑟夫·雅布洛:《平原印第安人贸易关系中的晒延人(1795 ~ 1840)》,第 1 ~ 10 页,美国民族学会专题著作 19,1951 年。

〔2〕 华莱士和霍贝尔:《科曼契人:大平原南部的主人》,第 3 ~ 16 页。

〔3〕 J. H. 斯图尔德:《盆地——草原土著居民的社会政治组织》,美国民族学会专题报告 120,1938 年。

和人口的扩大提供了保证。然而他们仍不想放弃群体的独立而寻找建立部落政权。宗教也只是个人的事情,没有部落的仪式。

掠夺战争使他们的社会出现了大变革。科曼契人摆脱了软弱状态,开始进行最野蛮的掠夺。在平原南部他们赶走了阿帕切人。他们与西班牙人僵持着。大量的佩科斯的印第安人被他们杀死。他们扩张到里奥哥兰德,袭击墨西哥人,掠夺战利品和奴隶。他们阻止了得克萨斯向前推进达几十年之久。粗鲁、勇敢和好战,他们不愧为"草原上的斯巴达克人",是军事化了的个人主义分子。他们给所有的敌人也给自己制造麻烦。他们创造了残酷而有效的法律制度,解决内部的冲突,同时填补了首首尼人留给他们的法律空白。

与此同时,晒延人也军事化。他们崇拜和迷恋战争,为的是战利品和寻欢作乐。他们也得到了马匹,猎捕野牛,从而繁荣起来。但由于受过去的传统影响很大,所以他们懂礼貌,追求一定的秩序,有理智地行动。他们没有科曼契人那种过分的狂热和武断。晒延人有一个奉行仪式的部落 130
政权,有比较完善的军事集团制度。他们在太阳舞、动物舞和更新神箭等仪式中,表现了一定的民族意识。他们也乐于在这种大的仪式中建立起部落的忠诚。总之,晒延人的社会化程度之高,科曼契人是望尘莫及的。同科曼契人的年轻不成熟形成鲜明对比,晒延人像中年人。他们的法律制度成熟、平稳而且有效。最重要的是,晒延人通过自己的法律实践,揭示了他们对法律的多种社会目的性的认识。但是,通过个人的奋斗获得社会地位,在这一点上晒延人同科曼契人和其他平原印第安人相似。不过科曼契人在获得很高的地位之后,他不会躺在功劳簿上,他必须不断地立新功,以防别人超过他。然而获得高位的晒延人,却可以在众目睽睽之下,无所作为地度过一生。他不必一再证明自己的勇敢和伟大。两种法律制度就反映了这一差别。

凯欧瓦人则不论是从地理位置还是从社会的发达程度上,都处于以上两者之间。他们同科曼契人一样,富于好战性。与他们作过战的军人称他们是傲慢者。青年的战士们往往为了追求功名而斗争,所以需要用法律加以约束。合法地使用某些部落的崇拜物,也能达到限制的目的。像晒延的上层人物一样,凯欧瓦的上层人物对手下的人管得很松,甚至不管青年人中所发生的争讼。他们的法律制度的发展程度和效力都不如晒延人完善，但无疑要比科曼契人强。

这三个邻近的部落为我们的比较研究提供了方便。他们的地理环境、经济制度完全相同，家庭结构也十分相似（三者都不分家庭）。在寻求
131 保护神的显灵以求得神灵方面，他们都具有本质相同的宗教意识。[4] 他们的战斗模式也相同。主要的区别只在于语言、文化细节，不同组织程度的部落政权，对个人的不同控制办法以及在宗教制度上有差别。由此，我们可以分析每一个文化区域的社会方面对法律的侧重影响。

（一）

法律制度中最为不成熟的是科曼契人，故作为我们分析的第一对象。

科曼契人生活中的基本公理十分简单。他们的浓厚的个人主义精神和男性之间的好战性表现于下面的条款里：

公理一　个人高于一切。

公理二　男子的本性是在奋斗中赢得荣誉、马和女人。

公理三　妇女可以有性和经济的请求权，但要服从男性。

推理1.一个丈夫对其妻的性的权利，受到他自己及其兄弟的限制。

公理四　兄弟之间的关系是最密切的社会关系。

公理五　乱伦是畜生的行为。

公理六　战争对部落的繁荣和男子的自我表现是必不可少的。

公理七　伟大的神灵（太阳神和大地神）具有法律上的审判权。

公理八　每一个科曼契人都应该与他人合作，帮助别人。

推理1.无私和分享财物的行为被社会所推崇。

推理2.不允许杀害本族人。

公理九　马匹，特别是主人宠爱的马具有准人格。

---

〔4〕 见鲁思·本尼迪克特：《北美保护神的复合》，美国人类学协会专题报告29，1923年。

科曼契人的社会需要十分简单,没有给社会管理带来任何压力,加之个人对自由十分注重,因而把政府的作用限制到最小点。如果让一个科曼契人选择赞同的政治格言的话,他一定会选中“管得越少,政府越好”这一句。它充分体现了科曼契人的行为缺乏政治性的特点。正如我们一个反应敏锐的科曼契人的消息提供员,在评论他们的首领或和平首领时说 132
的:“我不知道怎样说才好。他们除了召集人们在一起,就没有什么事情可干。”头领是一群人中最有吸引力的,但他们的影响是这样的微小,以致难以具体描述。他们是依靠语言、忠告和慈善举动发挥作用,用经过斟酌的语句和有说服力的常识来表现他们的智慧。他们没有通过选举或选择。“他们凑合着干。”他们的地位比起爱斯基摩人的头领,不过制度化了些。每个人都可以在做出本单位的重要决定时,畅所欲言。当然,他们中的领导是那些经过时间考验富有智慧的老人。在如营地的迁移等日常事务上,他们独自决定并通过传唤者告知全部落。如果有人不喜欢他的决定,可以置之不理。要是有许多人不执行这一决定,这时他就不再是首领了。另一个则悄悄地取代了他的地位。

战争中的头领都是杰出的战士。他们战绩显赫,享有受人尊敬的地位。任何科曼契人都可任意袭击敌人或去组织一个战斗小组,只要他能够掌握一些人。科曼契人经常与犹他人、波尼人、阿帕切人、奥萨格人以及其他部落打仗。到后来得克萨斯的白人和墨西哥人都成为受害者。战争对科曼契人来说,如果说不是其政策的有意识的实践的话,便是一种民族性的消遣。我们怀疑两者兼有。但作为政策,它又不是被军队或政治组织制定的。这是一种幼年时就经训练而后又为社会制度鼓励的个人冲动。这种社会制度给这些科曼契人以很高的荣誉,他们作战英勇,成功地驱散了敌对部落或得克萨斯牧场主的马群或牛群。

战斗小组的头领有暂时的独裁权,而和平首领永远难以享受这种权力。他决定袭击目标,指定谁去侦察,谁去做饭、打水,决定行军路线和扎营地点,并且有战利品的话,也由他就地分配。他的所有命令都得无条件 133
地服从。倘若有人强烈地反对,他可以自由地离开,走自己的路。要取得战斗的胜利,就需要坚强的领导和对领导的坚决服从。但是由于科曼契人强烈的个人自由观念,他们可以随时拿起箭回家去。

由于他们有个人高于一切的观念，与之相适应他们对头领的权力的观念必然模糊。这个部落没有公共机构所赋予的公布法律或执行法律的权力。科曼契人的法律，既非立法机构，也不是司法机构实施的。如我们已提到的，它是“从这些案例中推敲出来的，即原告和被告根据科曼契人的个人权利和部落的行为准则而坚持得到的结果”。[5] 这几乎是一种纯粹的私法制度，即一种个人负责和个人行动的制度；一种由案例产生的法律。

科曼契人不注重法律形式，但他们却好诉讼。他们的生活方式造成了大量的内部纠纷。我们几乎可以说科曼契人欣赏制造麻烦。他们有关战斗小组的记录通常这样开头：“曾经有过一个科曼契的部落寻衅滋事。”所以，一个男人经常会去制造事端。他偷走别人的妻子，或与她秘密往来。等事情出来后，受害方的丈夫除了采取法律行动外别无选择。他们的宽宏大量不会得到人们的赞赏，因为在这里没有被人打了右脸，再把左脸伸过去让人打的基督教的训诲。一个男人的地位取决于他的勇敢，对于一个受害的丈夫来说，不行动只能说明他的勇气不足，是胆小怯懦。对作案者来说，偷妻通奸，不仅是对他人的性的权利的侵害，更是对受害者
134 丈夫的尊严的蓄意挑战。所以在公众的注视下，被侵害者只有采取行动。他可以选择合法的行动。习俗鼓励男人去冒犯另一位男人的婚姻权利，同时习俗为受害一方提供了法律赔偿。除了个别情况，多数作案者希望付出法律赔偿，而无须逼迫受害者的丈夫动武。做坏事者很明白，他必须付出赔偿。但是他也明白，要是他坚定地逼视对方，赔偿就会轻些。这样他就可以摆脱这一争端，获得了比受害丈夫更大的尊严，此外还有一个女人。所以，他宁可冒险。

在12位1933年仍然活着的科曼契老人的记忆中，45个旧时的案件，包括偷妻和通奸，都十分生动，足以给我们提供许多细节。[6] 其中22个是妻子潜逃案，23个是通奸案。正如两个人才可以签订契约一样，这里必须有两个人才能犯通奸或偷妻罪。科曼契的妇女不是被抢走的。妇女在

---

〔5〕 华莱士和霍贝尔：《科曼契人：大平原南部的主人》，第224页。
〔6〕 霍贝尔：《政治的组织和法律的形式》，第49～59页。

这些案件里的角色常常是她个人反对第三个公理的表示。从理论上讲,在一切情况下,而且实际上也常常是一个姑娘对挑选谁当她的丈夫没有什么发言权。她的兄弟嫁她出去不过是一种交易,想从中得到报酬。她的丈夫通常是老人,拥有军队和大批猎人。这就是科曼契人心目中的最理想的婚姻安排。在这样的婚姻中,妇女完全听从丈夫的摆布。青年人当然反抗这种婚姻制度,成了一股充满浪漫色彩的理想主义潮流。少女的理想是成为一个美丽的姑娘,秀发长而迷人,身着兽皮镶边的衣服。青年男子则努力想得到姑娘的青睐,成为一个“马背上的英俊男子”。妻子潜逃案实质上就是一个在爱情上失望的女人,为追求浪漫的爱情,跟着她的情人,即一个战士走了。科曼契人中使女人私奔的男子总是属于一个 135
战斗小组。处于这种境地的男子应当照旧和他的战友继续战斗,并为他们的女人进行分工。这是一个很好的内部习惯相互矛盾的例子。由习俗提供的办法,所侵犯的却是习惯和法律认定应保护的丈夫的婚姻权利。

一个女人和她的情人一起离开某个战斗小组的时候,有两种选择摆在被抛弃的丈夫面前:或者他立即骑马追赶,争取赶在他们进入敌对领地之前赶上他们;或者等待时机,在袭击中夺回她,他不能在敌人的领域里提起诉讼。而在这里所有的科曼契人都必须齐心协力,共同对敌。此外他还可以想一切方法找到他的仇人。如果需要,他可以和几个同胞,即亲兄弟或兄弟一样的朋友一道去以增加胆量和武力。但是真正的男子汉总是独立行动。科曼契法律中没有审讯一说,他因此也用不着收集证据。所以提出要证据者很少,甚至从来没有被提出来。偷妻者和通奸者根本不打算隐瞒自己的行为。他的目的是在受到挑战的丈夫面前炫耀自己的威严。

假如他撵上了被告,他应礼貌地称呼被告为“兄弟”。被告一样称呼原告。这意味着科曼契人原来是兄弟间共享妻子。由此演绎出来就是:男人中共享一个妻子的是兄弟。这个男人假定已占有了我的妻子,所以,他是我的兄弟(但他得为此物权付出代价!)。此事的直接目的是得到损害赔偿。由于他占有明显的优势,所以可以提出很高的要求。通常为四件不同的东西(许多印第安人都认为“四”是一个神秘的数字)。一般的要求是马,一到十四不等。数量的多少根据被告的富裕情况和原告的刚毅程度而定，与被告战斗记录的好坏成反比。受害的丈夫总希望挤出最多的油水，要到被告愿出的最高价值。被告一方则应奉陪到底，不会轻易认输，去满足对方的第一次要价。这个过程充满了讨价还价，时常都有交
136 易告吹的巨大危险。如果原告吝啬且缺乏耐心，他就会用一顿拳脚中断谈判。从理论上讲，在受害的一方看来，如果被告不能支付赔偿以解决争端，那么原告就可以求助于武力。实际上，在杀人报复司空见惯的这里，并不存在此种法律特权。原告如果想以杀死被告了结争端，无疑原告本人会被被告的亲戚杀死作为回报。这就是科曼契制度中最致命的弱点。但在55起有关通奸和潜逃的案件中，51起的被告人接受了原告的要求，付了对方的索要之物，使事情得以解决。很明显，科曼契人具有明确的法律公正意识。尽管他们十分任性，但做坏事者仍然会接受这种结果。这是由三个因素促成实现的：(1)只有事实是先定的，才会产生诉讼。犯罪，正像我们已提到的，除了在巫术性质的犯罪里，很少造成争论。(2)私奔的整个过程可以减弱受害人的愤怒程度。(3)按照一般的惯例，被告知道，原告在使用最后一招时，比起自己来总能掌握更大的武力。

就事情的实质而言，通奸者或妻子潜逃案中的男人的处境，比起受害的丈夫更为艰难。他只能依靠自己的力量取得赔偿。在获得正义的过程中，科曼契人的习俗注意到这一点，即假定受害的丈夫缺乏力量，允许他要求其兄弟和朋友代理他去起诉。被告人就不一样了，他很少依靠自己的兄弟和朋友。这不是好的方式。而且，他本来就是为了得到荣誉才干的，要是他不能单独坚持到底，就会大失面子。在某种程度上说，请兄弟代理自己的原告也会失去荣誉，此外他还得失去所有的赔偿。他的“律师”将得到所有的赔偿。

19世纪时，科曼契人用战俘进行赔偿。战俘都是小孩。男孩子用来
137 放牧，女孩子用作繁重的家务，长大后同主人结婚，由此获得平民身份。男孩被允许参加战斗小组，一段时间后被他的主人或朋友收为“儿子”或“兄弟”，并加入其家庭之中。但有些战俘虽然得到了自由，却没有被收到家庭中去。由于战争使许多人死亡，不少家庭只剩一两个男子。这些男子和未被接受的战俘在诉讼中遇到困难时，没有兄弟依赖，只能依靠自己的力量。这时就没有正义可言，被告人可以利用武力为所欲为。为了防

止这种情况，科曼契人产生了一种社会需要，即通过简单的和统一的某种方法，对侵害行为加以制止，重新修正公理。他们没有宪法上规定的大会所产生的新的政府机构，个人权利是他们之间社会联系的基础。失去控制的权力就会对社会造成威胁，也就必须寻求对其控制的办法。这个没有亲友帮助，又较软弱的原告，这时就会请求某个著名的战士帮他进行诉讼。这名战士被称为"勇敢、著名的战士"。

勇敢、著名的战士代表受害一方接过案子，当成自己的案子进行诉讼。对他来说这是个好机会。在为社会利益效劳的同时，也借机吓唬一下新的爆发者，以达到他自我炫耀的目的。他支持而不是嘲笑婚姻法规的时候，就可以为他的荣誉增添光彩。这样就把虚荣心和无私的品质有机地结合在一起，使两者均可以用作社会的目的。但是，除了名利上的好处外，他并不分享赔偿之物，也没有其他报酬。显然，这个中途介入的勇士扮演着法律维护者的角色。他没有假装成是来审理或调解案件的样子。他介入的目的就是迫使被告人完全付出受害人想得到的赔偿。当挤不出这笔赔偿时，他就会用他所掌握的所有武力来袭击被告。如有必要，他还准备采取最后的制裁手段。 138

由于事实和证据在受害的丈夫所进行的初步调查中已经澄清了，所以科曼契人的妻子潜逃案件，在诉讼过程中不存在证据问题。要取得证据不存在什么困难，妻子和她的情人就足以说明一切。但通奸案件并非如此。由于通奸一般总是偷偷摸摸地进行的，所以举证有一定困难。为了对付通奸者，怀有疑心的丈夫可以享有使用几种残酷方法考验妻子的特权。妻子得忍受丈夫一时怪念头所带给她的痛苦。为了叫妻子供出奸情，丈夫可以用残酷的逼供手段。他可以扼住她的脖子，或者用火烤，从而使已吓坏了的妻子说出他想知道的一切。较文雅者把事情交给太阳神和大地神去解决。他们把妻子带到一个偏僻的地方，用"太阳杀人"的办法来考验。怀有疑心的丈夫填满烟斗，面对太阳抽烟，并说："您，父亲太阳神明白事情的真相。如果您看不起她们，就不会让她们活到日落之后。"然后对大地神说："您，母亲大地神，如果知道真相，就不要让她们在您身上过着幸福的生活。"于是妻子抽一口烟，声明自己是无辜的，并恳求太阳神和大地神在她说谎时杀了她。科曼契人相信并用案子证明，当一个妇女起了有宗教色彩的誓之后，太阳神知道她们的罪与非罪，会惩罚有罪者。它对伪证者的惩罚是处死。[7]

从妇女方面看，她们并无权反对丈夫。丈夫可以为所欲为不受惩罚，因此她们没有机会考验丈夫。但在近几十年中，经过了多次失败之后，妇
139 女终于取得了某些胜利。妇女可以发誓要求太阳神和大地神杀死那些冤枉妻子的丈夫。最后值得一提的是，妇女被交给太阳神和大地神处死后，与该妇女通奸的男子却不受任何惩罚，妇女的死解决了一切。

另一方面，从侵害者那里得到了赔偿，并不意味着妻子就一定会得到赦免。如果她的情人很强壮，她就可以逃脱丈夫的惩罚。但这要冒很大的风险。在 45 起通奸和潜逃案中，有 7 个妇女被丈夫处死，几乎是七分之一。其中 3 个是因通奸，4 个因潜逃。20 个其他的通奸妇女中，5 个被丈夫断肢，4 个被割掉鼻子，1 个被砍掉一只脚，使之不能行走。也许有人想知道，是否有科曼契妇女按照公平的原则来反对这种不平等，我们可以这样解释，仅仅是严厉的法律本身不足以使人们起来行动。

科曼契人有关杀人的法律十分简单。一个男人杀了他的妻子，不论有无正当理由，都不算杀人。这纯粹是一种特权，甚至被杀的女人的亲戚也不会为此挑战。另一方面，一个男子没有权杀另一个男子。即便是对于一个十分顽固的被告也不行。任何故意杀人都会得到自己被杀的报复。和许多原始法一样，这正是科曼契法律的致命弱点。虽然它提供了适当的秩序，对民事侵权行为作了解释。但是一旦起诉人感到他已尽了最大的努力时，便要动用武力进行报复。即使公众都认为被告死得活该，但死者的亲属还是要不顾原告最初有无正当理由，对原告进行报复。这
140 样原告在实施法律时便成了同态复仇的牺牲品。但不管怎样，科曼契法律中的这一缺陷，却在习俗方面得到了弥补。因为血的复仇只针对原告，它不会导致世仇，仅仅是杀人者一人被处死，然后一切报复停止。无须用部落的权威和宗教的惩罚制止报复的继续。科曼契人的习俗有效地制止了世仇，使他们幸运地逃避了更严重的灾难。而在许多原始法律制度中，正是因为由于不能处理好这种不断发生的灾难而深受其害。

---

〔7〕 霍贝尔：《政治的组织和法律的形式》，第 90 ~ 91 页。

故意杀死一个男子宠爱的马匹类似杀人，特别是当这匹马是主人的好朋友赠送之物时。报复的办法不是去杀死侵害人的心爱之马，而是杀死侵害人。一匹心爱的马具有法律上的人格，等同于人。也无须更多的血亲报仇，只要一个人抵一匹马。

每一个科曼契男子都会在某一时间里，在幻想中寻找神灵。但他不是低声下气地面对超自然的神灵，或依靠折磨自己摧残自己肉体的办法以求得神灵的同情。他也不是用眼泪博得神的怜悯。与大平原北部的各部落不同，他们假定神对他们是宽厚的，认为神不需要哄骗才将他的权力的好处与他分享。如果他在一个僻静的地方绝食等候，诸神就会帮助他。除非涉及神给他的权力的使用，一般神是不会干涉他的日常生活的。除了有巫术的人，其他科曼契人都得遵守某些戒律。根据公理八，大多数科曼契的巫师以他们的法术帮助别人。他们还用它使战斗和狩猎取得成功。甚至于出自契约性的考验，他们帮助别人分享其法力。他们用巫术治疗疾病是有偿的，但他们不从公众中榨取东西，也不将他们所掌握的超自然力量用于剥削的目的。科曼契的巫术几乎对人总是有益的。

偶然有些年老的巫师会变成“坏巫师”。他们因为无力从战斗中立功获得威望，所以就去迫害那些有前途的年轻人，把药物注入他们的身体。发现这种坏巫师的行为是矫正巫师的工作。在一个例子中，矫正巫师诊断病情，了解是谁治疗的，然后设法给患者相应的药物。如果他成功了就没有事，失败了就会引起诉讼。受害者的兄弟们让巫师解除咒语。该巫 141
师如果借口同此事无关而拒绝，那么受害者的兄弟就会用武力相威胁或进行报复。是否真的采取行动，取决于他们的力量大小。在巫术案中，如果受害者是弱者（没有兄弟支持），诉讼也还存在。一个名叫索德·温·阿特的科曼契人，为了逃避巫术师而迁移到另一个地方；[8] 在另一个案子中，一对受害的兄弟对巫术师以武力相威胁，巫师反而以更厉害的巫术威胁他们，使他们放弃了诉讼。[9] 在一个双方势均力敌的案子中，则要巫师对着太阳发誓，后来巫师在次年春天被雷电击死，使其罪行得到报

〔8〕 霍贝尔：《政治的组织和法律的形式》，案例25，第92页。

〔9〕 霍贝尔：《政治的组织和法律的形式》，案例24，第91页。

应。[10] 在另一个案子中,被指控的巫师被他的外甥即被害人的兄弟杀死了。这一举动吓坏了他的哥哥,但报复者秦·尤朴说:"难道我应该坐在这里无所作为,看着我的兄弟被杀吗?"这中间显然存在着血亲复仇。用一个科曼契人的话来说:"因为争吵是家族中发生的,没有其他人插手之处。"[11] 为部落或公共的事务而杀人是非法的。

这些案件说明,科曼契人一般不愿意与巫师发生纠纷。病被医生治愈了,没有什么比这更好,医疗失败,尽管受害人有合法的诉讼权,但他们一般不会像被戴上绿帽子的男人那样诉诸诉讼。这需要一定的胆量。但如果不起诉,巫师的个别非法行为就受不到应有的惩罚。勇敢的战士一般不会像法律的维护人那样介入此类案件之中。使一个战士难堪的是一回事,威胁一个巫师则是另一回事。这对于一个勇敢的战士来讲,也没有什么诱人的东西。

142 但是,对于反复地用巫术害人的巫师就不同了。像爱斯基摩人一样,这是对所有人的一种不能容忍的威胁。相信巫师已经杀了许多人这一事实,便是他杀人的证据。为了除去对公共安全的这一威胁,各部落的科曼契人会团结一致,采取一个公众的行动,他们或者私下处死巫师,或者一起哄骗巫师除去自己的法力,使巫师因自己而死去。在每一个这类的案子中,巫师的命运都由本部落的男人参加的会议讨论决定。由此看来,滥用巫术成为科曼契法律中的唯一犯罪。

(二)

现在我们来分析一下晒延人。他们与科曼契人十分相似,却又非常不同。最重要的区别在于,他们没有像科曼契人那样的政治上的天真。他们有组织程度完善的政府制度和真实有效的法律秩序。他们"用我们衡量一个法官好坏的直观的法律的准确性,去处理他们的争端"。[12] 对于他们来说,政治是一种工具,用以维持个人自由和社会成员之间的平衡。晒延人在令人吃惊的程度上,把他们的习俗和法律看做一种可以操

---

〔10〕 霍贝尔:《政治的组织和法律的形式》,案例23,第89~90页。
〔11〕 霍贝尔:《政治的组织和法律的形式》,案例27,第94~95页。
〔12〕 卢埃林、霍贝尔:《晒延方式》,第313页。

纵的工具，而不是值得佩服的绝对真理。除了一些较大的弱点外，他们确应被看成是真正成熟的和社会化的人。

为了达到这个目标，晒延人坚持很少的经过精心选择过的基本道德准则，并从中通过熟练地运用社会技巧，成功地制定出法律行为的有效模式。他们将完美的思想与实践中的运用结合为一体。像许多原始的信条体系一样，晒延人的第一个公理也是有关宗教的。其主要的公理如下：

公理一　人必须服从仁慈的超自然力和神灵。

推理 1. 个人的成功与部落的兴旺依靠神灵的仁慈的支持。

公理二　杀死晒延人的行为会玷污部落的崇拜物以及杀人者自己。所以理应避免。

推理 1. 否则厄运将追随着部落，直到崇拜物变纯净为止。

推理 2. 因此，凶手必须暂时同社会隔离。 143

推理 3. 所以，在部落内部必须避免能导致杀人的暴力行动。

推理 4. 所以，在部落偶像前杀死敌人是对神灵有害的行为。

公理三　部落委员会的权威来自神灵，所以在社会中的地位高于一切。

公理四　个人是重要的，应允许和鼓励他用与群体存在相一致的最大限度的自由，来表现其潜力。与此同时，个人应服从于群体，他所尽的基本义务都是为了部落的兴旺。

推理 1. 在对被罚者惩罚后，恢复其名誉十分重要。

公理五　战争对于男子的自我表现和保护部落的利益是必不可少的。

公理六　土地公有。

公理七　除土地和部落的偶像外，其他一切归个人所有，但他们应与大家共同分享。

公理八　妇女要服从男人的指挥，但她们的个人权利也应得到尊重。

推理 1. 丈夫对妻子有排他的性权利（在一定仪式中除外）。

公理九　性生活应限制在最低限度。

在公理四中,表现出晒延人的基本的民主准则。个人拥有很大的自由与社会群体高于个人同时并存而不矛盾。社会的作用仅在于如何使两者取得一种平衡。晒延人是如何达到这一点的?

晒延人社会中非正式的基础延伸到结亲双方的婚姻家庭。但这种生
144 活单位几乎没有什么结构。只是"亲戚们总住在一起"。真正重要的组织是帮伙。冬天晒延人分散在各个地方,以减轻粮食不足的压力。他们分散居住在各个村子中,每个村子都有一到两个领导者作为头领,类似科曼契人的和平首领。晒延人中的头领,多于一个帮伙中的头领。他们也是部落的首领。夏天晒延人聚集为一个大的部落,受部落委员会的领导。宗教仪式是晒延人联系的一种方式。仪式种类有太阳舞、神箭更新舞、动物舞(马萨木典礼)等。什么时候举行什么仪式,取决于具体情况。但至少每年的春季或夏季要举行其中的一种仪式。每十年举行一次大首领的更新仪式。"这种仪式在第九年的冬天就有人通知各个帮伙,宣布来年集会的地点。当冰雪消融和猎物繁多之时,所有的晒延人便开始了十年一度的聚会。在几个星期里,一群一群的人接踵而至,他们吵吵嚷嚷,唱着歌坐在小棚屋里,新的伙伴到来时,先到者则欢呼鼓掌。人们按照传统的位置安扎自己的小棚屋,使之排列成一个大圆圈。"[13] 营房的大圆圈在东边留出一个缺口,正像每个棚屋面东开门,以迎接清晨的第一束阳光。因此,晒延人的整个营房象征着一个巨大的家庭棚屋。在圆圈的中心,竖立起与团聚有关的各种仪式的建筑物。如果把这些仪式建筑物用于首领更新,它的大小就是头人棚屋的两倍。

145 部落委员会由44人组成,他们可不是"凑数的"。他们都是光荣事务的主持人,明确地被选为首领,并有一定的任期期限。晒延人在半神化的说话中解释了44个委员的来由。这不是社会契约的结果,而是一个由神灵帮助的妇女之创造。她首先告诉人们,每十年更新一次成员,这样一直坚持到1892年。

在更新首领时,每一个原首领指定自己的继任者。这通常是他同帮伙的男子,但不应是他的儿子。晒延人不想有遗传的王位。一个首领不

---

〔13〕 卢埃林、霍贝尔:《晒延方式》,第74页。

可能使自己连任,但他可以“待在棚屋中忍耐”,也就是等待着再次被任命。十年之内由于死亡造成的委员名额的空缺,一般从活着的首领中选择补充。44 人中,有 5 人为僧侣首领,也称仪式的主持人。他们的地位高于其他人。在这 5 人中又有一人为最高僧侣首领,称为“善良的魔术人”。他象征着晒延文化中的英雄和创造者——斯威特·麦德森。

晒延人部落首领的特点是他的模范作用。格林尼尔在谈到这一点时写道:“在晒延人看来,首领的第一个责任是照看好寡妇和孤儿。第二,他应是和平的维持者,即应在任何集团争吵时以调解人的身份出现。首领的尊严允许他介入争吵的任一方。对首领不满的人,也不允许对他采取私人报复。因为这样就会削弱他的号召力。由于首领的榜样和箴言的作用十分大,所以他必须作战勇敢,宽宏大量,慷慨大方,善于动脑,判讼公正。一个好的首领必须全心全意地为他的人民服务,用其他统治者所没有的忠诚与献身精神谋求人民的幸福。而这种无私的操劳对他自己并非没有好处。一段时间后,在他的外表上也会表现出受这种美好精神熏陶的结果。当他年迈时,他的面容就会显得十分慈祥友善。由于他忠诚、慷
慨、善良,所以常常是欢乐的。实际上有时也要求他变得坚决、严厉和坚 146
忍不拔。人们一旦看到这样的人,就不能不肃然起敬。他们坚持印第安人人人平等的观念。他们是人民的真正朋友,欢乐的同体,我们应当效法他们对待人民的态度。”[14]

有些首领难以达到这样高的标准,正像 1892 年辞去最高首领职务的山·罗德解释的:“有一条雄狗紧追一条雌狗,如果我老婆被另一个男人追逐时,我只能瞪目发呆。如果别人是首领,而我不是,情况就会对我有利得多了。”[15]

委员会只是在夏季发挥作用,而首领则在任何时候都发挥作用。海·巴克德·伍尔福在有关盘尼的事情上的表现就是一个很好的例子。

盘尼在年轻时是南方的一个晒延人,后来他同我们生活在一起。他的所有时间都用于帮助人们树立信念,忠告孩子们养成好的习惯。我年

〔14〕 格林尼尔:《晒延印第安人》(卷一),第 336 ~ 337 页。
〔15〕 卢埃林、霍贝尔:《晒延方式》,第 79 页。

轻时曾多次听他讲过自己的故事。因为他已把自己的事编成故事教育人。他年轻时在俄克拉何马一带颇有点坏名气:从厨房里偷肉;偷着骑走别人的马外出游玩,然后随便丢掉,只有运气好的人的马才能认路返回;他不尊重别人,爱跟人吵架。所以,人们都认为他是一个坏孩子,不论村子里出了什么坏事,大家都责备他。他说,我要说的故事发生在伍尔福·李斯·丹的马刚刚还回,战士们制定了一个法规,即不经别人允许不能拉走人家的马。下面是盘尼讲给我们的故事:"丹在俄克拉何马有两匹带有记号的马,深得一家的喜爱。一天我牵了两匹马向东走,三天后我依然无恙。我很高兴,自以为没事了。可第四天一回头,看到有人向我走过来。我心里想,没事,只不过有人经过这里。但当他们追上我时,才发现是波
147 斯廷的战士。他们叫喊着把我从马背上拖下来:'现在我们总算找到你了。'他们把我打得直到我不能站起来。我的武器和马鞍被弄坏了,毯子和鹿皮靴也被剪烂,我的一套工具也成了碎片。干完这一切后,他们拿了我的所有食物,带着两匹马走了。我被孤零零地留在大草原上,疼痛不堪,赤手空拳,身体虚弱得不能移动。

第二天我开始尽力向回走,我知道附近有一个小小的猎牛部落,想找到他们。我整天走着,我想到死,因为除了水我没有其他食物。傍晚时我来到一个小溪旁,脚上流着血,我实在走不动了。就用手和膝盖慢慢地爬上一个小山顶,找一个地方去死。我在悲痛中等待着死亡的来临。在我的南边的远处,我可以看见充满生机的山村景象,而在西边视野被挡住了。我的烟叶烟斗都没有了。看着血从浮肿的脚上流出,我想了很多。

当我向南边凝视时,一个猎人走上我后边的山坡。他发现了我,盯住我看了很久。经过这三天两夜的折磨,我几乎聋了,所以当他骑马走到我身后时,我都没有发现。开口说话后我才听见。这时我裸着身体,他的声音打破了寂静,吓得我跌在地上。这个人下马后拉起我,看到我的处境,他难过得哭了。他就是海·巴克德·伍尔福,一个青年,但却是首领。他用毯子包着我,送我到他家里。这个村子在小溪的下游,藏在一个山湾里,所以我没有发现它。他的妻子给我东西吃,并照看我。

148 海·巴克德·伍尔福首先向战士首领说:'这是我当部落首领以来遇到的第一个贫穷人。我打算让他得到装备。这之后,我无疑会问清

楚一切的,到那时我们就会知道他是为什么被剥光的。我不准备要你给任何东西,除非你愿意。我认识这个人',他说:'他烟抽得很厉害,但是在他吃饭前,我不给他烟抽。'(要我自己选择的话,我会说,我宁可先抽烟)

海·巴克德·伍尔福接着装上烟斗。他举着烟斗祈祷道:'这是我当首领以来的第一个善举,帮助这个人让他告诉我们真相。'他拿着烟斗让我先抽,而后在其他人中传递。当大家都抽过之后,他重新面对我说:'现在你说实话,你是不是被敌人抓住剥光的?或者其他原因?你看我抽的这个烟斗,你的嘴唇也接触过了。这是为了让你说真话。如果你坦白地讲出来,"玛尤厄"会帮助你的。'

我把整个经过告诉了他们。我告诉他们那些马是谁家的,波斯特战士怎样惩罚了我。海·巴克德·伍尔福知道了我是一个流氓后,责备了我:'你已经到了知道分辨是非的年龄',他劝告说,'你已经受到了惩罚。改掉那些愚蠢的习惯吧!如果今天不是我经过那里,你早就没命了。没有人能预料到你的将来如何。你知道我们晒延人是怎样生活的,你知道我们是怎样狩猎和怎样战斗,我们只从敌人那里得到马匹,而不是从晒延人这里。你最好还是加入一个军事组织,从战士身上能学到许多好东西。我要求你从现在起做一个好样的!停止偷盗!停止取笑别人!不在村子里再使用难听的语言!过幸福的生活!我现在要帮助你,这是我在这里的任务,我是人民的首领。这是你的衣服,外面有三匹马,你可以有你的选择!'他给我一个不响枪。'这是山狮皮,在检阅时我曾经穿过它,现在送给你。'他给我的这一切我都接受了。其他人还给我水獭皮编的头发、珠子、鹿皮鞋,另外还有两匹马。然后海·巴克德·伍尔福结束说:'现在我不想叫你离开这个村子,你想待多久就待多久,我也不告诉你将来走向何处,不论是西边还是南边。'

我在南方有一个心上人,可这儿的人这样厚待我,使我感到惭愧,尽管我已有这么多漂亮的东西,但我不敢回去。我想她可能已听到波斯廷战士是如何对待我的。我想最好的办法是走向北方,直到她死。

神箭更新之后,福克斯战士集团扎起棚屋召集人马,我于是投奔了他们。但我仍对波斯廷集团的人耿耿于怀。每当我的福克斯军队执行任务

时，我就外出寻找他们及其家属进行报复。我总是在寻找一个做错事的
149 波斯廷人，这样我就可以揍他一顿。在荷斯—哥利克和约签订之前，我一直待在北方，尽管我是福克斯战士集团中的一个首领，但我在南方人面前总感觉抬不起头来，那些人总记着我的劣迹。你们应记住这一点，你可以逃跑，但人们总记得你。要是服从村里的规矩，你才是全对的。”[16]部落委员会既有执行职能，又有审判权。它还有单独调停权力。对杀人者判以放逐。它可以根据审判中凶手的赔偿来减轻惩罚。在处理通奸案件中，首领个人进行调解工作。他们也指挥村子的迁移。

晒延人政府的另一个分支——也是一个强大的法律机构——就是战士集团，或称为军事联盟。一共有六个这样的组织：福克斯、爱克、山尔德、波斯廷、道哥和北克瑞道哥。它们的成员包括了部落的所有战士。他们不是根据年龄划分，除了道哥以外，其他组织中的战士来自各个部落，甚至所有的村子。这意味着跟部落委员会一样，来自各个村落的成员只能在夏季部落大团聚时结为一个集团。道哥的战士组织是个例外，他们的成员都来自一个帮伙，只允许道哥帮伙的成员加入这个集团。

每一个军事联盟中有四个选举出来的首领，他们组织战斗，尽管任何一个杰出的战士都能组织并领导一个骑兵队。为了同和平首领的固有的最高权力保持一致，任何被指定为部落委员会的首领都得辞去军队首领的职务。当然他可以继续保留自己的战士身份。军事集团的首领只能在战斗中行使他们的权力。然而在荷福丹人看来，他们的权力在开始新的法律关系时，理论上虽然没有而实际上还是受到限制的。政府的新内容本质上是由普遍赞同的程度如何决定的。

因而在两次危机的关头，道哥战士的首领被禁止同美国政府签订条
150 约，以免他们作出任何越权的和有害的妥协。1863 年，布尔·贝尔被禁止在一个协商委员会上会见美国专员。更令人吃惊的是，1873 年，当韦赛尔斯上尉答应释放道哥战士的首领陶乐·哈尔及他的一家，让他们从饥寒交迫的软禁地回到其村落的棚屋时，晒延人威胁要杀死他。晒延人宁愿

〔16〕 卢埃林、霍贝尔：《晒延方式》，第 6～9 页。

战死，也不屈从于美国政府的命令，回到他们从前逃出来的俄克拉荷马地区去。他们担心一旦陶乐·哈尔获得自由，就命令他们投降。他们说："这个人不能出来，他是我们的首领，爱让我们干什么，我们就得干什么。"小山尔德解释说，尽管首领有他固定的权力，当他想到用权力干违背大家意见的事情时，人们就不会给他使用权力的余地。在某种程度上，对法定权力的限制并不是晒延人法律中的一个弱点。在需要的时候，他们并不缺乏在理论上对运用权力的社会控制。

军事集团的法律作用大多在维护公共狩猎和大的部落宗教仪式的秩序方面，我们很快就能看到，在这些场合绝不会受到限制。

晒延人在公共狩猎中大家统一行动，以巩固他们的部落观念，同时也体现狩猎前大家在礼拜过程中建立起的强烈的合作精神。所以，在狩猎中几百名斗士后面跟着一大群妇女和孩子，显然，这样前呼后拥地狩猎肯定不会比分成较多小队有效。采用后一种方法，组织性是差一些，但容易得到大量的食物。但是晒延人作为一个部落行动的用意不在于得到食物的多少，所以这个狩猎方法具有这个部落的特色。维护狩猎秩序的角色由曾负责这一季节的宗教舞蹈的军事集团担任。它的先头兵寻找牛群，人们在他们的指挥下前进。第二天猎手们出发时，军队的治安人员把他们组织成一个长队。信号发出之前，不允许任何人袭击。队伍由两端包 151
抄牛群，使牛群在圈内乱转，然后进行捕杀。但那些过于紧张和性急的战士往往抢先开枪。那么，是怎样处理他们的呢？1935 年所记述的一个老晒延人，斯丹波·荷的叙述，会给我们一个答案：

部落的人群正在大批地向罗斯巴德河上游方向的大角山地区寻找野牛。负责这次行动的山尔德战士已派出侦察兵。侦察兵回来后，他下了命令，任何人不得离开队伍或擅自袭击牛群……所有的猎手走到前面排成一队，同山尔德战士一起维持秩序。他们顺风爬过一个长长的山脊，来到前哨所说的有牛群的地方时，看见两个人骑着马冲进了牛群。一个山尔德战士的首领给战士们一个信号，战士们不理睬牛群，却向两个违纪者围拢去。莫特·欧德·门命令每个人用鞭抽打这两个人。并说："不动手者或犹豫不决者要挨打。"先到场的人杀死了两个人的坐骑，每个人都用鞭子抽打这两个违纪者，有人砸坏了他们的枪。惩罚结束后，这两个人的父亲骑马来到眼前，他们是一个都克特部落的成员，已经同晒延人生活了一段时间。他们看了儿子们一眼，然后说：“你们做错了事，你们没有遵守这个部落的法律，提前单独行动，没有给别人一个机会，这就是你们所做过的事。”然后山尔德战士首领大声说：“现在你们知道不遵守命令时我们会做什么，知道我们是说得出做得到的。”这两个人什么也没有说。这时首领的态度开始变得温和了，这不仅因为他们都是都克特人。他叫人们围成一圈说：“看看我们中的这两个人，现在他们没有马和枪，你们能帮他们干些什么呢？”一个战士说：“我有几匹多余的马，我给他们一匹马。”另
152 一个战士也表示给一匹马。比尔·斯坦丁·昂·瑞第三个开口，他说：“我们毁坏了他们的枪。我有两支枪，给他们一支。”大家都说“好！”这时有人统计了一下人数，少了五六个，发现他们正在溪水边赶野牛。一个头领喊道：“我们要给他们一顿鞭子！向他们攻击，鞭打他们，但不要杀他们的马。”人们跳上马，争先围上去。当这几个散兵看到大家赶来时，其中的比哥·福梯德·布尔脱下身上的毯子放在地上。这是一条政府发的哈雅逊比毯。他和几个人一起站在毛毯后面，意味着把毛毯作为对部落的献礼。山尔德战士团的首领之一拉斯特·布尔叫大家住手。而后他们分成两个纵队，骑马慢慢围住这几个人和毛毯。士兵们下了马把毛毯割成长条，以在跳舞时作兽尾用，最后他们割去了这几个人的马的一只耳朵。他们就这样惩罚冒犯者。[17]

从这个例子中可以看出晒延人实施法律时的两个特点，它们贯穿于每个案件之中，首先是对冒犯者的名誉和财产的恢复。在他们被严厉地惩罚之后，法律已得到了维护，这时如果他们没有表现出反抗，明显地表现出已接受了教训时，那些刚刚还在毁枪、杀马、鞭打他们的法律执行者，就立即为他们恢复财产和名誉。由此看来，晒延人的法律可能是粗糙的，但它的社会目的并非报复，而是让人们遵守基本的法律。其次是任何治安人员的渎职也会受到惩罚。所有的军队分担责任，保护事情的顺利进行，这是十分重要的。犯错误的山尔德战士用一块毛毯免使皮肉受苦，这
153 种行为并不是贿赂，而是悔罪认错，对错误的公开承认，也是一种谦卑的

〔17〕 卢埃林、霍贝尔：《晒延方式》，第112～113页。

表示。他们丢了脸，没有人敢骑上他们的缺耳朵马。因为那已成为在公众中不光彩的永久性标志。在这种场合，由于出击太早(其中有些是贪婪，有些则担心落在后面)，许多晒延人因此挨打。还有些大胆之徒，想有组织地进行冒险活动，当治安人员无戒备时，袭击治安人员。在猎人有秘密狩猎的报告或嫌疑时，治安人员充当部落调查局的角色。他们有权搜查。他们进入嫌疑者的住所，让他举起双手，然后搜寻鲜肉，如没有发现就走掉算了，搜到了就将这个棚屋砸个稀巴烂。“这些战士并非为自己，他们为大家服务。”[18]

以上所描述的平原印第安部落中的军事集团所具有的法律职能，当第一次在罗伯特·洛伊教授的《原始社会》一书中披露时引起人们的注意。关于这本书，霍姆斯在给他的朋友弗雷德里克·普洛克博士的信中这样写道：“这本书比起托土伦厄的《法律史的哲学原理》以及与此书有着相同观点的那种否定或怀疑原始社会中存在着一种普遍法则的著作来，要前进了一大步。”[19]

洛伊在其早期的著作中这样写道：“具体环境对公众的凶吉影响很大，所以要给那些平庸的领导更多的权力。在共同猎捕野牛时，平原印第安人的治安组织的活动说明了这一点。一个错误的举动就会惊跑牛群，使整个集团的人都没有吃的东西。所以这时最严厉的约束暂时取代了平时的绝对个人主义。这时妇女们也不允许砍树，男人不允许擅自打猎，以避免过早动手破坏了整个联合狩猎行动。对违纪者，警察不仅要没收其 154
猎物，还要痛打他们一顿，折断他们的武器，毁坏其帐篷。如果敢于反抗，很可能被当场打死。”[20]

作者还描述了警察的其他一些不太显明的职能，如限制某些不合时宜的战斗团体行为、制止部落间危险的敌对行为等。

在后来的一本关于原始人政治的书《国家的起源》中，由于平原印第安人提供了例证，因而洛伊大大地扩展了自己的国家萌芽理论，但却缩小

---

〔18〕 克尔夫·俄曼：“一个切依纳情况报告人的话”，载卢埃林、霍贝尔：《晒延方式》，第118页。

〔19〕 M. de. 豪：《霍姆斯给普洛克的信》(第2卷之二)，剑桥，1942年版，第59页。

〔20〕 洛伊：《原始社会》，第385页。

了产生国家活动的概念。他着重强调了警察在紧急时刻的暂时权力的性质。他说:“在任何地方他们都持有这样的基本观点,即在狩猎中,一队人被赋予权力,以防止对牛群的过早袭击,用肉刑惩罚违纪者……通常是毁坏他们的财产,个别的则杀死冒犯者。”而且“在短时期的捕猎中,没有人反对警察这种用‘至高权力’来统一全体的行动,因而产生了‘一个不可估量的凌驾于个人之上’的国家,但它的消失和它的产生一样迅速,所以,没有什么比这种本地有效的统一者更能表现出平原印第安人生活当中的猎牛警察的特征了”。[21]

洛伊的这些论述中最重要的暗示在于,他论述了对这种突然出现的国家的多种性质的经验式的证明,即为满足社会需要而在内部成长起来的各种控制机构。他明确地反对奥本海默的国家单一产生说,即所谓国家起源于征服和等级制度的理论。[22] 他还间接地证明了国家只是剥削者的工具,产生于统治阶级对下层阶级的统治和剥削的观点是错误的。在平原部落中,没有资本主义、没有土地私有,也没有一个部落对另一个部落的持久统治,但富有强制性的法律权力依然在使用中,这是民族自治满足社会需要的结果。

最有意思也是完全合乎情理的是,这种需要并没有导致产生新的机构来使用权力,而早已存在的机构却渐渐满足了这种需要。军事联盟最
155 初的利益已被社会化。它不过是像个男人的俱乐部,大家像兄弟一样为友谊聚集一起,会餐、唱歌、跳舞,在公众面前炫耀自我。因为所有的成员都是战士,所以他们是军队,不过极少作为一支部队去打仗。他们既非战术上的常设军事组织,也不是我们所理解的民兵组织,但是有组织的,一旦需要一个有组织的机构使用权力,他们就会进行他们的第二职能活动,行使治安权和简单的审判管理。他们所代表的不是某个家族而是整个部落的利益。难道还有这种比默认更合乎情理的事情吗?! 就这样,一个完全属于无政府类型的组织成为部落政府的一个合法分支。

为了防止与部落委员会冲突,军事集团被确认为应服从前者,这是因

---

〔21〕 洛伊:《国家的起源》,第103~105页。

〔22〕 弗郎兹·奥本海默:《国家》,纽约,1922年版。

为委员会是唯一正式的政府机构。很明显,它存在的历史要比军事联盟长久得多。尽管如此,在社会大动荡的强烈冲击下,晒延人在19世纪经历的文化变革过程中,军事联盟稳固地扩大了其法律权力的范围。这并非由于对委员会权力的侵占,而是通过对大量出现的需要法律调整的情况采取行动,建立新的法律形式,更新不合适的旧形式而取得的。委员会在传统上趋向于依据它的最初的宗教职能,而军事联盟则不同。

晒延人的军事集团在很大范围内对争执和其他错误行为行使司法管理。除了杀人和婚姻案件外(这两种案件历来由首领管辖),晒延人的军事集团享有广泛的司法管辖权,包括那些决定以新的方式处理的边缘地区的杀人案件。有这样一个案子,人们在营房不远处发现了一个被遗弃的早产婴儿,军事集团的人便让所有的妇女排成一行,露出乳房,发现一个有最近分泌乳汁的痕迹,就判她有罪,命令她离开本营地。[23]

偶尔,军事集团甚至也插手家庭内部的争端,行使司法权。在伯德· 156
菲斯与斯李平·拉比特的争端中,军事集团就介入了。斯李平因为伯德责备他让自己的老婆即伯德的侄女爱克在迁移中赤足走在雪地里,便在伯德的臂上刺了一箭。箭头还未取出来,福克斯战士团的人便找上门来,他们决定痛打斯李平一顿,让他"疼得与受害人一样时为止"。执行之后,又命令斯李平切除受害人的伤臂,日夜护理,直至伤愈。另一个战士集团为此扬言要驱逐斯李平,他立即公开表示忏悔,给福克斯战士团5匹马。这5匹马的"罚金"被用来与一个商人换了一大桶威士忌酒。酒和一些食物用于福克斯军士团的一次会餐,各个支队的战士都参加了。而伯德本人却并未获得任何赔偿。这就变成了晒延军事集团的法定权限。[24]

晒延人的更古老和更深远的法律是部落首领们处理其管辖案件的准则。特别是其中的杀人和婚姻案件。如公理二所规定的,杀人确实是晒延人中严重的犯罪,他们关于杀人罪的规定,不同于其他法律,完全是在宗教影响下形成的。

部落有两种古老的和神圣的崇拜物。一种是神箭束,另一种是神帽

〔23〕 卢埃林、霍贝尔:《晒延方式》,案例14,第118~119页。
〔24〕 卢埃林、霍贝尔:《晒延方式》,案例16,第122~123页。

157 束。神箭伴随着部落已年代久远,超出了人们的记忆。对4支神箭虔诚,部落就平安无事。他们认为,1830年在攻击内布拉斯加州的南芬波河一带的勃尼印第安人部落以前,因为未能代表神箭举行合适的仪式,所以导致了神箭被斯克得、勃尼人夺去。他们认为,尽管有两支神箭后来又得到了,另外几支也补上了,但自从这场大灾难以后,噩运便接踵而至。他们认为,一个晒延人杀了另一个,会影响神箭的健康,由此会导致部落的不幸。这种行为是对神灵的玷污,它会有血迹奇迹般地在神箭的羽毛上显示出来,灾难会由此降临到整个部落头上。只要羽毛上的血迹仍在,就表明"噩运仍紧跟着部落"。这时不会有战斗组织希望获得胜利,猎人们会空手而归,所有的人都会因一个人的行为而受苦。

而杀人犯注定会被标上杀人者的记号。据说他的内脏会腐烂,从他腐烂的内脏散发出来的恶臭会驱走平原上的野兽,"猎物会避开这块土地,部落因此荒凉"。晒延人对杀人犯的恶臭印象如此深刻,以致给杀人犯起了一个绰号:"腐臭。"

杀人,首先是一种宗教上的罪孽。处罚是超自然的、自动化的。十分有趣的是,他们并没有从任何宗教或神话的角度来解释这种处罚,它既不是发自神的愤怒,也不是自然界或祖先的灵魂不悦的表示。晒延人并不认为有一个主持惩罚的神灵或祖先的灵魂插手其中。事实上,他们认为反对杀人的法令来自于"弃女"(Deserted Daughter),是她给了晒延人以政府的形式。她唆使一头山狮和一只熊杀了她那作恶多端的父亲,此后她说:"今后我们应该制定一项法律,一旦有人杀了本部落的人,就应该被
158 驱逐出营地一至五年,具体的时间由大家定。"[25]尽管如此,晒延人认为,惩罚杀人犯的仍然不是她的神灵,也不是野兽对杀人者行为发怒所致。野兽为恶臭困扰,四处躲避去了。换句话来说,这种恶臭是由邪恶本身所产生的。结果虽然是超自然的,却是必然的,对于晒延人来说,这种解释是最有力的,互相残杀因此被制止住了。被害人的亲戚并没有报复的权力,这样使罪犯得到很平静的处理。

部落委员会拥有审判权,但即使它也不能宣判罪犯死刑。用驱逐出

---

〔25〕 卢埃林、霍贝尔:《晒延方式》,第71~72页。

部落的办法来清除杀人者的影响是十分适宜的。处理罪犯的办法就是驱逐，这也就是判决。杀人实际上是对全体人民的犯罪。

但仅仅驱逐杀人者是不够的，因为部落同杀人者一样，也被玷污了。只有通过神箭更新的仪式，部落才能得到清洁。这个仪式除杀人者及其家属外，所有的人都必须参加。这是法律规定的，由军事集团执行，必要时可以强迫缺席者参加。[26] 法律同时规定，在换取神箭时，要保持绝对的安静，这时，警察在营地上巡逻，监视所有的妇女和小孩。如果这时有狗叫起来打破了宁静，他们也会毫不犹豫地砸碎狗头。更新仪式所产生的影响是难以估量的，它对人们感情上的作用肯定不小。通过这一仪式，晒延人获得了巨大的积极的社会效果。它的统一效能是任何其他东西难以相比的。此后，团结统一的感情加强了。由此看来，正是杀人这种会瓦解部落团结的行为，作为一个偶然事件，晒延人通过它加强了部落的团结，使所有的人团结得像一个人。他们没有报复和流血，也没有监禁酷刑，一个人的杀人行为导致了全体人民的纯洁和社会组织力量的增强。

至于杀人者，可以继续生活在友好的阿拉帕霍人或苏人当中，过一段时间，一般是5年以后，他可以向部落委员会提出申请，要求回来生活。 159
在这段期间里，他的所有公民权利无效，除了头领可以保留其作为部落委员会成员的资格外（对于这样一个头领来说，他任职的十年内，无论做什么事都不能被解除）。晒延人一般总是盼望为做错事的人恢复名誉，让他回来生活。如果没有被害者亲属的反对，部落委员会一般会同意他回来的。但是，他的行为并未取得完全的原谅。他们认为，虽然他的内脏已停止腐烂，可微弱的气味的影响还在。因此，他终生被禁止吸公共的烟斗，或者在会餐中使用公共的餐具。

好结宿仇是原始社会的一大祸害，得依靠私法或其他方法控制和解决。晒延人用统一的宗教观念很好地解决了这一问题。

杀人作为犯罪，也被用来迫使父母亲温和地对待自己的女儿。在各民族中，很少用自杀或以此威胁对方的办法达到控制对方这一目的。晒

---

〔26〕 卢埃林、霍贝尔：《晒延方式》，第126～127页。

延人却有。晒延的姑娘偶尔会用上吊的办法反对母亲过严的管束。有的姑娘已被其兄弟许配了人，她又与人私奔，其兄弟就会在战斗中冒险，以求被人杀死。在晒延人那里，迫使一个亲属自杀，是和杀人同样看待的，主要责任者要被驱逐，神箭通常也要更新。[27]

晒延人的法律在处理杀人事情上，如果说它的长处是讲人道和道德上的正派，能有效地制止宿仇的话，那么，也必须承认它在预防杀人上有些软弱无力。根据乔治·比德·格瑞尼和我们记录的数字表明，1835 年
160 至 1878 年间发生了 16 起部落内部的杀人，也就是说，每年有一起。比起我们早先的历史来，这样的犯罪率显然是很低的。晒延人是训练有素的好战的武士，他们在部落以外的滥杀的冲动往往得不到控制。

与科曼契和爱斯基摩人形成截然对比的是，晒延人不以争夺异性的手段获取威望，所以通奸很少，妻子潜逃只被看成一个简单的法律问题。所以这样解释，晒延人已经很成功地把男人对荣誉的竞争引导到其他方面。通过把首领在部落委员会的地位制度化以及战士联谊会，使获得成功的男人的地位得以明确和有保证。所以，一个男人几乎没有必要用去偷他人的妻子的办法来提高自己的地位。

在这里婚姻的变迁的确经常发生，但一般制造不了紧张，一个首领的典型反应是，他宁愿故意说——不！甚至炫耀地不理睬他妻子的背叛。有一个头领卷入了这种事情，当他收到一件带有头皮的背心，说明他的妻子跟人逃走时，他只是沉默片刻后说："一只狗在我的帐篷上撒了尿"，然后就不再管这件事。穿着头皮背心的人会勇猛过人，他的地位不会因此受到任何影响。应该说，任何一个首领在遇到这种倒霉事时，都会抓起烟斗，一边抽烟，一边提醒自己不做蠢事。其他性情敦厚的人，也会提醒自己，以头领为榜样。很明显，当他们被妻子抛弃时，不像凯欧瓦人那样大吵大闹；实际上，他们什么也不做，只是静等着。正如我的一个朋友斯丹波·荷所说的，他是部落道德规范的忠实遵守者。他说："我的妻子跟一个人跑了。有一段时间我什么都没有说，只是想怎样做才好。对于其他人，我什么都未提，好像这事根本没有发生似的。一天我看到有人牵着一

[27] 卢埃林、霍贝尔：《晒延方式》，案例 25～27，第 154～160 页。

匹有标志的马来找我，他是头领格瑞津·汉德，他想制止我干错事，问我愿意接受马匹了结事情吗？我说：'不要提这样的事，我很遗憾，你带来的 161
是匹马，我想要一副马鞭和毯子。好吧，既然你已经带来了，我就收下。'我们抽烟。我留下这匹马，那个男子得到了我妻子。"

这个案子解决得十分理想，合乎识体统的丈夫对妻子的背信予以不行动的宽宏大量。而妻子的情人也很识大体，很快带着马和其他东西找到了首领，要求首领带着烟斗和他的赔偿物到受害的丈夫那里去。首领带来了东西。这就使和平的结果有了保证，因为部落首领的威信使得"一个男人难以拒绝其要求"。当然也有例外。事实上，平原印第安人抽烟仪式的真正含义在于使得各方达成协议，遵守诺言，它是协议的标志，是实现协议的神圣保证。

但是理想的解决办法并不是所有的案子都采用。如果几天之后，没有从偷妻者那边看到首领来，有时他就会采取另一种方法解决争端。正派的丈夫就会派一个首领前去提出自己满意的要求。这样总是会得到结果的，因为偷妻者如果拒绝，就会在公众面前声名狼藉。

有些人没有这么好的脾气。在一个案子中，情夫山·比尔没有派人来，受害的丈夫埃·奢特便杀了他最喜欢的两匹马。这是唯一的此类型的报告。山·比尔没有报复，表示他接受了这种审判。

一个战士一直想成为战斗首领，但他还没有得到部落委员会中的平时首领身份时，他的妻人被人偷走了。他置所有的法律于不顾，采取了行动。因为他认为偷妻是对他的人格的一种污辱，于是决定以暴力来补偿他地位上的损失。

"赖德·依格尔是福克斯军事集团中的一个首领。他给偷他妻子的考依特一顿拳脚，然后回屋内找枪。显然，他准备杀死考依特。考依特胆 162
子小，藏了起来。但在第二天整个村落的转移途中，依格尔找到了考依特，事情这样继续着：

依格尔在同福克斯的战士格唱歌行进时，离开了队伍，命令战士们继续前进。考依特看到他后便跑到战士中间，依格尔用枪瞄准了考依特，向战士吼道："让开！""好让我开枪！"开始战士们闪开了一点，他们发现有些不对头，就马上围住阻止依格尔，他们劝道："你是我们的一个首领，我们都很尊敬你，不能这样干，这会毁了你的荣誉。”依格尔回答说：“要说有一件事情我最恨，那就是看着一个人弄走了别人的妻子。”但战士们拉住他，不让他动手，然后让一个老首领给依格尔送来了烟斗。他拒绝了，继续威胁考依特。当他拒绝了好几个首领的劝解之后，战士们劝考依特离开营地。这事情发生在卡斯特战争前10年。考依特跑到南方多年后才回来，这时依格尔已死了多年，考依特感到轻松愉快，跟别人开玩笑地问："我要找我的妻子，她在哪里？”她则表示恨考依特给她带来的麻烦。尽管依格尔仍叫她作妻子，没有把她变残废，但一直虐待她，直到她用6响枪打伤了他的胳臂。[28]

在另一个晒延人的案子里，情况也违反了公理二中的推理三有关暴力的规定。这个失去控制能力的人，对另一方的坚决拒绝的态度，完全不像个晒延人，倒更像科曼契人或凯欧瓦人。

一个男人的妻子跟别人跑了，还没等对方采取任何行动，这个人就先传话过去：“别打算给我任何礼物！也别让首领来告诉我你打算如何了结此事。我不想从你那里得到任何东西。”然后，他对其朋友说：“这个男子
163 根本不把我放在眼里，他认为我是个懦夫，什么都不敢干。等着看吧，过几天我们会一起迎敌，在那里我会看到这位朋友，如果他表现出有一点怯懦，我会给他好看的。”这个丈夫在人们中颇有名气。营地转移到了南方，直到俄克拉荷马，这是个大营地，所有的部落都聚集在这里。他们进入南边的地区时已组织成一个大的猎牛集团。妻子在听到受害丈夫的声明后，一直躲开对方参加的战斗组织。这回受害丈夫迟了几天才出发，跟着偷妻者所在小组的踪迹前进。等到追上时他们正在营地上休息。他们看见他时，他正唱着战士之歌即死亡歌，进入营地。他骑马走过了几个人，这表明他将与自己的仇敌一拼死活。如果其他人躲进了帐篷就没事，要是被他碰上，就会用鞭子猛抽一顿。这些就是他对敌人可以采取的行动，他可以为所欲为。偷妻者吓坏了，三天之后，他来到受害丈夫的面前说："朋友！只要我们在一个组织里战斗，我的愿望就是看护好你，我将为你扎帐篷，做饭，看管马匹。我知道你以前的声明，我们会并肩战斗。”但是

〔28〕 卢埃林、霍贝尔：《晒延方式》，第197～198页。

他从这人那里并没有得到满意的答复,对方拒绝说:“我还没有了结此事。你弄走我妻子时,可没有像今天这样想到我。现在你仍然显得比我强。我认为我比你好得多。我可以从你那里接受东西,但我不想这样做。现在咱们一起出去,看看到底谁厉害。”偷妻者开始担心了。他想,“如果我后退,他会杀了我;如果上前去,敌人肯定会杀了我”。在进退维谷之际,他去找战斗集团的首领,也找神帽持有人,看看他们能否帮忙。他请求他们看能否带着烟斗给对方。他遭到了拒绝,他们说:“不!烟斗里还满着。但我们可以不带烟斗去跟他谈。我们试试看他是否愿意改变主意。这种 164
人难对付,要费口舌的!”他们按说的去了。他们把过去处理这类事情的办法讲给这个受害的丈夫:“过去像你这样的人会参加战斗,以求战死沙场。这很对。可是现在你想干另外的事。你想吓得他到处躲藏,想杀了他。你能不能让他一个人安静一点?”受害的丈夫说:“我这次可以离开他,但你们做头头的,是知道老婆被人弄走的滋味的。他显得你们都没事可做。这就是使我生气的地方。他一点都不怕我!现在我想搞清楚,他到底是不是比我厉害?发现敌人我是会参战的。如果他跟我一起干,干得比我出色,我会满足的。”他们开始向敌人发起进攻。受害的丈夫注意到,偷妻者两次攻击敌人,但敌方武器精良,迫使晒延人后退。当偷妻者和其他人一起后退时,受害的丈夫追上去用短鞭打他。他叫道:“正像我原来所想的那样,你不行,回去后,我就从你那里夺回我的妻子。”当他开始动手时,他的岳父插手了。说他的女儿以前曾过着不幸的妻子的生活,现在有另外一个跟他女儿同龄的合适人,他要把女儿嫁给这个人。[29]

这个男人是一个有胆量的战士,但他不是一个头领。出于个人的需要,他为自己的地位不懈努力。在晒延人中间,给赔偿性物品并不是做错事者表示自己高于受害者一方,最多也不过想承认自己有义务来弥补对方的损失,和平解决争端。而对这个特殊的战士这些是不够的。尽管他的要求不像一个晒延人的要求,但他都完全运用晒延人的技巧来创造条件,达到他的目的。

---

〔29〕 卢埃林、霍贝尔:《晒延方式》,第 199 ~ 201 页。

如果说，晒延人需要进一步维护其内部的和平，制止内部的个人侵害行为，并运用他们的法律手段在危急的时刻制定相应的社会政策，那么在沃尔克·拉比特的案子中，这个也许有些太“狡狯”的律师，回答了以上问题。下面是布莱克·沃尔夫所提供的案例：

一个战斗组织正在组成之中。沃克尔·拉比特找头领问道：“你真的宣布我们都得步行吗？如果是真的话，我很想有一匹马驮送鞋子和其他
165 东西。”头领说：“我这样命令是有原因的，我想不用马，我们的行踪就更容易隐蔽一些。不过，你可以带一匹马。”沃尔克·拉比特可能想迟一点出发，他打听清楚第一、二站的宿营地点，好追上大队。沃尔克·拉比特的情人最近嫁给了别人，她对自己以前的求婚者（即沃尔克·拉比特）说：“我的丈夫不像我想的那么好。”所以沃尔克·拉比特带她加入战斗组织（晒延有句关于单身汉跟已婚妇女的俗语：“穿上旧鞋”）。这样，他的马驮的“鞋”变成了一个妇女。当其他人看到这个女人时，大家都很兴奋。大队行进到半山腰停下来，头领抽起了烟斗。头领的烟斗在离开营地时总是装满的，只有当看到敌人或得到敌人的行踪报告时才抽。这时头领开口说：“一个女的跟我们一起，营地一般都会知道。这个男子跟别人的妻子潜逃，以后会发生什么事呢？”他们开始议论此事。头领最后宣布：“他现在能做的唯一的一件事是回去，跟那个男人了结此事，然后再跟我们一道走。”有一个战士支持沃尔克·拉比特，他建议道：“我们为什么不能留他在这里呢？我们如果搞到几匹马，就能送给她的丈夫。”但是头领坚持原来的决定。他说：“这事如果你早点告诉我们，说你很爱这个女人。那我们是会等到你得到她之后，带上她一起走的。现在你要真想跟我们一起参加战斗，你会追上我们的，因为我们是在步行。”三四个战士接着说了话，他们都答应给沃尔克·拉比特一匹马，送到女方的丈夫那里，每个人再提供一支箭作为赔偿。与此同时，沃尔克·拉比特的父亲也同受害的丈夫了结了此事。既然他和妻子不般配，他愿意让她解脱。沃尔克·拉比特回到家时把战士们的态度告诉了父亲。他父亲说：“事情已经过去了，你不要再管了，那些战士们回来时，会给姑娘带礼物的。你现在可以追上队伍了。”但是沃尔克·拉比特还是决定待在家里。他在家时，他的近亲们扎起了一个大帐篷。在他们听到说大队人马回来时，一切都准备

好了。战士们冲进营地后，开枪欢呼，他们夺来了许多马，东西多得难以计算。沃尔克·拉比特的父亲是一个传呼员，他大声喊道："朋友们！不 166
要进你们自己的帐篷，到沃尔克·拉比特的帐篷里来！"他们全来到帐篷里，老人进来讲了事情的经过后说："在我儿子回来之前，我已经把事情办好了。你们答应过送马和箭。我把姑娘留在这里，等着你们回来，我准备把她和礼物一起送到她父母亲那里去。我等着看看你们能做些什么。"头领代表战士回答说："是的，我们将帮助你。我们答应过帮助你的儿子，你送她回去，我们将送礼物同她一块儿去。"一些人回去拉来答应送的马，另一些则给了刚获得的马。同她一起送去的就是结婚的礼物，她的亲属全部收下，又拿了一些自己的东西作为回礼。战斗组织又一次聚集，他们还得回礼。后来这成为人们谈论的一件大事。这是第一次，也是最后一次。一个妇女回家时骑在从敌人那里获得的马上。[30]

这个例子能很好地说明，当发生与部落所遵守的公理相矛盾的事情时，他们是如何限制其再发生的。沃尔克·拉比特也许是从科曼契人那儿得到了启发，他想成为本部落中第一个使用这个办法的人。他甚至使用了巧妙的手腕，而且其技巧圆滑，近乎于欺骗。"我很想用一匹马送鞍子和其他东西。"这多么像一个律师的诡辩。用这种技巧他成功地推迟了出发时间，以便给他的同伙们以既成事实（他也知道他们是他的审判人），增加他们接受其创举的可能性，结果他成功了。

聪明的首领洞察全局，他很快地权衡了这次偷妻潜在的麻烦，他也充分地考虑了这件事作为先例的后果是什么，他们坚决地拒绝了沃尔克·拉比特带女人一起走，然后用典型的晒延方式戏剧性地使这件事处理得两全其美：他们既帮助了沃尔克·拉比特逃出他自己掘的陷坑；又用庄严的仪式表示他们没有忘记自己的法规，使得这件事成为"人们都谈论的大 167
事"。但是绝不应忘记，他不能再犯。面对这种情况，难道谁能够说原始人不能制定法律，是习惯决定一切呢？

在家庭关系和性生活方面，晒延人十分混乱。男人们受压抑的好斗性有时冲破约束，变成对软弱的女性的肆意虐待。晒延人不把性的满足

---

〔30〕 卢埃林、霍贝尔：《晒延方式》，第13～15页。

视为犯罪,但也看不起这种行为。我相信在拟定公理九时我是正确的,它最合适不过地表现了他们对性行为的态度。我们已经提过,在晒延人这里不存在以竞争异性为晋身之阶的情况。社会也很注意妇女的贞操,每一个成年妇女都应终生戴着贞洁之环,结过婚的女子,在其丈夫远行或她独自出门时,也要戴上贞洁之环。对此环的骚扰(试图强奸)的人要被妇女的亲属严加惩罚,根据"不成文法",他们可以用石头打死他。乔治·比德·格瑞尼提供的一个简短的案子中,被奸污的妇女和她的母亲用石头砸强奸犯,直到他快死时才离开。[31] 在另一个案子中,犯罪者不过是个小青年,他父母的帐篷被女方的亲戚给完全毁了。而他的父母只是站在旁边观看没有一点反抗的表示。这种法律很清楚,试图强奸的人被认为是头号罪犯。

妇女的贞操主要靠自己保护。格瑞尼将晒延妇女与其他平原印第安的妇女相比较后说:她们"在西部诸部落中以其贞洁著称",而且"如果谁屈服了,就永远被人看不起"。[32] 至于男人,他们并不这样普遍地约束自己。但是一个好的丈夫,有坚强的性格和很高的理想,会在第一个儿子出
168 生时起誓,在7年到10年之内不与妻子同房。他们认为这样就会把所有的游动的神灵的力量集中到儿子身上,使他成为一个伟男子。人们谈论并赞赏其父母的自制。[33] 未能遵守誓言的将受到神灵的惩罚,他的儿子会得病而死,但不受法律的惩罚。

现在让我们看看晒延人在性方面的过分抑制会带来什么样的法律的混乱。被怀疑对丈夫不忠的妻子(从理论上讲,她可以有四次错误),会被"丢在大平原上"或者"成为一个公共的娼妓"。她的丈夫会邀请他的同伙们到平原上"会餐",而"会餐"中主要的一道菜就是他的妻子——轮奸她。事后如果她还活着,就会成为大家玩弄的对象。实际上她的一切权利都被剥夺了,她的丈夫及其同事们会认为这是他们的特权。从所有的四个这类案子中可以看出,丈夫对妻子的指责从法律上讲是含糊不清的,

---

〔31〕 格林内尔:《晒延印第安人》,Ⅰ,第131页。

〔32〕 格林内尔:《晒延印第安人》,Ⅰ,第156页。

〔33〕 格林内尔:《晒延印第安人》,Ⅰ,第149页;再参见卢埃林、霍贝尔:《晒延方式》,第261~264页。

其中由于外部的干涉才阻止了两个案子的后果的出现,用计谋解救了另一个案子中的妇女。在两个案子中,女方的父亲和兄弟向参加的战士挑战,展开了武装斗殴。在所有的案子中,部落的妇女都嘲笑并就男人们并诘问他们。[34] 部落并没有一致同意授予军事集团一种社会性组织的特权,使他们可以进行这种恐怖性惩罚。丈夫和其同伙的这一特权是渊源于公理九。但是很明显,作为一种处罚,它超过了必要的限度,同时它也违反了公理八,因为公理八规定她们的权利应受到尊重。显然,晒延人在解决这个冲突上是完全失败了。

因为私法中很少有诉讼,所以个人犯罪的证据问题在晒延人中,比科曼契人更不成为问题。正如我们已经知道的,晒延人中很少通奸。巫术案也偶尔有,但也构不成麻烦,一个巫师就可以对付得了。这里没有武力威胁,甚至对被指控的巫师也不采取合法的诉讼。

在晒延人的营地虽然经常有小偷小摸,但对晒延人来说,偷窃从来不 169
构成一个法律问题。一个小偷会在公众面前感到羞耻。他们对小偷的回答是,"如果我知道你想要这个东西,我会送给你的",这的确是一种高尚的美德。优秀的晒延人并不把自己拥有财产看得很重要,因此,他们不会由于别人拿走了自己的东西而事后追究。

但是在公法中,由于惩罚很严,故证据必须清楚。这是通过几个途径来实现的。证人在作证前要单独代表自己的烟斗起誓,伪证意味着在厄运中死去。当某人被怀疑违法捕猎时。狩猎警察就要对他的帐篷进行搜查,以求发现罪证。在弃婴案件中,一个军事组织让所有的妇女排成一队,袒露胸部,以求发现乳房分泌的迹象。虽然毫无用处的起誓被他们到处滥用,但他们从来不搞刑讯逼供。

晒延人法律中另一个应指出的有积极意义的特点是,宗教避难所具有超越一切的权力。神帽持有人的屋子是对任何人都开放的避难所,甚至敌方的盗马人只要到了该避难所,也会平安无事,并能得到安全出境的指导。在另一个例子中,当部落转移时,准备将一个姑娘"丢在大草原上",但没有法律依据,这时神帽持有人的妻子出来制止这种行为,她设置

〔34〕 卢埃林、霍贝尔:《晒延方式》,第202~211页。

了一个象征性的避难所。她举着一根棍子,将神帽悬在上面,使这个姑娘得以安全。[35]

(三)

趁着我们还保留着科曼契人和晒延人的清晰印象,现在我们再来分析一下凯欧瓦人的情况。在这里,我们难以勾画出凯欧瓦制度的细节,我们的目的只在于揭示他们是如何控制他们中的科曼契式的个人主义。这些方法像是晒延人用过的,但又不同于晒延人的方法。

如何处理这样一对矛盾,即军队所倡导的个人好战性与内部的和平理想及民主秩序之间的不协调,这是三个部落共同面临的难题。

170 比起与之有密切联盟的南边的科曼契,凯欧瓦在社会结构方面倒更接近于它北边的邻居晒延人。他们有一条不是依据年龄而是按威望排列出的军事联盟,这些军事联盟同晒延人的一样有管理权力。他们也有太阳舞,有一组部落的崇拜物,即十束特殊的神物,也称“祖母”。这些东西同晒延人的神箭、神帽一样,都有法律作用,只是方式不同罢了。凯欧瓦的首领制度规定得十分明确,它不像其他两个部落,并不区分战斗首领与和平首领。科曼契人和晒延人把这两种首领区分为截然不同的两种类型:一种勇猛好战,注重荣誉;另一种宽厚仁慈,性格平稳,从而形成明显的地位结构的差别。凯欧瓦人却将两个混为一个。这造成了特殊的困难,我们很快就会看到这一点,他们当中的政治官员们,对于混淆这两种制度所造成的混乱,常常表现出无能为力。

他们运用这种制度,把同一级别的人排在一起,代替了那种不同类型的人分别安排地位的做法。这样,在他们的社会中就出现了以下四个阶层:

第一个社会阶层叫昂迪。他们都是最好的战士,战绩赫赫。他们也是很富有的。他们拥有保修得很好、专为他们建造的房屋,有大量的食物,还可以经常得到剩余的马匹。最重要的是,他们能忍受一切,充满着自信力。“一个昂迪人必须处处严于律己,从不流露出自己的

---

〔35〕 卢埃林、霍贝尔:《晒延方式》,第206~208页。

感情。”[36]他们是“勇敢而又谦恭的战士的精华”。[37]他们在凯欧瓦人当中,卓越的品质已经受到了各种考验。在一般情况下,他们的个人地位是无与伦比的。像晒延人的部落委员会的44个成员一样,他们可以随心所欲地避开个人的冒犯,也很少卷入诉讼事务之中。

第二个阶层叫昂迪古甫。他们特别喜欢争斗,不断地制造事端。凯 171
欧瓦人的法律主要考虑如何驾驭这些好惹是生非者。这一阶层的构成主要是能干的工匠、巫师、猎人和牧马人。他们绝大多数也是战士,但都缺少一样:显赫的战功。

第三个阶层叫科恩,或称普通人。他们老实正派,贫穷而平凡。他们所处的社会地位决定了他们不可能有过高的奢望。因而,他们很少制造法律纠纷。

第四个阶层叫都甫木,是凯欧瓦社会的渣滓。他们无能而懒惰,没有志向和自尊心,以在营地偷窃混日子。由于实际上他们已被亲戚们抛弃,所以他们只能像寄生虫那样依靠高等阶层而生活,他们毫无社会地位,实际上生活在法律管辖之外。他们微不足道,没有人理睬,甚至他们的偷窃行为也不受惩罚。他们也不会从这个阶层中被驱逐出去。这帮笨拙的青年,他们受苦挨骂,数量不少,已构成了一个“阶层”。

凯欧瓦社会的上层人物有土巴斗克,即一个帮的头领,也是战斗小组的首领,十束神物的保管人,也是太阳舞的崇拜物特美的保管人。事实上所有的头领都属于昂迪阶层,大多数十束神物的保管人也是一样。特美的保管人在名义上是部落的大首领,所有重要政策的宣布都通过他,而实际上这些决议是由土巴斗克作出的。[38]

凯欧瓦人的战友会具有晒延人的战士组织一样的重要作用。他们管理太阳舞营地和公共的狩猎,在必要时有惩罚的权力。他们也介入某些私人的纠纷中,防止其斗殴。我们没有发现他们像晒延人那样制定出新

〔36〕 纳伯德·米什金:《平原印第安人的阶层和冲突》,第50页,美国人类学的社会,专题3,1940年。

〔37〕 简·理查森:《凯欧瓦印第安人中的法律和身份》,第15页,美国人类学的社会,专题1,1940年。

〔38〕 简·理查森:《凯欧瓦印第安人中的法律和身份》,第9页。

的法律来。

凯欧瓦人中唯一需要我们重视的法律因素，就是他们将烟斗仪式和
172 十束神物一起使用。凯欧瓦个人之间的行为明显地要比科曼契人更有威胁性，当然更不能同晒延人相比了。一个遭受委屈的昂迪古甫很被人看不起，所以他会怒气冲天，手舞足蹈，不停地叫骂，威胁着要“拿上我的枪”，说若看见那个家伙就要结束他的性命。这时人们围观，妇女们叫喊道：“快来人抓住他，不要叫他干蠢事。”理查森提供了九个这样的案子。他用原叙述人的话说，“于是人们按住了这个人”。他指出，在所有的案子中，哪里有暴力威胁，哪里就会出现十束神物的保管人，他拿着神圣的烟斗进行调解。他要受害人放弃复仇，接受赔偿，和平地解决事端。如果拒绝十束神物保护人的建议和他的烟斗，受害人就会处于不利的境地，有受到神灵惩罚的危险。在绝大多数情况下，这种要求都会得到重视。再倔犟的男子也只能拒绝三次，第四次必须屈服，否则就意味着会受到神灵的惩罚而死去，所以第四次拒绝就等于自杀。

凯欧瓦人在处理争执的程序上同晒延人一样，但风格上却大相径庭。晒延人的受害者一般不想也不会采取行动，首领会自动带着烟斗来找他，首领是事发后的一两天，由侵害者派来的。只有一次例外，受害者宣布他不需要首领来调解。所以，整个事情是在平静的气氛中悄悄地解决的。

理查森在其报告中也强调凯欧瓦人十分注重内部的和平。他说：“公众对和平的渴望可以说是各种法律制度成功地发挥作用的根本原因。它本身要比一般的方法所起的调整作用要彻底而且作用更大。”他指出：“如果没有这样广泛的压力和自我约束，在这个充满自我炫耀的社会将不知会发生多少争斗。”[39]

公众常用威胁要使用武力的办法制止进一步的暴力事件，当然他们
173 只是虚张声势，并不是真的要对侵害行为实施报复。我们应该记住，大多数的凯欧瓦犯罪行为发生在昂迪古甫阶层，其中的大多数是以此争取地位者。被挑战的一方自然会反应激烈，想借此显示一下自己的勇猛，但他们很清楚，任何时候都会有人或战士，或者十束神物的保管人插进来制止

〔39〕 简·理查森：《凯欧瓦印第安人中的法律和身份》，第18～19页。

他的行为。他只要大肆声张，故意拖延时间，就会有人来负责处理此事，然后他才能装作“不愿意地”退下，接受烟斗，这样才会不损害自己的地位。真的，官方因为他没有造成真正的麻烦，而应当感谢他。换句话说，正式的宗教法规方法使得干扰和平而不真正破坏和平成为可能。

由于凯欧瓦人的传统法律形式具有缺陷，所以绝大多数凯欧瓦人都是好战的不安定分子。而假装闹情绪可能引出真正的情绪，战士们可能从假装发泄情绪，发展到真正的行动。男人在有人侮辱自己有可能因此而毁掉自己的一生的声誉时，他会拒绝烟斗，杀死对手。另一个值得考虑的因素是，取得昂迪阶层的地位十分困难。根据现代凯欧瓦的情况，可以估计到在任何时候昂迪阶层的人数不超过部落总人数的10%，而40%～50%的人都是昂迪古甫阶层。这意味着其中绝大多数人在超过对手时，也不能提高自己的地位。在这个十分注重功名而又将之过分制度化的社会里，他们注定要失败。这就使他们容易失去自控，突然爆发越轨行为。而如果一个人杀了人，他就可能被杀死作为惩罚。如果另一方接受了烟斗，得到了他兄弟们提供的赔偿，他就会捡回一条命。然后，在晒延人的观念的模糊影响下，他会成为“特都”，即在所有的冒险中虚弱的不走运的一个，从而降到了科恩阶层，最后提前而死。但这厄运只是他个人的，不会玷污部落的崇拜物，或影响整个部落。在非常时期军事集团对危险分子仍然要依法控制，他们是凯欧瓦法律制度中最有力的柱石。下面引用 174
的一个极为棘手的案例，会说明一切。事端的制造者叫归保德。他是十束神物的保管人，出色的战士，但不是一个昂迪。他十分吝啬霸道。在这件事前他刚指挥过一个战士小组。但他作为一个指挥者举止傲慢，目中无人。斯丹顿是他的队伍中的一个首领，负责做饭。他故意加入这个队伍，想教训一下归保德，使之在公众面前丢脸。归保德行军中带着妻子，斯丹顿在途中故意独自带走了归保德的妻子，两天过后又带她回来，彬彬有礼地向归保德表示感谢，说他这两天过得十分愉快。周围的人都紧张地屏住呼吸，等待一场冲突的爆发。但这时白人出现了，凯欧瓦人准备投入战斗。在归保德准备时，他妻子偷了长矛给斯丹顿。斯丹顿冲入敌群，杀死了几个白人，自己却没有受一点伤地返回营地，然后他很礼貌地把长矛还给归保德。归保德说：“小子，没有你刚才的那几下子，我早就宰了你！”斯丹顿以同样的声音回答：“归保德，要是你动了你妻子一指头，我早就要了你的命。”

此后不久，所有的部落聚集起来，准备1873年的祭拜太阳的活动。归保德属于坎布部落，应在大本营圆圈的南边扎营。他不喜欢这个属于考果部落的位置。丹碑哥军事集团负责营地的治安，他们让归保德搬到应该在的地方，战士们拿着他的帐篷和行李回到了合适的位置，丹碑哥集团的首领带着枪走到归保德跟前，让他平静下来，回到应去的地方。如果
175 他照做了，就没有更多的麻烦了。同时警告他，要想制造麻烦，首领愿意奉陪。归保德举箭准备发射，对手反应很快，猛击他的头部。归保德还想干些什么，对方告诉他，要不快走还要揍他。归保德坐在地上，怒视着对方。这时，首领让所有的部下都用手中的家伙打归保德的头。打完之后，归保德不吭声地爬起来，回到了坎布的地域。

一年之后，他当场抓住了他的妻子和奸夫波克古，一个富人的儿子。奸夫逃走了，发怒的归保德就在妻子身上泄恨。妻子的父亲出面干涉，妻子乘机从帐篷后面逃走了。归保德在营地上叫喊着，说他想要波克古的命。很快，波克古的父亲带着四匹马和三个十束神物保管人来了。归保德把波克古的父亲赶出帐篷，拒绝听神物保管人的劝告。当第四个持烟斗者找他时，他甚至不听他外甥的劝告，仍然拒绝抽烟。

不久，用于举行太阳舞的营房建好了。特美首领让士兵防备归保德对波克古下手，归保德听到后说，别人最好不要多管闲事。他杀了奸夫父亲的一大群马后，坐在自己的帐篷前，枪横在膝盖上，说：“我现在把这件事情处理了。谁要不服气，就来找我。”这时波克古藏着，连军人兄弟会的聚会也不敢参加。甚至由于归保德拒绝了四次烟斗，存放十束神物的帐篷对归保德也不是可靠的避难所。

最后，阿德特伊集团的头领比哥·保和威特·比尔宣布，我们的人已忍受够了。他们走遍了各个集团，征得所有人的同意以便采取行动。波克古的父亲把两匹马送到代表手里，要求转送归保德，开始归保德不甘罢休，十分倔犟。威特·比尔唱起了战士之歌，将要刺杀他时，他才表示屈
176 服，但要求他可以任意地处置自己的妻子。警告了归保德后，战士们走了。威特·比尔对其他集团汇报说，他认为归保德并没有真正屈服，等到

即将进行营地迁移时,可以再看看他的表现。到迁移营地时,归保德果然宣布他不愿意走。除了战士们留在后面,其他人都先走了。威特·比尔前去杀归保德,就在他举矛欲刺时,归保德所属集团的首领挡住了他,要求带走归保德。归保德坐着,特克依的兵士们拆了他的帐篷,包装好,连行李带归保德一起放在马上,驱马紧追前面的人。他们到达扎营地时,告诉他在什么地点扎营,帮他打开了行装。两年后他死了,"因为他拒绝了烟斗"。[40]

平原部落的法律就是这样起着作用。科曼契法律表现了个人主义,但在关键时刻社会需要运用他人来制止这种个人主义行为。晒延法律体现了社会幸福高于一切的精神,同时又依靠个人主义来维护它,凯欧瓦人从来就没有搞清楚他们到底选择哪一个。他们企图两者兼顾,但两者都没有搞好。

当一个社会还没有确定它的目标时,就很难说采取哪一种社会行为。

〔40〕 上述描述从简·理查森所提供的案件55和2中节录缩写而成。参见简·理查森:《凯欧瓦印第安人中的法律和身份》,第91~92、22~27页。

177

第八章　特罗布里恩德群岛:布朗尼斯拉夫·马林诺夫斯基眼里的原始法

在人种学中,黑肤色的美拉尼西亚人生活在特罗布里恩德群岛,这个地方与新几内亚的东北海岸还有一定的距离。但是只要谈及这些黑肤色的人时,就会自然而然地想到布朗尼斯拉夫·马林诺夫斯基。在他的一生中,马林诺夫斯基用各种各样的文章来描述这个世界。除此之外,他还提出了卓越的思想见解和系统的人类学与社会学的理论文献。他的成就的取得,不仅因为他是一个有造诣的人类学家,而且因为他足智多谋,是理论和方法的先驱之一。在这项研究中,他不断地问"为什么"。所以,他超越了其他人类学家,认真系统地论证了"最基本的人类学的假设,即每一种文化是一个有机的整体,其中存在的甚至表面上陌生或极不相同的因素只能从整体上去理解"。[1] 他从各方面探讨了文化发展的各个阶段,以及与其他各种因素的关系。像其他学者一样,他掌握了丰富的资料,以精炼的文字论述了文化的发展,并以文化的各个分支和他在短期内构成的新理

〔1〕 J. H. 威克兰德:"文化人类学的方法",载《科学的哲学》18:58,1951 年。

论引导他的探索。他考察了部落的经济、魔术、宗教、语言、神话故事、宗教仪式、婚姻、亲属关系和法律。这些题目他或者在一本书中,或者在许多文章中作了探讨。[2]

他通过长达十五年的调查研究,掌握了特罗布里恩德群岛的一些情 178
况,并通过文章的形式披露出来。他关于法律的概念,就导源于对这些岛的了解。他对原始法的见解第一次见于1923年2月他在英国皇家学会的一次演讲。后来这篇讲稿以"原始社会法律的效力和秩序"[3]为题目刊登于1925年的皇家学会年刊上。他的这篇论文是当时唯一的研究特罗布里恩德群岛原始法效力的文章。在这篇文章中,他的思想体系第一次引起了人们的注意。此后,他仍然不懈地使用他那丰富的思想和他所掌握的全部资料,先后在1925年和1926年的《自然界》杂志上发表了两篇续文,题目是"原始法和秩序"。他的这三篇文章经修正后马上印成小册子,1926年以"原始社会的犯罪与习俗"这一标题出版了。在这本书中,马林诺夫斯基扼要地叙述了他所掌握的特罗布里恩德群岛的法律情况。同时,他努力改进自己关于法律只与习惯联系的法的概念,这就为他后来在1934年出版的霍格宾的《波利尼西亚的法律和秩序》一书所作的序言中所系统阐述的法律的基本原理打下了基础。而这个基本原理,在他死后1942年出版的著作[4]中作了重新论述。

首先,在《原始社会的犯罪与习俗》一书中,他认为原始社会存在的法律与习惯法是有区别的。习惯法并不意味着一切,原始人不是以习惯法苟安的奴仆。相反,他们易于干一些违法的事。原始人不会机械地或主动地遵守社会的准则,所以必须对他们施加压力。他们绝不是像哈特兰德所说的那样,即原始人对"古老的传统的束缚作为当然的事情加以接受",或"从不寻求冲破它"。[5] 与这种观点相反,马林诺夫斯基问道:"人们是 179

[2] 马林诺夫斯基完整的著作目录见由G.P.默多克所写的讣告,载《美国人类学家》45:445~451,1943年。

[3] 马林诺夫斯基完整的著作目录见由G.P.默多克所写的讣告,载《美国人类学家》45:445~451,1943年,第24卷,第529~547页。

[4] 马林诺夫斯基:"研究法律——特别是原始法的一种新方法",载《律师协会评论》2:1~12,1942年;在马林诺夫斯基逝世之年重版于《耶鲁法学杂志》51:1237~1254,1942年。

[5] 哈特兰德:《原始法》,第138页。

甘心情愿地受压制吗？无论是原始人还是现代人，在没有强制压力下，他们都必然履行自己不愿意接受的、压抑的、严厉的法律和戒律吗？并且只有强迫和武力手段才使他们不会反抗吗？"[6]这一段话包含着对人类本性理论的否定回答。他认为问题是要找到不可抵抗力的本质和迫使屈服的强力之外的东西。程序是寻找法律和法律的力量，"去发现和分析全部规则的构想与作用于约束力的义务；去寻找约束力的本质之外的东西，和依据其发生效力的方式对规则加以分类"。然后"我们才能对原始社会的规范和规则作出令人满意的分类，才能从其他习惯的规范中清楚地区分出原始法，进而才能对原始的社会组织有一个新的、动态的概念"。[7]

区分这类法律规则的标准时，不能使用中央集权、法典、法庭和警察这些术语，而要使用一般仲裁方面的术语。因此马林诺夫斯基提醒我们，原始人的强制手段并不借助于这些机构或者类似于法官、警察这样的人员。[8]

马林诺夫斯基在对特罗布里恩德群岛调查中很少发现强迫性的力量。他乘着独木船，像西太平洋的亚尔古式的英雄一样去拜访他们。独木舟以特罗布里恩德的珊瑚岛的水面为存在基础。在这里捕鱼从表面上看似乎非常混乱，但有眼力和耐力的文化人类学者却看出，这种混乱状态受着详细的和有条理的准则的管辖。其中每一叶木舟都有一个主人（男子），他们是村子的首领，船员们都是他的亲属。当主人需要时叫他们来，每一个船员都必须完成他的职责。只有这样木舟才能发挥更好的作用。他们所捕获的鱼，每人都能得到合理的一份。他们相互制约，每一名海员都依次出海参加冒险捕鱼，每个人在捕鱼中都有自己分工的工作。"合伙的船主们不但对船员负责，而且彼此间相互制约。"他们的特权和相互关
180 系以及所有的职责都有章可循。[9] 在这里我们了解了原始社会的法律和秩序，有限制的特权和规章制度发展的完善程度。[10] 当一个读者在这

〔6〕 马林诺夫斯基：《原始社会的犯罪与习俗》，第10页。
〔7〕 马林诺夫斯基：《原始社会的犯罪与习俗》，第15~16页。
〔8〕 马林诺夫斯基：《原始社会的犯罪与习俗》，第14页。
〔9〕 马林诺夫斯基：《原始社会的犯罪与习俗》，第20~21页。
〔10〕 马林诺夫斯基：《原始社会的犯罪与习俗》，第20~21页。

个珊瑚岛通过了平静的旅行了解了其法律状况之后，他一定会大吃一惊，认为自己虽然还不太理解这里的情况，但会确信这里的法律状态正如马林诺夫斯基笔下所描述的一样。

其次，在《原始社会的犯罪与习俗》一书中，马林诺夫斯基还给我们展现了该群岛陆地上的一幅图景。在这一图景中，一群匆匆忙忙从家里赶来等候分鱼的当地居民，当他们拿到鱼后又返回村庄，用它来交换其他食物，这就是他们在经济上的交换，并已仪式化了。“从法律方面讲，那儿已形成互尽义务的制度，即无论什么时间，一个渔民从内陆的伙伴那里得到一份礼物，他必须以物报答（虽然这不是在市场上的那种公开的讨价还价，但这是一种合伙关系的一种等价交换）。”〔11〕他们的粮食不仅食用，而且更重要的是要定期展出，在公共集会时供给所需。他们每个人和群体都是非常节俭的，并且相互信任。在交换时，他们平等制约，这就是马林诺夫斯基观点中的法。因为一方如果使用不妥当或欺骗的手段，对方就会拒绝给他提供服务。马林诺夫斯基认为，这些活动作为行为的规则，“毫无疑问的是带强制性的法的规则”，它明显来自习惯的规则。〔12〕他在《原始社会的犯罪与习俗》中所说的法律，就是一个人如果开始做他不应该做的事，那么，另一方就会拒绝给他提供服务，所以，他不得不履行行为的准则。他认为，这种有效的交换原则贯彻于特罗布里恩德社会的各个方面。“酋长对族员、丈夫对妻子、父母对子女都是如此。根据规则对相互服务作平等的安排，不能由单方武断决定。”〔13〕

于是，以相互交换为主题，马林诺夫斯基提出了“法的人类学定义”。〔14〕“它实际上就是习惯上所称呼的‘民法’，这个实在法管理着部落 181
生活的各个方面。它包括强制性义务的实体，由一方当事人所指出的权利和由另一方承担的义务，保持生效的相互关系的具体方法，和他们社会的公开的内在结构。”〔15〕

---

〔11〕 马林诺夫斯基：《原始社会的犯罪与习俗》，第22页。
〔12〕 马林诺夫斯基：《原始社会的犯罪与习俗》，第30~31页。
〔13〕 马林诺夫斯基：《原始社会的犯罪与习俗》，第46页。
〔14〕 马林诺夫斯基：《原始社会的犯罪与习俗》，第11章的标题。
〔15〕 马林诺夫斯基：《原始社会的犯罪与习俗》，第58页。

马林诺夫斯基的法的人类学定义的意义只在于“市民法”或“实在法”，而未涉及合法的物质强制的法令。所以可以看出，这种法律虽然能约束人们的行为，但无须使用强制手段。在后来的文章中，他表现出对社会强制手段的非常厌恶的倾向，企图把它减少到最低限度，甚至完全取消。这是否因他厌倦了其文明时期这种约束性的准则，或是否崇尚一种理想的境界，把基点放在人们自觉遵守规则没有必要有粗野体罚之上，对这点我们永远不会有什么了解。不管怎样，在他心目中的法律，就是人们相互注意礼仪，相互提供服务，如果谁想违反或降低这个标准，他就会如同一个罪犯一样被孤立起来。

现在，令人满意的是，马林诺夫斯基有关法的概念，并不是最含义深长和一定有用的。连他自己也含蓄地承认，这个法的概念如果仅从“市民法”上理解，不能澄清情况。像西格尔所尖锐指出的，马林诺夫斯基的“原始法理学的可悲的荒谬结果成为一种罪过。他把原始法转换为自己文化的法律情绪。他简单地在现代世界的法律制度中搜索原始的制度。他选择了与习惯法有关的婚姻、继承、财产，并把它们称为‘原始法’”。[16] 这种“市民法”比起刑法或公法来是更不实在的。它更多地产生于英美和大
182 陆法系，其中主要涉及财产和经济关系，很少涉及个人的暴力行为，而后者更趋向于刑法。但像我们已经看到的，这两种类型法律规范区别的真正基础并不在于此。

马林诺夫斯基只是不加鉴别地回避使用“市民法”这个不正确的概念，而这使问题更加模糊。他竭力想使自己从这种窘境中解脱出来，但他非常清楚，法律科学所涉及的社会领域十分广泛，他在《原始社会的犯罪与习俗》中有关法律的定义，以及对法律的探索并未考虑到这一点。而且在该书的后半部分即在第二部分中，所列举的只是一些杂乱无章的拼凑的例证，或者说只是对这些岛上发生的极为平常的事情加以装饰，并把它们称为“原始社会的犯罪与对犯罪的惩罚”。

马林诺夫斯基从来也未弄清楚由什么构成犯罪，所以，有评判能力的读者只能靠自己去猜测。结果最好的一种说法是，如果一种行为能导致

〔16〕 威廉·西格尔：“原始法与马林诺夫斯基教授”，载《美国人类学者》36:283，1937年。

任何严重的社会混乱，那么它就是马林诺夫斯基所说的犯罪。但是在他那个时代所涉及的社会混乱问题，作为人类文化中未完全发展的一种现象，立即遭到了反对，虽然在 1926 年他自以为对这个专题的研究有了进展。他说："那时甚至在研究违法现象以及对犯罪的处罚中，还存在着只注重刑事审判的一些低劣的东西。现代人类学中的法律，在它那独特的和惊人的实施方法中，使人们联想到，那些令人毛骨悚然的部落的血亲复仇、乱伦、通奸、违反戒律和由杀人而引起的严重的巫术报复等犯罪案件，所有这些，除了那些明显的戏剧性的小事外，人类学家认为他们可以从中探索或验证一些原始社会中未预料到的、奇异的和令人惊讶的原始法特征。"[17]

这里他写的是谁呢？是亨利·梅因、霍布豪斯、斯坦曼茨、波斯特、科勒、洛伊还是巴顿？它更有节制地激发着科学家们在困难中探索。很明
显，马林诺夫斯基企图把自己的研究题目与以前的相对比，因此他把原有 183
的与现存的有利于自己的资料作了生动的描写或虚构。

他还迫不得已地承认了乱伦、谋杀和巫术。履行互换准则的特罗布里恩德人并不是完人，他们也有与自己同血亲的女性发生不正当关系，偷成熟的谷物，相互械杀和施展妖术的事情发生。所以有必要把引人注目的争论问题，犯罪的种类提出来讨论。但这对马林诺夫斯基来说，说他是勉强提出来的，一点也不算过分。[18]

我们能从《原始社会的犯罪与习俗》一书中，对犯罪的种类情况有哪些了解呢？我们从该书中一开始得知的是一个低劣的真实故事，即著名的科玛依案例，一宗以特殊手段自杀的乱伦青年的案件。

科玛依同他姨母的女儿发生了两性关系。这在特罗布里恩德母系社会里是绝对不允许的，因为姨母的女儿就是他自己氏族的血亲姐妹，而在族内是严禁通婚的。他们两人的事已众所周知，但无人追究。直到有一个青年因向这个女的求爱遭到冷遇，所以才对科玛依产生了嫉妒和仇恨，于是使用巫术对科玛依进行咒罚，但科玛依蔑视巫术的咒语，未如巫术所

---

〔17〕 马林诺夫斯基：《原始社会的犯罪与习俗》，第 72 ~ 73 页。

〔18〕 马林诺夫斯基：《原始社会的犯罪与习俗》，第 74 页。

咒的那样染上疾病。

有一天晚上,这个青年又用巫术咒骂科玛依的乱伦行为,并侮辱他是“天地不容的人”。其咒语整个部落的人都能听到。

第二天早上,科玛依穿戴整齐爬到高高的椰子树上,发表他的临终演讲,解释他自杀的原因,但他不是自责自己的罪孽,而是指责揭露其罪行的人。然后他大哭一场,按照当地的风俗,从60英尺高的树上跳下来摔死。为此他的亲属们叫正派的礼仪官用各种咒语伤害他,在第二天举行葬礼时,也同样咒骂他的行为。[19]

184 马林诺夫斯基是怎样对待这个案例的呢?一开始他承认自己的兴趣只集中在描述哀悼仪式和埋葬的情况上,而忽视了调查这一事件的内在因素。过了“很长时间”之后,[20]他才把这些拼凑到一起,并才发现这是因为违反了图腾的族外婚制度。事实上这是由于社会道德,当科玛依的行为受到嫉妒者的斥责和被公开揭露后,人们才清楚地认识到他的乱伦行为。

因为特罗布里恩德的每一个男人都懂得社会道德,而他们的一个基本准则是,乱伦是一种罪恶,是绝对禁止的行为。这项限制只有个别人例外。特罗布里恩德人对违反这项戒律的行为极其厌恶,他们会诵吟那些令人恐惧,会使人疼痛和生病的咒语来诅咒这种行为。即使此人已死了,他们也会说这是乱伦激怒了祖先的圣灵,是祖先对他们的惩罚。

但是,无论是氏族的同胞,还是其他人都不愿意参与对违犯者的处罚。他们认为处罚是神灵的责任。那么在什么情况下,氏族内的乱伦行为是一种犯罪?在什么情况下不是犯罪,而宁愿是一种罪恶呢?

事实上,对氏族兄弟和姐妹间所适用的禁止乱伦的准则,只不过是一种公理。所以,马林诺夫斯基文章中所讲的社会道德模式与实际发生的行为之间,存在一道鸿沟。除了这些,他还表明对乱伦的放纵是其酋长娱乐的一种形式。“从这个观点出发,在这方面放纵的人(违反族外婚的人),只是为了寻求某种刺激、痛快与满足性欲。给我提供资料的一些当

---

〔19〕 马林诺夫斯基:《原始社会的犯罪与习俗》,第77~78页。

〔20〕 事实上是在3年之后,他最后一次去特罗布里恩德做田野调查时。马林诺夫斯基:《美拉尼西亚西北部野蛮人的性生活》,伦敦,1931年版,第567页。

地人不仅承认，而且吹嘘也曾干过这种勾当，我有具体的事实来证明在录的案件。”[21]

不过，对特罗布里恩德人的探索，不能忽视神灵关于性犯罪的教义。 185
实际上，他们不仅不否认这一教义，而且为了阻止这种行为，他们使用魔术和符咒来保护自己不受神灵对他们恶行的处罚。在那里，只有愚蠢的人或信奉左道邪说的人，才反对行使预防的魔术和在性行为上放荡。这是规避习惯的惯常方式的一个极好的例证，一个行为冲突的、前后矛盾的和不统一的例子。依此推理可以得知，要保护氏族间的团结与安全，就必须避免由性嫉妒带来的破坏性影响。[22] 只有这样才能增进社会的稳定，保护全氏族的整体利益。而要保护公共利益必须制止乱伦行为，因为性欲会产生极度的冲动，而这种来自内心的疯狂和玩弄女性的强烈愿望，会使他做出这种见不得人的事情。

当乱伦已为公众所厌恶时，特罗布里恩德人也只是坚持原子论的观点。他们只是把它作为闲谈的对象。但除了公众的这种谴责外，却没有其他任何表示。“虽然公众的观点有些怜悯，尽管明显是虚伪的。”[23] 相反在这种场合，公众很少评论，虽然此事已为很多人所知，但还是要尽量避免将它公开，更不能让它蔓延。用马林诺夫斯基的话来说，就是让它处于“半隐蔽之中”。就这样，部落中法的冲突和反复无常的个人行动，都以传统的方式防止它们再次出现。但是当事情确已公开化后，那就是另一回事了。这时法律就会起作用。的确，如果我们把法律和其他规则的冲突作为一个定理的话，你们就会懂得，一旦法律出现，就会显示出它的真 186
实性和存在的价值。

这就是科玛依一案的真相，即在特罗布里恩德人中，乱伦行为在教义上是一种罪恶，要受到神灵的处罚。在那里那些魔术师们知道怎样可以使神灵的旨意变为无效。虽然特罗布里恩德人喜欢摘取禁果，以至于他们都心照不宣地对这种行为视而不见。只有当一个有某种动机的人公开了这个隐秘，这时法律才起作用。但是死刑是自我执行的，而且除了死别

〔21〕 马林诺夫斯基：《原始社会的犯罪与习俗》，第 84 页。
〔22〕 马林诺夫斯基：“文化”，载《社会科学大百科全书》（第 4 卷），1931 年版，第 630 页。
〔23〕 马林诺夫斯基：《原始社会的犯罪与习俗》，第 80 页。

无其他选择的余地。这种处罚是自动的。在这种情况下，被公开揭露的乱伦者都要处死刑。那么每个犯罪者就是自己的刽子手。在这里社会柱石起的作用是不愉快的。揭露者的正直行为并没有得到公众的赞同，社会对犯罪者的报复只是严厉的谴责。如果谁保持沉默，他就被看作为罪犯，并得去自杀。科玛依的亲属们清楚地感觉到这位揭露者做得太过分了。他们把特罗布里恩德的行为准则和法律习俗巧妙地做了平衡，所以不得不对科玛依采取行动。

这对一个正统社会的卫道者来说是一个艰难的选择和深刻的警示。因为他们相信人们所说的毫不含糊就是他们的德行。要是他们指出，有人在破坏这些规则时会遭到冷遇，这就犹如一个小学生告诉老师，一节课有半节自己是在受骗一样。

在这一点上马林诺夫斯基在意识上是一个早期的法律现实主义者。他认为法比起他的著名论述来有更广阔的范围。

正因为如此，所以后来我们发现马林诺夫斯基把“巫术和自杀看做法律的影响”。巫术遍及于特罗布里恩德人生活的各个方面。就其本质而
187 言，巫术是一个完整的东西，同时又与园艺技术、制造业、航海、商业活动联系在一起。它已被社会化了，并起着建设性的作用。一些魔术师如“托乌斯”即村庄的园艺魔术师，他们的职务都是世袭的，其职务是为了全体的利益。然而，像任何权力的工具一样，它的使用可能会导致有害的和反社会的后果。如有些人一看上去就是个巫师，他们施展妖术伤害他人。“他们的巫术是为了自己的利益和个人的酬金。”[24] 据说这些人很有个性，很聪明。为什么要恐吓他们呢？是因为“每一种”严重的疾病都是他们的巫术导致的。他们施展巫术的目的是个人的财富和权势。当然这些目的要受到很大的限制，因为公开施展巫术马上就会被禁止。根据酋长的训谕，他马上就会被驱逐出去。滥用魔法是公然的犯罪。但这些我们从《原始社会的犯罪与习俗》一书中了解不到多少，因为马林诺夫斯基只注重巫术对社会有什么益处，而没有下工夫分析它对社会的危害。

---

〔24〕 马林诺夫斯基：《原始社会的犯罪与习俗》，第85页。

巫师对有钱和特权,管辖着部落的酋长十分尊敬,向他们行屈膝礼。这些酋长们拥有富丽堂皇的房子和众多的妻室,有很多的食物。任何人如对酋长不尊敬,过于装饰自己的房屋使自己显得太富裕,或与酋长的妻子调情,巫师都可能会根据酋长的命令对他施加魔法,虽然是为了得到第一流的酬金。巫师是皇室对叛逆者和有政治危险的、对酋长不恭者的死刑执行人。"在这种案件中,受害者知道巫师对他们并不利,他们可能会胆怯,并表示悔过自新,或者采取一种公正的协商办法。一般说来极端的魔术有真正的法律效力,因为它的施展是履行部落的法规,它的施行可以防止使用暴力和恢复和平。"[25]这本书最后一部分的描述几乎不真实,说
巫术就是间接的暴力,它导致死亡,进一步说它同样导致大量的物质性暴 188
力,尽管没有人看出这一点。而马林诺夫斯基对它的论述是,在不反击巫师的情况下,很少有人愿意成为巫术的受害者。

马林诺夫斯基在书中对责骂政府官员、殖民者和传教士的情况很感兴趣,因为责骂妨碍了这些人对巫师的追随。他过于热心于他想象中的巫术对文化的保护。因为保持这种现状有利于权力、势力和财富,即既得利益。他大胆地断言,归根到底他得到法律制度的支持。从他所表明的很多人被欺骗的情况看,涉及事实上的压制和极度侵权的实例。他说,在特罗布里恩德人中,不接受首领神圣特权方面存在很大的动力。有这样的迹象,巫师和酋长们正在播种专制的种子,并在施加专制的手段时形成了一种邪恶的联盟。巫术"在任何社会是恐惧和必不可少的惩罚手段的主要渊源",[26]要战胜它,就必须保持社会的秩序。

一个特罗布里恩德人可能犯的另一种"罪"是什么呢?他可能和其父亲合伙,藐视"母权的法律制度"。因为特罗布里恩德人是一个母系制社会,一个男孩和他的父亲属于不同的氏族,根据社会学的观点,他们之间没有关系。而根据特罗布里恩德人的教义,氏族已死去的祖先是通过母亲赋予了新的肉体,与父亲毫无关系。正因为如此,父亲在儿女的心目中没有什么地位,他们仅仅把父亲看做家庭中的一个同伙。而真正影响着

---

〔25〕　马林诺夫斯基:《原始社会的犯罪与习俗》,第86页。

〔26〕　马林诺夫斯基:《原始社会的犯罪与习俗》,第92~93页。

父子关系的是超传统的权力主义。

189 他们规定,一个男孩当继承从母亲的兄弟那儿移交的地位、特权和魔法的职责时,他应该离开自己父亲的家,在结婚前这段期间和他的舅舅住在一起。这样一来,他与其舅舅之间不存在继承竞争的压力,父子之间也不存在。父亲"虽然本能地愿意自己的儿子来继承自己的一切,但按传统规定却必须赋予他的外甥"。"于是母权的强有力的法律制度就与一个微弱的思想感情相联系。在其中父爱虽然有着强烈的个人感情,但在法律中却没有多少地位。"[27]这样一来,就导致了有较高地位的父亲敢于藐视"法律",让儿子住在家里,并给予他本应属于外甥的权利。所以,外甥和舅父之间通常很不和睦。

马林诺夫斯基在他那不多的实例中,对这类事情有这样一段描述:纳木韦奈·盖雅尤是最高首领奥马拉卡奈的儿子。虽然他已为成人,但其父亲仍让他住在家中,在本村享受权利地位。米塔卡塔是这个首领的外甥,即合法的继承人,他对此事非常气愤。可是盖雅尤却越过了全部界限,到地方行政官那里控告米塔卡塔与自己的妻子通奸。在听审时三人厮打起来,米塔卡塔受了伤,并被监禁一个月。这时米塔卡塔的亲属们请求奥马拉卡奈,把他那误入歧途的外甥驱逐出村,并把此种驱逐称为"约巴"。

特罗布里恩德人是不会轻易地驱逐一个人的,而当他们向某人发布驱逐令时,这一命令具有非同寻常的强制性和宗法般的威严。被驱逐者
190 如果无视这一驱逐胆敢继续留下,他就必然受到难以忍受的凌辱。因此,对特罗布里恩德人来说,在发出这一驱逐令之后,被驱逐者敢留下来,那是不可思议的。[28]

如果对这些有所规定的话,很明显就会出现其他一些情况。母系继承制度和舅父的住宅在法律中都没有规定,但在习惯中却有强有力的准则。

马林诺夫斯基详细地论述了特罗布里恩德群岛的互惠制度和母系制

〔27〕 马林诺夫斯基:《原始社会的法律与习俗》,第101页。

〔28〕 马林诺夫斯基:《原始社会的犯罪与习俗》,第104页;《美拉尼西亚西北部野蛮人的性生活》,第14页。

与父系制趋势间的这种冲突。但是他对此既不感兴趣,又没有进行专门研究。他只承认这是特罗布里恩德法律的残余部分。在任何社会的法律制度中都有很大潜在价值的世仇,他在两处作了论述。一处在我们看到他说杀死一个高层次人物时被称为"鲁加瓦",须受到某种强制性的惩罚。在别处他说,在血亲复仇中,无论哪一方的人被杀或受伤,都要以支付"鲁拉"作赔偿。也就是说,世仇中当有人被杀时,可以通过立即支付"鲁拉"的办法而了结。

马林诺夫斯基在一段意味深长的话里,谈到对于当场捉住的强奸和侮辱有社会地位的人,都要处以死刑的情况。他一心想摆脱那些由血亲复仇、巫术的报复、乱伦、违反戒律、谋杀所引起的那些令人毛骨悚然的犯罪案件中的低劣东西,但无济于事。他在我们面前所展现的这幅特罗布里恩德群岛上的法律制度的写照,只是一些被混淆和被歪曲了的东西。

马林诺夫斯基还不断地吹捧"机能主义方法"的优点,说这种方法能
对特罗布里恩德的法律有一个新的了解,即"读者能在不同意作者的结论 191
和不同意作者提交的关于详细处理过的资料的基础上",看出事实被介绍得"如此的明晰、精确和恰当,以至于对这些资料可以重新作出令人满意的解释"。[29] 不过,马林诺夫斯基的《原始社会的犯罪与习俗》一书有许多不真实的地方。但是他的《西太平洋的亚尔古英雄》、《珊瑚岛上的园艺和他们的魔术》和《美拉尼西亚西北部野蛮人的性生活》等书中却比较真实。遗憾的是,这些书都未涉及法律,虽然每本书的内容都比较丰富,也简单地涉及法律的要素。所以有必要对特罗布里恩德的法律作一重新的论述。

特罗布里恩德群岛的社会制度是建立在以下基本的母系制的公理上的:

公理一　人的繁衍导源于进入母体内的祖先的神灵。

推理 1. 父亲对孩子的出生没有遗传关系。

---

〔29〕 马林诺夫斯基:《对福蒂内的杜布秘密的介绍》,纽约,1932 年版,第 26 ~ 27 页。

推理 2. 一个人只能属于母亲的血统。

公理二　在每一个家庭中,必须有一个成年男子。

推理 1. 每个家庭必须有父亲。

推理 2. 一个妇女只有婚后才能生孩子。

公理三　一位父亲对孩子要有感情。

公理四　婚姻中的性交权男女双方平等。

公理五　乱伦是一种犯罪,是对神灵的亵渎。

公理六　男人和女人在社会中有同等的价值。

公理七　在政治、经济、宗教和财产方面对男人都有限制,虽然他们行使的权力是由母亲遗传的。

推理 1. 一个男人必须供养其姐妹的家庭。

推理 2. 财产和地位都是从母亲的兄弟即舅父那儿继承来的。

公理八　人们被分为四个氏族。

公理九　对土地和地位的优先要求权由祖先显灵后所给的命令决定。

公理十　对地位高的人的特权,其他人不得享用。

公理十一　魔术对所有事情的成功都必不可少。

推理 1. 园林的魔术对谷物的生长必不可少。

192 **公理十二　严重的疾病都是巫术师或对一些罪孽的处罚所造成的。**

公理十三　一个人做好工作既为了自己,也为了大家。

推理 1. 个人的威望取决于他的地产和辛勤劳动。

推理 2. 拥有大量的财物和食品,与毫不介意的慷慨大方的行为,都是值得称颂的。

在重新探讨特罗布里恩德人的法律之前,先让我们对这群有趣的人的社会组织作一简要的概述。这些岛民定居在排列成圆形的村落里。村子的人都属于母系的近亲。围绕村落的土地都属于这个母系亲属,在其中禁止乱伦是指该村的男子不能同本村的人即母亲近亲结婚。然后，由于实际上男人在其中起着主要的政治和经济作用，因而每个男人都带着自己的妻子生活在自己的村落中。出生在村子里的孩子并不属于这个村子，他们是其母系血亲的家庭成员。所以对他们有财产利益的村子是他们母亲的村子。因为当他们长大后女人不能同其近亲属通婚，所以要和自己的村落分开。男孩子在接近成年时要移居到各自的舅父的村落。他们在自己母亲的土地上才享有经济和政治权利，在母亲的土地上才有自己的被继承人。

虽然母亲们从不在她自己祖先的土地上生活，但她们用该土地的收益来养活自己和自己孩子的权利却是不可侵犯的。这是她的“若古比”，这个土地由她的兄弟种植，所收获的番薯中的最大最好的归她。收获时这些番薯都在园子里堆成圆锥形的堆进行展览，展览的目的是要博得别人的赞扬。接着便隆重地把它们转移到其姐妹居住的村庄，在其储藏番薯的房子前展览。

所以，一个男人生产的多一半谷物，而且是最好的一半，不是用来养 193
活自己的家人，而是姐妹的家人，但他并不是真正完全放弃他园中的收获。他移交给其姐妹的只是她应分享的属于血亲所有的土地上的收获物。他自己所得的有番薯的种子、劣质的和数量有限的大番薯。他的家庭所需的其他部分，由妻子的兄弟提供。有时丈夫会付给妻子的兄弟一点礼物（通常是些物品），以作为妻子储藏室所取得的食物的报答。

领导地位的取得依据身份和财富相结合的原则。附属于氏族的每一个村落有自己的首领，他是在近亲中血统高贵的人物中任命的。普通的头领称为“勾木勾雅尤”，他的权力只在本村有效。再大的头领叫“勾雅尤”，其权力可及数个村落和普通的头领。如果他是众头领中的大头领，那么他的权力就会遍及整个地区。但特罗布里恩德群岛上没有总头领。

头领的亲属的阶级的划分，首先取决于其本人的嫡亲和旁亲的血统，接着按他们的出生顺序，将各自的地位按神话固定下来。

最高阶层的头领们，拥有坐落在村子中央的装饰得很好的大房子；拥有全权的首领的房子，装饰有许多贝壳，次一等的头领，装饰的贝壳较少，而普通人则什么装饰物也没有。

普通人必须经常对头领表示敬意。当他们将要经过头领的住地时，要蹲在地上高呼“吐卡给！”这时头领站起来，他们深深地弯下腰来，低下头，慢慢地走过去。

头领们的最大权力是控制着庄稼生长的咒语。他们或者亲自主持这种仪式，或者指派他的兄弟、儿子或外甥来主持，但咒语只有头领能念。作为一个农艺巫师，他直接组织村民进行耕作，他为下一个季节安排土
194 地，并从那时起整治土地，播种以及收获都要求他作为整个社团的代表举行典礼。他的工作是通过他的咒语和他所控制的肥料的力量来做的。他也会在公众缺乏干劲时以咒语加强对他们的控制。马林诺夫斯基在谈到此时写道：“一次又一次，我听见头领在他房前叫喊的声音。在公众集会上，他们指责斥骂，说某某没有把篱笆搞好……或者他会重申关于劳动的禁条，说在几天内要树立大的卡木库库拉，每个人都必须放下自己的工作，带上抬棒，为支持番薯的最后生长而建造神台。”[30]

大头领的最大权力在于他的祈雨术。因为他可以用他的咒语，让大地旱涝成灾，从而产生饥荒。当人们处于极度困难之中时，就会同别的地区发生争夺食物的战斗。大头领之所以公开使用这一降灾的权力，是为了“表示他的不满和显示他的意志，给大众以集体惩罚。实际上，旱涝的咒语是奥玛拉卡那地区的大头领的最可怕的特权之一”。[31]

头领也用其他方式来规定当地的经济活动，头领通过多次婚配得到许多“由若古布”，即每年有固定收益的妻子。他至少在自己权力所及地区的每个村子都有一个妻子。当然这要除去他本人所在的村子。这时不仅他的妻兄弟，而且其妻兄弟所有的近亲属，都要向他这个“整个社会光荣的女婿”，奉上“由若古布”。妻兄弟及其近亲属转交给他的，大约5倍于其他人。同时他也选择最好的进行大规模的展览。过去，一个大头领
195 可以有80个妻子。马林诺夫斯基估计，他得到的番薯大约比普通人多400倍，这样，一般说来头领的食物是充裕的。但他为了表示自己的慷慨和富裕，会将他的大部分食物都用于庆祝时的大吃大喝，和支付其他特殊

---

〔30〕 马林诺夫斯基：《珊瑚岛上的园艺和他们的魔术》（第2卷），I，伦敦和纽约，1935年版，第67页。

〔31〕 马林诺夫斯基：《珊瑚岛上的园艺和他们的魔术》，第78页。

需要的消耗。头领和其他人一样，由老婆的“由若古布”供养。但他个人也希望有块像样的土地，的确，“也只有头领才允许拥有最好的土地”。和东方的苏丹一样，头领们也挑选有吸引力的年轻姑娘。而且“只要头领指出哪位姑娘最讨他喜欢，不管她事先有无结合，都要送给他”。[32]

以上我们可以看出，世袭的贵族掌握着典礼和政治上的权力，享有比普通人多得多的特权。这里就埋藏着或孕育着早期和现代文明社会毒种的胚胎。这说明特罗布里恩德岛上的社会，已发展到了脱离最原始秩序的阶段。

特罗布里恩德岛上头领们的特权，是凭借直接力量而不是靠什么所谓的互惠制度来维持的。头领们如果怀疑他的属民有任何违背其意志的行为或集体不执行其命令时，他可以用旱灾来毁灭整个地区。任何人胆敢对他不敬、不忠或逾越雷池半步，就意味着冒不加审判就立即处死的危险。大头领对他的属民有无限的权力，他有权驱使其属民去为他服务。头领有一至二个世袭的刽子手，其任务就是杀死任何严重侵犯头领利益的人。[33]

例如，礼节要求普通人不能在首领面前使用粗俗的话，也不允许他在首领在场的时候爬上树，因为这意味着他将自己置身于头领之上。下面让我们看看，一个鲁莽者如果做出了这些举动时会发生什么样的结果。马林诺夫斯基提到这样一件事，他写道：“下述事件发生在奥玛拉卡那的高级首领吐鲁瓦与其世敌卡布瓦库头领之间的战争的最后阶段。事情本身极好地说明大家对那些当面谩骂头领者的态度。在战争间隙，双方虎 196
视眈眈。一个叫西尤罗布布的卡布瓦库人，爬在一棵树上大声指名谩骂奥玛拉卡那的高级首领吐鲁瓦：‘不要脸，吐鲁瓦！不要脸，吐鲁瓦！’这是在打仗时发生的。如果平时这样做是要处死的。战争结束后，和平恢复了，所有的敌人都被忘记了。但在有一天西尤罗布布却因上述行为，在光天化日之下被几个吐鲁瓦派的人用枪杀死了。而对此举动受害人的家属和亲戚竟然毫无反应，既没有要求‘偿命钱’，也没有发动血亲复仇。因为

〔32〕 马林诺夫斯基：《美拉尼西亚西北部野蛮人的性生活》，第137页。
〔33〕 马林诺夫斯基：《西太平洋上的亚尔古英雄》，第65页。

大家都认为西尤罗布布之所以受此惩罚,完全是咎由自取。他只有死才能弥补自己的罪过。实际上不仅如此,甚至当普通人骂头领的猪或狗,如被头领听见,也要处死。"[34]

这件事说明头领可以随便地对其属民使用死刑的处罚办法。《原始社会的犯罪与习俗》一书对此也有说明。《珊瑚岛上的园艺和他们的魔术》一书中的另外两个例子,也值得一提。

约加鲁是伊伯尤娜的丈夫,吐鲁瓦的外甥女婿。他有一块很好的土地,因为头领和他妻子的血亲关系,他也像其他女婿一样,得到了头领的一份番薯。他聚集了大量的食物。但他突然死了。他死后尽管没有人公开说,但私下里都说他的死是由于吐鲁瓦咒了他。还有一个人和谷米拉巴巴的首领米塔卡塔的妹妹结婚,也是由于他的土地的产物使他的财富和影响增长得太快而被咒死。[35]

由此我们可以看出,仅由于首领而产生的死罪原因就有:(1)种植土
197 地过于成功;(2)上等阶层人在场时,吹嘘自己的财富;(3)占有过多的物资;(4)穿戴理应属于头领的服饰或过分地装饰自己的房屋;(5)有失礼的地方;(6)对头领在言语上冲撞。杀死这些人是理所当然的。头领与属民之间不会有争议。

然而,在相同阶层人之间和村子之间却时常发生纠纷。这些虽然在《原始社会的犯罪与习俗》一书中未论及,但在《珊瑚岛上的园艺和他们的魔术》中却有详尽的叙述。马林诺夫斯基指出,特罗布里恩德人社会中的横向关系很紧张。他说:"在展览食物,表示敬意的同时,伴随着憎恶、猜疑和妒忌情绪。而这种情绪会导致人际之间的仇恨。特罗布里恩德社会消除这种仇恨的办法,常常是魔法杀人。"[36]普通人和他们的头领一样,但他们的妒恨只是针对同一阶层的人。头领和普通人的区别在于,头领可以正当合法地使用巫术,而普通人则不行。

在这里不同社团间的矛盾对立非常严重。即使是同一血族内部,也常常为土地的分配和界限发生争执。任何人都不敢在"卡亚库"即议事会

---

〔34〕 马林诺夫斯基:《美拉尼西亚西北部野蛮人的性生活》,第447页。

〔35〕 马林诺夫斯基:《珊瑚岛上的园艺和他们的魔术》,第175~176、181页。

〔36〕 马林诺夫斯基:《原始社会的犯罪与习俗》,第60页。

议上对头领分配的土地及其使用年限的决议抱有异议。不过自己在山头开垦的土地例外。但当两个人都想开垦同一块地时或对各自土地的地界产生异议时，也会发生严重的争执。争执也可能发生在如下的情况：当某人在“卡亚库”[37]上选了一块贫瘠地，后来反悔假装他选的不是这块，而去开他所垂涎的属于别人的地。总之，不管什么原因，这里的争执在频繁地出现。马林诺夫斯基说：“在我留居该群岛期间，有人告诉我，有过很长的‘卡亚库’诉讼，以解决种地上的纠纷。”

这种案例很多。当我们反过来再看马林诺夫斯基的《珊瑚岛上的园艺和他们的魔术》和《原始社会的犯罪与习俗》时会发现，他对“卡亚库”的诉讼事件有许多论述。我们还能从中得知，这种会议实际上是一种村 198
妇骂街式的比赛。他说：“大的争吵时常发生，采用的形式是公开调解。在劝解中双方各在亲朋的帮助下见面，这时相互斥责，进行控诉和反控诉活动。这种司法解决办法，可以使人们发泄他们的气愤和容易显示公众的意见和倾向，因而有利于纠纷的解决。有时它也会加重诉讼当事人的负担。因为绝不会有第三者说出任何具体的判决意见，相同的看法几乎不可能存在。因而‘卡亚库’本身是一种特殊的法律制度，它作用不大并且也没有真正接触到法律拘束的实质。”[38]

如果说“诉讼”和“诉讼当事人”是指“诉讼”和“参加诉讼的一方”的话，那么这确实是一种奇怪的诉讼。“亚卡拉”既不是司法组织，也不是与之相近的组织。它产生于纠纷，但又不像爱斯基摩人的“尼悉”赛歌会，一点问题也不能解决。争执的双方可以大喊大叫，然而这种大喊大叫只能导致刀枪相见。不过刀枪相见只会使之受伤，不会导致死亡，除非引起群落间的大规模械斗。

最普通的格斗叫“布利地拉尤洛”，是因交换食物而引起的竞争。马林诺夫斯基在《珊瑚岛上的园艺和他们的魔术》中是这样描述的：

卡布瓦库的某村一个名叫卡拉维亚·卡拉沙的普通村民与瓦卡伊西村一个名叫木威尤的普通村民因园地发生了争执。这两个村子相隔不

〔37〕 马林诺夫斯基：《珊瑚岛上的园艺和他们的魔术》，Ⅰ，第103页。

〔38〕 马林诺夫斯基：《原始社会的法律与习俗》，第60页。

远，并同属特拉它拉地区，受卡布瓦库的头领摩里阿斯统治。两个村子过去从未发生过战争，但争执频频不断，小型械斗也不可数计。他们经常争执的起因是各自产品的数量和质量。在争执中卡布瓦库的人把瓦卡伊西的园地毁了，两家在场地打了起来。事后瓦卡伊西的头领去见卡布瓦库
199 的头领，抗议毁园之事。但卡布瓦库的头领支持自己的村民，说因为对方没有令人满意的园地，因而不能吹嘘自己的食物。为了回答这一挑战，瓦卡伊西的头领将全村产的番薯都送到卡布瓦库村。这就是所谓的“布利地拉尤洛”。卡布瓦库村的头领接受了这些礼品，并立即见之行动。

“布利地拉尤洛”的主要原则是，社团甲不论是在争执中处于下风，还是受到伤害或首先受到严重的侮辱，都可以发动这场挑战。这时，它可以尽可能地将所有的番薯集中在一起，“布利地拉尤洛”就是用番薯来竞争，把它转交社团乙，并在社团乙处展览，举行仪式。反过来，社团乙要回送社团甲礼物。如果回送的礼物与原送的相等，则万事皆休，否则就会导致更大的麻烦。

“布利地拉尤洛”是由卡布瓦库人制造的，这一挑战传给了瓦卡伊西人。如果送的礼物不相等，就可能爆发战事，这一点我们上面已说了。过去可能发生过两个村子之间的战斗，它们不是真正的战斗，而只是两个友好村子正常发泄过剩精力的一种形式，一般不发生人员伤亡。这是解决这种争执的一个好主意，是村民们的一种自发行为。我本人从未亲临现场观察，因为这要花费很长的时间。

让我们回到观察过的事实上来，让我们以这些事实开始我们的研究工作。在竞争中大个的番薯要送去贮藏室或堆起来在村里展览，长形的要夹在两根涂有少许白色漏斗树的棍子中间蒸……接着又堆起甘蔗和槟榔子，这是除番薯之外另两种产品。番薯只能是本村产的，外村的不允许和本村的放在一块。这件事不同于一般的展览或分配，绝对不存在姻亲间帮助的问题。另一方面，每个人都必须把他的全部番薯交出来，都要仔细计算他所做出的奉献并保留与奉献大致相同的凭证。长形的番薯是按照相等长度
200 的棍子计算的，一根棍子一颗番薯。圆形番薯是以细线计量的，尺寸是按测量后线上所打的结来表示大小。每个人都有自己的凭证，因而他可以要求从公共供应物中返回他的一份回礼，不多也不少。

岛民们有必要粗略地估算一下番薯的体积。他们从树林中采摘一些树枝编制成筐来测量,然后再把它拆了。A 村的全村人把番薯连同拆下来的枝条一起送给向他们挑战的 B 村。到 B 村后,把番薯放到称为巴库的地方,然后再把枝条筐重新编起来,因为回去时各人要把 B 村回赠的番薯背回去。

枝条筐编好后,每个人把他的奉献物装进去,长形的番薯是两根棍子中夹一个,上面放上甘蔗和槟榔……当地人告诉我,有时也放一些多边的容器。其中把一种叫库伟的小植物放进去,上面再放上槟榔和甘蔗。如果东西特别多时,还要装一些垂直的架子,用番薯、甘蔗和槟榔来装饰。

这时就开始了真正的交易,首先有用于计量的确定的大枝条筐,B 村用同样的枝条筐和 A 村进行交换。筐子都装得一样满。他们用这样的筐子来计量最重要的礼物——长形番薯。B 村这时用捆在棍子上的番薯和 A 村交换,并查对质量是否相等。接着一捆捆的槟榔也进行核对,再记录下来。现在大枝条筐里装的就是他从个人贮藏室拿出来的东西的回报了。第二天,这些枝条筐又送回了 A 村。我在的时候,见过大约 20 个人抬着筐子,妇女儿童和其他人也拿着番薯来到村里。第二天还是如此,只不过这次不是从 A 村到 B 村,而是从 B 村到 A 村。

B 村送东西到 A 村是一种戏剧性的场面,B 村不但倾其所有回报 A 村
的全部番薯,而且还要多一些。这种严格的数量回报就叫"卡拉买鲁",意思 201
是"对等"或"对等回报"。若 B 村多给 A 村一些,这在对等回报中就叫"有服",即多了一点。这多给一点并非基于友好的精神。对此社团 B 村就会自我吹嘘,同时他们也就立即大喊大叫地要对方回报。他们会因此争执起来,他们会说这多出的部分不是真正的多出来的,而是在这种对等回报中有不诚实的地方,并且也没有衡量准确。这意味又有了新的争执,又有了由"布利地拉尤洛"引起的战斗。

如果 B 村比 A 村富裕和强大,那么在这场竞赛中 A 村在任何一方面都会被打得落花流水。但两者之间因实行"布利地拉尤洛"而展开的争执,并不是根本上的敌意。所以战斗也不会有很严重的后果。人们告诉我过去曾有过原来并不友好的两个社团,在进行"布利地拉尤洛"时发生了战斗,随后又发生了常规战争。

我现就瓦卡伊西与卡布瓦库两个村子的争执作一分析。在这里瓦卡伊西明显是弱者,他们受到了侮辱,因为人们说他们没有食物,所以他们发动了第一次挑战,他们情绪激昂。尽管卡布瓦库的首领摩里阿斯是整个地区公认的头领,但是瓦卡伊西的头领库鲁布瓦加还是和他多次激烈地争吵。两个社团的村民间也有这种争吵……两个头领一次又一次地发表了热情洋溢的讲话。从表面上他们是对自己的村民讲的,实际上是在指责对方。例如当瓦卡伊西人带着枝条筐和番薯冲进卡布瓦库村时,摩里阿斯在慢慢地
202 接收完后,就侮辱瓦卡伊西村没有槟榔,说送来的槟榔是从别村搞来的……他说:"你为什么要把科布拉和克卫布瓦加村的槟榔拿到这里来呢?把这些别人的槟榔拿回去,我不要别人的。把你们瓦卡伊西的拿来。"这些侮辱通常没有直接的反映,因为当地人在别人村里一般是温顺的。我听说第二次在瓦卡伊西村,卡布瓦库人受到了更严重的侮辱。

从那时起又开始了紧张不息地搬运大枝条筐和番薯的辛苦劳动。村民们兴奋而全神贯注地从事着这项工作,而且还有人不断地责骂他们干得太慢了。从表面上看,双方都在不停地来回搬运对方的礼物,在搬运中枝条筐也变了形。

有一天我和几个奥玛拉卡那人正在讨论所发生的事情,说必须想办法解决卡布瓦库人的吹牛问题。正在这时又听到他们中的一些人说:"让我们把这些大枝条筐扔掉吧!让我们再拿一个新的!让我们超过瓦卡伊西人吧!"这些话显然又是吹牛,因为在"布利地拉尤洛"中造筐子要有一定的标准。事实上此种事也不曾有过。任何额外的部分都要放到被叫作卡拉玛它的地方。这地方就在大筐子的旁边。这样说来,瓦卡伊西人起码从表面上反驳了大枝条筐太少之说,但同时他们的确想造一个大得多的枝条筐来适应他们增加的礼物。

比较而言送番薯不意味着和平和愉快……而是在整体上充满混乱、争吵和威胁。但也并没有发生过于严重的事情。卡布瓦库人抑制住了自己增加侮辱性回礼的行为,因为他们害怕战争,并想方设法避免这种局势的发生。要是战争发生了,就意味着他们要拿起尖枪和棍棒……

即便是在一个村子里进行番薯的再分配,经常也会有不愉快的争吵

发生。其原因多是由于个人的气盛刚强,但贪婪却很少见。因为人人都想证明他付出的多而接受的少。[39]

在这里我们再次发现了一种司法程序的替代物,一种明显不能令人满意的东西,而这种东西既容易煽动人们在感情上的冲动,又可以解决这方面的问题。

由争吵而引起的精力过剩的宣泄,也可以通过一种在某种程度上与 203
收获节相似的展览竞赛而表现出来。收获时间的展览竞赛是由头领发起和组织的,它被称为"卡亚沙"。争吵通常多是由于责备辱骂别村的种植能力低下而引起的。1918 年的一场纠纷是由一场板球赛的比分引起的。马林诺夫斯基在谈到此事时说:

人们发生争执的具体起因是板球赛。克卫布瓦加村的人和木它瓦村的人进行着板球赛。在比赛中两村的人记录着比赛的成绩。场外人一边数一边说:"谁胜了?"克卫布瓦加村里的人一边说一边骂木它瓦人:"你们都是骗子,我们胜了。"木它瓦村的人回答道:"不,你们没有胜!"因此双方发生争执,都喊道:"我们一定会打败你们。"接着发生了相互的打斗。木它瓦人将克卫布瓦加人赶出了村子。他们在走的时候说:"好啊!你们把我们赶走,要是明天你们到我们那儿,我们就要打扁你们。"第二天克卫布瓦加人在木它瓦人到达时,严阵以待,用长枪和盾牌来进行报复,把他们和利鲁它人打得落荒而逃。木它瓦人在逃回去时说:"我们吵也吵了,打也打了,难分胜负,让我们来一场'卡亚沙'比赛,看谁是最好的农人。""卡亚沙"比赛由利鲁它村的头领克乌亚维拉主持。在从前这一比赛就是由争吵引起的,争吵大都起因于女人、土地或食物。[40]

"卡亚沙"持续了一个月。在这期间每个村子都大造声势,把他们最好的番薯运到中心村奥玛拉卡那的大头领的贮藏室里。在此期间,双方在经过对方面前时都互相斥骂,并随时准备打架。这种事过去经常发生。

在由于干旱而造成饥荒的时期,跨社会的恶性斗殴会升级到毁灭性的程度。引以为荣的沿海渔民和内地番薯种植者之间的互惠制为基础的

---

〔39〕 马林诺夫斯基:《珊瑚岛上的园艺和他们的魔术》,Ⅰ,第 182 ~ 187 页。
〔40〕 马林诺夫斯基:《珊瑚岛上的园艺和他们的魔术》,Ⅰ,第 212 页。

社会法律秩序，也会受到可怕的冲击。因为内地人没有了番薯，但为了活下去就得拼命设法弄到鱼。饥饿使他们白天藏在丛林深处，黑夜时到珊
204 瑚礁的西岸偷盗。沿海村落里的人，不愿意和别人分享有限的鱼，他们在丛林中搜索内地人的宿营地，向这些瘦弱的和精力耗尽被赶得无处藏身的可怜人进攻，并把他们统统戳死。马林诺夫斯基说他知道在西海岸的几个山洞里"全是白骨"。这是集体大屠杀后留下来的。内地人被打败后，被沿海人吃掉，骨头就被扔进山洞。[41]

如果一个巫师正在杀人时当场被受害者的近亲捉住，据说他将被慢慢地饿死。然而巫师的行为仅是侵权，不是犯罪。

特罗布里恩德群岛上的杀人方法是，先在被杀者常去的地方放上一个咒符，这会使他感到不舒服而把床放到一堆火上睡上去取暖。这时巫师偷偷地从黑暗中走出来，用一根棍子捆上些能使人着魔的植物，通过高墙把这些植物种子投进火里，这就会使受害者处于极度衰弱之中。然后巫师再从丛林深处溜出来，准备一根能直接扎受害人身体的毒针，并再次接近这所房子，用这根极毒的针扎受害者。他翻来倒去地用毒针扎，使其致死。

为了保护这位运气很坏的受害者，其亲友会整夜守着，时刻准备刺死来作恶的巫师。如果有女人守夜的话，据认为这时巫师喜欢活动，有女人在时，巫师就必须首先杀死与受害者关系最近的女人才能去害这个受害者，因为这时女人最易迷惑人。

在马林诺夫斯基留居特罗布里恩德岛时，曾发生过一起此类杀人事件。当一个臭名远扬的巫师走近杀人现场时，被当场用长枪戳死。他是被受害人的武装卫士杀死的，但没有关于这个案子的详情报告。[42] 最不幸的是在杀死巫师后没有任何报告，似乎这种杀戮是一种神赋予的特权，而且也不会有报复的要求。

205 过去有一些零散的证据指出在该群岛上这种事件中死人不多。但有少许这类部落骚动的法律方面的报告。在全部案例中显示，当一个岛民

〔41〕 马林诺夫斯基：《珊瑚岛上的园艺和他们的魔术》，第162页。

〔42〕 马林诺夫斯基：《原始社会的犯罪与习俗》，第118页。

被另一个血统的人杀死时有一种以牙还牙的义务。虽然在理论上说，这种义务是绝对的，但在实际上只有受害者是高级阶层的成年男子时才履行。而且，即使是这些人，如果他们的死因在于其过失，那么复仇也被认为是多余的。并且，在近亲属进行血亲复仇时，也可以通过支付偿命钱的办法使血亲复仇的举动消失。[43]“当死者由于自己的过失死亡时，复仇的义务被认为是多余的。”多余的？似乎很难理解。这是不是说，杀死一个人被认为是一种不大不小的特权呢？如果是这样，那就存在刑罚上应处以死刑的一系列普通的法令。而这些法令却被马林诺夫斯基忽视掉了。西格尔在谈到这一点时指出：“这可能是马林诺夫斯基一系列著作中最大的瑕疵，他拒绝承认在法律制度构造中庇护制度的重要性。”[44]

我们从《美拉尼西亚西北部野蛮人的性生活》一文中可以发现，如果一个浪子在作案现场被捉住的话，要立即被处死的描写。而这种处死“会被认为是一种法律上的报应行为”。[45] 进行这些行为的巫师和浪子是可以私下处死的。马林诺夫斯基还写道，如果一个浪子和头领的妻子相爱，在过去也是死罪。这和封建时代的欧洲的做法相同，但是找不出一个浪子不被杀死的弥补方法。

马林诺夫斯基想考察的最后一个错误行为是盗窃。特罗布里恩德群岛上的法律对此种行为是不管的。因为“被揭露的危险所带来的耻辱，就足以有效地防止这种犯罪”。[46] 他们对于那些远离村落无法看管的果 206
树，用看得见的会给人带来疾病的魔符来保护。从这种树上偷盗要受到不可救药的疾病的惩罚。当地人相信，这些魔符会给作案人带来极重的惩罚，谁都对“小心危险”的标志十分小心和尊重。[47] 因为惩罚是“自动”进行的。[48] 在这种例子中，不存在如马林诺夫斯基所说的像乱伦禁条那样有效的预言性魔法。这清楚地表明，同兄妹之间性交相比，这种果树的重要性显然要差多了。

---

〔43〕 马林诺夫斯基：《原始社会的犯罪与习俗》，第118～119页。
〔44〕 西格尔：《原始法和马林诺夫斯基教授》，第284页。
〔45〕 马林诺夫斯基：《美拉尼西亚西北部野蛮人的性生活》，第459页。
〔46〕 马林诺夫斯基：《美拉尼西亚西北部野蛮人的性生活》，第324页。
〔47〕 马林诺夫斯基：《珊瑚岛上的园艺和他们的魔术》，Ⅰ，第375页。
〔48〕 马林诺夫斯基：《原始社会的犯罪与习俗》，第50页。

现在我们应该重新勾画一幅与《原始社会的犯罪与习俗》截然不同的关于特罗布里恩德群岛的法律的图画。我们很难得出这样一个结论:“整个特罗布里恩德群岛的文化,是同它的相互义务关系、基于经济拘束力的交换、个人的虚荣心和公产的主张联系在一起的。”[49] 应该认为,特罗布里恩德群岛的法律同我们先前讨论过的和不为其他集团所具有的带有特定特征的岛民社会组织结构不同,在这里,血统(这里指母系)加上继承得来的头领位置和一般极其死板的规则,再加上经常发生的不可避免的巫术,便是为高度中央集权社会所惊愕的不发达的处理纠纷的全部机器。司法技术不是它们的贡献。

在这里,犯罪在极大成分上是按照私人爱好来对待的。对于反对头领的犯罪,他们只是把头领视为一个有特权的人,而不是视为社会的公职人员。该群岛的法律制度未得到很好的巩固,其法律制度同晒延的法律制度相比,有效性很差。

不提特罗布里恩德群岛了,但对马林诺夫斯基后来关于法的观点我们还需要加以考虑。这里有必要对他给霍宾格的《波利尼西亚的法律和秩序》一书写的导言中的观点,作一简单的评论。西格尔认为,作为一篇导言,“它甚至不像对其信徒的著作的介绍,而像对自己的不断增加的批
207 评的回答”。[50] 这在《原始社会的犯罪与习俗》中重新再现。在其中还埋下了两颗理论的种子,而这两颗理论种子就是他后来理论体系的支柱。第一颗种子就是假设人的生物学的基本需要是与一定的文化要素如教育、法律秩序、经济组织、社会集团等相联系的;第二颗种子是一种“中性习惯”和“惩罚性习惯”的观点。这两点集中到一起成为他关于法的本质的论述的关键。1942 年他把法划分为四类:叫法Ⅰ,法Ⅱ,法Ⅲ,法Ⅳ。[51] 它们的含义是什么呢?

法Ⅰ是指“科学的法或规律”。就文化而言,它是由“自然”强加的限制性规则。这些是自然的法,由人类的存在产生的,但是不用文字写出

〔49〕 丹尼尔·卡茨和 R. L. 尚克:《社会心理学》,纽约,1938 年版,第 20 页。

〔50〕 西格尔:《原始法和马林诺夫斯基教授》,第 280 页。

〔51〕 马林诺夫斯基:“研究法律——特别是原始法的一种新方法”,载《律师协会评论》2:1 ~ 12,1942 年。

来，假如他们是原始人的话。这种法律的形式取决于生物学的基础。马林诺夫斯基坚持说，所有的文化都有这种法的功能。

法Ⅱ指的是“指导行为的规范或纵向构成的法律规范”。从总的方面讲它们与习惯不同，但对此并非人人都明白。这是一种“中性习惯”。法Ⅱ中包括不受惩罚的行为规则。马林诺夫斯基认为，这种不受惩罚的行为是要求保证的行为，同时又是不太重要的行为，没有人会留意它，即使有人违犯它，也不在意。

法Ⅲ的行为规则包括“涉及个人与团体的关系，对立利益的界限，缩小破坏性的生物学和社会学的趋向”（如性和欲望）。“它是一种秩序的 208
法和法律的被维持。”它像法Ⅱ一样，不包括任何可以认可的拘束力。法Ⅲ与法Ⅱ的区别仅在于法Ⅲ的规则规定了极易发生在社会成员间有关利益和相关目标的行为规则，是消极性和限制性规则，在一般适用上很有效。

法Ⅳ是当相互发生冲突或违反社会行为规则时使用的一种特殊技巧。据说法Ⅳ是一种惩罚性的法和恢复社会的诉讼。

以上几种法的共同点是规则性或规律性，也就是说，法是在特定条件下发生的被观察到的规律的表达。法Ⅰ包括自然科学的规律；法Ⅱ、法Ⅲ、法Ⅳ包括文化科学的规律。法Ⅰ意味着已为广泛接受的习惯，法Ⅱ、法Ⅲ、法Ⅳ只有马林诺夫斯基所赋予的含义。我们认为，它们不是对法的本质和与其相关的其他社会现象的一个清楚的理解。法Ⅱ是一个杜撰的概念，因为很少有什么习惯在社会中没有拘束力。法Ⅲ的概念不包含在法律制度之内，因为它是秩序法和法的维持。然而法Ⅳ即“一种惩罚法和恢复社会的诉讼”，只出现在当法Ⅲ受到破坏之时，而法Ⅲ却被认为是不存在的。

从某种意义上看，马林诺夫斯基的法Ⅲ与实体法的概念相近。他的法Ⅳ与程序法相似。但他的法Ⅲ中包含的许多不能违犯的规则，或者说某些由神灵报应或其他非法律力量为依据的有拘束力的规则，或者说，它包含有许多不具有法的拘束力的规则，因而也就不是实体法的规则。所以，马林诺夫斯基这些作为最后公式来区别和分析的一种制度，对于理解和区分作为人类文化的法律将帮助不大。

简而言之，马林诺夫斯基对法学理论的具体贡献，在于他坚持从整体
上将法律看成是社会和文化的一个方面，在于他从整体上看待法的理想
构成和实际构成之间的差距。他在人类学上打破了法律形式主义，从而
209 给法律人类学注入了新的动力。就这一点来说，社会科学欠下他的债。
这也正是他的过人之处。在某种程度上，马林诺夫斯基将法与法的模式
高度地融合在一起，使他成为一个法学的蒙昧主义者。虽然在他的体系
中，法与法的模式的融合还存在一系列的严重不足，但是他的努力使他和
他的学生们从整体上阐明了社会控制论，说明了社会控制在他们研究中
的作用。与此同时，它也导致他们对法律文化更严格的方面的事实上的
忽视。

在他生命的最后时刻，马林诺夫斯基面临极权的法西斯主义和共产主义对现代文明社会的法和自由的挑战，非常困惑，深感自己的“法的人类学研究”是多么贫乏！在《自由与文明》一书中（该书出版于他死后的1944年），我们发现他写道：“在某种意义上社会制定规则，我的意思是由有组织的强制所提供的有拘束力的命令或规则。”[52]在这里，他所谈的法Ⅰ和法Ⅱ与先前相同，但法Ⅲ和法Ⅳ的概念被抛弃了。拘束力不再放弃，而是给权威和强加在社会控制中的拘束力一种支配的角色。让我们看他自己是怎样说的：

我们的争论使我们得到一个结论，那就是权威或赤裸裸的物质力量是教育，对有组织的生活和所有统一的和有目的的活动的正规的、一般的执行来说，是自然的和必不可少的副产品……我在这里所写的、所针对的是没有人类的文化，起码没有民主、建设、和平、自由或解放，可能也不存在任何政治的因素，也就是说，经过训练的和以强力最后支持的因素。[53]

权威原则从人类一开始就有了。在约束个人方面它从来就是任何阶层文化训练过程中不可缺少的因素。在刑法的效力方面，它是任何社会的任何发展阶段的必要条件。[54]

210 就我们所知，即便是在原始阶段政治权威也是不可缺少的；我们肯定

[52] 马林诺夫斯基：《自由与文明》，第175页。
[53] 马林诺夫斯基：《自由与文明》，第187～188页。
[54] 马林诺夫斯基：《自由与文明》，第234页。

它作为法所赋予的权力去建立准则和做出决定,并且以高压手段通过制裁来实施它。[55]

由此看来,相关性概念虽然对于理解社会关系来说是重要的(对非社会关系来说则是片面的),但是马林诺夫斯基终于认识到,当用它来理解在社会组织中的权力的本质和功能时,却是完全不适当的。当他致力于在文明社会里必然产生的权力的分配和授予中的自由问题时,对照由自我利益为中心所引起的权力的争夺和腐烂现象,这些概念不能帮助但却是他思想中的主要关系,于是他认识到这是所有社会的法律关系。

---

〔55〕 马林诺夫斯基:《自由与文明》,第248页。

211 第九章　阿散蒂：君主立宪制和公法的确立

随着最后挑选的这个群体，现在我们已经站在文明的门槛之上了。就西非的黄金海岸地区之阿散蒂而言，它的原始社会制度非常复杂，它的政治结构和对一定程度的法律来说是够复杂的。这个国家有大规模的军事力量，拥有许多城镇，有除文字之外的全部未成熟文明的因素，这是按照人类学家使用的标准衡量的。一般说来，他们的法律类似于亨利·梅因先生所分析过的古代文明。

从1973年与1974年间的阿散蒂战争后至20世纪初，阿散蒂受到了美国的统治，使其法律严重地受到外来统治权的限制。20世纪初(1900~1901年)的金座之战，虽然在西非的英国军队受到了严重损失，但战争还是以阿散蒂成为英国的吞并物而告终。不过统治者只是通过酋长推行着间接的英国政策，因而使阿散蒂的政治和法律体系的内容基本上保持下来了。这样，阿散蒂虽然丧失了主权，但却基本上保存了他们的社会政治制度的完整性。1935年在英国支持下所成立的阿散蒂联邦共和国，只是作为一个有限自治国才得到正式的承
212 认。在1946年阿散蒂与它南方的世敌合并为阿散

蒂—芬堤联邦。在金座之战的半个世纪后，他们摆脱了殖民统治，把这个黄金海岸的保护国变为一个以黄金海岸国著称的现代自由国家。古老的阿散蒂国家的活力为当今以土著人为主的非洲国家阿散蒂，为它摆脱殖民主义者的"保护"成为自由国家的成员奠定了基础。

在此项研究中，我们所涉及的是从阿散蒂国家的诞生到1875年期间它们的法律和政治制度。主要的资料依据是R.S.拉特雷大尉的三本书：《阿散蒂》、《阿散蒂的宗教和艺术》、《阿散蒂的法律和政体》，以及K.A.巴沙近几年的研究。拉特雷在书中不仅对18世纪的阿散蒂制度作了详尽的描述，而且做到了历史的重现。依据这些资料，我们有可能搞清楚在一个古老的联盟君主制下，把一个个分散的部落联合成一个拥有20万人口的大部落国家的发展过程。

阿散蒂人最初以园林为主，定居在苏丹西部的草原上，这是我们从口头传说中得知的。而当他们第一次被欧洲人熟知时，他们已经生活在赤道附近黄金海岸的森林地带，森林成了他们的避难所。从苏丹来的擅长骑术的穆斯林流浪者，蹂躏着阿散蒂人，把他们赶到了南方的森林地带。因为这里道路狭窄，而且大树和蔓藤构成一道难以穿越的障碍，难以用手开辟出道路来。所以在大树的环绕下，他们用火为自己烧出一块块田园，从此他们就在这里定居下来了。

虽然这些原始移民的秘密我们无从考究，但有一点非常清楚，即开始时在这些不同的定居者之间并无多少交往。他们的社会组织也很简单，村长或氏族的长者，民主地直接领导他们。16世纪初，这些居住群体在其 213
所拥有的领土内，在一个有统治地位的长者的领导下联合起来了，这个长者就成了这块领土的酋长。已成为联合部落的领土，每一块都有自己的名称和管理机构（如拜克威、阿德沙、朱比、科科夫、丹凯拉、那欧塔、马木勃、库马西、魏赤等）。每一个部落都把自己头领的居住地定为他们的首都。

17世纪时，阿散蒂人发现他们已处于外来的军事压力之下，并且在国内还有内乱需压制。例如，库马西部落被迫向自己南方的牧区部落丹凯拉进贡，这一情况只是到了奥塞·塔塔时才告结束。奥塞是库马西部落的第四位首领、军事英雄和政治家。他在军事上的杰出才能，再加上他的牧师和顾问库马弗·阿诺克的政治才华,使他的民族更为团结,从而把阿散蒂建成一个强大的国家。奥塞公然反抗丹凯拉国王要其进贡的要求。他在1719年以武力打败了丹凯拉,杀死了其国王和王后,完全摆脱了丹凯拉的约束。他还逼进北方并征服了加门和拜纳这两个伊斯兰国家。他作战英勇,战胜了阿散蒂东部的其他部落和库马西的西部,并以阿散蒂传统的政治方式加强了他的王权。根据库马西首领的古老权力,他神奇般地提供了大型的金座,据传说金座是阿散蒂国家发展统一的象征,据说,它由牧师库马弗制作。传说是他的魔力把金座从天上带了下来,并且告诉阿散蒂人这象征着他们的统一。[1] 因此,作为阿散蒂国家的建立者,又具有创造性才能的奥塞和库马弗受到了最高的荣誉和尊敬。[2] 统治了三十多年后,他在1731年的一场战争中被杀,但他的事业还在继续。直到1874年英国占领之前,阿散蒂国家地位一直很稳定。他们在阿散蒂建立了一个什么样的国家呢?

阿散蒂政治结构的基础是母系社会,一个包括他们子孙的社会团体。
214 但考查这种母系团体,他们的祖先也只不过五六代而已。真正的婚姻家庭对生儿育女来说是一个必要的单位,但在它的作用上与单系母系关系相比较,并未起多大作用。

阿散蒂的箴言中有两个原则提供给后代:第一,人的血统是直接从母亲那里继承来的,它是部落和氏族的基础。第二,人的"生灵"或"精神"来自父亲的精液,血统是母系,但精液是男性,这不仅与血统原则有关,而且也与精神原则有关。这两个原则都规定禁止族外婚,这是根据不同食物的禁忌来划分的,这也是图腾。生灵原则带有宗教色彩,只不过难以受婚姻的控制,但血统原则控制着地权和所有的财产以及有头衔的人和部门。血统原则不但完全决定着政治,而且决定着法律责任,它是祖先所崇拜之点。虽然阿散蒂依据双重血统原则来构成他们的社会,[3]但只有母系原则在法律和政治上才是主要的。以血统形成肉体,

---

〔1〕 布西亚:《现代阿散蒂人政治制度中首领的地位》,第4页。

〔2〕 布西亚:《现代阿散蒂人政治制度中首领的地位》,第96页。

〔3〕 G. P. 默多克:"双系继嗣",载《美国人类学家》42:551~561,1940年;再参见M. J. 赫斯科维茨:"对阿散蒂人'恩拖罗'的重新检讨",载《皇家人类学研究所杂志》67:287~296,1937年。

可以一代一代地追溯到古代。通过母系一代代地相传,它是一种特殊的联系。

但是男性在氏族中也是有地位的。因为男性都住在自己的出生地,妻子在结婚时要到男方家中。每个氏族以他们居住的城镇为中心,居住在一起的都是同族人,他们的妻子是外来人,但她们和已守寡的母亲、没结婚的姐妹和女儿住在一起。氏族以首领为中心把每个家庭以及住房紧密地连在一起。所有的男人都到族长家吃晚饭,以表示他们的团结。如果说住宅和普通的晚饭是氏族团结的主要象征的话,那么在阿散蒂就是在族长的家里来培养忠诚的男人,而不是在每个家庭。
现代的阿散蒂的规范有了很大的变化。在由迈耶·福特斯进行的家庭 215
人口普查的统计分析中表明,男人们不一定必须居住在他们的部落之中,但主要的规范还仍然有效。[4] 当一个人在远离家乡的城镇长期居住的话,他还得把氏族所在的村庄看成是自己的家。“他希望死后安葬在那里,只有这样才能与已故的祖先团聚……死者的亲属要把在他们祖先的土地上安葬自己的男性亲属看做是义不容辞的责任。尸体要很讲究地、体面地运到那里,只有这样他们才算尽到了责任。”[5]这样一来血缘和领土原则就融为一体了。但也不尽如此,因为氏族有地方性,在部落内不完全是一个氏族。

族长是一个有重要身份的人物,他是由本族中全部男性和妇女的长者们一致推选的。在大多数情况下,族长在氏族里是在一定的亲属中世袭的,只有这样的男性亲属才能有被任命的资格,他被任命后才有合法的权力。如果这个氏族在部落中有重要地位,因他将参与首领会议,他的名字必须呈交地方首领予以批准。如果批准了,他就可以面见首领。但在这之前,他们氏族中的所有男性成人都要聚集在女性长者家里依次发誓:“你是我们选来继承我们祖先事业的,你也要向首领尽责。”批准后在首领面前他接受告诫并发誓。这样他就成为首领的代理人和氏族的负责人。在阿散蒂人心目中,他就是祖先圣灵的化身。

---

〔4〕 迈耶·福特斯:“时间和社会结构:一位阿散蒂人的个案研究”,载迈耶·福特斯:《社会结构:为 A. R. 拉德克利夫·布朗所作的研究》,牛津,1949 年版,第 54 ~ 84 页。

〔5〕 布西亚:《现代阿散蒂人的政治制度中首领的地位》,第 7 页。

在阿散蒂人的所有公理中最重要的是,“社会的幸福依赖于与祖宗保
216 持一个好关系,他们会帮助和保护我们”。[6] 祖宗的兴趣在于把血统遗传和延续,他们规定正确与错误的准则。族长的职责是,告诫本族人不要违法,要求人们尊敬祖先,监督其族员尊重氏族的权利,并代表本族与外族发展关系。

在一起居住的各氏族头领组成一个村委会,这又是一个血统和地区性原则的融合物。第一个居住在这个村里的氏族头领就是村长,村长负责管理村里的事务。

早期的村庄是个充分的自治单位。拉特雷认为,在这里所有的法律问题都是“家庭的事务”。它们由个人的错误组成,由不借助于物质力量的仲裁进行调整。

当一个氏族的成员与一个男性亲属发生冲突时,他们可以找本族中任何同意调停其纠纷的受人尊敬的长者来调解。如果问题严重,原告应在族长或其他人在场的情况下,向祖宗发誓,在誓言中给族长讲述祖宗的权力。这是非正式的程序,主要的目的在于和解。拉特雷说:“要在对这种纠纷的调停中寻找任何非常精致的制度或制裁办法将是徒劳的。”[7] 族长们所进行的调解和劝导,都不是自己的创造,而是祖先意志的体现,制裁也是祖先们的不快和处罚的权力。拉特雷认为,它作为法律是很勉强的,因为它没有调停者的命令,它只能保持调停者的态度,无论在哪儿,调停只是一个有效的制度的手段,它由自己的非正式培养的机构来实现其效力。这样的机构可能会扩展开,但在阿散蒂还没有普及化。它以其
217 成员中小心培养的对血统的忠诚心为基础,它的强制的有效性来自祖宗的权力,这个权力超过其后代的教义。从祖宗到族员之间的联系被认为是族长权力范围的依据。如果族长的做法违反了惯例,族员们就会重新检查祖宗的遗嘱。他们会拒不接受这一做法,认为在氏族内解决纠纷的规则是强有力的。他们称这为“修房子,为了使它干”。因为潮湿的房子族长住在里面会不愉快。[8]

---

〔6〕 布西亚:《现代阿散蒂人的政治制度中首领的地位》,第 26 页。
〔7〕 拉特雷:《阿散蒂人的法律和政体》,牛津,1929 年版,第 329 页。
〔8〕 拉特雷:《阿散蒂人的法律和政体》,第 390 页。

巴沙博士比拉特雷晚了一代，他却认为祖宗留下来的制裁习惯是重要的。他断定"尊重长者们就得维护他们的裁决，虽然他们所做的并无法律效力，但却被接受了"。[9] 为什么呢？因为"祖先们被认为是部落风俗习惯和法律的监护人。他们有权处罚那些给氏族带来疾病和不幸的人……事实上，阿散蒂人在约束他们的行为之前总是想着，祖先在注视着自己。将来当自己与祖先在天堂里相遇时，祖先们会问自己做了些什么，特别是对男性亲属的行为。这些思想产生了一种非常强烈的道德约束力"。[10]

甚至到 1942 年时，上述观念仍然有效。下面所发生的一个事例就是很好的证明。

一个首领买了一个有两个女儿的女奴。该首领的继承人即后来的首领，与女奴的大女儿结了婚，女奴的二女儿嫁给一个平民。这位首领继承人的妻子有 4 个孩子，与首领的两个姐妹生活在一起。当首领死了后，这两个女人都拒绝与她们原居住在一起的首领的姐妹们生活在一起，首领的姐妹们搬到了离村子约 3 里的地方住了下来。但时间不久，那位首领的妻子的两个孩子丢了，并且她妹妹的两个孩子也失踪了。当她们去求神时，神父告诉首领的姐妹们，因为首领的姐妹们离开了首领的家，祖先的灵魂因此生气，不再保护她们了。如果她们想避免更大的灾祸，就应该给首领姐妹们一只羊作为祭奠祖先的贡品，而且首领的姐妹们应该返回家园。[11]

霍菲尔德认为，这些就是法律的基础，尽管这些还不是严格意义上的 218
法律，但是阿散蒂确实是用这种方法来解决纠纷和统一他们的部落的。这样，当一方在纠纷中取胜了，问题便通过媾和解决了。结果是给受害者一方一只或几只小鸡作为礼物，以洗刷他们受委屈的心灵。如果过错严重，则赔偿一些金粉或一头羔羊。只有这样才能洗刷干净受害者当众被侮辱的灵魂，敌意才能消除，愤怒才能平息。受害者接受了礼物，纠纷才算了结。有时争执者也向家族的调停者发誓，然后双方仍成为朋友。

---

[9] 布西亚：《现代阿散蒂人的政治制度中首领的地位》，第 69 页。

[10] 布西亚：《现代阿散蒂人的政治制度中首领的地位》，第 24 ~ 25 页。

[11] 布西亚：《现代阿散蒂人的政治制度中首领的地位》，第 25 页。

如果这种纠纷发生在两个氏族之间,受害者一方就会找他们共同尊敬的长者或族长。这时原告和被告的族长,以及他们共同尊敬的长者可能会聚集起来,商量解决办法。在这种情况下,不但要给受害者赔礼,而且要对损害进行赔偿。损害人通过长者向受害者表示歉意。长者们也可以得到一些象征性的小礼品或一点棕榈酒。巴沙说:"在这种社团里,老者经常参与解决纠纷。他们调和分歧,确定赔偿金的适当标准,以维护社团的秩序和使个人间关系和睦。"〔12〕

强烈的公正感会使一个做错事的人自愿到长者那里承认自己的错误,并请求对他的行为进行处罚。这在晒延是最习惯的程序,也是阿散蒂可选择的最佳形式。在阿散蒂的法律中,就是用这种形式来对付犯错误的年轻人的。在距今四五世纪之前,对大部分阿散蒂犯错误者都是以宽大和耐心的方法来处理的,这是他们的习惯。因为当时还没有刑法,更没有因暴力行为而产生的报复。

219 世仇在阿散蒂法律中明显是不存在的。就如拉特雷所说,值得注意的是,阿散蒂的独特性,这个独特性即他们对于个人行为的群体感和共同责任心很强。使人惊异的是,在阿散蒂早期艺术品中,对好结仇的人和世代结仇的倾向有严格的部落制度。拉特雷认为,没有世仇的现象是由于族长或部落首领的行为给个人作出了模范,而且他们信赖调解方法,不以暴力解决纠纷。更有甚者,古代阿散蒂是不容许他们的人有不法行为的。一个人杀了本部落人而被驱赶出去了,那么他就要受外部落人的摆布,他终生最好的命运就是做一个奴隶。杀了其他部落的人或成了犯残暴罪的人,也要被驱逐出去。"这就是共同责任心的作用,这样就避免了氏族间的血仇。"〔13〕

这一理念是内部和平协调的条件之一,如果我们相信这一传统,并使它保持在最低水平上,即使不防御也无人敢明目张胆地忽视它去制造内部的紧张关系。然而,我们对这一点持怀疑态度。因为把它与现代的刑法相比较,不能说它是完美无缺的。而原始社会的阿散蒂和今日已有刑

〔12〕 布西亚:《现代阿散蒂人的政治制度中首领的地位》,第69页。
〔13〕 拉特雷:《阿散蒂人的法律和政体》,第289页。

法的阿散蒂几乎没有多少区别,所以,这种传统只能是黄金时代的传说了。

由此我们认为,村庄的组织、血统和法这些东西在发展的早期水平上是普遍存在的。而当村庄发展为部落,部落又统一为联邦国家时发生了些什么呢?就以后每个时期的发展标准来看,它们的基本制度未变,血统关系未变,首领在政治事务上仍然是祖先的化身,只是后来出现了一个小变化,即忠于首领只以私人的誓约为限度。

现在让我们看看这个有 20 个左右的部落或地区以及它们的领土结 220
构是什么。我们认为魏赤是它的首都,按一般情况,魏赤是一个地区的名称。粗略地说,首都的确立和形成是与前面我们所叙述的城镇的形成一样。魏赤有 7 个部落,每个部落都居住在其传统的区域内,其中有两个部落的历史最悠久,我们称之为耶帅弗,即首先形成的部落。其他部落都是在 17、18 世纪的战争中,家园遭到毁坏的其他阿散蒂城镇移民的后裔,是在魏赤的一个地区以避难的形式居住下来形成的,当时如果移民人数太多,就给他们一块边缘地带让他们建造自己的家园或城镇,每个村子都有自己的氏族首领,但这块土地仍然属于耶帅弗,不过收益已让渡给新来者。魏赤的索法寨弗氏族的头领就是这个原母系的嫡系后裔,所以他不仅是魏赤的首领,而且也是大部落的首领。边缘城镇的首府都在他的管辖之下,并以个人誓约表示忠于他。这些就叫奥德库拉。

在管理方面奥德库拉永远不能和总首领直接见面。一个村子由以村长为首的几个长者组成村委会。魏赤以总首领为中心,由各氏族的长者在首都组成一个元老院。每个村在元老院的长者,代表着本村,起着传达、联系魏赤大部落和各部落首领间意见的作用,并收集他们的要求。每一个村庄都受本村的元老院成员和监护人这个长者的管辖。与此同时,每个村庄要派一个人监督本村元老院成员的工作,看它是否很好地代表了大家的利益。

这些长者还在几个分队组成的地方军队中担任司令,这种地方军队由氏族中每一个身强力壮的人组成。阿散蒂的地方军队在战场上军力的部署是固定的。他们的布局是:

221 侦察员

先遣人员

左翼和右翼:两个部分的战斗部队

指挥部

后卫

部落的每一个氏族都有自己的传统地点,氏族是这些部队的组成单位之一,其在元老院的代表是它的战地官员。阿散蒂国内事务和军事组织是分不开的,因为它早已是个军事国家。但是就其结构形式的本质与中央集权和行政的分散而言,不能认为它是一个军事专制国或专制国。

虽然魏赤的最高首领由索法赛弗部落世袭,但继承过程并不是自发的,而是选举的。在选举时,所有家族的成员都有发言权,只能选那些有胜任能力的合适人选,而且要一致通过。实际上这个氏族中的所有男性成年人,包括兄弟、母亲的堂兄弟、先后娶姐妹数人为妻的侄子都有资格,当一个首领死了或犯了罪时,元老院的人员就聚集在一起,挑选由两人组成的委员会去向母后提出请求,请她指定一个继承人。这位母后是皇族母系的长者,在通常的情况下她是首领的一个姐妹,而不是母亲。她在这种情况下,会马上召集氏族中所有的男性成年人和皇族母系的长者,举行一次公开大会,对氏族中每一个符合条件的男性成员依次进行讨论,直到最后达成一致意见,然后才任命。这样阿散蒂就避免了自行继承的不足,从而不会把一个无能的、不合格的、非常危险和自私的人推上最高位置。随后被任命者的名字由母后派人送往魏赤的元老院,同时元老院也给他们以祝贺。直到部落的所有人都得到这个消息时,任命就被批准了。这
222 时元老院召集所有的村长在指定的一天聚集召开选举会议。每个人,包括年轻人都来参加这次集会。

阿散蒂君主立宪制的一个非常重要之处在于把年轻人组织起来了。虽然正式的权力掌握在长者手中,年轻人不能完全代表他们的氏族,可是像西非其他地区一样,阿散蒂没有严格的年龄等级,年轻勇士也起着重要作用。他们为自己的氏族而战,虽然在社会上他们并不占重要地位,但他们的呼声是值得注意的。所以,每一个氏族把他们的年轻人都组织起来了,从中选出有能力的、勇敢的和有技巧的人来代表他们的观点。在元老

院中他们没有职务和地位,但是官员们要听听他们的见解和要求。与长者、首领、最高长官不同的是,他们不用对高一级的长官作个人忠诚的誓约。他们还可以大肆声张地反对当局的政治,而不会被怀疑为有大逆不道之罪。元老院的行动不能不考虑年轻人的意见。

在召集的选举会上,元老们都围着临时主持会的主席而坐,平民们坐在他们的后面。会议在大会的主持主席的部落召开,他们提出由皇族命名的候选人,臣民们以沉默、小声嘟囔、嘘声表示反对,以嘲弄的笑声或称赞的方式来表达他们的意见。这时元老院的长者们要做一些工作,看长者们所任命的人是否被同意了,如果这个人被否决了,就赶快告知母后, 223
然后拿出另外被提名的候选人。如果接连有三个皇族候选人被否决,那么元老院就开始在元老院成员中任命一位。这种做法常常都是臣民们的要求,这时母后也就不得不证明未来的氏族首领就是她的氏族中的一名合法成员。没有母后的批准,他是不合法的。

在这之后,被选出的首领就举行登基仪式。如果在选举的过程中没有使他铭记他的执政要代表人民的意愿,那么当登基批准后,在场的所有元老和皇族成员就要告诫他。

"长者们说,我们选举你为首领,你不得贪酒迷色;当我们告诫你时,你要洗耳恭听,不要赌博,不能侮辱你的臣民出身;不能虐待我们,不能成为一个吝啬鬼,不能忽视我们的意见,更不能把我们当成傻瓜,不能使用独裁的方法称霸和鞭打他人。我们求神保佑,把这个宝座交与你,也是神灵把宝座交给了你。"〔14〕在这一点上阿散蒂人很清楚,权力有腐败的倾向。

然而这样的告诫还是不够的。新首领在向长者们表示感谢之后,就站在他们面前发表正式誓言,并在女神的祭祀之日即星期四(木曜日)向女神发誓。他说:"我祈求你们允许我讲木曜日禁约,我是安尼·阿买木旁·达木拉库的子孙,今天我当选……如果我不听长者的告诫,如果我给他们带来战争,如果我从战场上逃跑,那么我就违背了誓言。"〔15〕违背誓

---

〔14〕 布西亚:《现代阿散蒂人的政治制度中首领的地位》,第 12 页;拉特雷:《阿散蒂人的法律和政体》,第 82 页。

〔15〕 布西亚:《现代阿散蒂人的政治制度中首领的地位》,第 12 页。

言就意味着要被罢免。改选在那里并不是罕见的。

224 阿散蒂首领身着精心制作的礼服，佩戴着最高勋章，肩负着臣民们的生死大权，期待整个世界都有受人爱戴的苏丹信念。但他的这种专制权力只是一个表面现象，他并未持有像特罗布里恩德群岛最高首领那样的特权，他的神圣形象只有坐在宝座上才能显示出来，因为他仅仅是臣民和部落元老之间一种圣洁的工具。他下台后就和一般平民一样，也不受人尊敬。他管理着祖先托付给他的土地，当他下台时，他在执政时所得的任何个人财产也像宝座一样完成了它们的使命，所以他的下台也就意味着穷困。

由此我们得知了一系列族长与氏族、村长与村庄、首领与部落、最高首领与臣民的关系。这些头领每一个都以自己的血统和领地为基础而产生。每一个人都有自己的权力，它是祖先的化身。阿散蒂海纳（全阿散蒂的国王）的地位和关系也是一样。他是首都库马西的最高首领，也是库马西地区或库马西部落的最高首领，就如奥沙·塔塔一样。他和他的助手不断地扩大统治权，最后建立了阿散蒂联邦，没有哪个部落敢退出他的联邦，脱离就意味着战争。大多数部落都拥护库马西，它永远不会丧失权力和它的土地，并牢牢地把权力控制在国王手中。

阿散蒂社会系统的明显焦点是他们在处理日常事务时，祖先在人们心目中占有重要地位，就是这种独特的和名副其实的人生观，导致了民族的自然法概念。他们认为，祖先是最高的创造者，也就是真正的上帝，在他们手下有很多部分或执行神。如"奥伯沙木"即神的意志的表达者，他拥有许多祠庙和为之服务的牧师。拉特雷说阿散蒂人认为，人世间就是一个女神。[16] 但对阿散蒂有着深厚感情的布西亚却认为："地球就是母
225 系原则的体现，这一点千万要记住。在这个社会中，母系原则渗透了整个血统和社会，在人世间就像一个最大的神，她不需要祠庙和牧师，更没有预见的要求。她为自己创造了世界上的一切。"[17]

阿散蒂人关于自然法的观念，是从其对神灵、上帝以及他们祖先的信

---

〔16〕 拉特雷：《阿散蒂的法律和政体》，第82页。

〔17〕 布西亚：《现代阿散蒂人的政治制度中首领的地位》，第40页。

赖中产生的。这样一来,自然界就与超自然界一致。因为在这里,人并不是万物的标志,人的工作是注定的,但其力量已超出了万物的力量。

从阿散蒂的政制的结构和作用以及来龙去脉可以看出,它们试图把人类的法和自然的法联系起来,而且把自然法作为执行人类法的条件。如拉特雷所说的,立法者有责任使宇宙的力量公平而正常地工作。他们作出决定,颁布法规,目的就在于使社会的发展与天地万物保持一致。他们认识到,部落的法规就是为了保证自然法的效力。[18] 这就是阿散蒂法和行政机构所依据的宗教上和哲学上的基本原则。

人们自我决定什么与事物的本质一致,神父们作为祖先和神的代理人有他们的特殊说法。首领的行为如果违背了神的意志,就会被立即罢免,另选举新的首领。

依据自然或神所制定的实体法是什么呢?

就不动产而言,国土就是神的本身。神能赐万物,也能收回它们。她的生日是星期四,在这一天不许耕种。与神共存的国土也同属于祖先,任何人不得随意占有。氏族的祖先可以有一小块土地作为墓地。从原始社会到前不久,阿散蒂社会经历了新石器阶段、狩猎阶段和食贝阶段。正因为如此,他们仅仅对土地加以限制,除了祖先具有的一小块地外,其余的大部分作为狩猎区。作为园林工的人们应永远记住,土地和他们的祖先 226
是分不开的。但土地和所生长的谷物的用益权是可分的。[19] 布西亚说:"由于土地属于祖先,它便成了祖先和子孙后代的关联物。在阿散蒂,首领的宝座作为祖先和子孙们团结的象征。对那里的任何一村的调查都表明:'土地属于宝座,土地属于首领。'进一步的调查还会发现,这二者的意义相同,国土属于祖先。"[20]

第一个获得宝座的人也就是国土的拥有者。部落的首领犹如一个管理者,是国土的受托管人。不同氏族的人都占有自己祖先第一次从森林中开拓出的土地。原则上首领把土地分给各氏族,而实际上在某些情况

〔18〕 拉特雷:《阿散蒂的法律和政体》,第82页。

〔19〕 拉特雷:《阿散蒂的法律和政体》,第340页;拉特雷:《阿散蒂人》,牛津,1923年版,第121～122页。

〔20〕 布西亚:《现代阿散蒂人的政治制度中首领的地位》,第44页。

下也是这样做的。在氏族内部本亲属的个人都占有一小块土地，同样在道理上这土地是族长分配给他们的。一个阿散蒂农夫，会以询问的方式追问那些知道谁是第一个在土地上耕作的前辈们，以追溯他在母系时期的血缘。他在那儿工作的权利得由他的亲属的前辈来证明。

从外表上看，封地好像一种束缚。的确，在英国法律制度中成长起来的拉特雷，对土地所有权的理解，使他所描述的土地的完全保有权、租借权、地主、陪臣、封地、帮助、征收或归转的土地等用语，看起来完全像英国法和中世纪封建法的"复制品"。事实上，每个首领和长者都向比他们职位高的总首领发誓，表示忠诚。这就是政治上的束缚。据说，首领拥有土地，但这也仅仅是象征性的。氏族对土地的权利是不可剥夺的，它们只属于宝座的主人。他们说："农场是我的，但土壤是国王的。"任何人也不得剥夺他的权利，除非他犯了重罪。相对来说，任何个人不能以自己的行为剥夺他人的用益权，因为这就意味着夺取了祖先给他的子孙的生命渊源。如果用益权不得不出卖，则必须得到整个氏族的同意。这只是最后的求助。

所有这一切意味着，即使一部分阿散蒂部落被占领，只要政治结构较为完整，那么它就基本上保持着对土地的控制权。库马西要求政治上效忠，军事上援助，但永远不企图剥夺他们已有的土地控制权。首领们要求共同分享全部的矿物权和其他应得之物，但他们不干涉用益权。

这里的动产有三种类型：宝座、家族和个人的财产。宝座的执政人——首领所拥有的财产决定贵族的等级。他的财产包括宝座的一切附属物，如鼓、伞、宫殿和贵族宝库。每一件都由宫廷官员保管，这位官员必须是皇室嫡亲。首领本人绝不许擅自进入宝库。宝库由沙娜汉和助手管理。[21] 首领个人只有很少的机会或者说没有机会使自己富裕起来。只
227 有在战时，为了保住宝座地位，他才派部下去做买卖，由此他可以征收特别税，但这也要征得元老院的同意。他的土地可以让奴隶们耕种，他还有其他税收来源。但是他开销很大，因为在赠送礼品和大型宴会时，他必须显得慷慨大方。在这种场合如果他显得吝啬，是会被赶下宝座的。这里

---

〔21〕 拉特雷：《阿散蒂的法律和政体》，第 33 页。

很清楚,当一个人当选为首领之后,所拥有的一切财产都会变成不可改变的有关地位的财产。所以当今一些首领在脱冕之前,像那些狡诈的商人一样,把一笔相当可观的财产交给母亲或姐妹保管,以便应付那可能会被罢免的不幸的一天的到来。

家族的财产也即祖先的财产,包括部落的宝座、家族的神像、崇拜物等一类传家宝。这些东西族员可以通过一定的仪式租借下来使用。它们由族长或氏族的长者托管。

个人的财产包括个人和妻子、孩子以及奴隶们的劳动所得。除土地外,包括个人的所有财产,甚至包括通过誓约抵押的从家族中借贷的相传 228
动产,以及在偿还时个人的劳务钱。妇女也拥有财产权,孩子可以拥有连酋长也不能占有的爱畜。

早先时,一个人死后他的所有财产要转交给部落或氏族,而且早在几个世纪前在母系血统中就规定了对个人不动产的授权代理。个人的财产首先传给自己的兄弟,然后是他姐妹的儿子。任何未留遗嘱的正常的移交的改变,必须由公众决定,这样才能把父亲的动产转交给儿子。父亲要在证人面前宣布他的遗嘱。如果这时他的儿子或其他受益人拿出棕榈酒或钱,而且父亲收下了这些礼物,遗嘱才算正式确认,遗嘱中的财产转化才能有效。但这种遗嘱也往往不能实现,因为它没有直接的法律效力和约束力。拉特雷说:"当一个死者对于自己的遗产作了不适当的安排时,活着的人就会立一份新的。"[22]这就表明,如果母系氏族不喜欢这样的安排,她们就有权否决这种遗嘱。

如果受益人就此引起争议,那么争论将是在氏族和死者遗嘱之间谁来决定的问题。一份正式的遗嘱如果违反了死者母系家族祖先们的要求,那就会得不到保护。在阿散蒂,父亲和叔伯的责任之间的冲突,类似于特罗布里恩德群岛的紧张情况。迈耶·福特斯以自己的理解说:"阿散蒂没完没了地讨论这个问题,特别强调对忠诚争论的不可避免性。"[23]这一点是可能的,因为阿散蒂的父辈们也是尽力地反对母系原则的支配,因

〔22〕 拉特雷:《阿散蒂的法律和政体》,第 339 页。
〔23〕 福特斯:《时代和社会结构》,第 75 页。

为这个社会无论是过去还是现在,其社会和法的思想体系都支持母系原则,它有利于母系继承,反对父系对遗产的处理。正如福特斯所说:“妇女和她的孩子们构成了阿散蒂社会组织的牢不可破的核心。”[24]

我们总是希望简单的箴言能减少法律实践的困难。拉特雷说,活着
229 的人将会放弃一个不适当的遗嘱,这一点基本上是对的。母系血统原则是具有法律效力的规则,但父系也不是从此不提了,它仍然是争论的焦点。下面我们来看一个1942年发生的案件:

一个快死的人躺在灵床上告诉他的继承人即他的弟弟,在他死后将他的一块可可园地留给他的儿子,并让其弟弟发誓遵守遗嘱,使授予权得到尊重。他说:“如果你不把可可园地给他,我会召你去祖先面前公断此事……”这个人死后,其弟弟继承了他的财产,且在氏族中其他人的帮助下拒绝把可可园地给死者的儿子。3个月后一场大火毁了村庄。这个幸存的弟弟救火时从屋顶上掉了下来,摔伤了一条腿,不久就死去了。他在临终前告诉家人,这是已故的哥哥召他去面见祖宗,追究他没有遵守遗嘱的原因。毫无疑问,他的死是由于没有履行已故哥哥遗嘱的结果。他的继承人按照他的话把可可园给了他哥哥的儿子。[25]

遗憾的是,我们不明白是父系的祖宗还是母系的祖宗杀了这个人。鉴于很难合理地假定母系祖先的神灵们仅仅因为要维护男性遗嘱的抽象原则,就如此严重地否定母权的利益,所以我们认为这是父权加强的象征。

这个案例所描写的阿散蒂法的形象,正是被布西亚所强调而被拉特雷所轻视的,也就是说,如果世俗法庭和在以祖先名义下所实践的法律程序没有把祖先的遗嘱转化为行为,那么为了与他的权利遗嘱保持一致,祖先们就会自己来实现他们的愿望,并亲自解决这个问题。在所有的灵魂
230 进入极乐世界以后,他们的祖先会请他们回到世间去代表血缘家族,为他们的行为辩护。[26] 一个人做了错事要被祖先们杀死吗?为了解脱他的灵魂,他就得去祖宗的面前听候审判。“如果你不把可可园给他,我会召

---

〔24〕 福特斯:《时代和社会结构》,第72页。

〔25〕 布西亚:《现代阿散蒂人的政治制度中首领的地位》,第43页。

〔26〕 布西亚:《现代阿散蒂人的政治制度中首领的地位》,第25页。

你去祖宗面前公断此事。"这个人的摔伤和死都是公断后对他的处罚吗?还是他死后灵魂去祖宗那儿等候审判? 如果是这样,他的灵魂则应受到何等的处罚呢?

一个首领在自己的土地上可以借另一位首领之位即宝座,但是在他的土地作抵押之前,他的臣民和长者们一般要作为债奴而被抵押出去。被抵押土地上的河流不作为不动产抵押,因为河流是无债权的。但在债务期间,在其河上捕鱼要付利息。

家族的财产要成为借款的抵押品,须经长老会议同意,但个人的财产不受此限制,即在任何情况下都可成为借款的抵押品。在比较先进的原始部落里,主要的交易是由代理人去执行。代理人处理交易时把证人召集起来,以看、听、说搞交易,而不以书面形式记写。代理人在交易中所担负的责任要比伊富高的"曼巴加"大得多,因为他是借方的朋友,他要为朋友的行为担保。不过早期的担保是以动产做抵押的,借用物只有抵押的一半价值。而我们知道,以200%的贷款作担保是在美国第一次抵押实践条例中提出来的。在抵押的使用权上,对损耗和拆毁一般不负责任。提供借用物的可能性受到很大限制,要赎回的困难也很大,利息或高或低,因而得不偿失。再加上对证人、代理人、债权人的服务费,每个英镑就能消耗两先令。正如阿散蒂的一句格言所说的,"债务人的钱财大量地白白地流走了"。

并不是所有的借用物都要抵押,有些是根据借方的债权和他的保人而定的。在这种情况下,如果出现违约现象,担保人就要采取行动,并通知本区首领,宣布这种违约是犯罪行为,对此我们将在后面论述。这时首 231
领就会抓住债务人,并通知他的氏族。这意味着要氏族来付清债务,并且要惩罚债务人,把他作为奴隶卖掉以付清债务。由此看来,归根结底债务的责任是整个家族的。作为奴隶的债务人,由于被卖掉来付清债务,他的损失也是家族的损失。如果发现了这种情况,一个不受尊敬的男性亲属可能会被取代。同样,债务是以母系群体来继承的,因而对债务没有法规限制。阿散蒂人说,"债是永存的"。这恰如意译的伊富高格言:"债务永不会休止。"

最后,在借用物上不存在抵押,也没有担保人。债权人有两种比较可靠的收债手段,他或者求神来杀债务人,债务人通过神的化身——神父来偿还债务;或者债权人"逃向首领"请求出面干涉。头领为了筹集公共服务的酬费,会派他的司库去征收债务。拒绝付给的作仇恨国王对待。这在阿散蒂就表明债务人有伤害国王的意图,他将被控犯有叛逆罪而被处死。为了证明他是无罪的,要么他立即付清,要么丢掉脑袋。

过错就是犯罪,这在阿散蒂那儿是没有异议的。阿散蒂刑法的基本作用在理论上说就是拥护和维持其宗教制度。事实上,宗教的公理常常
232 用来证明几乎是毫无控制的刑法制度。控制和使用策略对阿散蒂人来说,还是一种未学会的新手段。官僚利己主义的腐败现象促使阿散蒂的司法机体萌芽并刺激它迅速成长。

犯罪行为被部族所憎恨,具体地说,前辈们憎恨它。这种行为被认为会影响首领、祖先与公众之间的关系,被认为是对部落祖先神灵的冒犯,并影响部落的幸福。为了整体利益,首领如果不对这些人的行为进行惩罚,这就是对祖先超自然的神灵所产生的自然法的蔑视,那么祖先就要处罚这个部落。[27]

早期的"氏族法"在阿散蒂的原始民主中是一种缓冲剂。它的目的在于纯洁作为社会工具的法律的基本功能,即引导行为,并维护社会不同成员之间的稳定和平衡。首领的主要职责是避免纠纷,调解双方当事人的冲突。[28] 可现在不同了,从氏族、部落、部分地区、大部分地区直到全联邦,以库西马为首脑已形成了一个"金字塔"形的军事国家。一个贵族官僚阶层已经出现,最高首领和国王们掌握着新型的国家机构,有限的君主制是符合宪章的。自决分散权限制了中央权力,没有至高无上的暴君。但是由于军事的原因,却存在一种"超国家"机构,这种权力开始是对外的,后来也转向国内。它对一切犯罪的法律处罚就是一种:死刑。所以这种制度具有专制权和垄断性,因为只有国王才掌握这种生杀权。虽然氏族间的仇杀不是古阿散蒂的特点,但是要实现这种专制权也不是很困难的。

---

〔27〕 布西亚:《现代阿散蒂人的政治制度中首领的地位》,第 67 页;拉特雷:《阿散蒂人的法律和政体》,第 25 ~ 27 页。

〔28〕 拉特雷:《阿散蒂人的法律和政体》,第 292 页。

显然,把一切罪犯都处以死刑,会使阿散蒂制度误入歧途。当然这只是一种凶兆,不一定会达到预期的效果。官僚机构需要收入,但除了战争 233
外,征税是违反制度的。不过在法律中还是有机可乘,这一点很快就被发现并加以利用。阿散蒂法有主次职能之分,它已不是一种原始法了,而是变得很精致。税收法必然产生了,而且得到政府机构的支持。当机构的合理支持的条款受到限制时,权力为这个功能的使用提供了方法。正如卢埃林所指出的,这是一种合法的正当职能。而超出这一限度,则是对正当职能的滥用。

严格来说,在阿散蒂的公法制度中,对罚金的规定没有几项,征收像"艾色达"这样的各种宫廷费用并不突出。不过他们要了一个诡计:允许将被处死的人"买他的头",付给首领大量赎金,以保持处死时尸体完整。赎买死刑的权力只属于头领们,由他们决定是处以死刑还是用他的特权获得巨额赎金。这种以仁慈为名减轻死刑的情况我们无法考究。我们只知道官员们渴望金钱,打官司可以大大地增加他们的财源。这样一来公正就成了贵族的一个妓女。为达到调停,首领们的法庭已变得无关紧要,他们关心的是金钱,而不是社会安宁。拉特雷说:"这种手段一旦加强,中央机构中的主要当权人物为了自己的宝座,就会热衷于打官司,以便提高自己的收入。这样一来,他们的思想观点就与原始法庭直接对立了。"[29]

一个鼓励用老办法解决小争端的首领会受到上级的戏谑:"这个首领不称职,虽然他是合法的继承人,但我们不能让他解决问题。"阿散蒂有一句新格言:"如果哪个首领去调停大街上的争吵,他不久将会挨饿。"

为此这些首领甚至利用神灵,但其目的不是为了抑制违法和反习惯 234
的行为,而是相反。有一个叫奥克雅曼的首领,就在其室外树立起一个法律的崇拜物。这些首领,对那些被宣判无罪的人要收取少量的"艾色达",以留作将来敬神之用。当它积聚了足够数量时,就用来购买偶像的感恩礼物。当法庭生意萧条时,奥克雅曼就要做一个特别祈祷。他带着为偶像准备好的棕榈油,站在偶像面前吟诵道:"审讯案件日益减少,过些天我将被饿死,赐一些案件让我来处理吧!"换句话说,让人们生活中多灾多

〔29〕 拉特雷:《阿散蒂人的法律和政体》,第388页。

难，只有这样我们才能判他们死刑，并让他们用钱来赎买头颅。

这就是说，阿散蒂的执法官早已忘记了法律机构建立的目的是社会利益，相反，他们认为法是为自己服务的，他们已向这个极端危险屈服了，所以制度变得如此复杂，以至于需要专家。而专家们试图让现存的制度来支持他们，而不是把他们当作那些制定这一制度并维护它的那些人的奴仆。阿散蒂的执法人已成为讼棍和诉讼费用的掠夺者。

罗伯特·马歇尔在研究阿拉斯加时曾指出了非常有趣的一面："当1901年政府特派员办公室正式建立后，开始的2年中就有40件较小的刑事案件和25个民事案件。"但那些资格老的人认为："大多数案件都是由想收费的政府派员煽动的。从1940年以来，长期担任特派员工作的弗兰克·E. 霍华德开始避免这些麻烦的先例，诉讼案件几乎很少，在过去的10年中着手处理的只有3件。"〔30〕

阿散蒂刑事犯罪的主要类别我们并不详知，在不成文的刑法典中只
235 有以下12类：(1)杀人；(2)自杀；(3)某类性犯罪；(4)某些侵害人身罪；(5)某种偷盗罪；(6)咒骂首领；(7)叛逆罪；(8)胆怯；(9)巫术；(10)贵族成员对立法的贵族身份的违犯；(11)违犯地方性法规；(12)滥用贵族誓言的一些形式。现逐一对其详作分析。

杀人被称为"阿乌弟"，意思是极凶残，是非常被人憎恨的。一个人如果是非自然死亡，也不是死于战场，他的灵魂会想知道他为什么死，他不得不详述他的死因。如果幽灵不知道他是为什么死的，那么这就会给首领或村庄带来麻烦，造成不幸，这些是他们想避免的。其次，篡权就是杀人罪，要由国王亲自处理。尽管一个地区的首领一开始就对本地区的大部分刑事犯罪有管辖权，但他不能审讯杀人案。这种案子由库西马的最高法院审理。

杀人罪作为刑法的主要内容，它还包括与他人已孕妻子和未成年少女性交。很明显，这个概念表明真正的杀人罪与阿散蒂刑法中所包括的行为极不相符。杀人罪=极凶残，这一点能消除拉特雷为什么要把这些最严重的犯罪划为一类的困惑。在阿散蒂人的观点中，这些和杀人罪同

〔30〕 罗伯特·马歇尔：《北极的村庄》，纽约，1933年版，第196页。

样令人深恶痛绝,所以把两者放在一起。

在审问杀人案中,阿散蒂人非常注意杀人的目的。杀人目的要明确证实,否则以过失杀人论。它被认为是一种邪恶灵魂的行为,它错误地导致了杀人者的行为。法庭在审理时要审查全部动机,如果没有一条能明显地与被告相连,那么他就会被认定为非刑事罪,作民事赔偿对待。民事 236
赔偿金给死者的母系亲属,一个普通判决需七英镑的金粉,一桶朗姆酒用来解除悲伤和做出殡之用,一块好的布料和一副上等棺木。这些都由杀人者付给死者的亲属。换句话说,解决过失杀人是一个复杂的过程。为了得到公众的赦免,还要送给首领一只羔羊。而且还必须向最小的神忏悔自己的罪过,并请他排除将来的不幸。这样做虽然负担很重,但终究可免去一死。

在阿散蒂法律中对杀人罪的规定,不但有故意杀人和过失杀人的明显区分,而且还通过验明原告申诉的杀人者的某些行为,阻止潜在的杀人行为发生。它对蓄意杀人罪的处理不亚于杀人罪。揭露杀人目的并不需要进行任何高级的侦探工作和心理学方面的调查,只要有以下三种征象之一即可:其一,一个人在公共场合宣布:“我将不再吃饭了”;其二,一个人手持刀子在公共场所砍了某一物品;其三,一个人不是神父而把头发留得很长。原因很简单,有一个时期人们期望战争而留长发。前两点不可思议,不过对阿散蒂人来说,对前两点很清楚。一个人想死未遂,这种行为与自杀相似,而不是谋杀,所以这些行为不能以自杀论处。

阿散蒂法律原理由于规定只有国王才可以杀人,因而对自杀做了离奇的规定。对自杀的刑罚如同任何杀人罪一样是处以斩首。此外还有“蔑视法庭”罪。当一宗自杀案件发生时,尸体要带到法庭,如果死者的亲 237
属们为了遮掩罪行把尸体埋了,也要把它从坟墓中挖出来,这些工作通常由奥克雅曼来执行。他向首领说:“这是你的奴隶,没有人知道他做过什么,现在他自杀了。”然后对尸体说:“没有人知道你在想什么,但是因为你没有把情况向我们如实汇报,而是拿着棍棒攻击奥克雅曼(原文如此)——而当你杀我们时,你是把我们看做凶残的畜生的——因此,你是有罪的。"[31]说完就砍下尸体的头。

然而更为实际的是，要使这一程序更为实用，使制裁更有威力，使执行者更富裕，所以要加上罚金。其他意义不大，因为这时犯罪者已经死了，已无法再赎回自己的头颅。卢埃林认为这一情况具有英国中世纪的特色。死者地里的庄稼要给首领，但第一次收获后用益权仍给死者的继承人。死者的财产被没收，果树上的果实归首领。自杀而不处理只有一种情况例外，那就是一个军官因打了败仗在战场上自杀了，这时不会处罚他，他会因自杀而自豪，而不是耻辱。

在对杀人罪的法律规定中还有几点值得注意。首先是酒后违法不算犯罪，因为是无目的的，但咒骂国王和杀人者例外。其次是精神病人不被处死，但也不能获得自由到处乱跑，而是把他用链条拴在大树上，如果他的亲属不送饭给他，他只好去等死。所以精神病被认为是一切刑事犯罪的口实和托词。本书反复考察了各个原始社会的法，监禁在这儿是第一次出现。更为主要的是阿散蒂已经产生了现代的做法，疯子对自己的行为是不负责任的，他们要限制他的这种疯狂行为，但并不对他处以刑罚，所以这只是一种社会预防措施。因为他精神上的缺陷，这种野蛮行为所
238 引起的重视要比把它记载在我们以后的法令中强。这说明阿散蒂人正在尽力使它合乎情理。

在奥赛·雅国王统治时期，这一法律曾被废除。奥赛在许多时候是一个理性主义者，但在这里犯了经验主义的错误。他决定用类似培根的方法做一次实验，看一个精神病人是否不知自己的行为。他命令奴仆把一个精神病患者和一个醉汉同放在一间房里，然后点上火炬。由于烈焰直升，精神病人大叫快要烧死他了，因而逃走了，而醉汉精神恍惚，却被烧死了。奥赛由此认为，一个醉汉不知发生了什么，所以酗酒行为可以作为口实，给予保护。而精神病人并未完全失去知觉，所以其行为不存在任何借口，不予以保护，结果此法律被废除了。显然，这种观察方法十分野蛮，对于科学和逻辑来讲都是十分危险的，可奥赛却坚决认为，这种方法在科学上是成立的，在逻辑上是对的。令人痛惜的是，这样的实验是错误的。

[31] 拉特雷：《阿散蒂人的法律和政体》，第300页。

当一个怀孕的妇女犯了杀人罪时,阿散蒂人带着善良的识别力来处理这个特殊问题。他们认为,她肚子里有另一个阿散蒂人,不管他(她)是一个正常的孩子,还是一个怪胎。所以暂不处死。阿散蒂人规定,婴儿出生后的第八天,举行命名仪式,并与大家见面,这是神圣不可更改的。但如果在此之前婴儿就死了,那么,他就被认为是一个没有外壳的孽种,他的母亲在一次宴会上出走,把他的灵魂押在另一位妈妈身上,当她返回时,她又把婴儿的灵魂唤回去了,一周之后,这个永远也不会活在世上的人,已不是人世间的成员了。

另外,如果一个阿散蒂人被处死,那么他的灵魂一定要知道他为什么死。如果一个即将做母亲的人被处死,如果她怀的孩子是真正的孩子,或者怀孕原因不明,如果被处死将永远不知道这个原因。要解决这个难题,一个怀孕的杀人犯被允许活下来,直到她的孩子出生,然后把她和这个小孽种一块杀掉。

性犯罪在阿散蒂被看成是令人厌恶的犯罪,共有五类。其他同类事 239
件由家族所定的规章或私法来处置。

无论是父系或母系间的血亲相奸都是犯罪的。在旧的制度中氏族对此类犯罪的处理顶多是把犯罪者赶走,加之以其他人的斥责和嘲笑。新的死刑权力对这种犯罪提供了一套很容易实施的、可怕的控制方法。随着部落村庄地域的扩大,行为要受氏族前辈们的惩罚,当整个部落联合起来时,使先辈们厌恶的血亲相奸行为是对整个民族的威胁,使人类毁灭。此类行为如不被灭除,猎人就会停止打猎,就会断子绝孙,祖先就会发怒,神灵就会生气,氏族就难以存在,整个世界就会陷入混乱之中。阿散蒂人是这样认识的,旧约全书中的希伯来人也这样认识,这也是法律所尽力要避免的一种状况。

当一对男女无视他们是亲属关系而犯有血亲相奸罪时,他们要被处以罚金,作为犯罪所造成的损失的赔偿。自从英国减轻死刑以来,他们对血亲相奸已使用现代刑罚。在 1920 年时,罚金 25 英镑,还要用一桶杜松子酒、一只羊和 12 尺白布来赎罪。

如果不是全部那么也是大多数的原始人都认为月经对于人们的超自

然的权利是不利的,[32]把有月经的妇女参加的仪式看成是不干净的,甚至是危险的。阿散蒂也是一样。如果有一个人敢于嘲弄这一信仰,与一个有月经的妇女发生性关系,那么这种行为是极其令人憎恶的,要处以死刑。

另外,在灌木丛中强奸一个已婚妇女,不管起诉的方式如何,也要处以死刑。

240 还有,和首领的任何一个妻子通奸,就是反对首领罪,也是直接反对贵族祖先的一种重罪。因为首领的妻子就是宝座的妻子,当一个首领死了或者被控而被撤职时,他的妻子就保存他的宝座,并成为他的继承人。与先辈的妻子发生性行为也要被处以死刑。受刑的方式是非常可怕的,要举行一种"阿土拜里"即死亡的舞蹈,是一种由象征死亡的骷髅带领众人走向坟墓的舞蹈,在舞蹈中那些定了罪的人被逐渐地切割,受到极大的痛苦,被折磨两三天后才能死去。[33]

在讨论特罗布里恩德人的法时,我们曾讲到,在那里任一对首领冒犯的行为,不仅被认为是对首领个人的合法权力的侵犯,而且被视为是对公共利益的侵犯。在这两者之间要作出非此即彼的划分,显然是没有必要的。虽然在任何一种法律里,对政治首领的规定要加以区分,或者作为个人,或者作为国家元首。这与欧洲中世纪其财产世袭继承与税收征收的分离有关,因为这使他们区分为个人和官吏。

在阿散蒂,如果首领作为一个普通人,那么对他的侵犯只是一起氏族案件,用调解的办法来解决。如果他是宝座的统治者,那么对他的侵犯则要被处以死刑。巴沙说:"但是对首领本人和他作为祖先的宝座的继承者的区别的社会检验,在阿散蒂法律中是难以解决的。要区分其罪行是反对首领个人还是把他作为执政者和统治者,或作为祖先的继承人是比较困难的。因为一个首领一旦坐在宝座上,他就是一个受尊敬的人,就与祖先有着特殊的血统关系。"[34]用体现与统治者有关的整个社会关系,以及与祖先和神灵的关系来区别首领个人的身份,显然是对存在着个人自由

---

〔32〕 R. H. 罗伊:《原始宗教》,第十章,纽约,1924 年版。
〔33〕 拉特雷:《阿散蒂人的宗教和艺术》,牛津,1927 年版。
〔34〕 布西亚:《现代阿散蒂人的政治制度中首领的地位》,第 73 页。

和许多早期文明的专制国中日益增长的专制权力的一种严重威胁。使子孙们烦恼的问题是,中央集权制的兴起和统治者的"神性"。正因为如此,在阿散蒂侵犯首领或他的宫廷随员要判死罪与叛国罪相同。在特罗布里恩德群岛侮辱首领也要处刑。对一个普通人的侵犯只涉及个人,而同样的行为加之于首领则有冒犯祖先的性质。辱骂他们说"你妈的×"……都 241
可以往这上面连。

但据梅纳特·福勒先生报道,早在25年前,在路易斯安那州的黑人孩子中,骂"你妈的×"这种侮辱人的话已成为口头语,而我们知道,路易斯安那州的大部分人都是从阿散蒂运去的奴隶。

更厉害的辱骂是"你母亲祖先的×"、"你父亲祖先的×"、"你祖先的灵魂吃自己的头"、"你祖先的灵魂吃自己的骨肉"等。

在阿散蒂不能做蔑视别人的手势和表情,如两手一起相握大拇指向上,就是一种辱骂,它是非法的。还有,任何一个妇女把男的叫傻瓜也是死罪。拉特雷、巴沙和其他对阿散蒂情况报道过的人都认为,这是一个极端利己主义的原理。但也有这样一种可能性,因为阿散蒂人对"傻瓜"的解释是"没有资格做官的人"。这种辱骂还影射到他的祖先,言中之意是,他的祖先也是一个无能的人,无资格做官的人,所以才产生了他这个傻瓜。说男性无资格要比说女性严重。不管怎样,如果对这个词在文化上这样理解了,那么就能消除它与习惯的矛盾之处。

一个首领在执政期间没有个人的财产,他所拥有的一切财产归宝座。所以偷窃首领的财产就是盗窃祖先们代代遗留下来的宝座的财产。这是一种主要的罪行。这个观念的创立使阿散蒂取得了真正伟大的理智的成就。如何更好地使一个社会中个人融入公务之中或吸收个人的全部财产于公共事务之中呢?中世纪的欧洲在管理中是缺乏这样的观念的。但也有一个问题,政府不容易找到"公平"的税收方面的控制办法。

用某种神灵力量的咒符来咒骂已死去的国王,这在阿散蒂是罪中之 242
最。阿散蒂人甚至不能说该国王的名字。国王死了,只能委婉地说"赐福于国王"。在国王死后,他的儿子像举行仪式似地去清扫皇家陵墓的林荫道。如果有人在他父亲还在世时劝他去扫林荫道,那是十分明显的咒骂国王的行为,要处以极刑。

咒骂国王,并把他的过错归咎于别人促使他这样做,则可能被处以自杀。在两个人的争执中,为了致对方于不利地位,也往往与咒骂国王联系起来。如当其中一方感到对方完全无理时,或者他感到自己的理由站不住脚,处境很不利时去自杀,他就会这样说:“我请神灵杀死国王完全在于你,因此,在我被杀后你得付100普瑞哥来买闷死我的大羚羊皮。”〔35〕

阿散蒂人对咒骂的处罚非常严厉,逼使别人骂国王和自己咒骂一样是重罪。尽管不处死刑,但要罚800英镑的金粉,这足以使一个人成为债务的奴隶。就如在特罗布里恩德群岛和晒延中的自杀征兆一样,由于给社会造成的危害是由迫使他人自杀的人所致,那么就应该对履行所谓法律权力中极端残暴的要求加以控制。

如果有进一步咒骂国王的证据,王家法院对一个被宣判死刑的人可采取预防措施,在被拉出示众时,路上刽子手用匕首刺进他的面颊和舌头,使他无法喊出声来咒骂国王。

243 巫术是一种特殊的犯罪,它是一种谋杀。祖先对这种败坏的谋杀是绝对禁止的。男巫被判处死刑是不杀头的,一个巫师的血是不允许流出来的,所以他们都被处以绞刑(像咒骂国王一样处刑)或用棍打死,或浇上油烧死,或淹死、饿死。巫术师确实是可恶可恨的。这种社会的报复措施是极度忧虑的虐待狂的表白。

不只这些极度的处罚办法,每个主要城市都还有很多犯那些令人憎恶的罪行并处以死刑或赎回头颅的当地戒律。很明显,在原始时期大部分的戒律不太清楚,并且在表面上没有什么根源。从某种原因上讲,所有这些戒律是由于祖先对巫术的憎恨而制定的。人类学理论提醒了我们,从表面上看它们几乎不是反复无常的,读者也不能糊涂地对它加以谴责。从另一方面讲,已知的文化趋势在某些地方得到长者的保留,使我们认识到,有些戒律就其具体内容讲,即使没有持续下去的理由,但也有对的地方。下面是拉特雷罗列的曼木帕地区首府的各种戒律:(1)不许狗从城里穿过;(2)头套不能用布做;(3)儿童不能携带很重的东西;(4)在市场上

〔35〕 拉特雷:《阿散蒂人的法律和政体》,第312页。

出卖的鱼不许杀；(5)不许在城里打口哨，因为它招致人精神上的厌恶；(6)祭司永远不许和女巫结婚；(7)在星期四不做农活（这事实上是全国性的节日，不是一个地方的戒律，因为在木曜日全阿散蒂要祭地球）；(8)不许有意把鸡蛋打破在地上；(9)不许有意将锅打破在地上；(10)棕榈油不能有意洒在地上；(11)水不准流入棕榈油里；(12)在城里走时不 244
能把担子放在肩上；(13)从城里经过时，担子不能举得超过头顶（这是个暗示：举担人认为曼木帕的首领和长者无足轻重，没有价值——这是一种指责祖先的极端恶劣的反射）；(14)来月经的妇女不能和牧师或宫廷随从讲话。

如果我们适应拉特雷的这些特殊戒律，并把一些规则与这些合并起来，那么我们得出以下几点：

甲．用一种暗示的行为表示对城里的长者不尊敬是犯罪，因为

△这反映了对城里长者的指责。

△(1)犯罪行为正与以上(2)、(3)、(12)、(13)相符。

乙．令人厌恶的某些精神敏感的行为是不允许的。

△(1)犯罪行为与以上(1)、(4)、(5)相符。

丙．不许咒骂地方首领。

△当首领执政时，在该地区里以(8)、(9)、(10)方式表示诅咒的行为，作为犯罪是禁止的。

丁．不许沾染有特殊责任的牧师和宫廷随从人员。

△(1)一个来月经的妇女对牧师讲话就是对其沾染。

最后，简单地谈一下几种特殊的处罚。粗鲁被认为是一种不严重的犯罪，不处死刑，但这种现象是不允许存在的。自负、无礼貌、讲大话、傲慢的人，在被带到首领面前时，会因这点小毛病而割去鼻子。如果行为轻微，就在他的左耳上刻条记痕，或者割掉耳朵。那些被指控有诽谤罪的人，如果是诽谤首领，或在被带进首领宫廷时咒骂，就要割掉两片嘴唇。 245
这样的案件不能在氏族中协商解决，而是根据誓约被带进宫中，如同那些阉割后留在皇宫的随从一样，也被割后留在宫中。总的来说，死罪和赎回

头颅不是唯一的刑罚。

以上所列阿散蒂对各种犯罪的规定属于其古老风俗的方面,它代表着其文化静止的一面,起着保守主义的作用。但后来的阿散蒂是一个迅速扩张和发展的国家,显然以祖先为卫道士已无多大的价值。但是只要能够利用的他们仍然会利用。过去阿散蒂的首领们关注于对外扩张时,祖先的崇拜的习俗未能拖住其后腿。现在,他们把首脑所发布和实施的新法令又归结为一个伟大的誓约(Great Oath)。

谈到这个伟大的誓约,只不过涉及了奥赛·塔塔死的时间和地点。这是早期一个使人们感到悲伤的灾难性的事件。因为它结束了阿散蒂的最鼎盛时期,祖先们对它感到十分悲痛。仅仅提到这一事件就使他们又回忆起在战场上死去的阿散蒂汉。所以,首领们把新的法令誓约与祖先们对它的观点融合起来,并暗示他们也赞同这一新法令。有条件地咒骂这一违法行为附属于对祖先的憎厌。对首领和长者来说,应该把背信作犯罪看待。更确切地说,这给了他们一个处理故意妨碍议案通过的很好的借口。而这种作用只是铺平了社会变革的途径。

用同样的方法,阿散蒂实现了以制定的刑法取代了私法。阿散蒂已进入了一个繁荣时期,调解只存在于古代的氏族法中,这可闷坏了上层阶级。

无论是争端还是琐碎事情的纠纷,都不能咒骂国王或首领,这对争执者来说已经足够了。如果发生此事,立即被送往皇家法庭进行刑事审讯,以使用渎神言词的罪名加以判决。如果案件一开始不是发生在库马西,
246 那么第一个审讯的法庭是初审法庭,库马西法庭终审判决,因为只有库马西的阿散蒂国王才有“挥动刀”的权力。不管怎样,不服一审判决而提起上诉,只要针对当地的奥克曼雅以国王的誓约立誓,总可以被接受。但这种方法立刻会使此案具有冒犯国王罪的性质。经过复审,如果一审法院的判决被撤销,上诉人须向国王支付一笔酬金(atitodie),不付者处死。种种迹象表明,阿散蒂国王有一种收取此酬金的强烈愿望,所以他们往往不维持一审法院的判决。

私人争端如果通过氏族调解失败了,就会引起不应有的争吵,甚至互

骂。这样私人争端就构成了犯罪,对这种事件采取如下方法:[36]

两个人在吵架,双方都已怒火万丈,开始骂一些尖刻的话,其中一个打了另一个(在某种程度上讲,这种殴打在氏族中并不严重),被打者问:"你为什么打我?"回答:"你骂了我。"然后打人者恶狠狠地说:"根据禁律(事实上他已说出一些誓约中的咒语),我没错。"被打者反驳道:"根据禁律(其实他也说出了一些誓约中的咒语),你错了。"

这种争吵只有第三者才能听得出来。在这种情况下,任何在场的人都有权把他们逮捕,如果不这样做是有罪的。但我们还不清楚判什么罪。第三者得拿着一根棍子,并用绳子把两个吵架者拴住,用棍子赶着送到皇宫。首领审讯时他们被押上,初审官或代理人根据抓的人的控告开始初审。这种审讯很少公开,逮捕者讲述他所听到的争执双方以违禁誓言立 247
誓的情况。然后由两个争执者讲述。谁先开口,谁就是第一个被告。另一个则是第二被告。然后定一个开审日期。这样初次审讯就告一段落,同时把这两个人用绳子拴住,由逮捕者看守监押起来。逮捕者会因此得到一笔小小的由囚犯付给的报酬。

在公开审讯这天,首领、长者们和宫廷其他随从聚集在一起,囚犯被唤上堂后,由看守叙述逮捕他们的原因,之后,初审官对第一个被告说:"陈述你的理由。"

这个人就开始陈述争吵的过程,说明争端发生的事实真相。他的叙述很完满,法庭上的人直到他说完都未打断过一次。然后他以惯用的语句结束他的陈述:"如果我说了假话,或者隐瞒了什么,如果我说了戒语,我甘愿受罚。"这时他的命运就掌握在审讯者之手了。

这时第二个被告站出来,也同样陈述其理由,最后结束时他说,对方说的是连篇谎言,他也用同样的结束语表示他所说的话完全属实。

面临着完全相反的辩解,法庭该怎么办呢?首先,法庭记载被确证的事实,这是奥克雅曼十分重要的工作。记载的方式和祖先一样,不是写而是靠记忆,虽然没有固定的方式,但却产生了非常牢固的著名的司法结

---

〔36〕 书中未提任何真实的案件记录,但拉特雷确实为我们做了一个理想状态下的描述,参见《阿散蒂人的法律和政体》,第379页以下各页。

构。奥克雅曼把脸转向第一个被告,一字一句地重复他的陈述,然后问道:“这些话都是你说的吧? 我没有撒谎吧?”第一个被告如要补充,这时可以提出来;但这种情况很少发生。他的话被证实后,再对第二被告进行同样的程序。

248 然后把二者的争论点结合起来分析,证明其中一人在说谎。尽管争端起源的事实真相很重要,因为是否有罪要以它来定,但是对法庭调查中认定的那个编造誓言者,则被认为是重罪并要被处死刑。

怎样才能得到事实真相? 方法是长者们对当事人双方采取单独盘问和调查。首领在通常情况下按兵不动,只是等着听候证据。拉特雷说,他们不亲自参加调查,然而除了他任何人都可以参加调查。在这一点上发言人代表所有人,可以对事实的推断提出怀疑。族长在发言时,年轻人不能随便插话,妇女更不能。但类似专职的辩护者在审判中可以以这个人的亲属的代表出庭吗? 我们的确这样考虑过,但无从得到答案。是否这些盘问者在证据中疏忽了什么? 我们也不知道,对这个他们自己都没注意。拉特雷的叙述是含蓄的。不过,任何有经验的牧师都懂得,引导询问能把工作搞好。这一点拉特雷描述过,但如何引导却未涉及。所以,起诉过程我们谈得不多,并且也没有数据供我们考察阿散蒂辩护者的细微差别。我们已经了解了法官的一些情况,但就律师的情况了解得很少,而且在某种程度上讲,他们在部分法律程序中所起的作用和法官一样。

在盘问后,会有犯人说“我有一个证人”并说出名字。审判官就问另一方是否同意作证,如果不同意,那么这个异议就以“特殊理由”而暂时停止。这时助长者们要求首领派一个使者去调查证人,使者用审判官所定的咒语发誓,审判官说:“对上帝发誓,你不能在任何地方泄密。”这个宫廷
249 使者回答道:“我对上帝发誓,如果我把所知道的事情讲出去,你杀了我。”然后他再大声地说出戒律。他不能在任何地方与任何人讨论此事,否则会因违反戒律被处死。

当使者走后,审判官对首领说:“我们应该确定主要的事实。”首领回答:“你们自己定吧!”因为只有首领才有此权。这时审判官对两个囚犯讲话,并详细地概述第一个被告的理由,警告他说:“如果证人来了,说是如此……(第一个被告的辩词),那你就是对的。如果证人说,他根本就没有

听说过这些话,那你就有罪。"

很明显,虽然在证人到来之前,一切都等着证词。但这时当事人中的一方,为了获得释放,已提前安排人去做证人的工作。当证人到来后,他也要严肃地发誓。审判官让他给上帝发誓,因为上帝让他讲真话,如果他不讲真话,审判官就会让上帝杀了他。然后审判官让证人说出戒律,说他叙述的不是谎言,说三次后,法庭开始听证。这时证人叙述他所知道的事情的真相,然后由长者们判决他们中谁是对的。在此基础上,审判官对一名罪犯说:"判决已定,你已听到证人的话。"然后他拖长声调说:"在你未到之前,我们已仔细地听了这些事实,听到这些似乎就是你用棍子在打奥克雅曼,在杀他,好像他是野兽,所以你犯罪了。"

这时所有的出庭者会喊:"咿、咿……"传令官走上前来把白土撒在无罪者背上,然后无罪者付给首领艾色达费,作为无罪的证书。这时他就自由了。而有罪的一方则由国王对他判刑,或者他可以赎回他的头颅。 250

在这里,证人所起的作用几乎使人有点不可思议。所有这些使我们认为构成阿散蒂制度的基础是早期的宗教威力。只要大家认为现在的神灵和祖先的权力的教理不是胡说八道,这个制度就能发挥很好的作用。拉特雷在书中承认证人的重要作用,他说:"证人的观点几乎有些不可思议,他对当事人一方友好,对另一方带有敌意。采用誓约的神圣力量和自然力量以及严格的习惯的约束,几乎使阿散蒂人的头脑中排除了偏见和谎言的可能性。"[37]他们是如此地坚信,以至于使诉讼当事人的亲属都觉得证人是不可缺少的,至少在思想上这里的刑法已超越了亲属关系。

有时会认为证人提供了假证词,判别方法是作证后不久证人死去。1946 年一个村庄住的宫廷使者在作证后 40 天病死了,他病到第 28 天时承认自己作了伪证。[38] 如果一个证人死前未承认,这时神就会显灵。如果神通过神父把事实讲出来,宣布这个人违背了誓约,他的尸体就会被扔进灌木丛中去,不许掩埋。他的个人财产会被没收,并分给首领和那位用神的名义宣布他作了伪证的神庙。如果那位被宣判有罪的人仍然活着,

---

〔37〕 拉特雷:《阿散蒂人的法律和政体》,第 384 页。

〔38〕 布西亚:《现代阿散蒂人的政治制度中首领的地位》,第 24 页。

就撤销原判决,获得自由,拿回他的钱。如果已经死了,那就麻烦了。但对那个已获得自由的另一当事人是要处死,还是赎回他的头颅,却没有规定。

如果一个已死的证人的部落或氏族想花钱赎回他的尸体,他们可以从首领那里买回他的尸体埋葬他,因为亲属们有看着他们氏族的每一个成员死后尸体埋在祖坟里的强烈责任感。他们这样做要付出在审讯中的全部费用,承担个人责任,这个担子并不轻。

251 病倒的证人要免一死有一种方法,他赶快跑到神像前向神父坦白,他的证据是伪造的。他还得偿还上面所提的一切费用,再给神灵祭献一只羊。

如果证人的证言对任何一方都不利,或其证言中的内容,有一部分证实双方当事人所讲述的,一部分则驳斥它,该怎么办呢?这时一般情况下由审判官决定。可以想象,他得逐一回忆双方当事人的陈述。这里的审判官是文盲,但有录音机般的记忆力,由于没有笔录,这种记忆力是很重要的,要培养他必须达到很高的境界,必须对每一个语言、语调不能歪曲,因为在这里,同一个发音的词含义是很多的。对审判歪曲原意的情况,拉特雷未做任何评释。

当审判官在质问"这些话都出自你之口吗?还是我在撒谎"时,一个胆怯的被告可能会说:"是的,是我在说谎。"但一个农夫敢对高贵的审判官说:"'是的,你在撒谎'吗?"这种情况在阿散蒂可能存在过,但我们缺乏证据,不敢猜疑。

在古代阿散蒂的法律制度中,证据曾不用誓言,而用神裁法。在早期的有关巫术和通奸的案子中就不用证人,而是用神裁法。法庭上使用的一种办法是,把一根针三次穿透被告的舌头,如果穿不过去,就证明有罪。
252 另一种是用毒药,被告会要求指控者买大量的"奥德姆"树皮浸泡,然后在一定的仪式中被告一罐罐地喝下这种水汁,喝下后如果呕吐,他就不会死去,也就被宣布为无罪。相反,刽子手就会冲上去砍下他的头。但是,不准自杀。

追溯阿散蒂的法律制度,我们不难看出,从外表上看它似乎是复杂的,但其基本原理却很简单。君主制的兴起并没有压制住世仇,主要是取得了镇压敌人的权力和压制部落的战争。而战争在阿散蒂和世仇是同一个东西。建立了君主制后,越来越多的纠纷的解决权掌握到了行使此种权力的第三者,即贵族阶层手中。

从总体上说,阿散蒂的文化,尽管仍然是原始的,但是够复杂的,它所使用的公理超过在本书中以前所分析过的任何一种。有以下公理:

公理一　神和祖先的灵魂控制了世间万物,并直接对他们起作用。

推理1. 人是上帝和祖先,特别是祖先意愿的从属物。

推理1′. 人类的幸福依赖于与祖先保持良好的亲属关系。

推理1″. 祖先们将严厉惩罚那些违反其意愿的人。

推理2. 人的德行在其知识范围之内,是努力采用自然的神力而产生的。

推理2′. 政府官员的责任是,检查他们的法规和行为,在国内要与自然法和祖先保持一致。

公理二　必须允许所有人直接或间接地参加制定法律。

公理三　一切违反祖先和神的意愿的行为都是罪孽。

公理四　如果一个氏族不惩罚一名罪犯,也不为他赎罪,祖先将惩罚 253
整个氏族。

推理1. 全部违法行为都是犯罪。

公理五　如果一个人误判了案件,他将在天堂受到祖先们的审讯。

公理六　过去的不幸是和祖先的神灵不一致的。

推理1. 提及这样的不幸(誓约)会引起祖先在任何情况下发出不适宜的警告,它与誓约相连。

公理七　人有清醒的理智,除非他喝醉了酒或在一定的受限制的情况下被邪恶的精神使用不当。

推理1. 一个人对他的行为在道德上、法律上负责。

公理八　血缘是肉体的本质,它是从母亲那儿遗传来的,所以,母亲的血缘将继续存在下去。

推理1. 一个人首先要忠诚于其母亲的氏族。

推理 2. 一个人的社会地位,包括首领地位、与财产的关系、住宅、埋葬,主要取决其母系氏族。

公理九　精神(灵魂)是从父亲那儿继承的。

公理十　主要财产属于祖宗。

推理 1. 主要财产只能由占有人暂时管理。

公理十一　一个头目或首领是他管理着的家族集团的祖先在俗间的总督,宝座是祖先集体的象征。

推理 1. 作为领导的官员们的地位是神圣的。

公理十二　一个人效忠于首领就如效忠于家族。

公理十三　除了战场上阵亡或自然死亡外,一个人必须知道自己的死因。

推理 1. 在部落中杀人必须受国王的控制,其他任何人杀人都为部落憎恨。

公理十四　用戒律咒骂按杀人论处。

254 **公理十五　乱伦破坏宇宙。**

公理十六　月经亵渎神灵。

公理十七　丈夫对妻子的性的权利是排他的。

这些公理显示了阿散蒂人关于事物的本质和特性的观念,以及据此制定的起作用的法律体系和它所产生的伟大成果。

第三编

法律与社会

第十章　宗教、巫术和法

法起源于宗教的观点在亨利·梅因以后已为公众所接受。很明显，要把当代工业社会中十分复杂的商法和财产法与宗教联系起来，是很困难的。但就法的历史而言，那却是另一回事。玛瑞特在最近一版的《大不列颠百科全书》中撰写的"原始法"条目的结尾部分写道："简而言之，早期法及其强迫实施的一种基本方式，是让人遵守的包括肯定的和否定的制度，其目的在于把人类同化到神的秩序之中去。"[1] 作为一种概括，这句话是不正确的。原始法并不是仪式化的。在原始人的法律中，神裁的仪式、起誓和程序上的形式主义，通常只占很小部分。法律中的形式化和仪式化，只不过是古代和现代法律的初期法律专门化的副产品。而这种法律的专门化在原始社会中是不存在的。

所以，真正的问题不在于仪式上对法律的影响，而在于宗教的戒律和信条是否为法律准则的渊源？如果不是，那么超自然主义（包括宗教和巫术）对法律的形式和实施又起到什么作用？因为事实的力量的回答对第一个问题是大大否定的，所以我们研究的中心应放在

〔1〕 R. H. 马雷特："法（原始的）"，载《大不列颠百科全书》（第14版），1949年版。

第二个问题上。

这里我们应该谈一下亨利·梅因的关于法律起源于宗教的理论。梅
258 因对宗教的观点曾被他的一个狂热的信徒和爱挑剔的批评家A. S. 戴蒙德曲解,他在《原始法》一书中,特别抨击了梅因的宗教理论。[2] 他分析了几部古代法典,如巴比伦的汉谟拉比法典、苏美尔人和亚述人的法律残片、赫梯法典、希伯来法典(即《旧约》的前五卷)、戈提那法典、十二铜表法和印度的摩奴法典等。他很巧妙地指出,除了后来经过传教士修改过的,绝大多数的古代法律的原件几乎没有宗教的色彩。由此他认为,他已摧毁了梅因理论的基础,并建立起自己的基本点。

但是,梅因并没有就一般的法律和宗教的关系进行理论上的阐述。我完全同意雷德菲尔德的观点:梅因"他把宗教作为法的起源并没有错"。[3] 他强调的是原始社会中宗教与法律交织难解的情况。被戴蒙德所引用的东西(它又被威廉·西格尔重新引用,而他的研究是完全建立在戴蒙德的论点上的)的目的,是想把宗教观点强加到梅因身上,但又没有说出与此相互依存的观点。所以他歪曲了梅因的观点。[4] 梅因的原话是:"从大量的法规汇编的遗物中可以看出,无论是在东方还是西方,无论它们之间在本质上的区别如何大,都表现出它们与宗教、道德规范的结合。这一点与那些属于近代的思想观点是吻合一致的。包括我们从其他一些史料中知道的一些早期的法律观点,法律与道德、宗教的区别,都只是属于后来思想观点的不同阶段。""没有文字记载的法律,从中国到秘鲁,在它刚刚制定出来的时候,都涉及宗教仪式和习惯。"[5]

梅因的主要错误只在于他对原始社会的本质认识上不正确。他认
259 为原始社会是族长统治的,实际上却不是。他以为族长像一个暴君一样,可以不受任何准则的限制。族长的命令只不过是出自他一时冲动

---

〔2〕 A. S. 戴蒙德:《原始法》,伦敦,1935年版。

〔3〕 罗伯特·雷德菲尔德:"从原始社会看梅因的古代法",载《西方政治学季刊》3:585,1950年。

〔4〕 西格尔:"法律与宗教",载《法律探索》,第十章。

〔5〕 H. 梅因:《古代法》(美国第3版),纽约,1879年,第15页;《论早期的法律和习惯》,伦敦,1883年,第5页。

的怪念头。[6] 梅因的这些基本假设实际上同现代社会科学家对原始社会的基本规律和准则的调查研究完全相反。所以，梅因在分析原始社会的法律的本质时，越过了家庭因素，归之于主权。他认为早期的国王进行"孤立的审判"，而审判的根源来自神的灵感。国王如有了棘手的案子，神灵就给他解决的方法，完全出乎人们的意料之外。在荷马的诗史中，这种审判就是地美士弟斯。地美士弟斯来自地美士，地美士是古希腊神话中主管正义与法的女神，宙斯的审判官。梅因在他的文章内没有说这种审判是宗教性质的，而仍然认为这是神灵的旨意，最终通过习俗表明了社会的行为规律。这就是梅因"法律起源于宗教的理论"。不过他后来对罗马和希腊法的详细分析时，放弃了这一观点，明确表示这一观点毫无意思。梅因在这部伟大的著作的结尾部分，对法律和超自然主义的关系作了重要分析，这种分析在他的原始刑法与原始私法的比较中可以得知。他说："研究原始法的法学家们对民事侵权行为（与犯罪相比）进行了大量的详细的论述。值得一提的是犯罪在那时也已为人们所熟知……非基督的古代法律机构，赐予某种行为和某些懈怠行为以刑罚，如果对神圣法和命令违反时……所以在雅典和罗马有惩罚犯罪的法律，他们也有惩罚民事侵权行为的法。冒犯上帝的行为属于第一种惩罚犯罪的范围，有关对邻居的侵犯行为构成了第二种法的内容……"[7] 梅因认为，绝大多数刑法渊源于宗教，这确实在原始社会中就出现过。我认为只要对有关证据材料作一个回顾，就会发现几乎各种原始社会的刑法都与其罪孽观念非常吻合，尽管并不完全相同。在原始社会中占主导地位的私法，几乎从来没有支持过宗教戒律。

宗教戒律是社会的一个戒令，它已被超自然的行为所认可，它并不对任何事都禁止，如果这样的话，那么所有的法律和所有的准则的违反都成了戒律。我们在这儿所提到的起源于波利尼西亚的观念，最好用惯例对它的词义加以限制。违背戒律的行为是犯罪，对它的处罚来自于超自然的力量。 260

---

〔6〕 H. 梅因:《古代法》，第 118 页以下各页，"法律是父亲的言辞"，"这些早期的法律观念……仍然带有某种神秘感和自发性，使得父亲的话语看起来具有暴君敕令的色彩"。

〔7〕 H. 梅因:《古代法》，第 359 ~ 360 页。

一个社会的成员如果相信,对某个邪恶者的有害行为的后果不加以限制,这一邪恶的行为的结果就会波及全社会时,这种邪恶行为常常被视为犯罪。这个邪恶者将由直接的法律行动加以惩罚,这一行动通过掌握在人们手中的也是由超自然的东西唤起的法令进行。于是邪恶像一种犯罪。这时人们会把自己看做神灵的奴仆,神灵在人世间的代理人。如同阿散蒂的首领们所想的那样,他们以立即处罚罪犯的方式来讨好神灵。他们认为自己的行为可以减轻神灵的负担。

这里超自然的东西也进入法律方式但不支持法律的过程。应注意的是,它作为实施法律规则的源泉,而不是作为判决和执行的工具。当人们以错误方式确定的证据与固有的事实不相符时,就不得不求助于发誓、占卜和神裁法。因为他们认为神灵无所不知,知道事实的真相。如果显灵了,他们将会审理案件,神灵们也直接处罚或者叫他们在人世间的代理人去处罚罪犯。从另一方面讲,一个人或一位政府的官员审判一个做坏事的人,并用魔法杀伤他,根据社会的详细情况,这也许可能归属于法律的特权。但对族员的民事侵权行为或犯罪行为滥用神权,通常要受到法律的限制。现在让我们看一些事实。

每一个原始社会的公理中都毫无例外地存在着神和超自然的权力,它们都把人的智慧归因于神灵的存在,并相信神灵会对人们的特殊行为
261 以赞成或不赞成作为回报。他们认为人的生命必须与神灵的意愿、命令相一致。这种推论是很普遍的,在法律领域中普遍地留下其影响。因此,从前几章的分析中可以看出,这种超自然东西的公理也像法律的规则一样,在所有典型的社会制度中都出现过。在爱斯基摩、特罗布里恩德、晒延、凯欧瓦和阿散蒂社会,它们的效力是直接的,并且很有威力。科曼契是一个完全世俗主义的社会,因而它们非常虚弱。

在爱斯基摩人中,对社会的控制显示出本质上是宗教超过法律。许多戒律的直接维护依赖于疾病和灾祸的威胁,巫师被看作减轻他们病痛的中间人,而且在遵守戒律中,如不断拒绝巫师的命令就有被驱逐的危险。经常性的渎神行为是一种犯罪,因此小小的爱斯基摩社会必须使自己从超自然的危险影响和不承担责任、常出差错的个人行为中解脱出来。在这一方面,处罚仅仅是附带的,目的是通过交往不受罪行影响的束缚。

严重的过失是犯罪，极度的巫术也是犯罪，并不是因为它冒犯了神灵，而是因为它是一种杀人形式。屡次“杀人”是绝对要受到社会制裁的。在爱斯基摩的大部分制度中，宗教的作用代替了法律，但是当宗教准则失去效力，戒律被忽视时，作为最后的凭借手段的法律，起着一定的作用。

爱斯基摩人制定的私法中，就偷妻和直接杀人而言是世俗性的。它 262
们的准则既不起源于宗教的禁令，也在任何方面和超自然力量没有任何关系。

宗教和魔术在伊富高人的生活中赫然耸现，这个我们在前面已描写过了。祖先们与此有密切的关系，违背戒律的个人和氏族要给神灵提供大量的祭品作抵偿。由于人们的意识发展很慢，所以仅仅由于个人的过失行为，没有必要对可能伤害整体的现象而忧虑。不遵守宗教准则就是犯罪。

在广阔的伊富高私法中，也没有很多超自然主义的东西，间接的除外。稻田有它的魔力，当土地出卖和违反契约时，魔力就会沿着土壤转移。社会关系不太多的巫师的杀人行为作为民事侵权行为处罚。只是在证据问题上，超自然主义才在伊富高担任着重要角色。即使是在程序方面，也很难表明伊富高的法根基于宗教。他们在案件中使用神裁法，或用手摸一个赤热的单刃大刀，或在一锅沸腾的水中捞出一块卵石，以此来弄清事实真相。这显然是鸡蛋碰石头式的赌注。用这种手段一旦澄清了事实，如果对被告不利，原告就有权索取损坏赔偿金，或者在某种情况下杀了罪犯。神灵本身不会采取任何行动。巴顿记录的数据表明，伊富高的诉讼法并未唤起超自然的东西显灵。对于所有相信宗教和依赖魔术的地方来说，伊富高的法律相对地不受宗教的影响。

从三个平原印第安部落的情况可以看出，它们中宗教和法律的关系有着悬殊的差别。科曼契人的戒律是完全独特的一种巫术，他们不关心与部落相关的事，也没有法律，巫术成了法律的争论点。但是大部分巫术案件的处理都以反魔力为标准。氏族成员虽然也反对巫术师，但并不倾向法律，也不制定准则。仅有一个案例记载了一个家族的成员反对巫术，要实施适应物质力量这一事实。在这里如同爱斯基摩人一样，严重的巫术是犯罪，但不是反对超自然东西的犯罪，而是类似于危害和杀人。

当出现了太阳神、地球神和月亮神的观念后,平原印第安人面临着一个不确切的事实。巫术和通奸被说成是民事侵权行为。在科曼契的例子中,由三位神共同审判并处罚犯罪。我们可以看出,在科曼契,超自然的东西是用来支持并辅助法律上的薄弱之处的,但没有道德的戒律从超自然东西中流出,形成实在法的基础。

在晒延,显示在我们面前的是宗教的旨意直接反映于法律中的典型。
263 实际上他们的市民会议是从宗教的法令中取得权力,并且是祭司机构的一部分。首领是神圣的,他们对争端的调解名正言顺,尤其是对有着杀人恶习的杀人者来说。部落的偶像是其幸福的根基,由于杀人者污染了这个根基,所以被神以流放形式处罚。为了不使他们的恶臭影响他人,部落没收了他的小屋,把他赶出去,让他重新生活,为自己的行为赎罪。

宗教概念直接影响着法律,杀人被确认为犯罪,受宗教禁令的约束。但这并不是说,在晒延的法律中禁止杀人的规定起源于宗教观念。不管在什么社会,不管以什么形式杀人,都会受法律制裁。在原始时期的水准较低的法律制度中,杀人只被看做一种民事侵权行为,还没有犯罪的因素,在社会中杀人行为受到禁止,但不是从宗教仪式中引出的,只是在早期的晒延才可能用这种方法来处理它。因为我们不了解晒延的宗教观点在历史上的发展过程,不好妄断,但很可能是世俗的标准首先禁止杀人,然后才将这世俗的标准转化为宗教规范。或者说,虽然杀人不容置疑地是犯罪,但在原始时期的晒延对杀人进行处罚的法律绝不是由宗教产生的。当晒延人有了他们的部落偶像,并且认识到玷污这一概念时,会出现什么奇迹呢?他们会使用法律真正有效地镇压部落世仇,用宗教来辅佐这种法律。在无知的人们中间,基本的亲属关系很少用法律来解决纠纷。他们认识到并掌握了大部分其他原始种族没有意识到的事物。这是晒延人对社会的一个创造性贡献。

晒延法的其他部分基本上是非宗教的,野牛猎取法就是如此,其他军事交往的法律活动也是如此。关于野牛头颅的有条件的咒语,在解决时出人意料地重视证据。其他诉讼形式相对地说也可能会由于证据不确凿而引起麻烦,但他也不因此乞求超自然的神威给予帮助。

在特罗布里恩德人的法中,我们发现,法与超自然的东西的关系比较

复杂。整个部落和家族在他们的拥有物上有严格的等级区分。地权、财 264
产继承、住宅、经济交往和一些重要的特权,都以超自然的先决条件为基础。特别是已死去的祖先通过母系神秘地赋予新的肉体,使那些已埋在地下的祖宗们的神灵又奇迹般地出现了。此外,信仰在生活中占了很重要的地位,要使万事如意,魔术是必不可少的。

社会组织的全部制度和财产权利因此至少与某种半宗教的超自然的神秘概念联系起来。虽然如此,母系血统制度的主张在反对后代的强烈要求时,几乎完全没有超自然力的作用。宗教观念的最重要的法律结果可以被说成是祖先惩罚邪恶,而社会是作为"犯罪"处罚的,假如我们接受了在"无意识的"自杀中,公共的揭露是代表了对冒犯者的公共的执行的话。这些都是可能的,这似乎是把上帝和神灵作为法律规则渊源的唯一论点。但从另一方面讲,魔术和巫术是执行法律的强有力的手段。我们已经注意到,首领们的令人乏味的魔术是他们实施最高强制手段的武器。他的权力是命令他的"随从"——专职巫师,去制裁那些在最低水平上冒犯他特有的要求超自然力量援助的权力。但在特罗布里恩德,以个人行为极度施展的巫术也是犯罪。

在阿散蒂,我们有法律被宗教控制的极好例证。这种情况非常明显,只须简要说明即可清楚。阿散蒂对法律和超自然世界关系的理论,非常明确的是自然法理论。因此,每一种法律规定的行为,至少在名义上,要求与道德和宗教信仰保持一致。他们认为:"社会的幸福依赖于我们与祖先维持一个好的关系,他们会帮助和保护我们。"所有的政治领导,从氏
族、村庄到最高长官国王,在管理人类事务中都是祖先的灵魂和神的代理 265
人。他们的正确的判决是地美士弟斯,由神灵的意志所唤起的灵感;他们的错误的判决是因为人类意志的谬见或有缺陷的理智,它们被祖先们看做无效的东西。首领和国王如对已被人们铭记的祖先们制定的社会准则有过失行为,就要被罢免。法律和宗教是紧密相连的,对罪孽的宽恕会激怒祖先,为此祖先会惩罚整个部落。邪恶是犯罪,犯罪也是邪恶。有些法律上的冒犯可能完全导源于纯粹世俗的冲突,例如债。但是,假如要讲誓约的话,它们就可能笼罩上一层宗教的外衣。神灵们掌握着誓约或神裁法的全部东西。奥赛·塔塔以军事力量、政治手腕和宗教诡计统治了阿

散蒂的所有部落。国王能使他的统治权合法化，使其后代成为贵族祖先精神的后代，尽管这同样的精神直到其后代居住于库马西并不使之成为贵族。

如果我们研究所看到的另外一些原始部落，我们就会发现安达曼人和加勒比人虽然他们的文化都以宗教和魔法为基础，但是他们没有把宗教的观点移植到法律中去。另外，低水平的澳大利亚人，却在他们愤怒的神和图腾的神秘本质的引导下，对那些明知没有这种权利，而以宗教仪式秘密进行的血亲相奸者和据推论而干涉他人事务者处以死刑。

普韦布洛的印第安人对法律的看法很像阿散蒂人。他们认为，宇宙是一个被安排好的、微妙的衡平世界，自然法确立了宇宙间相互关系的作用。他们的主要行政官员都是传教士，甚至是后来的西班牙人。政府的世俗官员和他们的随从也被神圣化，他们的主要责任是不许个人的行动违背自然法的要求。全部法律规则表达专横的宗教教条，法律严重地依赖于宗教的支持。

相似的情况也广泛出现于印度尼西亚大部分的亚达特法中，虽然不完全受宗教的支配。

事实表明，尽管复杂的宗教观念产生在先，并在原始社会中就已存在，但法律起源于宗教这一简单的观念，却是非常幼稚的。当然，每一个
266 民族都有自己的宗教观念，这种观念会影响法律的发展。文化和社会在各个方面的相互影响毕竟是以现实主义为基本原理的。宗教的复合物，在原始社会中是普遍存在的，并且是头等重要的，一些根据法律的适当行为都受其影响。但它们都有自己的各自范围，宗教一般所涉及的是人类与超自然的关系，法律涉及的是人与人之间的关系。宗教既不包括所有生活，也不包括法律。两者都为人类的行为制定了法令，适用于同样的规范，就像规范所表达的行为与更高价值的基本公理是事物的本质一样。从上面的事例中我们发现一个重要的现象，即当一个社会已经形成某种很强的整体观念时，他们就会使之具有超自然色彩。在原始人的社会里，邪恶很少适用于犯罪的情况，宗教很少提出哪位祖先有侵权行为。尽管如此，早期的刑法大部分还是非宗教的。如在首首尼人中的同类相食，在爱斯基摩人中的杀人习惯，在平原印第安人中的狩猎规则就是这

样的例子。

就部分法律而言，在解决棘手案件时，还缺乏一定的能力，这时往往要借助于宗教，就用占卜、诅咒、誓约和神裁法这些超自然的手段来弄清事实真相。这时才存在发誓的程序。“我发誓说真话，没有一句假的，上帝帮助我。”在这儿“帮助”和惩罚是同义词。但是我们的立法者和法庭动摇了信念，他们像阿散蒂那样用法律支持咒语和惩罚作伪证者。

巫术和魔术提出了特殊的问题。实际上，它们每一种都是超自然权力的控制形式，而且都是通过宗教仪式来控制这些权力；当准则被确立后，在超自然性方面，魔术的效力不用任何选择的因素就被唤起了。由于给准则注入了反魔法的效力，所以魔术不能颠倒准则的作用。魔术与宗 267
教的基本不同在于，后者的神灵根据他们自己的意志，可以显灵也可以不显灵。

魔术是另外一种宇宙的文化形象。它可能拥护也可能反对法律，它承认道德，也冲击法律，巫术在一般情况下和魔术混为一谈，因为在英语中，这两个词是同义的。这很可能就是中世纪导致神父反对魔术师战争的因素，当然，作为神和人的代理人的神父们取胜了。虽然在基督教中，魔术作为未被承认的残渣仍然存在，但却受到了严厉的谴责。

然而，不论是“黑魔术”还是“白魔术”，坏的还是好的，魔术的道德上的二重性仍然是被承认了，区别只在于社会价值。在特罗布里恩德，官方的园艺魔术师的工作对全部作物的生长是必要的，它是好魔术。如果魔术师的工作是出于个人怨恨而杀人，那就是坏魔术；如果他的杀人是出于首领的命令，尽管不“好”，但在任何情况下都是合法的，因为它是在使用某个法令。

法律与魔术的关系由每一特定社会的价值和规范体系所决定。

在 E. E. 埃文斯—普里查德论述中非的苏丹共和国的阿赞德人的著作中，我们可以发现魔术的实际情况以及对社会控制作用的最详尽的分析。[8] 有先进园林艺术的阿赞德人可以划分为四个阶层：贵族、平民、侨

---

〔8〕 E. E. 埃文斯—普里查德：“邪巫术与土著人的评价”，载《非洲》4：22～55，1931 年；《阿赞德人的魔法神谕和巫术》，牛津，1937 年版。

民和奴隶。像阿散蒂一样,他们也扩大了自己的领土,是由许多部落组成的(埃文斯—普里查德称它为“王国”)。在王国之内,又划分为许多由国王的弟弟、儿子们所管辖的区域。还有少数富有的平民也被国王任命为
268 省域的管辖者,这些平民是长期居住在阿赞德本土的真正的阿赞德人的后裔,而那些贵族却是外来的征服者。就像美国的农场一样,阿赞德人居住得很分散,不像那住宅稠密的农庄。在这一点上他们与阿散蒂不同,事实上他们的那些王国从未联合为一个统一的政府机构,这是因为阿赞德国一直是一个被外来势力完全征服的国家。贵族阶层在这儿保留了一个特许的内部通婚的种姓。在这儿没有法定责任,就这一点看,有点像阿散蒂的政治制度。在这个地区和部落的法庭中,使用着各种野蛮的旧刑,戴着脚镣手铐被监禁几天是最轻的刑罚。大部分的肉刑都是用来惩罚那些反对国王和首领的罪犯的,首领和国王有权使罪犯的肢体残缺。

在这里,作为服务于征服者种姓特权阶层的刑法,在早期就出现了。这种没有一点实用价值的刑法,是掌握在统治阶级手中用以进行剥削和引起恐怖的工具。

不过像我们自己的国家一样,私法也受中央权力的控制和操纵。一些经常出现的棘手民事案件,在通常情况下都以私下协商和损坏赔偿的办法来解决。但如果原告或其亲属对协议不满意,他们可以到当地贵族的代理人或者政府官员、首领那里去起诉,此案会得到审理,但如果他们敢拒绝法庭的判决,则要受到体罚、没收财产或死刑的处罚。

现在让我们转到魔术、魔法和巫术的问题上来。阿赞德的私法几乎完全受这些力量的支配,在一个阿赞德人的一生中,让魔法替他解决一切难对付的事情。魔法管理着任何事情,因为魔法使人们轻视小的不幸和没有感情上的积怨;因为每个人都希望在生活中不要碰上厄运;而如果发生严重的情况,受害人会采取相应的措施,在找出施法的巫师之后对他加以惩罚。

魔法的权力是继承的:从生物学上的父亲到他的全部儿子,从母亲到
269 她的全部女儿,世代相传。于是如果一个男的会魔法,那么他的全部男性亲属也会。它是生理现象,是一种有机体生长的形式。像其他非洲国家

一样,阿散蒂人说,可以在一定人的肘或肠中找到它,它们是魔法的物质实体,一个人是否有它所依据的事实是有魔力。依此推断,魔力的存在是制度上的事实,而不是意志力。当魔法杀了人时,也就是玷污了自己的活动时,这种魔法就是反社会的和违法的。但没有一个人会承认存在一个女巫,因为检验不是能用简单的审问所能解决的。为了小事情或初步的调查往往求助于占卜的方法。对一个已死的被指控的女巫,可以进行尸体解剖,以检查在她的身体中是否有魔法实体。如果要这样做,她的家庭就不得不向受害者的亲属付损害赔偿金,或者对她的亲属进行同样合法的魔术报复。为了初审,每个人要有一个擦洗过的桌子,或另外的占卜用具,也要求审议委员会对未来的各种事进行协商,并且要看商议的时间是否吉利,情况是否有所了解。

对危害严重的女巫要搜查她使用的"拜哥",即一种有毒的神谕。据说它是一种有毒的混合物,使用时强行塞进鸡的喉部。上面写到,如果神谕是真的,让这只鸡死去;是假的,就宽恕了这只鸡。几分钟内给鸡吃两副该混合物,或更多一点。在这期间反复重申神谕。这项工作只能让一些有经验并保证能达到目的的人去操作。

当毒性发作时,再用另一只鸡做实验。不过这一次神谕的词要颠倒过来,改为如果神谕是真的让鸡活着,假的让鸡死去。如果第一只鸡死了,第二只活着,那么魔法的主张就被认可了。如果第一只活着,第二只死了,这个可疑的女巫就证明是无罪的,并且起诉者不得不找另一个名目来试这个神谕。如果这种实验两次的结果不一致,人们便认为是自己把事情搞混乱了,事情也会因此不了了之。纯粹非宗教的疑问如通奸、偷盗、纵火也用这种有毒的神谕来检验。

在原始社会,如不是引起致命后果的魔法,一般不会列入法律程序,只是要求女巫消除她的魔法的力量就行了。当一个女巫杀了人并受到点名警告时,可以根据命令用报复的魔法杀死她,不过这要在最高首领的控制下进行。最高首领首先要求复仇者所持的有毒的神谕必须经过他自己的神谕的批准。如果他批准了,受害者的亲属可以对女巫进行魔法报复,杀死她,这是一种特权的实施。施展这种用来报复魔法的魔法是

正当的。[9] 在早些时候，一个女巫的受害者的亲属，在通常情况下可以
当场杀死女巫，但这也要首领的允许和正式批准。现在，由于英国法规再
不需要任何批准手续，所以魔法报复已变得很普通了，通奸、盗窃、纵火和
270 不当行为之债，这些完全世俗性的错误，如果已知道谁是罪犯，或已被有
毒的神谕指名了，但尚未处置时，要把他们送到首领的法庭里去。

总的来说，在阿赞德当罪行尚未暴露时，还使用一种简单的比较有把
握的方法，那就是求助于多种形式之一的“潘·宙加”魔术。由于复仇的
魔术比较危险，加之阿赞德的巫术比较高尚，所以在杀人案件中，巫术派
不上多大用场。这种案件要依靠法官，找到对死者有责任的人，以及杀人
的刽子手。用阿赞德人自己的话来说：“这要取决于案情”，“处理这种案
件要明智如君主”。[10] 因为处理杀人案件只能依据法律。当有正当理由
时所施展的魔术，即便是杀了人，也是善的魔法。没有正当理由对被控告
者进行魔法调查是无效的。因为他并未杀死原告，而是原告有恶意地伤
害这个无辜的人。他如果对这个无辜者进行体罚或残酷折磨，那么就对
他实行惩罚性魔术，还要以一个妇女和许多矛作为赔偿费用。在未杀死
有害魔术的实施者之前，得先解除其魔法，因为专制主义者将不处理一个
271 已抵偿他的行为的犯罪者。通过“潘·宙加”魔法杀人者不负责任，因为
它是正当的，是实施正确的行为规范。

巫术是坏魔法的使用。它有多种形式，但全都是在没有正当理由时选一个受骗者杀死或使之生病。如果一个人有正当的理由，并且知道敌人是谁，他应该去法庭。如果他没有理由，仅仅出于憎恨、嫉妒或怨恨而施展了巫术以杀人，这是一种极可恨的犯罪，他将在皇家法庭被处死。

埃文斯—普里查德说：“杀人的巫术不仅是违法的，而且也腐蚀法律程序。它破坏他人的幸福，制造家庭纠纷。凡影响神谕判断能力的魔术都是巫术。”[11]

最后，在阿赞德人的头脑中还存在着其道德和法律地位模糊不清的巫术。

---

[9] 埃文斯—普里查德：《阿赞德人的魔法、神谕和巫术》，第258～386页。

[10] 埃文斯—普里查德：《阿赞德人的魔法、神谕和巫术》，第388～389页。

[11] 埃文斯—普里查德：《阿赞德人的魔法、神谕和巫术》，第395页。

也许因为事实上掌握政治权力的贵族阶层是外来统治者，他们有绝对的执行权力，而阿赞德地区的领土很大，部落很分散，没有政治权力，所以，从法律上看，阿赞德的法律并不是来源于他们祖先神灵的宗教，也丝毫未受到宗教的影响。因此现在可以清楚地看出，渗透于其法律中的超自然的东西仅有魔术，而这种魔术与法律的关系，在每一个早期文明社会中是相同的，只是在这里魔术用得更多就是了。在程序法中它只是被用来弄清证据问题。它之所以比通常更有威力和用得更多，只是因为在这里魔术无处不有。巫术在阿赞德像在别处一样，是完全的侵犯行为和隐蔽的杀人行为，屡次施展巫术的巫师是反社会的和违法的。在原始社会巫术是一种主要的犯罪。阿赞德人之所以宁愿用魔法解决纠纷，而不去法庭，是因为法庭不是他们自己的产物，而是掌握在目空一切的外国贵族统治者和征服者阶级手中。

在结束对这个题目的讨论之前，应该提一下最近由比阿特丽斯·布 272
莱恩·惠廷博士[12]提出并验证过的一个有趣的假设。她在对俄勒冈的哈尼峡谷中的派尤特人的实地考察中发现，被指控为巫术师的人，都是执拗的和反社会的。他们给这些人打上耻辱的烙印。她对所了解的作了报道，并把巫术师归结为追溯既往的人，主要指厌恶社会的人。巫术师被指控犯有把无辜者咒死的罪行，他们是有罪的。与施展魔法的人不同，魔法可以帮助人们，人们把魔术师称为“医生”。巫术师可以被私刑处死，或者迫使他放弃巫术。

巫术有时是首首尼人用来对错误行动报复的一种形式，这种形式比起在首首尼制度尚未确定为制度的法律程序来，更简便些。巫术有助于支持那些违反正常准则的行为，所以严重的巫术是一种犯罪，再继续这种恶劣行为的人被称为巫术师。那些害怕叫做被人们厌恶的巫术师的人，允许他们放弃这种潜在的危险行为，从而与法律的手段保持一致。惠廷博士提出一个观点，认为在缺乏任何集中的法律权威的首首尼社会里，应信赖巫术和使巫术承担保持人民统一的作用。她还扩充这个假设为公理，即在任何社会里巫术的程度也就是这个社会缺乏集中的或超血缘权

---

〔12〕 B. B. 怀廷：《派尤特人的邪巫术》，瓦伊金基金出版，人类学15，1950年。

力的程度。相反,一个中央权力的存在对处理真正麻烦的案件(杀人是它的标准)将相当于一个文化中巫术的总量的意义。她从《耶鲁基督教文化概观》中挑选出有关的50个部落的资料,对她的假设进行了验证。这50个部落的原始情况分类如下:[13]

(A)情节严重的巫术,杀人者要被受害者亲属处罚。

(B)情节严重的巫术,杀人者要受权力机构的处置。

(C)情节轻微的巫术,杀人者要被受害者亲属处罚。

(D)情节轻微的巫术,杀人者要受权力机构的处置。

273 在以最好的方法对每个部落作了分类后,她得出了如下的数字:(A)30(60%);(B)5(10%);(C)3(6%);(D)12(24%)。[14] 从这些资料中她得出85个(确切地说是57个)有关的相互关系的例子,杀人罪的刑事起诉和惩罚,对于巫术的出现和消失正好似引起疾病的原因。当然这些相互关系对其假设是有利的。这种假设是讲得通的和合乎情理的。在一个社会中,巫术的普遍存在,也就是这一假设所担心的一种形式。当用比较公开的、光明正大的方法来解决所发生的利益冲突时,反复的侵权行为的现象也就不会存在了。因而这种做法在许多社会中很盛行,但在高度集权的社会中并不盛行,它们在社会的政治发展中受到了限制。惠廷博士对相互关系程序上的统计是很详尽的,她没有放弃任何一个研究者的资料。当适当的准则被正确利用之后,统计的结果可能在正确性方面与起源于原始社会的法庭有所不同。但由于巫术变化多端,所以只把它们分为两类(严重的和轻微的)是不够的。很明显,在监视人的判断中,会存在着严重的主观因素,并且很多巫术现象很难说它属于哪一类。所以在统计的资料中,肯定会有不真实的现象。在一种文化中决定司法和惩罚是否高级要看对杀人犯的处罚手段是否过多地依赖于强力。而采取机能主义实在论的方法研究原始资料时,就很容易忽视所发生的行为过程的易变性,这就过多地依赖于思想上探索的太天真的程序。

马文·奥普勒直截了当地指出了惠廷这一研究在方法上的不足之

---

〔13〕 B. B. 怀廷:《派尤特人的邪巫术》,瓦伊金基金出版,人类学15,1950年,第87页。

〔14〕 此分类引自B. B. 怀廷:《派尤特人的邪巫术》,表II,第87页,引时作了更改。

处，他写道："……将特罗布里恩德的情况归结为不突出司法一类，似乎与他们那里称为'瓦达'(vada)的巫术观念相一致，但这无异于削足适履，它是对两种不同的文化类型综合时的歪曲。与惠廷相比，马林诺夫斯基的报道给我们以更深的印象，因为他特别论述了基里维纳富人区域中产生的特权。或者，我们能因为在把霍贝尔的明确的法律分析与马林诺夫斯 274
基对魔术的成见的相比较中，到某个地方去寻找'最高正义'社会的成规吗？当然，这样的类型学对资料的处理不可能是公平的，因为检查相互关系的危险超出了惠廷博士所提出的那种形式。但是有时我们对她的简明分类和对各种文化的分析还是比较信服的。当我们认为如此情况是符合特罗布里恩德人、巴·夏哥人和派尤特人的水平时，对分析情况的解释我们就不会怀疑，我们必然认为地区和历史，以及从双重的类型学中的变异，有时作为条件需要更深入的分析，这些在惠廷的开拓性的工作中被提了出来。"[15]

法律制度绝不是如此简单的，它不能任意放入一个箱子或另一个受限制的双重箱子的体系之中。所以，在研究中处理复杂的文化现象时，不能用对他们的简单统计数据来证明事实真相。然而，惠廷的观点在理论上仍有可取之处。因为每一种巫术行为会多少控制社会，而每个社会也必须有一套能使自己的成员遵守行为准则的方法。要达到这一点，就必须使所实施的准则得到一致的认可。如果所制定的准则行不通，就必须制定另一套可行方法。如果一套完整的法律制度还未公开制定出来，那么，隐藏着的巫术必然会跳出来，因为信仰超自然现象是普遍的，所以由信仰而产生的魔术必然存在。从我们的研究中可以看出，要建立有效的法律机构是何等得困难。巫术是一种隐患，法律是巫术的天然敌人，所以要用法律来战胜巫术，使之逐渐枯萎和减少，但几乎所有的原始人都没有这个观念。而把超自然观念使用于道德目的的魔术，是法律的长期残留的侍女，在法律未到之处，还能起一定的作用。

---

〔15〕 M. K. 奥普勒："派尤特人社会评述"，载《美国民间传说杂志》64:243，1951 年。

275 # 第十一章　法的功能

法执行着维护除最简单的社会之外的所有社会的秩序的基本功能。

第一，它规定了一个社会中成员间的相互关系，宣布什么样的活动是被允许的，什么样的活动超出规则之外，以便至少维护社会内个人和集团的活动之间的最低限度的统一。

第二，它引导出为了维持秩序顺从赤裸裸的和直接的强力的必要性。这是权力的分配和决定谁来行使为社会所承认的作为特权的物质强制，并挑选最有效的物质制裁形式以达到法律所服务的社会目的。

第三，是处理疑难案件。

第四，在生活条件变化时，重新规定个人和集团之间的关系，以适应维持秩序之需要。[1]

个人关系的明确化是法律的最初工作，这个目的也是文化的另一方面的同样工作。事实上，法律是从非法律活动范围里已有的公理中引导出自己的工作原则（法律的公理）的。法律的重要贡献在于，社会的基本

---

〔1〕　卢埃林："规范、法律和法律工作：法律的方法问题"，载《耶鲁法学杂志》49：1355～1400，1940年；卢埃林、霍贝尔：《晒延方式》，第十一章。

组织作为一个整体由法律专门地和明确地规定了关系。它建立起人与人和集团与集团的期望，以便彼此知道焦点和它对别人要求权的限制；它对别人的义务、特权和权力，对别人的企图或试图的行动的豁免和责任。像 276
卡尔·卢埃林所说的，这是“梗概性的工作”，这是共同生活的基本原则的命令。

无文化时法律已有一个特殊的起点，那时，法律的第一个功能似乎已表现出来。人们聚在一起彼此说：“来呀！让我们有一个小的组织或永远也不与这帮家伙在一起！让我们有一个清楚的理解，知道谁属于谁，我们应做什么和如何去做！”从本质上说，这就是社会契约论学者们所公认的社会秩序的基础。

法律的第二个功能，即配置对人实施强制的权力，这几乎是法律所特有的功能。

习惯有其规则，法律亦然。习惯规定了人们间的关系，法律也同样。习惯是公认的，法律也如此，但法律的认可可以包括物质的强制。法律与习惯的区别在于，它赋予被挑选出来的人对某些人实施物质强制的特权，假如需要的话。法律让它不断地长出牙齿可以去咬。但是对于“咬”，如果要使它合法地进行而不是像强盗行为，那只能由那些法律委以有办事特权的人去做。

我们已经明白，在原始法中权力是一种权宜之计，是暂时性的东西。 277
用权力去实施一个规范是因为有行为不轨的个人和他的直系亲属，这只是在所需要的时间内，按程序来惩罚罪犯。而且原始法倾向于给那些受害者以直接的权力。这样做部分是出于方便，它容易使错误者们承担法律责任，还因为原始的血缘团体有一个统一体的强烈感觉，同伴的死自然使他们承担沉重的感情影响。不论怎样，当一个团体以团体的名义在既定的情况下对犯错误者个人或他的亲属集团实施强力时，如果制止了恶人的扰乱行为，那么就是法律获得胜利，就是秩序压倒了暴力。

在我们对原始社会的研究中也可以发现，在若干受限制的情况下，权力是直接地由团体以自己的名义实现的。在有些情况下它采取私刑的形式，在那里清楚的程序不是预先建立的，而是像科曼契对严重巫术的处理和首首尼对食人者的处理。由此可见，原始社会中的私刑并不是一个倒退的形式,不是走弯路,也不是已建立的正式的法律。在某种情况下,它是走向刑法的不规则的第一步,在它那里法律权力的实现还没有精确化和分配给特殊的人们,它是由凶暴的公众中的一帮人所掌握的锐利而残酷的武器。

然而,在原始社会中私刑并不是很多的。因为甚至最简单的事情也有具体的标准,如对什么是构成犯罪的行为,公共权力的行使委托给公务人员——部落首领、首领会议、长老会议。

有时候权力可能被某些个人利用,如像由坏孩子所组成的恃强凌弱社会里恶棍们手中的权力。但是,个人专制在原始社会中也是少见的,因为个人的残暴压制不可能长久。首领必然有跟随者,而跟随者总要给其首领以限制的。久而久之,忍受成了每个人的习惯,它体现于宗教仪式、社会身份中,更体现在人们的行为之中。本书中所研究过的几个部族的大致相同的规则,已非常清楚地说明了政治和法律的权力在每一种情况下是多么固定地受到限制。

我们强调这一点的目的只在于驱除那种古老政治哲学的残渣,这种哲学所假设的原始社会存在弱肉强食的规则,事实上是没有任何基础的。

但是,个人仍然是闯入者,"公职"毕竟是由个人执行的,而那些个人在任何时候一定会制造差别。有一个实施的余地或权力的空白,恰好就有限制。一个人在审理案件中可能是熟练的或笨拙的,如果要熟练,他在寻找证据和弄清事实时,必须判断和制定规范去适当地处理案件。通过
278 法律权威分配的被限定的权力,其本性是超个人的,当然永不会完全丧失个性。弗兰克林·罗斯福不会等于沃伦·哈丁。

在南非说班图话的茨瓦纳人的部落中有关情况的证据,也恰当地说明了这一点。

像长期以来实施法律的权威一样,茨瓦纳人的首领已明显地喜欢成文法。他制定法令,使法律力量表现为新的准则,他也宣布旧法已经废除,于是他拒绝支持建立在一次有效的法律原则基础上的要求。例如在1934年,一名新婚一年的男子死了,没留下子女,他的弟弟像沃纳一样,拒绝遵循转房婚的古老习惯,充当"种子栽培者"与其嫂嫂结婚,后来其父亲与这个寡妇建立了性关系,以代替那个不负责任的儿子。为此他的妻子

向当地的行政长官提起了控告，当地行政长官驳回了她的申诉，而后她又向该地方长官的上司提出起诉，该上司的顾问认为此事涉及古老的习惯和特权。但是“长官反对这个习惯，认为如果它还存在的话，已经陈腐了，应予废除；他命令被告同寡妇停止同居关系，由于命令未被理睬，所以这个男子就被重加处罚”。[2] 这个首领曲解了权力的限制。

无论如何，这个茨瓦纳的首领通常不能用这样的办法制造一个随意的统治棍棒。“许多这样强加的法律已很难被执行，而且很快地堕落了，产生了大量无休止的暴力事件。”[3]权力不能背离风俗习惯。1902 年，昆纳部落的一个成员诱拐了另一个部落成员的妻子，由他们的首领赛伯拉第一次审理此案。他判决被告付给十头牛作为损害赔偿费，且加了一个规定，即诱拐者在支付损害赔偿费后可以占有这个妇女。他的下级官员预见到这一规定的严重后果，立即反对说：“这个规定引起了一个坏先例，使得那些好人也会闯入他人之室，而只要付十头牛就可以买到别人之 279
妻。”[4]他们施加压力使之从判决中撤销了这一条。因为根据古老的法令，在罚过款后他不得再与那个妇女有任何联系，否则将没收其全部财产。

正如朱利叶斯·斯通所说的：“超个人的权力是被集团信念支持的使用强力的经济；相反，一个集团用强有力的信念能更快地使领导与这些信念达到一致……自相矛盾的是，超个人性所支持的权力的结构与增加的臣民的建议倾向所决定的集团的信念，原则上一致；但是另一方面，当这些信念渗入权力时，它又限制权力，为了同合理的原则相一致，信念必须通过选择，以免削弱了自己的权威。”[5]这就是法的第二个作用的后果。

法的第三个功能要作点小的附加性注释，对于疑难案件的处理来说，

---

〔2〕 艾萨克·沙佩拉：《在贝专纳的保护国茨瓦纳中的部落立法：文化变化的机械论研究》，伦敦经济政治学院社会人类学专题，第 9 号，1943 年，第 6 页。

〔3〕 艾萨克·沙佩拉：《在贝专纳的保护国茨瓦纳中的部落立法：文化变化的机械论研究》，伦敦经济政治学院社会人类学专题，第 9 号，1943 年，第 18 页。

〔4〕 艾萨克·沙佩拉：《在贝专纳的保护国茨瓦纳中的部落立法：文化变化的机械论研究》，伦敦经济政治学院社会人类学专题，第 9 号，1943 年，第 7 页。

〔5〕 斯通：《法的范围和功能》，第 711 ~ 712 页。

我们的主要兴趣在于方法论上,在本书中我们也已用很大的篇幅讨论这个题目。为解决一些疑难案件提出了全新的问题,在这些案件中法的第一功能和第二功能可以占统治地位。然而,这不是大多数法律冲突中的问题,即不是以法律的公式就能解决的问题,而更多的是已有法的适用,对它的处理是按照问题发生前已建立的法律规范进行的。这个功能就是审判案件,制止或制裁违法行为,以及调整争端者之间的关系,以使社会生活重新回到原来的轨道上来。这种法律的工作常常被喻为医生的工作。它本质上是家庭医生式的工作,目的在于使社会处在正常状态之下。卢埃林私下把它叫做"当社会秩序出问题时的汽车修理工作,或者备好装备,或者甚至是对破损情况的准备"。〔6〕 法律的这一功能不像第一个功能那样只涉及大的问题,也不像第二个功能那样只涉及小问题。它是要
280 清理所有的社会渣滓(有时是大的罪犯),从而使社会成员日益建立起良好的正常关系。

在文明社会里,尽管有一些小团体,甚至是能导致严重社会危害的团体没有被彻底消除,而大部分麻烦案件在社会生活中的影响并不是很严重的。在古代则不同,一个案件往往会引起一场小的流血战争,如果处理不公平的话,还会成为一个部落反对另一个部落的战争的开端,而且当战争开始后,一个亲族如果被卷入,那么与之相关的部落成员就会立刻参加进去。战争使部落的大部分人死于非命,战争双方两败俱伤。相对地讲,在原始法中麻烦案件的不断磨炼才使人们产生了建立司法制度的要求,而不是像今天我们这样。

当时,体系化和整体化是基本的,灵活性和不断的修订也少不了。实际上法律是一个动态的过程,在其中没有哪一种解决问题的方法可以永世长存。因此法律的第四个功能就是关系的重新规定和期望的重新定向。

如果我们以发展的眼光去工作,这就意味着给法律带来了新问题。由此渐渐地产生了新创造、新观点和新态度,特别是当两个不同的社会在交替时,新的态度就会逐渐地产生,甚至突然产生。它要求法律决定以怎

〔6〕 卢埃林:《规范、法律和法律的工作》,第1375页。

样的原则去适应基于不同文化要求的冲突。是以新的要求去适应旧原则呢？还是因为新要求与旧的价值观念不协调被完全抛弃和彻底否定呢？或者是它们可能在这里被修改而在那里又重新获得法律的承认？或者是能否让那些难以行得通的方法，甚至是旧观念回收的方法去适应将要面临的新方法？或者是能否杜撰出一个东西，悄悄地把旧观念渗透到新观念中而不让其受到任何歪曲？到底想要什么，是熟悉的和习惯的，还是新的和未经实践的？人们暂时可以忽视回答这个法律问题，但长此以往是不行的，复杂的案件会在新观念的不断渗透下大量产生。因而，法的第四个功能应引起重视。

晒延人的一个案件再次告诉了我们这一点。马的大量获得改变了平
原印第安人的生活，他们有一个重要的公理萦绕在头脑中，即“除了土地 281
和神像，所有的财富都是个人财产，然而一般是大家共享”。所以，一些人就以为可以自由地“借马”而无须征得主人的同意，因此就产生了像盘尼和沃尔福·李·唐案件中的那样的麻烦，李·唐把这件事提交军人集团，结果是他在领回自己的马匹的同时，又从被告那里得到一双靴子作为“损害赔偿费”。这个案子被非常巧妙地处理了，但他们并不就事论事，还规定了一些预防将来再犯的方法。因而就成了“我们特制定一个新规则，即不征得主人的同意而用别人的马是不允许的，如果借马者不归还，我们就给他一顿鞭子”。这就是法律的第四个功能，将来在借马一事上界限就很清楚了。

第四个功能下法律代表社会以将来的眼光来处理急迫的案件，当新问题出现时，就通过法律制定新的规则，而这些总是与社会的基本组织的要求和最小限度保持秩序的要求相联系的。但它在或多或少地使社会关系顺利发展下去的愿望中往往被埋没，只有当它变成了法律作用的一个重要方面时，法律的活力这个特殊方面才被承认，即技术上的创新使得已经困扰其他法律功能的问题，迅速而有效地得以解决，以使社会的基本价值通过法律得以实现而免遭毁灭。

这种方法被卢埃林称为“司法的方法”。它不仅能使法的作用得以发挥，而且能使法的作用同人们所希望的那样在顺利完成和协调结合的前提下，通过法律得到满意的效果。这不是一般的技术工作，而是技工首领

的工作,像波利尼西亚所称呼的“特·哨嘎”即大行家的那种人。

282 熟练掌握司法的方法和技术对于大法官和处理纠纷的首领来说,至关重要。在某些案件里或在某种场合,为了正义,他们会突然站出来反对某一陈规,以使原来僵硬的法律条规变得灵活。这一做法可以使眼前的案件与人类社会的终极目的统一。这就是说,法律的方法和技术在被用于为人们伸张正义的眼前案件时,也应尽可能考虑其判断所依据的社会政策的最终效果。在这种案件中,它以社会秩序的和全集团的需要来权衡个人的“权利”。它承认规则的存在不仅是为了规则的缘故,而是作为对社会和个人存在有意义的东西。然而它也知道,在社会生理学中绝对的规则是不可能有的。它以其全力保持现行法律的足够的灵活性,以使社会组织发展留有余地,同时也力图保持法律的韧性以免失去其约束力。

晒延人掌握了有效力的法律的方式作为他们文化制度的一个侧面。在我们前面所提到的那些人尚未掌握这种技巧(像布尔·基尔斯·海姆,在争执中他枪杀了五匹马,因为如果他不能合法地占有它们,其他伙伴将也得不到它们)。但是在上面这个晒延案件之后,明显地不再这样干了。这就是晒延法律方式的一般特点,而且是法律技巧的正常情况,为此,我们在 1940 年曾写道:“现在的问题要求我们回想一下晒延人的法律技巧的规范化和普遍化。非常明显的一点是,不论是格林尼尔还是我们,都没有掌握这些复杂案件的知名人士的任何名言。如果技巧在这里不被人所知,只是在文化中熟悉的,这将意味着什么也不是。但是当技巧在使用中为人熟悉,而且承认它的后果,那时,名誉的缺少对技巧来说是一个应注
283 意的问题……当一个重要的技巧存在而且很经常地被使用时,却一直不被注意地继续使用下去,最简单的和一致的解释就是,这个技巧太普及了,以致引不起人们的注意。”[7]

当在澳大利亚的部落中族长用一种格斗的方式赎罪以减轻以牙还牙的法律的残酷性时,其法律的方法还处在低级阶段。当阿散蒂的头领用烧房子的方式来判定其中的醉汉和疯子的法律责任时,法律的方法则被错误地使用。只有在伊富高人那里,法律手段才适当地被使用。他们在

---

〔7〕 卢埃林、霍贝尔:《晒延方式》,第 224、329 页。

纠纷双方争执不下时，首领就用哄骗和威胁的办法提出某种建议，以使案件得到合理解决。而在阿赞德人那里用毒药和伊富高人那里用烧红的大刀进行审判，则使法律方法化为乌有。

如果可能的话，用法律的方式来测量和平衡社会无疑是困难的。然而，从初步的观察可以看到，在古代社会中这一方式是普遍存在的，而不是只存在于一些地中海文明的古代已灭绝的法律之中，以及在普通法形成之后并以衡平法抵消其不合理后果的英国。

甚至因此亨利·梅因爵士在关于现代法律史中固执其错误的注释，认为原始法是公式化的、生硬的和仪式性的（即意味着缺乏法学的方式）。从本书前面所提供的案例中可以看出，在争论中灵活的法令超过了本旨和惩罚。诚然，大部分案件的处理是不固定的，但是这种变化是在原先法律所规定的渠道中进行的，而且朝着预先安排的合理的方向发展的，这就像大江流向东方一样，人们是按照法律而工作的。

实际的情况是，在原始法的本体和程序上，出现了要求与反要求、辩护与反驳，以使司法行为与社会流行的价值观念相一致。当要采纳一个 284
新方法时，不仅要取决于事实，而且要取决于诉讼当事人提供证据的技巧和他所处的令人尊敬的地位。如果社会对流行的正确行为的观点有争论，那或者取决于在新情况下的新价值观的说服力，或者取决于他的亲戚以及有时地位所带来的暴力下的“错”的东西。那么，大量的争论词句不是“这样对我有利”，而更多的是“这就是我们所需要的，而且是应该的”。如果他是一个原始的辩护人，那么他更多的是表示同意而不是坚持己见。如果他能这样做，那么是因为这种方式早在被遗忘的年代就有了。但是，原始法并非那么不灵活。

在法学的方式中，“拟制”（fietion）是人们借古老的原则采纳新的法律规范，从而不用废除古代习惯就能调整行为的一种方法。除非采用一般的惯例，外族人被作为亲戚一视同仁，原始人并没有更多地依赖于编造借口的办法去实现法律的变革。尽管如此，很多部落在需要时仍求助于这种方法。

在印度尼西亚的父系集团中所发现的收养婚姻就是一个极好的例子。对这些人来说，保持父系血族的连续性有着非常重要的价值。为了做到这一点,没有儿子的家庭可以收养女婿为儿子,这样一来,外孙子就可以分享遗产和长期生活在他们的氏族内。[8]

在西非的达荷美,“新娘的价格”意味着男方家族为了将来属于其氏族的孩子而付的价钱,并不是给新娘的。因此,一个不能生育的妇女应为
285 其丈夫购买第二个妻子,以免被抛弃。而第二个妻子的孩子叫她为“父亲”,这是因为,“出钱买妈妈的就是爸爸”。[9]

晒延印第安人的拟制方法很奇特。首领们的引导往往是在部落帐篷群中央的小屋里举行的,但在 1890 年帐篷群已成了过时的东西,所以李特·乌尔夫说:“我们仅仅是取得了这个场所就是说它是位于中央的。”在 1933 年的大旱期间,布莱克·乌尔夫作为一个牧师首领在佩奥特掌的会议上带来了商业上的甜爆玉米花,作为日出时宗教早餐的四个祭品碟子之一。他说:“我们应该有谷物,但今年夏天国家颗粒未收,就用它来代替吧!”

由国会立的法和由国王制定的法令,或者二者的混合物,在原始法的成长中和确定方向上,也可以找到其地位,它们是法律方式的工具。对此萨尔蒙德发表了与众不同的以下观点:“在早期的观念中,国家的作用是实施法律,而不是制定法律。”[10]这显然有些夸大。不幸的是,洛伊也发表了这种绝对化的观点。他说:“所有的社会规范都是由习惯法和政府机构的事务来调整的,这种事务更准确地说是对传统习惯的服从,而不是建立新的规则。”[11]这一点对绝对静止的社会来说是正确的,但不能适用于其他社会,更不能适用于非静止的原始社会。新的行为要求新的规则,而且并不是所有社会都在等待一个可以适应多种不同情况的规范的。立法总有机会去贡献于法律的方式的。

至此,我们已讨论了法的功能的各个方面。由此是否能引导出普遍原则的内容呢?是的。但是在原始世界高水平的不同文化中,它们是为数不多的,大部分是非常一般化的。

286 对全部原始法律和社会制度来说,有一个压倒一切的重要假设,这就

---

[8] 特尔·哈尔:《印度尼西亚的习惯法》,第 175~176 页。
[9] M. J. 赫斯科维茨:“概述达荷美的‘妇女婚’”,载《非洲》10:335~341,1937 年。
[10] 萨尔蒙德:《法理学》,第 49 页。
[11] 洛伊:《原始社会》,第 358~359 页。

是巫术与宗教的力量高于人类,而且它们与人类有同样的感情和理智。在上一章中我们已指出,这种观念认为,祖先的灵魂对现有的人们的生活作用很大,激怒他们就会影响社会的良好秩序。而引起一时愤怒的邪念肯定会被原始法视为罪恶。无疑一个人对超然权力的极度滥用也被看做罪恶。另一方面,通过神谕、占卜、传统的咒语和契约,以求助于超然力量来解决问题的,又几乎是最常使用的一种法律手段。

杀人,不论是在什么社会里,都是被禁止的。但是,又普遍承认在某种情况下它是个人的权力,是对不法行为的强度冲击(包括妖术),或者是对不法行为所实施的自卫。

在这些社会中,除了伊富高人,妇女的地位都低于男人。丈夫及其男性亲属总享有更多的请求权、特许权、权力和豁免权。而妻子及其女性亲属却不能享有这些权利。如在古代社会一个很普遍的观念就是,妻子与人通奸,丈夫如果当场抓住,可以杀死她。而对妻子来说,要享受这样的特权几乎是不可能的。

法律一般总是坚持婚姻的排他性原则,通奸行为似乎总是应受惩罚的,尽管通奸行为有各种原因,它如同婚姻和亲戚关系一样多变。生存的权力和对妻子的权力是法律的基本要素,所有的法律制度,无论是古代的还是现代的,都承认亲戚关系的重要性,而且把它作为私人权力继承的中介。

所有的法律制度都对有些物品的私人财产权利予以承认。但在古代
社会,土地被法定认为是直接地或间接地属于部落或氏族,法律很少把它 287
视为私人财产。

当法律的工作已经完成时,这些规范不可避免地就成为法律文化的共同遗产。但是法律的功能,不管这些规范在某个特殊的社会里是否得到重视,都是构成法律的决定性因素。任何一个社会,不论存在长短,都会制定法规,都不会怀疑法的功能。最后的分析告诉我们,在法律工作中完成其使命比如何做更为重要。最低限度的法律工作对社会的存在是必不可少的,而高超的法律技巧则有助于实现其目的。

第十二章 法律发展的历史趋势

法律发展的道路不是笔直的。法律的进化作为社会进化的一个方面,既不是直系遗传,更不是以有机界的生物形态进化。有机界的结构和作用的多种多样化体现了所有生命形态的特征,特殊的生命形态及其文化,经过“物竞天择,适者生存”的规则的选择,都有自身的特殊性。每一种生命形态及其文化的历史都有其特殊性,因此,那种认为所有的文化史都要经过相同的阶段或时期,在发展过程中,在某些特殊点上和结果形态上一定会是相似的观点已经过时。

如果人类学家能和现代科学保持一致,他们所重视的方面是历史的、进化的话,那么法律人类学也就是历史的、进化的。当然,我们首先要重视的是法律的功能,是法律怎样统一地发挥社会作用,它为什么会发挥那样的作用,它们相互联系的各个部分是怎样对整个社会和文化发挥作用的,为什么它的每个部分都能对整个社会和文化发挥作用。而文化和社会不是一个短期的社会历史现象,它们来自于人类的过去,今后还要延续下去,它们有历史的连续性。现在的法律是它对以前的传统和权力的斗争结果,将来的法律也是与现在的法律和传统、权力的斗争结果。如果没有过去的文化,现在和将来都无法解释,虽然过去的文化并不能作为解释现代文

化的工具或预知未来事物形态的钥匙。就法律而言,我们目前最重视的 289
是它的现状和职能。当然它的一般历史也有着同样重要的意义。

法律的发展趋势和其他社会文化一样,是一个持续发展的复合物。对这个过程的研究就是进化论的目的。用马冠弗的话来说就是:“它的主要效用不是由特殊形态到特殊形态的改良,而是由较少的特殊形态到较多的特殊形态的多样性的变异。”[1]文化的进化可能是“从简单到复杂,从同到异的一个过程。我们可以凭经验和文化遗产来推论出在人类社会中,它过去就是这样发生的,将来也是如此”。[2]阿散蒂人明显比爱斯基摩人前进了一步。

我们认为,用同步的观点去处理本书中能介绍的一些法律制度是可能的和完全适当的,当然这是在不涉及发展结果和一系列变异的情况下,对相对比较复杂的事物,在较小规模上所进行的分析。这种处理方法被称为功能比较。当涉及其发展结果时,这种方法就成为比较——功能——进化。现代科学(无论是自然科学还是社会科学)所显示的进化意义对功能来说是第二位的。不过它几乎完全被第一位的东西所掩盖。它应该得到正确的对待。

我们对不同社会的法律方面的分析,只能是当代的、笼统的和概括的。这个当代是指19世纪和20世纪初的欧洲和美洲文化。作为社会我们不可能恰当地说一个比一个早,或者说作为一般形态存在的爱斯基摩文化比其他文化早许多世纪。这同样适用于伊富高文化。至于美国洛杉矶东部大草原的印第安人的文化和西非的阿散蒂文化,我们知道是在近 290
几百年内才达到现在的那种形态。这种文化形态虽然不久,但却是原始的。应强调的是我们不能把当代的原始人作为一种古代人看待,虽然原始意味着最初。我们认为当代的原始文化形态意味着他们更相似于人类早期所创造的那种文化形态的一般特点。

今天那些严肃的人类学家绝不会冒险提交关于旧石器时代早期的某个社会制度详细情况的论文。当《星期日》副刊的编辑需要一篇关于尼安

[1] 马冠弗:《社会》,第424页。
[2] E. A. 霍贝尔:《原始世界的人们》,纽约,1949年版,第487页。

得特尔人的婚姻生活的论文时,毫无疑问,他会摘取大部分最合理的关于这种人的材料。至于这种人是否经历过一夫多妻、一妻多夫、妻死纳妹、姑舅表婚以及丈夫外甥婚姻,还是嫂弟婚姻,那是无法加以确认的,甚至也许根本没有经历过。

但是,我们还是能知道这种人的一些社会生活方面,这些社会生活方面是与他们保存下来的实际文化紧密地联系着的。我们特别了解他们的技术发展水平仅仅达到了木石并用的水平,他们甚至不知道弓和箭这类工具。我们了解到他们还处于通过直接打猎和采集植物来维持生存的这种状态。他们不会驯化动物,也不会栽培植物,他们完全缺乏关于园艺业、农业以及牧业方面的基本知识。他们的主要生活品来源十分贫乏,他们没有永久性居住的房子,也没有兴建什么城镇。所有这些事实都是由关于旧石器时代的考古学直接地和无可非议地考证出来的。

这些事实为早期人类生活的某些推论的系统化提供了一个出发点,特别是为原始公有制时期的人口数量以及非常可能意义上的政治组织和法律方式提供了一个出发点。

就方法论而言,整个现时代的人们都在探索着这个问题,或者是通过对目前尚存在的原始人社会的打猎和采集情况的观察,来确定他们的文
291 化是存在还是缺少原始公有制的某些特征。如果他们的某些文化存在与否是和打猎和采集技术有着因果关系的话,那么我们就可以合理地推论出一般社会早期靠简单打猎和采集维持生存的社会特征是否存在的接近真实情况的结论。比较人类学的研究完全用经验式的方法对现有文化进行观察,从而提出了一般特征的核心,由此推论,这些构成一般文化标准的特征也同样存在于史前文化中就是合理的和有意义的,即使它们同现在已知的考古学证据不存在因果关系。乱伦戒律的共同存在就是对这一点的证明。

像默多克所暗示的那样,虽然共相能被纲要式地加以说明,但是它们“如果说有过的话,也很少能在某一特定文化的内容中重复呈现出来”。[3]

---

〔3〕 G. P. 默多克:“文化的共同特性”,载 R. 林顿编:《世界危机中的人类》,纽约,1945 年版,第 123 ~ 142 页。

要在已经出现的文化规范中实现这一系列变异,那对社会进化而言真是太伟大了。

虽然我们不敢说法律规则或其他任何的行为规范对任何早期社会来说应予充分确信。但是,我们可以通过比较与现已知道的早期人类社会的遗迹的因果关系,来归纳出早期人类社会可能存在的社会制度的大体特征。如果这种社会制度和形态没有在直接观察到的打猎和采集的文化中发现,我们就可以断言,它们是不存在的,这样我们就能够对从原始时代到现在的法律形态的发展趋势的主要路线描绘出一个大概的草图。因为到目前为止,他们的发展并未和进化论背道而驰。

史前考古学和比较人类生物学已经毫不含糊地证明了人类是由次人类即前猿人发展而来的,人类的发展大概已经历了100多万年的漫长岁月,最早的人类形态现在仅仅留下极少数的文化遗产,但是这些遗产经过下代人的不断创造和发展,得到了充实和丰富。人类文化经历了旧石器
时代、新石器时代、青铜器时代、铁器时代、蒸汽机时代、电气时代的深化 292
和提高,现在已经进入了原子时代。在生活日用品的来源方面,已从简单的采集和打猎到较高级的打猎,进入了园林业或简单的畜牧业,此后又跨入使用耕犁的农业或较高级的畜牧业,最后迈进了现在的工业时代。

这里,除了园林业和牧业没有领先以外,一个确定的结果在这里已表现出来。它们的同时交替,基本上取决于人们所居住的自然环境类型。原始人没有去开垦草地和半荒漠,是因为这里容易被原始森林隔绝,因此草地和半荒漠的原始居住者通常喜欢采取优越的经济形态——畜牧业。

经济因素同样是混杂的。科曼契人既是猎人也是牧人。在非苏丹的努埃尔人,他们在雨季居住在村庄种植小米和玉米,旱季他们为了给家畜寻找牧场就分散进入零散的小帐篷。

但是,即使是已经达到比较高的经济生活水平的人们,也很少能完全摆脱早期获取食物的方式。甚至在我们这个广泛利用农牧业的原子文明时代,仍有部分人还是时常把一部分时间花费在打猎、钓鱼、家庭园林上。因此,生存分类的成规不是绝对的,它们仅仅说明占支配地位的获食方式。

在人们的头脑中深深扎根的一个观点是,在他们自身的特殊的历史

长河中,一个社会没有必要机械地一步一步地前进。模仿可能使一个民族迈出一大步,今天爱斯基摩人也已用了直升机和蒸汽船,他们在 100 多年的时间内,从野蛮的、简单的打猎时代就进入了机器的文明时代。但是,就文化的进化而言,采集和打猎是最早的,人类经历的旧石器时代几乎整整占了 100 万年的时间,等于从猿到人所花去的占全部时间的 95% 。人类培训动物和栽培植物,是直到旧石器时代以后才出现的,时间不超过 2 万年。机器时代的开端几乎不超过 300 年。

293 渔猎文化和简单的种植或牧业文化相比而言是原始落后的,而简单的种植或牧业文化又比农业或较高级的牧业文化原始落后,后者比机器文化又原始落后。简单的采集业和渔猎社会相互之间并不意味着完全相同。多样化和变异甚至在这一社会水平上也存在。相对于经济和社会组织接近于首首尼人的印第安人和安达曼岛的居民而言,澳大利亚人的民族表现出非常精巧的亲属组织,他们的宗教形式在细节上也同样存在差异。

对法律而言,低级社会几乎不需要它。原始社会与文明社会相比,总是显得处于无法状态。当然这不是说,这个社会本身表现得更加混乱。恰恰相反,它们的社会秩序可能会更加井然有序,这是因为他们是更加平均的,关系更加密切和直接,利益均享,几乎没有什么值得争吵的问题。因为关系的更加密切和直接,所以使得原始社会非正式的国家控制机关也就更加普遍有效。当社会获得了丰富的文化和消除了传统习惯的作用之后,就进入了文明社会,不均衡就取代了均衡,特殊利益取代了公共利益,平等就不再存在于整个社会成员之间,而只存在于少数拥有财富的人们之中。由于越来越悬殊的不平均分配,就使物质和生活品的供应越来越间接,因而共同劳动和共同消费的社会成员之间的斗争变得更加尖锐。在这样的社会里,每一件事情的变动都增加了冲突的可能性,因此,社会对控制性工具的需求的迫切性大大地增加。这种"奇谈怪论"(虽然这种论调仅仅是对那些毫无理智的,认为文明人比非文明人更道德而言)的观点就是,人类越文明,对法的需求就越大,人类创造的法也就越多。法只是社会需要的产物。

较低级的原始社会中的部落,一般是由包括几个关系密切的同一血统

的氏族组成。其中亲属关系都是双方的，对待母系亲属和对待父系亲属 294
一样。部落小组虽然可以成为氏族学上的部落单位，但它是自治的，政治上是独立的。部落没有政府，领导者从属于稍有一点强制性的氏族成员和本地头人的小组，因此没有暴力机关和审判机关。他们不公开选举自己的官吏，他们的领导者是通过跟随者的默认产生的，当人们不再接受某人的主张而跟随其他人时，他就失去了领导权。因此，他们的领导者是没有日常事务性行为的。所谓的原始游牧部落的专制式的家长实际上是19世纪按推测虚构出来的。社会关系最简单的原始社会是极其民主的，近乎于一种无任何政府管理系统的状态。但原始社会这种情况并不意味着混战。只有在现在当政府和法律由于社会大动乱而不断接替的时候，复杂社会的无政府状态才变成了混乱的同义语。

在原始状态里，全体社会成员的关系都是直接的，共同消费非常缺乏的社会必需品，利益是共同的，基本的社会秩序是通过原始的社会控制手段来维持的，几乎很少意识到一种超越氏族之上的某种权力。用默多克的话来说："他们通过互惠关系而团结起来，通过共同的文化连接起来，公社的成员按照内部的和平、法律、秩序和共同努力的特点而形成一个'内集团'。从此他们在活动中相互援助以满足基本的需要，和互相提供只有在社会生活中才可能获得的派生出来的需要，以加强他们之间的联系，在他们中发展集体的团结和忠诚。这样就产生了各种各样的所谓的群落主义、团体精神和家族意识。"[4]在其中"每个成员一般都不同程度地通过和其他人的交往而熟悉，这样就使整个部落都被个人之间的复杂关系缠在一起"。[5]

原始部落中不论紧急特殊的问题什么时候出现，我们都会发现，最 295
后的决定是经过所有成年男子的讨论和取得一致意见以后才作出的。因此，文明时代的立法机关我们可以在原始部落的区域性会议上找到根据。

虽然许多作者，特别是早期的作者，强调原始社会的亲属关系和它的

---

〔4〕 G. P. 默多克：《社会结构》，纽约，1949年版，第83页。

〔5〕 G. P. 默多克：《社会结构》，纽约，1949年版，第82～83页。

法，记载原始部落大部分都处于相互隔绝的状态。这当然是重要的，但是“每一个人类组织都有一定的领域性结构”。[6] 一个部落的成员总是紧紧地联系在一起，同其他部落则远远地分开居住着。他们总是在自己清楚的领域内活动，他们的结合意识是平等的，是以亲属关系和领域同盟为根据的。

每一个小的部落自然要和其他部落结合。他们一般实行近亲通婚。当所有的部落成员的血缘关系都十分亲近的时候，由于乱伦戒律的力量迫使他们实行本地域的族外婚。他们可以以某种仪式结成联盟，或者像首首尼的印第安人收集松果那样，参加季节性的活动。在部落内部大部分不同部落的成员的个人关系是处于冲突状态的，这样就把那些危害行为确认为是对整个社会本身的危害从而给予定罪判刑。

即使是原始社会的整个文化的发展趋势处于一种非竞争的状态，这些原始资料还是说明了在社会关系简单的原始社会中，法律的形式和统治方式仍有那么一点变化，这就是生活在印度洋东南部的安达曼群岛上的黑人的情况。安达曼人是严格的采集者和猎人。他们居住在很小的农村公社里，绝对地实行一夫一妻制，稍有沾亲带故就严禁相互接触。他们尊重长者，生活日用品和食品实行等价交换。他们对登临他们领域的外
296 人也采取非常敌视的态度，其行为极其残忍，17 世纪和 18 世纪的一些失事船只的水手都被消灭掉。但他们自己内部却基本上是和平的。A. R. 拉德克利夫·布朗虽然对这一趋势做了过分的概括，但仍然还是揭示了它的基本特征。他在其研究报告中指出：“反社会行为唯一痛苦的后果是使他失去了别人的尊重。由于安达曼人十分珍惜个人的荣誉，所以这对他们来说就是一种非常强烈的感情上的惩罚。这种方式是阻止反社会行为的有效方式。对此而言，一个优秀的统治者总是推出那些杰出的男子和妇女，并依靠他们的影响加强统治。”[7] 这些男人和妇女一般都是氏族的头目，能够领导一个当地氏族，并能吸引本地的外氏族的青年人。这样的头目被叫做“爱一库鲁”，即“大人”。

---

〔6〕 A. R. 拉德克利夫·布朗为 M. 福特斯和 E. E. 埃文斯·普里查德所编的《非洲政治制度》一书所作的序言，牛津，1940 年版，第 14 页。

〔7〕 A. R. 拉德克利夫·布朗：《安达曼群岛人》，剑桥，1922 年版，第 52 页。

刚才我们引用了在这个问题上拉德克利夫·布朗的论述，他同样也报告了伤害、杀人、盗窃、通奸、做恶事和破坏这类事情的确实存在。安达曼人特别憎恨盗窃行为，因为除了在后来时期的互易礼品外，盗贼可以不付任何东西。这种盗窃行为虽然在他的报告中不是这样解释的，但很明显，这种行为包含着盗取某种物品的故意。不管引起盗窃的动因是什么和对所盗物持什么态度，都可以把它看做是游手好闲到打架斗殴、偷人等一系列犯罪中的一种。拉德克利夫·布朗并没有对任何争论行为的细节都进行研究，他的兴趣重心是关于正规的和一般化了的社会结构，而不是以上所列举的人的行为。因此，我们根本不知道什么原因能使得一个人安静，而使另一个人愤怒和发狂，因此这些案件也就无法提供或无法分析，我们也就无法针对通奸和盗窃两类中任一类频繁拿出自己的观点。我们也不能对许多被害人或被判为做坏事的人拿出自己的观点。

一个愤怒者作出一种近乎格斗的场面，受辱者骂人，焚毁自己的或别人的财产来发泄自己的愤怒，或者向幻想的伤害人投掷鱼叉或向其射箭，这时周围的妇女和小孩子都会远远地跑开。如果是个很难对付的人，男 297
人们也会用某种东西带在身上作为防备。不管怎样，这时爱一库鲁的干涉将是很重要的，"他将会立即使之停止"。[8] 换句话说，氏族首领是一个在本氏族内代表氏族利益使本氏族趋于平安和防止世仇发展的有影响的人。凯欧瓦人正是通过这一办法促使首领来解决问题的，被害人晓得他通过公开发泄愤怒和装出要伤害加害人的样子，就会使"官员"来安慰他，并告诉其他人，他不是一个能被轻易侮辱的人。

在上面所论述的事件中的真正杀人者，一般都会在其朋友的帮助下逃出居住区，过一段时间后，他才可以返回而没有多大被复仇的危险性。记恨世仇和坚持血亲复仇不是安达曼人的特点。

在安达曼人中基本的法律方式到处都存在，但它还处于发端阶段。盗窃和通奸还没有作为一种损害要求被引申出来，诉讼程序也没有发展起来。我们认为，对损害事实不实行赔偿，这是因为安达曼人的财产非常不固定，食物的占有也不是作为价值存在这样一个事实。血亲复仇的倾

〔8〕 A. R. 拉德克利夫·布朗：《安达曼群岛人》，第 40 ~ 49 页。

向是存在的，但不稳固，因为亲属感情脆弱。氏族对内部和谐的期求通过首领的干涉这种非正式的行为表现出来，从而对亲属关系的平衡和谐产生作用。布朗在这种法律水平上没有发现集体性行为的例证。“同时，在安达曼人中，在任何情况下，找不到按照犯罪加以惩罚的例证。”公开的集体违法行为根本没有。[9]

大盆地印第安首首尼人的行为可作为一个处于较低级法律水平的附加例证，特别是那被称为首首尼人的西德·依特（食籽雀）带的群体，他们占领
298 着蛇河的南部到波卡特洛与爱达荷的西部。[10] 他们的语言十分接近科曼契人，他们的文化被认为是从科曼契人的实际生活中发展出来的原型。

在19世纪作为与外界紧密联系而产生的首首尼人的文化，和安达曼人的文化相比，在某种意义上缺少稳定性。但它们的基本社会组织在主要方面大体相似，最显著的区别只是首首尼人不具有安达曼人的性格。法律相似，但缺少在一定范围内对加害行为予以反应的规定诉讼程序。面对连续的饥饿威胁，首首尼人的法律的发达程度超过了安达曼人，虽然同类相食的习惯已被消除，违犯野牛打猎规则的要通过打他的马匹的方式间接惩罚。虽然爱斯基摩人在掌握一般的欺骗术、超常的巫术和杀人方面很像首首尼人对付同类相食的习惯，但不要忘记，当面临饥饿的威胁而引起同类相食时，爱斯基摩人并不对此采取惩罚行动。相似的情况可以在不同的人们中产生相似的文化反应，但并不必然如此。

另一个处于最简单水平上但很有价值的法律方面的例子由格林做了报道。[11] 这个例子是从巴拿河流域的原始氏族部落中提取出来的。尽管巴拿河流域的加勒比人懂得一些园林业，但他们是以打猎和采集为本质特征的人。这一氏族在语言上和其他文化特点上也像他们占据的互不相连的领土一样有自己的特征。但是这些特征没有政治功能和社会意义。这个政治单位与其他居民远远分离，一般包括由5至50人不等的当

---

〔9〕 A. R. 拉德克利夫·布朗：《安达曼群岛人》，第48页。

〔10〕 霍贝尔：“北方首首尼人政治司法行为的评述”，附录A，载《科曼奇印第安人的政治组织和法律方式》，第135～142页。

〔11〕 J. P. 格林：“在巴拿马河的加勒比人中的犯罪和刑罚”，载《美国人类学家》1934年，第331～344页。

地移民组成的集体,每一个集体都选出自己权力象征的首领。所有的原始社会一般都是如此。“就他们个人能力而言,他的意见是会受到全体居民的尊敬的”,但是“他没有强迫别人服从他自己意见的特殊权力”。[12]

大多数个人之间的麻烦起因于谋杀、通奸、偷盗、放毒和巫术。如果 299
奸妇的丈夫想实行惩罚(除了他的妻子到了最后卷入的时刻外,这总是大家最感兴趣的事),那么他会在其兄弟们的帮助下致奸夫于死地。这种方式的杀害被认为是一种特权,并不会引起报复行为。

由武装力量或突袭引起的偶然的杀害事件,根据有趣的逻辑在立法上予以宽恕。格林解释说:“用我们的术语来陈述,加勒比哲学和对人的伤害不相适应。无论如何,这些事实总是精神上的或超自然的。这些结果是对戒律的侵犯。如果一个人由于偶然事件杀害或突然袭击了其他人,那么他们的行为只是不知不觉地充当了神的代理人,因而不会受到惩罚。在这个条件下,个人的反抗被排除,群体的连续性得以发展,报复的作用被消除。”[13]对此谁仍然还能说原始人只凭激情行动,而没有基于理智行为的能力呢?

加勒比人并不特别喜欢直接的机械冲突。而当他们在群体的喝酒比赛中喝得烂醉时,人们才开始打架。一个奸夫被当场抓住时,一定会遭到殴打。但在更多的时候他们并不采用这种公开的法律办法,而是宁愿求助于巫术,或是通过自己的巫术,或是从巫师那里租来的巫术来伤害对方。这种程序是合理的,因为“公众意见拥护这种伤害和巫术的使用,认为它可以作为对挑衅者犯罪行为的一种报复”。“如果一个加勒比人对一个冒犯过他的人犯罪,同时他发现这个被害者要以伤害或巫术的方式来报复他,他就会致力于一个保护方案,使对方的巫术不能生效,来对抗这
种报复。”[14]与安达曼人孤立反社会的个人的方式不同,加勒比人的方式 300
和爱斯基摩人对付难以制服者的方式一样。“如果他坚持留下来,他就会发现,他和他的家庭是被社会遗弃的人,居民不会去邀请他们参加宴会,他也不可能借到任何东西。在打猎、捕鱼、种田、造船等活动中他得不到

〔12〕 J. P. 格林:“在巴拿马河的加勒比人中的犯罪和刑罚”,同上,第 333 页。
〔13〕 J. P. 格林:“在巴拿马河的加勒比人中的犯罪和刑罚”,同上,第 337 页。
〔14〕 J. P. 格林:“在巴拿马河的加勒比人中的犯罪和刑罚”,同上,第 335 页。

人们的帮助。他的妻子也不可能在她所占有的土地上得到援助，他的家庭将会被拒绝进入水池或洗澡塘。简言之，他将会失去一切群体生活的优越感。在伤害事件中，他可能成为别人进攻的对象或杀害的对象……即使是在不必要的情况下，他也可能被群体采用贝壳放逐法加以排斥或惩罚。但是如果他顺从了别人的劝告，他就会带着一般人类意识的残余离开居住地区。我们知道一个巴拿马人就是通过这种方式被从六个居民中驱逐出来的，以至于使他变成了一个永久的被抛弃者。”

单独的伤害行为是不会构成犯罪的，只有多次违法乱纪才构成犯罪。犯罪者的所有社会关系的消失都采用口头形式预先通知。在这里，我们掌握了在马林诺夫斯基意义上的法律。如果没有给予预先通知，刑事被告就可能被公社的男性居民殴打或处死。在这里，充分意义上的预先通知是具有法的含义的。这种通知具有威胁性和事实上的意义，并被具有特权的社会团体控制着。首先它具有威胁性，如果必要！其次它也是一种行为。

加勒比人一个更有趣的应被记录的事实是，像我们所说的，人们宁愿回避公开的肉刑。一般说来，当不同群体的两个人发生严重的纠纷时，两个群体的成员就会断绝社会关系，禁止进行社会交际。这种情况可以被
301 认为是一种故意的表现，但是很清楚，这仅仅不过是一种推定罢了。公然反抗禁律的人是会被酋长申斥的，如果必要的话，也可能施以肉体处罚。当局势紧张时，这样做的目的仿佛是为了使两个群体不至于陷入引起战争和残杀以及世代结仇的泥坑。[15]

当我们观察一下中澳大利亚的本地人的法律情况时，我们就会发现基本的法律轮廓是一致的，但在特殊细节上，又有显著的区别。最使人吃惊的是他们的亲属等级。除亲属领域外，在这里还生存着的氏族大部分仍然处于原始水平之上。在这一点上，他们表现出了没有接触已知人类的自然本相。对此，我们既不必去问为什么，也不必期望得到什么答案，甚至没有一个人类学家能够作出一个合理的推测。我们所能做到的就

---

〔15〕 J. P. 格林：“在巴拿马河的加勒比人中的犯罪和刑罚”，载《美国人类学家》1934 年，第 340、343 页。

是，引起人们注意在文化研究时抓住几个方面加以绝对化的这种倾向。如果我们想到了生物类比，如果我们喜欢统一的符号公式，那么这种歪曲文化的倾向，可以被称为“文化直生论”。有时为了了解一个氏族为什么会精心选择这样或那样的文化，我们就必须了解这一氏族的文化历史。澳大利亚的文化的根基太深，有待于史前文化的发掘，才能作出合理的推测。在这里，我们也可以对澳大利亚人的亲属系统的迷宫作出一些有价值的分析。我们研究澳大利亚法律所应对准的最大目标，就是发现在其氏族融合的过程中的法律类型，而不是在相似的经济社会水平上具有的一般民族特征。我们有充分的理由可以说，虽然澳大利亚人一年中绝大部分是生活在小小的漂泊不定的与世隔绝的小帐篷里（这些帐篷被哈拉森认为还不超过 500 年），但他们同样存在图腾、分支和婚姻阶级集 302
团，[16]它们切断穿越地方的甚至部落的线。婚姻规则给有一定亲属关系的人们之间的婚配活动限定了特别严格的领域。大部分婚姻是对偶制婚姻，在丈夫的婚姻集团中，所有的男子通常被限定接近他们的妻子，所以也就无所谓通奸行为。但是一个女子如果和不是她丈夫集团中的一个男子发生两性关系时则构成通奸，并要加以严厉惩罚。成年仪式由具有初步知识的男子在极端秘密中进行，而暴露这一秘密也要被处以死刑。

在一些地区氏族首领集会决定一切事务，但在澳大利亚则是老人政府主持和决定一切事务，老人政府是统治集团。老人政府运用手中权力来实施贯彻氏族的规范。成员之间的伤害纠纷由老人政府的成员以审判的方式出面解决。加害者和受害者之间的界限确实变得模糊不清起来。颁布法律的行为十分频繁，这是因为澳大利亚人比爱斯基摩人更好斗，更倾向于肉体伤害，这样将会导致的结果是十分清楚的。

个人之间的争吵大部分导源于通奸、盗窃、对林木的个人占有、茅棚占有、占有别人打伤的鸵鸟或大袋鼠等事件，纠纷的处理与双方是否在一个氏族有很大关系。

在这里用请求或给予物品的方式来赔偿损害这类事情是根本不存在的。制裁完全是自然的。在房屋盗窃案中，如果被告在原告面前坦白并

---

〔16〕 A. 哈拉塞尔：“澳大利亚土著居民的违法”，载《比较法学副刊》1936 年，卷 50，第 11 页。

返还所盗物品，还得在被盗房屋前用石头击自己的头；如果他坦白后不用这种规定的方式惩罚自己，受盗者就会用梭镖或矛刺他的腿；如果小偷拒绝坦白，大概就要发生格斗，并以任何一方的伤害或死亡而结束。然后老
303 人政府的成员们就会开始行使司法审判，他们对事实进行合议之后，便决定盗窃行为是否发生。如果他们认为盗窃行为是真实的，而在格斗中被告受到伤害，他们就会作出裁定认为这是原告的特权，而不去做进一步追究；如果原告受到伤害，他的起诉就会导致这样一个判决结果，即被证明有罪的被告者，必须用他伤害原告时所用的同样武器，在同样的程度和身体的同样部位刺伤自己，以作为惩罚。如果被告在格斗中杀死了原告，他将会被刺死。如果他逃避惩罚，就会被视为逃犯，在发现的地方被群体中的武装人员杀死。

这个过程经过三个阶段：第一，冤屈应该通过对受害方承担责任、返还物品以及加害人的自我伤害而得到回报；第二，如果上一步未能实现，受害方可以通过伤害或杀伤加害人的办法使其承担责任；第三，如果上一步还未实现，而出现了受害人被进一步伤害的情况，老人政府就会以公共行为加以干涉，按照事先设计好的方案，通过对加害人施以相等伤害的办法以体现公平。原告虽然得不到对自己伤害的赔偿额，但他可以获得已被盗去的自己的物品。在一些案件中，自我证明受到公共行为的支持是必要的。

通奸似乎是通过同样的程序进行惩罚的，但惩罚的方式好像更严厉一些。奸夫除了用石头击自己的头部外，还要让奸妇的丈夫刺他的臀部。格斗也会引起上面所说的情况。[17]

这是澳大利亚中部的土著群体中个人之间纠纷解决的一般情况。大众的违法经常被完美简洁地予以处理。乱伦被自己的图腾、礼仪、婚姻群体的两性禁忌规则严格地限制着，如果有人犯有乱伦罪，将在老人政府的判决后被用矛刺死。老人把有关乱伦的清规戒律传授给青年人的方式是
304 通过用矛刺死乱伦者的实例进行的。每一个妇女或没有进行过乱伦仪式

〔17〕 C. 斯特里霍卢："中澳大利亚的阿兰达和洛里查部落"，载 M. 冯·伦哈迪编：《民族博物馆丛刊》，弗兰福特·艾姆·缅因(1907～1920)，1915 年版，第 9 页以下。

教育的男子,都必须向老人们询问在什么时候把这种知识传给他们,虽然这种集会是完全偶然的。如果一个人没有权力了解这些情况,但他对这些情况却有一知半解的话,那就是犯了一种死罪。老人们能够无情地运用他们对这类知识和社会的控制权,来维护这类知识的严格规范性。他们所拥有的这类权力是绝对的,老人们竭力维护这种权力的尊严。这种权力不仅仅是对那些没有传授知识的人有效,而且还涉及其他方面,其中宗教力量对他们的影响是十分强烈的。在他们的居住区内,任何渎圣行为都会使他们感到十分恐慌,一般至少对迟到的干扰做圣典的人,由老人政府加以谴责,再由青年人处死。

虽然这个较早的记录者只是用思想术语记载了这些场面,迅速地和几乎是无意识地表达了人类的发端时期,个人的违法行为是怎样受到这些戒律的规定并在其中运用的过程,但是它却更有力地证明了我们应该对我们所推想的标准做某些变动,肯定个人和环境的作用。其实有些证据足以证明亵渎神明而被处死的人,远远多于因违法而被处死的人。道森的调查结果证明,在西维多利亚的土著居民中,使用的极刑是死刑。"如果一个人胡作非为,他就可能变成一个永远令人担心和给氏族造成麻烦的人。"[18]"永远"这两个字有着十分重要的意义。再重复一遍,乱伦是一种被严加禁止的不可饶恕的犯罪。

最近盖札·罗汉姆详细报道了三个特殊案件,清楚地说明了乱伦的类型。第一个案件是在1880~1890年间发生的,犯罪者是埃勒里·克里克部落的成员。他犯有乱伦罪,其罪行是和他的母亲、姐妹、姐妹的女儿和父亲姐妹的女儿这些女性集团发生性关系。乱伦确实是一种没有人性的犯罪。在这个阶段的社会生活中,犯乱伦罪是要被处死的。但他是一个不知羞耻而强悍的人,他威胁那些与他发生关系的妇女,并因此而对其他一些男人施行暴力,同时还对那些男子说这只是客气的表示。"这个案子拖延了很长时间没有处理,因为他是一个强悍而非常凶残的人。"社会舆论和反对他的社会行为并没有使他感到惊恐万端,尽管"老人们在他的 305
每一个宿营点向他提出谴责和抗议,但他们不敢向他进攻"。丈夫们也不

[18] J.道森:《澳大利亚的土著居民》,伦敦,1881年版,第76页。

敢进攻他。直到三个公社的勇士由一个首领召集起来之后,才敢于最后向这个犯罪者采取行动。即使是这样,他们也未敢直接进攻,而是通过那个与之发生关系的妇女,把他诱进树林才发动进攻,并将他抓获(那个引诱他的女人就是他的岳母)。当他被其岳母诱惑被捕后,才被其他妇女用挖土工具乱打。"他们先将他的双眼挖出,然后用重而锋利的棍子刺进鼻子和脑袋,直到将其致死为止。"[19]

第二个案子他是以更加秘密的方式介绍的。巴克是一个犯有乱伦罪的人,他经常在一些地区流浪,过着单身生活。他犯有与他的岳母、女儿及其母系妇女集团中的一些人发生性关系的乱伦罪。据罗汉姆报告,起初他被驱逐,最后也被"许多男人们处死"。[20]

第三个案子是,有一个名叫"肿肉块"的人(因他犯有乱伦罪,同时他的肌肉经常有肿起的肉瘤,因此而得名),他与各个亲属等级的妇女都发生性关系,最后老人们以交谈的方式告诉他,他们打算用他来作图腾的仪式。他愚蠢地答应了。当他坐下来化妆的时候,他们立即将他逮捕,刺开了他的喉管。为了彻底消灭他,他们将他切成小块,挂在许多树枝上。[21]

对澳大利亚人而言,不同的氏族或氏族成员间的矛盾总是由他们自身的特殊问题引起的。当一个外氏族成员攻击了其家庭成员时,他可以还击他,因为自我纠正还没有被看做是一种权利。在这些情形中还不存
306 在损害赔偿这种形式,他们熟悉的惩罚形式就是肉体惩罚,因而他们向这些攻击的人进行还击会马上引起武装斗争。群体之间的战争状态或氏族内部世仇的存在,取决于该群体或氏族成员是否被认为构成最有影响的社会单位。很清楚,要解决一个世仇问题,名誉上就需要相互孤立的本地区的群体集合起来,以决定采用什么步骤解决这一问题。但是,所有的本地区的群体,需要多次集合,才能对解决其成员间纠纷的习惯化的群体过程的作用作出答复。为了各种仪式或社会目的,在澳大利亚人的氏族中,各种相互孤立的游牧部落周期性地集合起来,这在他们的生活方式中是很重要的。但是由于群体之间未能解决的纠纷又往往使这种周期的集合

---

〔19〕 盖札·罗汉姆:"澳大利亚中部的原始部落",载《比较精神心理学杂志》3:455,1942年。
〔20〕 盖札·罗汉姆:"澳大利亚中部的原始部落",同上,3:457~458,1942年。
〔21〕 盖札·罗汉姆:"澳大利亚中部的原始部落",同上,3:458~459。

成为不可能，因此，为了高于氏族的公共利益就引起了裁判的发展。这就是澳大利亚土著居民所习惯的格斗形式，用它来平衡和解决他们之间的纠纷。

豪威特介绍了一个典型例子。他说："当严重的违法行为发生以后，如果违法者又属于本地区其他氏族的成员，习惯的做法是，先派一个使者去请求犯法者自愿地接受惩罚。在这样的案件中，如果该犯法者是一个重要人物，或者如果这个问题足以激起群体的公愤，所有的在这个图腾下的男子就会在各自的头领的号召下，在商定的地方集合起来。马克拉威特氏族曾发生过这样一个案子。加赤卡图腾的一个男子的兄弟与其外祖父，因个人纠纷杀了一个黑蛇图腾的男子。当这个人在夜里睡觉时，被加赤卡图腾的这个男子的兄弟和外祖父刺死，但是谋杀者被受害者的妻子发觉了。于是死者亲属就派了一个使者告诉谋害方面，让对方加以防御，他们准备复仇。使者在挑战中说，他们将会和他们的朋友一块来战斗。为此，各自的图腾都举行了重大会议。加赤卡作为冒犯者一方，黑蛇作为复仇的一方。各自的男子们都商定好在确定的时间和地方集合，由加赤卡的头领站在双方中间，作一段战前的演说。接着他选定一块地方作为当天下午抵罪交战的地区，同时还达成一项协议，其内容是：当冒犯方一旦被矛刺中，格斗就得停止，然后冒犯方就会带着盾牌站到对方投出的标枪所能达到的地方。这时对方就不断地投出标枪，直到扎中了其中的一个为止。此后，加赤卡的头领就会举起一个又黑又亮的扁形物投向空中，战斗就停止了。如果战斗还继续下去，两个图腾间就会爆发一个全体成员参加的战斗。"[22]

现有的群体之间不法行为引起的战斗逐级演变的例子，更详细的资料是由劳德·沃纳所提供的澳大利亚北部卡奔塔利亚湾西边的阿纳姆地区的莫尔治氏族的情况。[23] 他断言，就自己所知，曾发生了一个图腾群体受到另一个图腾群体的袭击后双方的战争。双方在 20 年之中出现了 70 起杀害案件，其中 50 起是血亲复仇，15 起中有 10 起是诱拐妇女被处 307

〔22〕 A. W. 豪威特：《澳大利亚东南部的土人部落》，伦敦，1904 年版，第 334～335 页。

〔23〕 W. L. 沃纳："孟金人的冲突"，载《大洋洲》1：457～477，1930 年。

死的,5 起是简单的血亲复仇,还有另外的 5 起是妖术被处死的。前 65 起中还有 5 起是死于反抗杀害的事件。5 起是因无权仰视图腾而被处死的。这些流血事件所记载的被处死的大概有 1000 多人。这个记载说明,如果同态复仇不加控制地延续下去,原始人就有被毁灭的可能性。

莫尔治人如果要处死一个拐骗妇女的人,这个人会先被驱逐,然后由那些隐藏在暗处的、从他所侵害的那个当地群体中出来的青年人去处死。虽然这样的进攻一般事先没有得到老人政府的赞同,但是把拐骗妇女的男子处死的一方的整个群体,都负有通过"死蝰蛇"复仇方法进行报复的义务。这样一来,引起拐骗妇女的男子一方的群体的复仇,该方的勇士会在夜间进攻对方的营地。他们各自为了这种神圣的使命在出发前总要进行一种不可思议的哄骗。

为了避免这种流血事件所引起的相互间的灾难性后果,莫尔治人也
308 像其他澳大利亚人一样安排决斗或抵罪决斗。"澳大利亚人用来作为解决他们之间纠纷的方式同样是决斗和抵罪决斗,或是表现出来的一种超常的方式。他们的目的不是力求惩罚干坏事的人,而是为了阻止复仇。这样就避免了破坏性战斗的爆发。"[24] 承担责任的目的就是要使受害群体通过伤害对自己干了坏事的人而获得满足,从而恢复两个群体之间的平衡关系,保障不再出现血亲复仇的事件。

按照莫尔治人的方式,受害群体受老人政府的制约,直到情绪平静下来为止,然后派一个使者邀请加害方正式"决斗"。如果邀请被接受,两方的决斗就会在约定的时间和地点进行。他们到了约定地点之后,就开始唱歌、跳舞,这是宗教仪式。接着他们就会在投掷物的有效杀伤范围外面对面地站成一排,由受害方群体以自己图腾舞蹈的方式接近对方,舞蹈完毕之后返还原地,侵害方以同样的方式做完仪式后也返还原地,这时"决斗"马上开始。被称为凶手的人就会由加害方交出来让对方投射。"凶手们"来回躲闪受害方的勇士们猛烈投出的无头的矛,与此同时,"凶手们"又由与受害方关系密切的两个人用盾牌保护。受害方的勇士们每人至少

〔24〕 L. T. 霍布豪斯、C. G. 惠勒、M. 金斯伯格:《原始人的物质文化和社会制度》,伦敦,1915 年版。

要投出一支矛，没有投矛的其他人则狂呼乱叫地诅咒对方，希望上帝不要给他们任何恩惠。

如果用带头的矛去投射就会致对方于死地，但是他们并没有这样做，因为这样会导致一般的战争。所以当受害方的所有人要共同对准凶手的要害时，老人们就会提醒他们不要伤害任何人，同时他们还会催促这些年轻人不要惊惶失措和怒而失控。

最后，当受害方消耗了大量的体力投射不中时，受害方的所有勇士们 309
就会以跳舞的方式接近他们。这就意味着严重的时刻到来了。如果这时有人刺穿了一个凶手的大腿，决斗就此结束；如果伤势太轻，受害方的勇士们虽然对此不很满意，但他们一定会同意休战，日后再复仇。如果凶手无一人被刺中，这就意味着原地立刻复仇的机会已经到来，就可能导致双方的总体战争。

由于终究缺少一种更加有效的统治力量，因而各群体之间关系的平衡就往往取决于各群体的自我克制力，因此他们渴望有一种凌驾于各群体对抗情绪之上能维护公共利益的力量。所以，处于各种不同水平之上的原始人都企图确认一种有效的统治力量，并力图使之合法化，以解决群体之间的纠纷和矛盾。但是，他们并未成功。他们缺少更加强大的驾驭自己的力量。像所陈述的例子一样，他们不得不通过某种方式实行自我控制。

现在让我们继续探讨一下处于更高阶段、有某种结构的狩猎时代的原始人所制定的法律的一般情况。这一时期的原始人在政治机构的级别和立法程序的方式等方面都发生了一系列变化，比简单的渔猎和采集时代的原始人有明显的进步。

群体的大小根据食物来源的丰富程度来决定。总的来说，人口的稠密程度有所增加但并不猛烈。一个地区的群体会更加紧密地联合起来，组成更高一级的群体组织（如科曼契人）。在一些例证中，这些组织内有构成更高一级的部落的政治结构（如晒延人）。一个地区里群体的首领一般保持一个，这个人既是群体组织的首领，也是政治组织的首领。部落的政治头目开始具有酋长这种特殊标志，他控制着部落的权力，并认为这个权力是氏族成员让与出来交给某个机构和为了他们的利益而行使统治的

权力。世袭继承首领的地位已有某种倾向，但并没有被作为固定的原则
310 得到普遍承认。它仅仅表明，首领的儿子或侄子（如果是母系社会）对具有社会责任感和极富的家庭传统而言，更有条件继承首领的地位。如果更进一步概括一下，我们就可以看出，在人们的思想中，新的首领被认为是他们做首领的父亲、叔叔或舅舅的继承人。但对领导者的期望总是通过推选得到实现。

亲属关系能否得到重视取决于氏族是否存在。虽然这不意味着就是一种固定的模式，但亲属关系仍然威胁着社会法制。男性亲属总是因某种血缘关系而团结在一起。

杀害和通奸仍然是社会纠纷的一个主要根源，几乎仍然保留着以个人伤害来解决纠纷的方式。那种处于更高阶段的渔猎为生的人一般是好战的，他们希望用武装进攻的方式来剥夺别人的生存权。个人之间的纠纷仍然诉诸武力来解决，但是，在部落内部他们有相同的社会利益需要保持对外能诉诸武力。"经常有敌人需要战斗"，侵略可能转向部落外部。

解决处于较高的物质文化阶段的氏族成员之间暴力掠夺的一个重要方式，是由加害方支付一定的生活食用品作为赔偿。[25] 赔偿的数额同对方的肉体和精神创伤相等。用赔偿作为对个人违法行为的惩罚后来逐渐演变成为一个习惯。

在澳大利亚人、安达曼人和大部分的首首尼人中，这种习惯几乎是不存在的。霍布豪斯、惠顿和金斯伯格在收集的 55 个较低级的渔猎原始人的社会中，仅仅发现 6 例有损害赔偿，占 12%。但是，经过 3 个调查者对较高级的原始人社会所进行的调查的结果却证明 33% 的原始人承认这种损害赔偿。在这些原始人中，如果加害方不打算支付请求的损害赔偿，受害方的男性血亲就会向他报复，杀了加害方的加害者或其他人，然后就会出现屡次报复的可能性和世仇的可能性。但在这种情况下，几乎总是有一些首领或者重要人物被邀请出面调停，帮助解决这些纠纷，直到双方达成协议。

---

〔25〕 霍布豪斯、惠顿、金斯伯格：《原始人的物质文化和社会制度》，伦敦，1915 年版，第 80 页。

在这个阶段的社会里,发展的特殊标准上所呈现的法律的薄弱性,是由于依附于这个过程的社会职能仍然停留在生存竞争的人类发展阶段。每一个普通的案件并不需要通过公共的司法权威来体现公平正义,而是 311
由自己来决定案件的公平正义,除非公意以某种权力的面目出现而对诉讼人的行为产生影响。像晒延人一样,调停要由很出色的机关来主持甚至仲裁。但是整个程序的结果仍然可以诉诸武力和通过自相残杀的战争状态来解决。所以,社会有机体经常处于岌岌可危的状态。

在这一阶段刑法的发展是缓慢的,但晒延人却例外地把所有杀害行为作为对公意的侵犯。部落的刑事管辖权构成了对部落经济保障的特殊威胁。滥施巫术普遍地被视为一种刑事犯罪,而一般依照驱除巫术影响的方式处理,偶尔也依照私法程序处置。

在这一阶段,私法仍然被隔离于这种存在着的庞大的法律体系之外,因为财产利益还没有复杂到足以引起作为经济权利的各种所有权的冲突的情况。当这种扭曲的迹象如尤罗克人演戏一样出现的时候,私法可能已经相当详细地被制定出来处理经济纠纷了。

有足够的理由表明,在第七章中作为范例陈述和分析的比较高级的渔猎者——科曼契人、晒延人、凯欧瓦人的法律方式就是如此,这里没有必要再举例加以说明。它们作为一种启示也是有意义的。虽然社会的一般生存水平是相同的,但广泛的变化却是可能的,因此简要地考虑一下北美洲西北边境的印第安人部落不是没有必要的。这些人是原始的渔猎者,他们也以设陷阱捕获丰富的森林动物为生。富饶的自然环境赐给了他们充足的食物,强壮的体格和熟练的技巧使他们过着丰裕的生活。在广阔的活动领域,他们不受饥饿的威胁,大部分人有一种强烈的氏族血缘观念。他们有几个氏族和胞族(一般是父系),拥有一个印有神话图案的图腾,政治和社会秩序被严格地规定着。每一个氏族或村落的领导阶层都是世袭的,社会等级是通过竞争、炫耀、挥霍、杀人、奴隶的捕获来安排并维持的。首领的作用就是主持经济、社会仪式和指挥作战。如果这样能使首领获得较高的荣誉,这也不过说明了印第安人关心政治的一个次要原因。群体的成员有一种自身服从的自然心理倾向。他们把自我设想成通过首领的人格感召,并在首领的旗帜下相互结合起来的。

在每一个地区集团或钦西安人的部落中，部落首领的房子高于其他一切居民。在大部分部落中，居住在部落首领周围的人是首领的嫡系。但他们的房子与首领的有间隔。人们总是能很清楚地辨别出哪所房子是首领的，哪些房子是他们血亲的。

首领是部落的社会事务和各种仪式的主持人，他们几乎没有什么政治权力，无权控制部落的财产和成员的生存权。他发挥首领作用主要是
312 通过他的地位和他自己的人格来实现的。得力的部落领导集团有利于首领实际权力的扩大。某个部落与相邻的部落相比其威信主要取决于它的首领和首领的威信。首领的地位主要基于这种事实从而得到部落成员的支持和拥护。

首领不仅在他的血亲中而且在他的部落中享有最实际的声誉，他掌握着最危险的和最有影响的神圣声誉和精神。对秘密的社会活动进行领导是部落首领的特权。他有权将一种超自然的权力首先转送给某个孩子，并让孩子对这种情况做准备。冬季里举行的各种庆祝活动的组织工作由他及其随从负责，他决定什么时候举行冬季欢庆仪式，谁应该参加仪式，赋予他们什么资格，由他根据情况决定，或者强迫某些人入会而阻止另一些人入会。当首领决定给予奖品或授权书的时候，其他人无权干涉。每一个首领都负责指挥本部落的冬季活动，并由助手予以协助。首领们计划部落内部的事务，首领们决定什么时候结束冬庆活动。由首领彻底消除住宅和人们中的妖气。虽然这不是经常的，但首领经常被邀请撤除禁律。只有富裕的家庭负担首领的费用，因为首领比其他人支付的精力更多。

313 首领经常期望着能从他的部落成员那里获得经济援助，但他并不想把已获得的东西再捐献出来。他虽然对他的部落成员的经济利益承担着责任，例如在必要时必须支付给他们以生活必需品，并必须把此列入议事日程。他希望本部落成员的生活富裕，从而能减轻他的负担。他经常从其他成员那里获得某种利益或礼物，作为对他们服务于公共事务的报酬，而正是为了分享这些报酬，许多人都给他进贡一些礼品。

把所有部落联系在一块的主要纽带是成员对首领的忠诚，部落成员参与公务从而团结在他的周围。他们推选某人为首领，授之以权利，支持

他，为他造房，进献部落互赠的物品，死后还埋葬他。他们保护他和他的家庭免受任何人的侵害，任何侵害他和他家庭成员的人都要遭到复仇。如果另一个部落的成员伤害、侮辱或者杀害了他们的首领，这个部落就会从首领的后继人中再挑选一个首领。如果在大白天一个部落受到了另一个部落的侵害，被侵害的部落不准备再去复仇，这时如果该部落再有人杀害、加害部落的首领和他的亲属，那么这个部落就会把该人和他的宗族交给加害部落处理。

但是，部落成员并不意味着他们只是首领的消极服从者。首领只是部落的一员，他在所有重要事务中起着顾问作用。如果部落成员们不同意首领的计划，他们有权撤销它。许多年前，格那克斯—安格克部落因为其首领让他的儿子拿走了他们为首领买的铜盾而激怒了大家，以至于他们拒绝为首领提供必需的丧葬费和不准任命后继者。稍近一点的例子是尼尔斯—雅加那特斯的部落成员经投票同意为首领修建了一座新的保温房屋，但他们拒绝为首领粉刷房屋，其原因就是一个族员要和一个那斯妇女结婚时，受到了首领的反对，而首领本应否决族长的意见，支持这件事，并把自己的房屋让给这对夫妇。这样的分工平衡制度既防止首领蜕变为一个独裁者，也同样防止了使首领变成受有权的族长控制的傀儡。[26]

西北沿岸社会的等级制度的文化特点是以自我为中心，自我意识很强烈。但由于一个人毕竟是软弱的，容易受到武力的攻击，因此需要用许 314
多虚张声势和象征性的行为来维护。如为了显示富有和强大而举办宴会、毁坏财产和杀人等。但为此他们显然也需要寻找法律解决的途径，甚至已取得了某些成绩，像杀人、强奸、过失等行为都有一定的规范，但这些规范都具有使加害方荣誉受到某种损害的特征。受害部落的首领是耻辱者，因为他或他的部落的荣誉被玷污了，他在人们的眼中的社会地位降低了。他的最终目的不是惩罚加害人，而是重建他在人们中的威信。所以，惩罚的目的并不在西北岸法律中起作用。这就是它的影响，但这种影响不得不被一些反抗行为消除。[27]

---

〔26〕 维奥拉·加菲尔镕：《钦西安人的民族和社会》，华盛顿大学人类学，1939 年版，第 7 卷，第 182～184 页。

〔27〕 K. 奥伯格："特林吉特社会中的犯罪与惩罚"，载《美国人类学家》36：145～146，1934 年。

了解这些情况对我们认识西北岸原始人的行为是重要的。惨无人道的伤害会招来同样的反伤害,伤害必须偿还;被毁坏的财产必须赔偿。这是被公认的或甚至比被公认更重要的道理。如果一个联盟首领的近亲属或酋长死了,他的继位者可能出去杀死另外一些无辜的首领,因为他们坚信这种不吉利的事可能会被死者遗传给他的亲属。曾发生过这样一件事,当三个夸克尤陶部落首领的亲属意外地被淹死时,他们便派出了一个杀害考察队,以便“让其他人也悲伤”。[28]

在另一个典型例子里,一个钦西安人的村子以鸣放礼炮作为对其首领死的哀悼。在这个时候,由于感情悲恸,给炮中装火药过了量以致炮筒爆炸,造成了一人死亡。他们为此感到万分羞耻,另外部落也因此而恐慌。由于没有充分的理由来解释这种死亡的原因,他们就决定杀死一个与他们关系不睦的另一个部落的成员,或设法伤害那个部落的一个人。次日下午,他们愉快地为这次突袭向对方赔偿。此后被袭击的部落也参加了这一部落的哀悼其首领的葬礼仪式,从而一笔勾销了这一羞耻事件。[29]

在钦西安人中,杀害事件总是伴随着世仇或法律行为。至于是属于
315 世仇还是法律行为,这取决于两个发生矛盾的宗亲的性格和环境。所谓诉诸法律的行为几乎与澳大利亚人用格斗来解决纠纷的情况是一样的。它只能不断地造成更多人的死亡。杀害事件越多,格斗就越多。而且这种格斗太使人精神紧张,以至于愈演愈烈。

纠纷解决的程序被严格地加以规定,纠纷的解决取决于事实是否真实。

位于辛普森港对岸有着自己村落的格斯帕克斯劳次和格鲁斯达尤部落的人,他们在聚众赌博的同时养成了善于争论的习惯。在最近的一次争论中,有五个格斯帕克斯劳次人和三个格鲁斯达尤人伤亡。格斯帕克斯劳次人因此藏入格鲁斯达尤人村庄对面的山林中,向这个部落的首领尼尔斯·那瓦的住宅开火。在该首领家中作客的哈达部落的首领和他的

---

〔28〕 H. 科德尔:《财产竞赛:对夸扣特殊性尔人举办夸富宴及其冲突的研究1792～1930》,第102页,美国民族学会专题报告18,1950年。

〔29〕 加菲尔德:《钦西安人的氏族和社会》,第261～262页。

两个儿子中的一个被一个叫尼尔斯·缪特克的人用箭射中。攻击者和被攻击者都属于鹰部落。

对此每一个被伤害的直系血亲都会请求豁免对杀人犯和他的亲属的刑罚的。每一个案件的程序都是一样的,只要格斯帕克斯劳次人的被伤害者中有一个成员代表陈述一下这种请求的内容就足够了。他们会选出一个受害人的代表,在受害人亲属和村中的监督人员的陪同下,来到伤害地点和伤害者宗亲的居住地,站在海滩上不断射击并高喊着:"给我驼鹿皮。"他的头发像勇士一样打成结吊在额前,手中拿着羽毛。格鲁斯达尤人知道这意味着什么,于是也就会把收集好的财富交给他们并为他们举办筵席。格鲁斯达尤人的伤害者和他的亲属们一听到鼓声就会倒在海滩上,并把鹰羽撒在地上,这意味着请求和平。他们把驼鹿皮放在格斯帕克斯劳次的说话人面前,并把他抬放在鹰羽上面,抬进他们的房间。其他格鲁斯达尤人就会集合起来,围绕在他的周围并向空中射击,但他却无动于衷。在这个房子中,他被置于至高无上的地位,唯有他的亲属伴在他的近周。

格鲁斯达尤人的代表也会让伤害者的舅舅把带来的赔偿物拿出来,放在对方代表的面前。如果对方代表把鹰羽放在他的胸前目不斜视地看着前方,这意味着他准备向伤害者复仇,这时紧张的气氛就会立刻笼罩在双方的头上。此时无论哪一方的最轻微的举动都可能导致一场流血战争。如果不存在上述情况,被伤害的亲属就会唱着哀歌接受带来的礼品。316
如果礼品能使对方满意,伤害者方就会坐下来。如果不接受礼品,他们就会一言不发地走出去,第二天继续谈判。如果礼品被接受了,双方将以一个歌舞招待演出结束这个筵席。[30]

简言之,西北沿岸原始部落诉诸法律所要解决的问题,就是要使因伤害所引起的各部落间的不平衡恢复平衡,协调这个较大的社会群体,使之有秩序地生活下去。因为当地的氏族是很小的血缘氏族,他们能够处理他们个人之间的纠纷而不必诉诸法律。他们对自己所造成的矛盾有强烈的羞耻感。"这种社会的控制系统所凭借的主要手段不是物质惩罚。但

〔30〕 加菲尔德:《钦安西人的氏族和社会》,第259~260页。

是其他社会组织很容易威胁他们的安全。”[31]共同处于易受进攻的地位，常常导致野蛮的杀害和滥用不健全的法律来达到最终目的。

真正严密的法律是随着农业部落的发展而发展起来的。农业经济出现以后能够维持较大数量的人口生存在单个的公社以内，更重要的是许多公社可以在占有的地域内延续下去。这迫使为数众多相互影响的公社之间加强团结，从而保持平衡。这样一来，法律就在不断地发展，其影响也不断扩大。那些采集者和渔猎者已经逐渐地认识到，土地已经变成支持家庭和个人生存的原始财产。权力、义务、特权和豁免权因涉及实际社会地位而产生了，分配使之显得更重要。物质文明增加，动产已经标志着利益（尽管它还被限制在亲属等级的范围内），从而产生了相对应的人的
317 法律。最重要的是整个社会不再可能在整个社会成员之间继续保持着原有的那种简单的关系了。家庭仍然如在原来那样起着作用，但是家庭的扩大不再连接分散的社会。单个的村落仍然聚居着较多的人口，但它已成为较大的社会群体中的一部分。

亲属关系原则并没有被削弱，相反随着社会的发展更具有了广泛性。但是扩展的显著倾向在于一个假定的计划上，从双边关系到固定化于一边。这在克兰（氏族）里达到顶点。其中这个假定认为个人联系的线通过遗传更为有效。这种遗传的原则或者是母系的或者父系的（在农业克兰中更多的是母系）。但无论哪种方式，最初的影响是相同的。个人的遗传物质属于他的氏族。通过这种微妙的区别和严格的传世程序，足以使亲属团体在扩大的成员面前保持更加坚定的一致性，这样它就能继续使成员之间在经济上和法律上相互帮助与保护。因此，它同样能够继续执行各种公共事务和举行有组织的活动。但它具有这样的职能，就是以在某种程度上中断个人关系为代价，来取得至少是同自己关系最密切的亲属——母亲或父亲的关系。母亲和父亲中的任何一个总是要归属于一个不是他自己的氏族。特罗布里恩德和阿散蒂的情况已向我们显示了作出这一牺牲以遵照氏族原则所导致的社会和法律的冲突。

这种形式特别适合农业氏族，因为在土地权力的分配方面，它能起到

---

〔31〕 W. K. 克兰：《夸丘特尔人、海达人和钦西安人：社会控制研究》，1951年版，第144页。

行政结构的作用。在每个农业社会单位中,它在实际上都控制着土地。即使是氏族首领或社会单位的头目占有土地,土地的最终占有者仍然是氏族(如阿散蒂人)。土地是所有存在的根本基础,只要氏族延续下去,就必须使每个人或每个家庭获得土地。没有一个人能离开土地到氏族以外去谋生。氏族只有在不得已时才能放弃它的财产。所以,对原始人而言不存在土地所有制问题。

由于氏族是这样一种有效力的社会制度,所以它在原始的农业社会中的法律地位显得特别突出。而它越突出,所包含的对社会制度的延续 318
就强调得越强烈,相互矛盾的氏族就可能发生战争。"你们袭击了我的兄弟,等于你们袭击了我的氏族。"也就是说,把对个人的冒犯提高到对整个氏族冒犯的高度来认识。这种意识是集体的。单个人的侵害行为可能招致几百人的法律行为。一个令人不安的法律后果,就是容易导致法律行为自身与其所要达到的目的失调。这个问题与在新的文化基础上所产生的情况相比是不同的(如债、侵占、盗窃等),而在新的文化基础上能够使社会内部的矛盾得到协调的结合就当然是丰富多彩的了。

我们已经熟悉了基本情况,在这当中随着新的物法(动产和不动产)的不断出现,实体法就变得非常重要了。这就迫使存在于社会之中的司法机构越来越健全、越来越专门化了。

在以采集为生低级发展阶段的原始人中,大部分是自己解决纠纷,无论是对财产的确认还是赔偿,都要经过受害人和他们的部落成员的要求。不过在这里我们可以发现一种倾向性的结构形式。霍布豪斯、惠顿、金斯伯格在那儿找到了这种结构形式,它是一种常规性的法令,存在于12%的简单采集的渔猎原始人中和33%比较高级的渔猎人、45%的从事园艺业的原始人中。[32] 在所有的例证中,损害赔偿只能作为第一个步骤。但是不管怎样,如果拒绝或不履行对被害方的支付金,将会引起侵袭或杀害。侵害和世仇是不幸的结果。虽然前面我们强调过,这是大部分原始人法律制度中的天然不足,像现代国家一样,他们的每一个部落和亲属团都清楚他们所采取的最后行动,但没有一个氏族、国家能够决定他所做的事情

---

〔32〕 霍布豪斯、惠顿和金斯伯格:《原始人的物质文化和社会制度》,第80页。

的错误与否。

这时许多矫正措施都已开始发生作用。但在任何社会中,正确的行为准则已经对他们产生了影响,在受亲属关系支配的社会中,虽然某些人的行为大家都清楚是可耻的,但氏族并不对该人的行为进行惩罚或最多
319 是象征性地收取一些微少的损害赔偿金。在一些原始人社会中,氏族不得已而采取的行动,也是为了使氏族摆脱因加害人而支付某种必需品的困境,摆脱将来必然陷入世仇的困境。如果加害人又被受害人的亲属伤害,相对于萨摩亚人和晒延人而言,引起流血事件的人或他们的亲属就会独立地继续复仇。在萨摩亚人中,由个人的错误而引起对方的伤害,受害方就可能直接采取行动,但也可能因此而世代结下血仇。这种世仇通过由所有家长组成的会议出面干涉方能终止。家长会议阻止被害方采取直接行动,或给予加害方家长以荣誉,而使加害方整天坐在受害方的面前,让大家都嘲笑,从而使他感到羞耻的方式来终止世仇,除此而外别无他法。但是,如果受害方愿意结束对加害方的这种惩罚,就会宴请加害方,加害方就会支付给他五张地席作为赔偿。如果受害方突然拒绝接收,这又意味着要爆发战争,世仇将继续下去。杀人和通奸是严重的民事侵害行为,如果侵害方意见一致要调和双方的纠纷,那么为了达到解决纠纷的目的,整个亲属团体就有必要去履行“伊仿加”(ifonga),即上述的羞辱自己的行为,作为请求受害方惩罚自己的表示。

顺便提及一下,如果有些罪犯公然对社会犯罪,那么他们就要受到整个家长会议的审判。由原、被告当庭对质,同样也使其他人从此受到教育并对一些问题发表看法。家长们严格按照波利尼西亚人的规则审理。如果有人不尊敬首领,与其妻子通奸或侵害其亲属,都被视为冒犯首领的大不敬行为,属于罪大恶极。这种情况如果出现在特罗布里恩德人中间,那么这种行为不仅是对首领的冒犯,而且是对社会秩序的破坏,再不能作其他含糊的解释。因为这是萨摩亚首领所规定的,而不是家长会议所规定的。其他一些对家长会议的法令的妨害犯罪有渎圣罪、挑拨两个首领发生矛盾的犯罪、乱伦罪、危害公共安全的犯罪等,都被视为冒犯公意,由行
320 为人的首领对其施以极其残酷的处罚。由家长会议处罚较轻的犯罪,或是由犯罪人提供全村人吃喝的食物,或是强迫该人为公共事务服劳役,严

重的罪犯要流放或者给其遭受各种痛苦的刑罚，甚至死刑。[33]

当一个家庭的所有成员都作出某种无视整个村庄利益的行为时，家长会议就通过没收他家的财产和把他们流放的办法来惩罚。家长会议有权作出惩罚某一个家庭的决定。解决纠纷的领导人就会在会议上站起来控告使人反感的那个家庭，然后再坐下去。他们坐在地上充分发表他们要对那个家庭进行惩罚的意见。接着就能听到一些发言，要求流放犯罪的家庭，而使其他家庭的财产得到安全（这是否意味着犯罪的家庭为了进行审判而没有被邀请或被命令参加）。他们的家畜一般归驱逐的团体所有，因为要用这些财产来作为他们为解决这种纠纷而付出艰苦劳动的一种报酬。

"……这个审判团中的一个人站起来演说——作为犯罪家庭首领的利益的代表，由他来向自己的首领通知家族会议关于他们必须离开这里的决定。在发言结束时他站起来，开始围绕这个面包果树剥皮（这意味着要使这棵树死亡）……"这种破坏性活动标志着这个家庭将要抵抗这种活动或者收拾他们的所有物，离开其住所。

"当进行这一过程时……那些年老者则坐在现场周围谈天，等待着那些被派遣出去抢掠芋头碎片的青年们……被驱逐的家庭将提前收拾起来的食物全部做熟，吃毕后返回他们的家。"[34]

但是家族会议的最高权力不总是能顺利地行使的，那些有势力的家庭如果认为能逃避的话，还会为之而拼争的，或者他们在控制某种严重后 321
果的规模上进行威胁性的战斗，以此来促使家族会议作出让步。有一个出身于有势力的萨摩亚人家庭的青年人，曾盗窃了属于另一个村落的一船货。他的家族会议给他判了罪，并把他像捆一头猪似的捆起来，交给被盗的那个村落。他们打算把他交给对方，让对方决定如何处置。但他的家庭反对家族会议的行为，并暗示对方如果该人的身体受到伤害，他们将进行战争。为了避免战争，受害的村落同意接受赔款，并由该青年所属的

〔33〕 玛格丽特·米德：《马努亚人的社会组织》，第 169 页；伯尼斯·P. 毕晓普博物馆公报 76，1930 年。

〔34〕 J. B. 斯泰尔：《古老的萨摩亚》，伦敦，1897 年版，第 91 页以下。这里转引自霍格宾：《波利尼西亚的法律和秩序》，第 275～276 页。

家族会议把赔款转交给他们。

等级也同样在第一阶层的部落首领中有所表现。曾经有一个有势力的首领,其亲信犯有和另一首领妻子的通奸罪。由于对首领妻子的侵害意味着对家族会议的侵害,因此家族会议就通过决议,要把这个通奸者流放到一个邻近的荒岛上去。但这个人的家族和朋友要求豁免,而在决议还没有发挥作用时,这个首领和幕僚们就发动报复行为。家族会议不愿意挑起整体战争,只好赞同被流放人返回。流放者获得了胜利,认为勇敢总能使自己处于有利的地位,而正派和谨慎则是无能的表现。

萨摩亚部落的原始人社会的组织和其他处于中等发展水平的大部分部落一样,还没有达到出现一种由社会官吏掌握的、超出社会的、能够有效地对抗顽固的不法因素的力量,所以,这种社会不得不对某些情况作出让步和妥协,不管这种情况多么不利于社会进步。

在进入园艺时期以后,处于定居状况的提升法律的努力突出表现在树立社会整体的最高利益的观念,以使亲属团体的活动限制在这一范围内。这样,作为独立单位的个人,很少能因某种不朽的功绩而无视社会的集体力量,但是就亲属关系而言,则是例外,亲属团体总是强有力的。它
322 一般有十分强烈的团结一致和自我忠诚的自我意识,以至于总是更多地认识到自身的特殊利益,而不能充分地认识到整个社会所关心的利益。他们就是用这种思想感情和权力,不断地破坏公法的形成。

在原始的水平上,经过这一时期的进化,法的发展已经围绕着居于原始公社发展中心地位的宗亲团体的心理而发展。这种宗亲思想从来就没有灭迹,因而完整的公法也就没有形成。

大部分社会团体的出现,使首领关系制度化,这种情况是公法的萌芽。虽然首领总是由一个会议拥戴着,而不是他自己选择的。这个会议在执行公共事务方面支持他并协助他控制社会秩序,在统治社会的手段上,他或者实行民主的方式,或者实行个人的寡头专政。

首领关系的制度化,意味着作为官吏的首领的权力的固定化。这对有野心的人而言是一个有魅力的诱饵。在社会大动荡的情况下,夺取权力,进行争夺统治权的斗争就变成了一个重要的规律。当首领的地位被赋予真正的权力之后,对首领地位的继承就演变成一条继承原则。一般

来说，在特罗布里恩德人和阿散蒂人中，对居于支配地位的氏族或血统被抬高到偶像位置的氏族，要求对其忠诚，首领是按照不变的原则从规定的血统中选出。阿散蒂人的实际生活非常清楚地说明，他们已意识到了这种狭隘的绝对的继承原则的危险性。因为如果绝对地按照这种原则继承，就不得不把一些不能胜任首领职责的人确定为继承人，首领就会处于一种虚弱无力的状态，甚至无能到使部落面临危险的状况，在某种情况下，氏族组织会对犯罪失去任何有效的作用，在另一种情况下，暴政就会取代社会公正，人们就会在暴政下遭受痛苦。因此，后来就形成了由公众设立的某种机构，来监督从首领的合法直系血统中选择继承人的活动。以后就形成了所谓的检察机关。

对首领的继承顺序，在执行继承原则时也得保持相对的灵活性，也就是说，在这个顺序中是从实用原则出发来挑选继承人的。这可以从易洛魁人中找到例证，其首领或和平时期的统治者，是从氏族的母系一方被列为继承者的人中选举出来的，其战时首领是由首领会议根据战绩从那些 323
杰出的勇士中选拔出来的。[35]

当然，首领的立法意义就在于把他个人的规则，经过试用变成公众的法规。统治者的统治秩序经过法律规范的系统化，变成氏族的法则或部落的法则。这些最容易追踪的发展线索，也是后来的原始社会发展最普遍实用的方式，还是欧洲从世仇主义到民族主义的早期文明。专政是现代社会对原始时期这种首领立法的故态复萌，这一称呼，是在推翻奴隶制度和采用民主政体民族对那些尚未有成熟管理经验的民族，或虽在高级阶段但缺少普遍权力的社会而言的。

兰·霍格宾在其关于昂唐·瓜哇的王位冒犯的简洁论述中，提出了这一过程的突出例证。

八代以前(1830 年前?)，一个叫肯·杭加米的人组织了一帮武装亲信，并据此把自己置于所有氏族的首领的地位。他通过暗杀的方式称霸和统治着那些不服从他的法令的人。没有任何法律可以约束他的权利和暴政，以至于“导致了大规模的骚乱”。最后像其他独裁者一样，他自己也

---

〔35〕 B. H. 奎因：“易洛魁人”，载玛格丽特·米德编：《初民社会中的互助与竞争》，第八章。

被暗杀。这个例子揭示了在王位问题上的斗争。从此以后,几代人在争夺王位的斗争中,多次发生残酷的战争,最后一个叫阿维屋的人夺取了王位,并运用王权来镇压新的竞争者。经过了长期的动乱,很明显人们向往着和平。为了维护和平,他们就不但支持阿维屋而且支持其继承人。王位因此用法律的形式固定下来了。有意义的是,这种继承方式并没有规定任何长子继承权的原则,只是规定了在大家族的范围内按照同一血统继承。这些继承人中最受欢迎的就会被拥戴为统治者。

在1870年左右,有两个野心勃勃的兄弟,企图消灭这条王位继承线,而立法原则在那时又非常容易被重新确定。他们以阴谋暴乱杀了王位的
324 继承者,作为他们政变集合的标志。但是,他们的政变并未成功,只有其家族的成员支持他们,另一些人看到支持的很少,就很快退出了政变。结果只剩下不到24个支持者与召集起来比他们多得多的忠实于原血统的联盟作战,最后,这次政变以首领和大部分支持者的死亡宣告结束,这个君主政体并未因此而受到威胁。

虽然如此,在法律领域有势力的宗亲还是继续控制着法律行为。当君主代表太软弱,不能面对比较强大的亲属集团的加害时,则另当别论。早期的君主还有着象征社会公正的含义,他通过中断同自己的一些亲属关系,来使他们受到应有的惩罚,而又不至于引起自己血统中一部分人对这种行为的复仇。这种君主干预的倾向后来不断发展,“一直到今天,演变成把对个人的犯罪推定为是对政府的犯罪”。

霍格宾说:“氏族在任何一种意义上并不憎恶这种变化,因此这种变化被认为是无可非议的。”换句话说,君主的法律已经变成了公众的法律。因为人们认为,实行君主政体优于古老的亲属关系的规范。但是,人们对过去的怀念之情仍然很强烈,所以要找到就证人对原告陈述的事实的反证仍然很难,除非他们亲自受到伤害,否则他们会事不关己高高挂起。[36]

在这里,重述阿散蒂人的例子是没有必要的;但它可以提醒读者注意到,阿散蒂人的刑事法律的扩展范围几乎已达到了原始的最高水平。确实的,他们的额外热情已超出了本身所要表达的内容。

---

〔36〕 H. I. 霍格宾:《波利尼亚的法律和秩序》,第224~231页。

君主统治下的公法也同样是通过其他方式达到的(而不是君主政体的方式)。通过对印度尼西亚人和美国西南部的印第安人村落的了解,我们已经知道,他们是通过会议方式来行使本民族的职权的。两者的文化制度一再说明,他们在原始园艺业或灌溉业的基础上,已经取得了高水平的成就和建立起高水平的组织机构。[37]

24 个新墨西哥和亚利桑那州的印第安人村庄的社会制度在基本方面 325
上是相似的,但他们各自在语调上和政治制度的细节上又不相同。19 个新墨西哥州的印第安村落的 16 个实行了咨询制度。但通过同样的方式产生的政府并没有受到美国的影响。他们在第一个印第安人的村子里建立了强大的半民主政体,并未受到有别于个人权力的小党派组织的干扰。但是在第二个村庄的半民主政体里,如此的党派化以致超过了个人的权力,领导的地位和检查都需要通过一个貌似党派的组织才能进行。而在第三个村庄我们发现了一个君主独裁专制者,他把自己的意志强加到村民头上,要求他们执行掘壕沟等事项,不过这主要是为了公共的利益。在第四个村庄里,君主独裁者用高压手段剥削公众。第五个村庄,小党派使氏族政府分裂成无政府状态,但这个村庄有莫名其妙的秩序使氏族结合在一起。第六个村庄,相似的小党派的情况已有 25 年的历史,但是相互间的妥协和所制定的"宪法"导致了"现代"政府的形成,已延续了 15 年,现在仍然发挥着作用。第七个村庄,尽管全部采用古式"风格"的形式,但政府已陷于无政府状态,以致使个人和家庭的矛盾纠纷陷入了不堪设想的境地。或者是一种意外或者是一种拙劣的模仿,几乎在单个村庄里每年都要选出一届官吏,来负责解决各种矛盾和犯罪事件,建立或者重建公社机构或者负责一系列由于软弱和疏忽所引起的更严重的犯罪。一个村庄运用一种具有灵活性的方法保证氏族成员的地位和信念的方式,而使七个临近村庄形成了一个联合政府。加上两个政府的属地,一个在亚利桑那州,一个在加利福尼亚州。通过这些古老的原始组织在那些村落里的彻底瓦解,很容易认识到这是认识印第安人政府的钥匙。[38]

---

〔37〕 参看特尔·哈尔:《在印度尼西亚的阿达特法》。

〔38〕 K. N. 卢埃林为卢埃林和霍贝尔写的《普来布洛法和社会控制》作的序。

同样的,在任何法律标准或机构与文化发展的水平上,不会不存在某种有目的的联系,但这种联系也不过是作为一般的联系和倾向而已。

印第安人的法律素材对研究刊物是十分有用的。但在这一点上归结出来的事实的本质,则是作为村庄行政机构所创造出来的一种精巧的发明物。这种发明物是原始社会成员寻求各种途径和方式,把他们基本的
326 社会原则变为保护他们自己和解决利益冲突的行为而创造出来的,是一种紧密联系在一起的组织的副产品,是由行使原始人宗教仪式权力的神职人员所构成的村庄会议制定政策的副产品和审判大部分违犯村庄的规范,其中包括不同家庭成员间发生纠纷的案件的副产品。首领或部落酋长几乎专门掌握着各种礼仪和宗教信念的应用,他们很少直接关心法律,理论上他们应该享有最高的权威,但在所有的重要事项上,法令的实际行使权归村庄会议。较次要的问题才由执行法律的代表机关留给任期一年或战时的首领处理。如果犯罪是世俗性的重大犯罪,是渎圣,那么这类犯罪就要被氏族社会以压倒一切之势,召集得力的社会组织以法律强制的形式剥夺发生纠纷的个人或宗族的权力。代表整个氏族利益的刑罚确实是残酷的,犯罪者要被鞭打、吊挂、没收家畜,最后被处死。这种事项不是由首领或君主亲自执行的,而是由普通会议中的原始组织的头目们命令其执行委员会的官员即军事首领和管理者执行的。

从一定权限范围内产生的氏族部落法,很明显不是征服的产物,因为实施这种法律制度的社会结构不是被征服的社会结构。法是社会内部力量相互作用的结果,是人们努力达到把自己维持在一定的社会秩序内的创造性的结果。当然,这并没有否定由征服国家的存在而引起在原始社会的高级阶段存在的令人厌恶的那种法律制度。因为在东非有这种制
327 度,在美洲的印加帝国和阿兹台克帝国我们也找到这类的例证。[39] 应该强调的是,不断发展的原始社会不是作为一种剥削手段,而是一种发明

〔39〕 K. 奥伯格:“乌干达的安科莱王国”,载 M. 福特斯和 E. E. 埃文斯·普里查德:《非洲的政治制度》,第 121 ~ 163 页;L. M. 努涅斯:“前殖民地的法律”,载《墨西哥绘图百科全书》第 7 卷,墨西哥城,1937 年版;J. H. 罗:“征服时代的印加文化”,载J. H. 斯图尔德编:《南美印第安人手册》第 2 卷;《安德人的文明》,第 183 ~ 330 页,美国民族学会专题报告 143,1946 年,对国家征服理论进行全面批判性探讨的,参见 R. H. 罗维:《国家的起源》,第二章。

物。这种发明物是原始社会的成员根据他们寻找的各种途径和方式,把他们的基本社会原则转变为保护他们自己和解决自己之间利益冲突的行为的内在情况而创造出来的。

已有的研究告诉我们,法律的发展有一种不断复杂和日益完善的趋势,在这一过程中,追究不法行为和实施法律制裁的权力逐渐地从个人和亲属集团向公共官方机构转向。不过,哪怕是在一切发展水平较高的原始社会里,亲属集团仍占据重要的地位。但不断扩大的法律领域,已不准许它们独自解决法律纠纷。官方的司法机构的作用在日益增大。

大约在90年前,亨利·梅因先生在某种程度上用不同的术语归纳了法律的发展趋势。这些术语很快被人们接受,大部分法制史的学者对此都非常了解。亨利·梅因写道:"我们可以说,迄今为止的一切进步社会的运动无非是一种从身份到契约的运动。"[40]

梅因先生用比较完整的术语阐明了他的概念的内涵:"进步的社会运动在某些方面是一致的,都经过了完整的社会阶段。在某一特定时期,随着家庭独立性的逐渐解体而由不断增长着的个人职责的独立性所取代,个人逐步取代了家庭,文明时代的法律充分体现了这一内容。我们不难看出人与人之间所发生的联系,这种联系取代了原始家庭带来的人与人之间的各种权利义务的不同级别形式,这也就是契约。从人类历史的发端,从包含所有个人关系的社会情况出发,对人们的家庭关系分析概括,我们仿佛稳定地朝着从个人自由缔约而产生的各种社会关系所构成的同一社会制度运动。"[41]

20世纪30年代以前,罗斯柯·庞德对梅因所作的这一概括的合理性 328
提出了反驳。梅因的概括认为,罗马法也几乎是从古代的那种契约中发展而来的。庞德认为,它不适合于普通法的现象。[42] 莫里斯·戈亨也认为在商业活动的扩人和契约观念的发展之前的相互关系上,不存在这种

---

〔40〕 H. 梅因:《古代法》,第165页。

〔41〕 H. 梅因:《古代法》,第163页。

〔42〕 "再者,英国法的历史在他的论证中并未予以检讨,同时他的这一论述的追随者们也没有通过对普遍法进行一项独立的研究来对它加以验证。"引自罗斯柯·庞德:《法律史解释》,剑桥,1923年版,第55页。

依存关系(他特别引证了希伯来人的法律和希腊法)。这和庞德所提出的问题一样。庞德认为就现实性而言,现代法律倒是保留了更多的身份,而不是热衷于契约自由的梅因的追随者。[43]

在考察实存的原始社会过程中,位于地中海沿岸的人,以新的方式所表现的各种文明作为法律存在的实体,使我们能够真正地觉察到个人并没有从他的亲属团体中分化出来这种特殊契约(作为一定范围的义务是因为双方之间都对此享有请求权)。作为认识到一定特权的契约(双方之间都承担一定的义务),在一个特定的时期曾存在于爱斯基摩人、平原印第安人、伊富高人、特罗布里恩德人、阿散蒂人的法律之中。按照霍菲尔德的意见,权力是整个法律制度的特性。个人的动产可以被"拍卖"或者作为礼物被个人之间相互赠送,同时这种礼物交换如果用法律的责任心支持的话,马林诺夫斯基把它解释为广义的契约。另一方面,从广义上解释,任何单个人之间的买卖契约,在整个原始社会都不能以社会生存的基本财产(土地等)、不动产、祭神的财产和名誉财产作为标的。把契约作为一种信物或为了买卖某类商品而签订契约的个人,恰好就是固定不变的家庭财产的代理人或授权人。这些人没有委托财产的家庭的同意不能实行某种契约行为,进一步说,在我们所了解的原始亲属范围内所产生的民事法律制度,就法律的职能而言,根本不可能是由个人之间的纠纷中分化出来的,除非他的亲属在自身防御或社会规范的支持中失去了控制本亲属团体的能力。

329 梅因所说的这种转变在整个新石器时代的城市变革开始以后,都没有产生实际意义。它对个人从其亲属团体中解脱出来的那一时期也没有发生什么意义。因为城市化的变革分解了亲属纽带的力量,这种情况就产生了一种需要,即用集中系统的法律手段控制和影响来自不同地方、不同民族,具有不同经历、习惯和基本要求的许多点上有冲突的一大批综合到一块的人群。[44] 城市生活使法律得到了迅速的发展。

原始社会的真正有意义的转变不是个人关系上从身份到契约的孤立

〔43〕 M. R. 科恩:《法律和社会秩序》,纽约,1937 年版,第 69 ~ 87 页。
〔44〕 罗伯特·霍菲尔德:《原始世界及其转变》,伊萨卡,1953 年版。

变化,尽管这种从身份到契约的转变是后来欧洲法律的一个显著特点,但倒不如说,这个转变是一个过程。作为对法律规范维护的各种权力和职能,它们是从个人和他的亲属团体的性质,上升到作为一种社会实体的国家的性质的。

法律史学家们在长时期里把报复和血亲复仇作为原始社会的特征,即认为原始人用复仇的方法来解决一切难以解决的法律问题,法制史学家们经过理智的分析还认为,逐步以赔偿金代替血亲复仇也是原始社会法的一种趋势。经过几十万年的时间,如果我们把现代社会与原始社会加以对比,便可以看出在这一方面确实已经发生了巨大的变化。在刑事诉讼中,赔偿金基本上代替了判处死刑的惩罚。

在一般的进化论观点中还有一个错误,即它们在民事侵权行为什么时候开始或血亲复仇从什么时候失去控制的概念上撒了谎。现在所有的实际资料已使这个问题明朗化了。资料证明最初的原始社会就在努力同一切侵害内部秩序和协调的行为作斗争。

低级的安达曼人犯有杀人罪就会逃到丛林中去,当这类纠纷可能导致暴力的结果时,他们的首领就会出面调停。爱斯基摩人是用杀害来对付杀害的,但是用杀害来推动世仇发展的人们和因此而招致更多的杀害产生时,就要受到公社集体行为的阻止。歌舞决斗是一种不通过阻止世仇发展的步骤而解决纠纷的暴力形式。低级的澳大利亚人没有赔偿的形式,他们的灾害就是世仇,但是作为解决或结束世仇的方式,格斗却一直被使用着。伊富高人有自己的程序上的策略,像尤罗克人一样,他们利用一个公正的第三者来调停本群体内部的纠纷,不是通过世仇的方式来解
决这种纠纷。晒延人依靠宗教信仰来消除人们之间已结下的世仇。凯欧 330
瓦人虽然其诉讼缺少确定的效力,但还是有自己的诉讼方式。虽然复仇在理论上是合理的,但特罗布里恩德人还是对犯法和杀害的复仇作了某种修正。在阿散蒂人和印第安人的法律中,世仇已完全不可能发生,因为对他们的中央权威而言,生存权是被绝对地保留的。

从这些资料中我们可以获得这样一个认识,即在松散的氏族中,当地群众是自治的,两个不同群体的成员由纠纷可能导致世仇的武装械斗。世仇表明了法的不健全,因为杀害不是相互承认的特权。这些资料不仅

表明每一个社会有为避免世仇发生和终止世仇延续而建立的一些程序。在较高的经济文化水平上,更多的有组织的氏族都对存在的世仇加以阻止。当然这种情况根本不会在文化水平较低级的社会中发生。

当公共的活动范围扩大以后,当公社的利益越过当地群众和亲属的利益界限之后,在被控制和极其压抑的较大的社会范围以内,人们会寻找各种方式运用审判的行政权力来解决在相互残杀的竞争后产生的各种矛盾。

经过争论有些人可能会提出一个微不足道的观点,说不同社会间的战争是永不休止的,这就像不同社会团体间的世仇难以制止一样。他们说这两种行为在方式和动因上都非常相似,虽然通过法律和其他手段以扩大和平的欲望抑制着旧的和持久的战斗的欲望。这种盲目状态是由于他们所有的审判人员和行政人员缺乏创造机能的结果,是整个社会控制
331 手段失控的结果,以致使这种盲动状态一次又一次地在历史上重演。人们对法的探索从来就没有停止过,关于法的规范、法的渊源、法的社会效益的大规模的深入研究,随着社会实践范围的不断扩大,人们已经取得了很大的成就。

现在我们需要亲自寻找几百万年中的社会进化情况,但我们所处的时代则是一个既把每一个国家隔离开来,又使它们相互间持久地联系起来的时代。我们已穿过了艰苦的开端,进入了社会在世界规模上存在的领域,建立世界社会的意识已开始在人们的头脑中产生。真正意义的世界国家还不存在,因为作为其组成部分的各个国家就其功能的发展水平而言,仍还只是原始的部落。至于所谓的国际法也仅仅是世界范围的原始法——国家法被认为是作为处理国家和公民之间事务的——因为国际法的内容是通过谈判、条约、结盟的形式来确定和商议的。此外,在国际法交往中的流行惯例被默认,或者为国际法院的判决和仲裁加以确认,这种惯例是国际法内容的另一个主要渊源。国际法还包括一些没有法律强制的实体性规范。

不论空想家期望着什么,武力和武力威胁仍然在决定国际行为中起着极其重要的作用,这同它在氏族社会是一样的。看来,只有把武力和武力威胁置于世界国家的控制之下,才能清除这种情况。不过遗憾的是,目

前国际社会仍处于无政府和无法的状态。

在漫长的人类历史的长河中，我们正要重新面临一种从空白开始的立法任务。如果这个任务没有完成，社会就会陷入不堪设想的状况，我们就会面临惨不忍睹的社会前景。我们的研究表明，随着原始社会的扩大，在我们所了解到的范围内，那些能够幸存下来的人们，在各自所在的社会发展阶段里，都在某种程度上经历了随着法律范围的扩大而创造有效的法律程序，使社会权力在紧急状态下发生作用的限制和分配的情况。如果不这样做，那么这些法律制度就不会延续下来供我们研究了。

没有哪一个原始社会能够一举取得现在这种法律的程度，也不可能 332
有哪些人能找到一个不通过法律而取得和平的更好的世界，除非他有挥一下手就建立世界社会的本事。

世界法是伴随着真诚联合的世界公社而出现的。就利益冲突的危机时刻而言，受到限制的一个国家的利益一定没有整个世界实体的利益的意义大，这正像比较简单的原始社会或氏族的自身意义没有部落和部落联盟的意义重大一样。没有公社就没有法律，没有法律公社也不能长久维持下去。

今天和将来摆在我们面前的课题是，如果亚公社、民族和城市要幸存下去，那么新的法律制度就必须被创造出来。

古老的民族联盟已经走完了颤抖的一步，人类失足和摔跤了，但人类并未因此灰心，联合国已经迈出了新的步伐，在国际社会中，尽管它还没有创造出什么新方法，还没有产生新的控制工具，还没有把武力和武力威胁置于世界国家的控制之下，但这个过程的核心正是一环环地实现世界法律制度大统一。《联合国宪章》只是其开始，它是各种组织和法律赖以建立的依据。《人权法案》则在世界范围内对人权的基本原理作了系统表述。

就现代社会的整个控制过程而言，政府机器还是十分必要的，但无法律的政府必然会阻碍政府机关提高工作效率。对全局而言，这些都是核心的和重要的问题。我们大声呼吁应该立刻进行排除与现状不适宜的世界法，用清楚的术语创造世界大同的事业。天才的预言家认为我们所需要的事业就是将来可能产生的事业。制定出来的世界法应该是经过千锤

百炼的和对现有争端的解决起催化作用的一种特殊的规范体系。像大部
333 分关键性法律一样,它应该适合于协调各种社会利益,应该把自己发展成为一个行为规范体系。这些就是关于它的基本设想。如果它完全实现,那么,对物质自然界、观念世界和社会中的人们的关系来说,它将有一个一般同意的最低限度。重要的和有价值的第二步是,对当代世界的主要法律制度进行深入的分析,以便寻找隐藏在各国法律后面的被人们感知的基本原理。在这些认识问题被解决之后,接着就需要许多聪明才智的人分别到全世界的最少24个不同的地区,去调查研究法律的各种社会联系。人类会第一次清楚地看到,伟大的社会生活和法律制度的共同意志被放置在什么地位,在那里我们会发现,在共同的基本原理和价值观念上所建立的世界国家;同时,真正的基本冲突点,为了消除它也会被揭示出来。

法是为固定的目的服务的,对此应进一步引起注意,因为它的增长直接显示着文明的命运。就国际社会的未来蓝图而言,为了使从原始法到现代法的发展过程清楚和具体化,我们有必要去研究比较法学,使其促进从原始法到现代法的变化过程。

如果实现世界法的使命落到了我们的时代,在法律历史上,我们将为自己有幸遇到这样一个伟大的立法活动而感到无比的荣幸。

附录 I :原版参考文献

Bibliography

(Titles marked with an asterisk are cited).

Adam, Leonhard, "Criminal Law and Procedure in Nepal", *Far Eastern Quarterly*, 9:146-168(1950).

——"Methods and Forms of Investigating and Recording of Native Customary Law in the Netherlands East Indies Before the War." (Mimeographed, African Institute, Leiden, 1948)

——"The Social Organization and Customary Law of the Nepalese Tribes", *American Anthropologist*, 38: 533-547 (1936).

* Aldridge, A. O., "The Meaning of Incest from Hutcheson to Gibbon", Ethics, 61:303-313(1951).

* Austin, John, *Lectures on Jurisprudence*, rev. ed., ed. R. Campbell (1869).

* Baldwin, W. D., ed., *Bouvier's Law Dictionary* (Cleveland, 1934).

* Barton, R. F., Ifugao Law (University of California

Publications in American Archaeology and Ethnology, Vol. 15, 1919), pp. 1-186.

* ——*Philippine Pagans: The Autobiographies of Three Ifugaos* (London, 1935).

* ——*The Half Way Sun: Life Among the Headhunters of the Philippines* (New York, 1930).

* ——*The Kalingas: Their Institutions and Custom Law* (Chicago, 1949).

* Benedict, R. F., *Patterns of Culture* (Boston and New York, 1934).

* ——*The Guardian Spirit Complex in North America* (American Anthropological Association, Memoir 29, 1923).

Bernard, Jessie, "Political Leadership among North American Indians", *American Journal of Sociology*, 34:296-315(1928).

* Birket-Smith, K., *The Country of Eggedesminde and its Inhabitants* (Medelelser on Gronland, Vol. 66, 1924).

* ——*The Eskimos* (New York, 1936).

* Boas, Franz, ed., *General Anthropology* (New York, 1938).

* ——*The Central Eskimos* (Bureau of American Ethnology, Annual Report 6, 1888) pp. 399 – 669.

* ——*The Eskimo of Baffinland and Hudson Bay* (American Museum of Natural History, Bulletin 15, 1997).

* Bodenheimer, Edgar, *Jurisprudence* (New York, 1940).

* Boerenbeker, E. A., *Het adatrecht de inlanders in de jurisprudentie*, 1923-1933 (Bandung, 1935).

* Brown, G., *Melanesians and Polynesians* (London, 1910).

Bullock, C., *Mashona : Laws and Customs* (Salisbury, 1913).

——*The Mashona: The Indigenous Natives of S. Rhodesia* (Cape Town, 1938).

Burrows, E. G., "Breed and Border in Polynesia", *American Anthropologist*, 41: 1-21(1939).

* Busia, K. A., *The Position of the Chief in the Modern Political System of Ashanti: A Study of the Influence of Contemporary Social Changes on Ashanti Political Institutions* (Oxford, 1951).

Cairns, Huntington, "Law and Anthropology" in V. F. Calverton, ed., *The Making of Man* (New York, 1931), pp. 331-362.

* ——*Law and the Social Sciences* (New York, 1935).

Calhoun, G. M., *The Growth of Criminal Law in Ancient Greece* (Berkeley, 1927).

* Cardozo, B. N. *The Growth of the law* (New Haven, 1924).

* ——*The Nature of the Judicial Process* (New Haven, 1921).

Cherry, R, R., *Lectures in the Growth of Criminal Law in Ancient Communities* (London and New York, 1890).

* Codere, Helen, *Fighting With Property: A Study of Kwakiutl Potlatching and Warfare*, 1792-1930 (American Ethnological Society, Monograph 18, 1950).

* Cohen, M. R., *Law and the Social Order* (New York, 1937).

* Cole, G. D. H., "Inheritance", Encyclopedia of the Social Sciences, VIII (1932), 35-43.

Colton, H. S., *A Brief Survey of Hopi Common Law* (Museum Notes, Museum of Northern Arizona, Vol. 6, No. 7, 1934).

* Cook, W. W., "Hohfeld's Contributions to the Science of Law", *Yale Law Journal*, 28:721-738 (1919).

* ——"Ownership and Possession", *Encyclopedia of the Social Sciences*, XI (1933), 521 525.

* Corbin, A. L., "Legal Analysis and Terminology", *Yale Law Journal*, 29: 163 (1919).

Cory, H., and Hartnoll, M. M., *Customary Law of the Haya Tribe, Tanganyika Territory* (London, 1945).

Coxhead, J. C. C., *The Native Tribes of N. E. Rhodesia, Their Laws and Customs* (Rhodes-Livingston Institute, 1914).

* Crane, W. K., *Kwakiutl, Haida and Tsimshian: A Study in Social Control* (unpublished M. A. thesis, University of Utah, 1951).

Danquah, J. B., Gold Coast: *Akan Laws and Customs and the Akim Akuakwa Constitution* (London, 1938).

* Dawson., *Australian Aborigines* (London, 1881).

de Jong, P. E. de J., *Minangkabau and Negri Sembian: Socio-Political Structure in Indonesia* (Leiden, n. d.).

* Diamond, A. S., *Primitive Law* (London, 1935).

* Driberg, J. H., "Primitive Law in East Africa", *Africa*, 1:63-72 (1928).

Dundas, C., "Native Laws of Some Bantu Tribes of East Africa", *Journal of the Royal Anthropological Institute*, 51:217-278(1921).

——"The Organization and Laws of Some Bantu Tribes", *Journal of the Royal Anthropological Institute*, 45:234-306(1915).

Durham, M. E., *Some Tribal Origins, Laws, and Customs of the Balkans* (London, 1928).

* Dukheim, Emile, *Les formes elementaires de la vie religieuse; le system totemique en Australie* (Paris, 1912).

* Ehrlich, Eugen, *Fundamental Principles of the Sociology of Law*, tr. E. Moll (Cambridge, 1936).

Elias, J. O., *Groundwork of Nigerian Law* (London, 1954).

Elkin, A. P., "Aboriginal Evidence and Justice in North Australia", *Oceania*, 17:173-210(1947).

Elwin, Verrier, *Maria Murder and Suicide*, 2nd ed. (Bombay, 1950).

* Enthoven, K. L. J., *Het adatrecht de inlanders in de jurisprudentie*, 1849-1912(Leigden, 1912).

* Evans-Pritchard, E. E., "Sorcery and Native Opinion", *Africa*, 4:22-55 (1931).

* ——*Witchcraft, Oracles and Magic Among the Azande* (Oxford, 1937).

Firth, R. W., *Human Types* (London, 1938).

* Fortes, Meyer, ed. *Social Structure: Studies Presented to A. R. Radcliffe-Brown* (Oxford, 1949).

* ——"Time and Social Structure: An Ashanti Case Study", in Meyer Fortes, ed., *Social Structure.*

* ——and E. E. Evans-Pritchard, eds., *African Political Systems* (Oxford, 1940).

* Fortune, R. F., "Law and Force in Papuan Societies", *American Anthropologist*, 49:244-259(1947).

* ——*Sorcerers of Dobu: The Social Anthropology of the Dobu Islanders of the Western Pacific* (New York, 1932).

* Frank, Jerome, "Lawlessness", *Encyclopedia of the Social Sciences*, IX

(1933), 277-279.

* Frazer, J. G., Preface, in B. Malinowski, *Argonauts of the Western Pacific* (London, 1922), pp. vii-xiv.

* Freuchen, Peter, *Arctic Adventure*, *My Life in the Frozen North* (New York, 1935).

Fyzee, A. A. A., Outlines of Mohammedan Law, 2nd rev. ed. (London, 1954).

* Garber, C. K., "Eskimo Infanticide", *Scientific Monthly*, 64: 98-102 (February 1947).

* Garfield, Viola, *Tsimshain Clan and Society* (University of Washington Publications in Anthropology. Vol. 7, 1939), pp. 167-340.

* Gillin, J. P., "Crime and Punishment Among the Barama River Carib", *American Anthropologist*, 36:331-344(1934).

* ——"Custom and the Range of Human Response", *Character and Personality*, 13:101-134(1934).

* Gluckman, Max, *The Judicial Process Among the Barotse of Northern Rhodesia* (Manchester, 1954).

* Goldschmidt, Walter, "Ethics and the Structure of Society: An Ethnological Contribution to the Sociology of Knowledge", *American Anthropologist*, 53:506-524 (1951).

* Gomme, G. L., *Primitive Folk Moots or Open-Air Assemblies in England* (London, 1880).

* Gongora, M., *El estado en el derecho indiano*; *epoca de fundacion* (1492-1570) (Santiago de Chile, 1951).

Green, M. M., *Ibo Village Affairs*: *Chiefly with Reference to the Village of Umu eke Agaja* (London, 1947).

* Grinnell, G. B., *The Cheyenne Indians*: *Their History and Way of Life*, 2 vols. (New Haven, 1923).

Gutmann, Bruno, *Das Recht der Dschagga* (Munich, 1926).

* Haar, B. ter, *Adat Law in Lindonesia*, tr. and ed. with an introduction by E. A. Hoebel and A. A. Schiller (New York, 1948).

Hailey, M. H., *An African Survey*: *A Study of Problems Arising in Africa South of the Sahara* (London, 1938).

Hall, R. de Z., "The Study of Native Court Records as a Method of Ethnological Inquiry", *Africa*, 11:412-427(1938).

* Hallowell, A. I., "Psychological Leads for Ethnological Field Workers" (mimeographed: National Research Council, 1937); reprinted in D. G. Haring, ed., *Personal Character and Cultural Milieu*, rev. ed. (Syracuse, 1949), pp. 292-348.

Hamilton, R. W., "East African Native Laws and Customs", *Journal of Comparative Legislation*, ii: 181-195(1910).

Harley, G. W., *Masks as Agents of Social Control in Northeast Liberia* (Papers of the Peabody Museum of American Archaeology and Ethnology, Harvard University, 32, No. 2; 1950).

* Harrasser, A., *Die Rechtsverletzung bei den australischen Eigneborenen* (Beila geheft zur vergleichende Rechtswissenschaft, Vol. 50, 1936).

Harries, C. L., *Notes on Sepedi Laws and Customs* (Pretoria, 1909).

——*The Laws and Customs of the Bapedi and Cognate Tribes of the Transvaal*, rev. ed. (Johannesburg, 1929).

* Hartland, E. S., *Primitive Law* (London, 1924).

Hasluck, M., *The Unwritten Law of the Albanian Mountains* (Cambridge, Eng., 1954).

* Hawkes, E. W., *The Labrador Eskimo* (Memoir 91 of the Geological Survey of Canada, Anthropological Series No. 14, 1916).

* Herskovits, M. J., "A Note on 'Woman Marriage' in Dahomey", *Africa*, 10:335-341(1937).

* ——"The Ashanti Ntoro: a Re-examination", Journal of the Royal, *Anthropological Institute*, 67:287-296(1937).

* ——"The Hypothetical Situation: a Technique of Field Research", *Southwestern Journal of Anthropology*, 6:1-20(1950).

Hill, W. W., "Notes on Pima Land Law and Tenure", *American Anthropologist*, 38: 586-589(1936).

Hobhouse, L. T., *Morals in Evolution: A Study in Comparative Ethics*, 7th ed. (London, 1950).

* ——G. C. Wheeler, and M. Ginsberg, *The Material Culture and Social Institutions of the Simpler Peoples* (London, 1915).

Hodgson, B. H., "Some Account of the Systems of Law and Police as Recognized in the State of Nepal", *in Miscellaneous Essays Relating to Indian Subjects* (London, 1880), XI, 211-250.

* Hoebel, E. A., "Fundamental Legal Concepts as applied in the Study of Primitive Law", *Yale Law Journal*, 51:951-966(1942).

* ——"Law-ways of the Primitive Eskimos", *Journal of Criminology and Criminal Law*, 31:663-683(1941).

* ——*Man in the Primitive World: An Introduction to Anthropology* (New York, 1949).

* ——"Primitive Law and Modern" (*Transactions of the New York Academy of Sciences*, Series II, Vol. 5, 1942), pp. 30-41.

* ——*The Political Organization and Law-ways of the Comanche Indians* (American Anthropological Association, Memoir 54: Contributions from the Santa Fe Laboratory of Anthropology, 4, 1940).

* ——A. A. Friedrich, P. W. Tappan, and J. Nathanson, *The Social Meaning of Legal Concepts: I, The Inheritance of Property and the Power of Testamentary Disposition* (New York, 1948).

* Hogbin, H. I., *Law and Order in Polynesia: A Study of Primitive Legal Institutions* (New York, 1934).

——"Social Reactions to Crime, Law and Morals in the Schouten Islands, New Guinea", *Journal of the Royal Anthropological Institute*, 68:223-262(1939).

* Hohfeld, W. N., *Fundamental Legal Conceptions as Applied in Judicial Reasoning and Other Essays*, ed. W. W. Cook (New York, 1923).

* Holland, T. E., *The Elements of jurisprudence*, 8th ed. (New York, 1896).

Holleman, J. F., *Shona Customary Law: With Reference to Kinship, Marriage, the Family and the Estate* (London, 1952).

* Holm, G., *Ethnological Sketch of the Angmagssalik Eskimos* (Medelelser on Gronland, Vol. 39, 1914).

* Holmes, O. W., Jr., "Law in Science and Science in Law", *Harvard Law Review*, 12:443-463(1899).

* ——*McDonald v. Maybee*, 243 U. S. Reports, pp. 90 – 91.

* ——*The Common Law* (Boston, 1881).

* ——"The Path of the Law", *Harvard Law Review*, 10:457-478(1897).

* Hooton, E. A., *Man's Poor Relations* (Garden City, 1942).

* Howe, M. de W., *Holmes-Pollock Letters: The Correspondence of Mr. Justice Hole ms and Sir Frederick Pollock* 1874-1932,2,vols. (Cambridge,1942).

Howell, P. P., *A Manual of Nuer Law* (London, 1954).

* Howitt, A. W., *Native Tribes of South-East Australia* (London, 1994).

Hozumi, Nobushigi, *Ancestor Worship and Japanese Law* (Tokyo, 1901).

Hudson, A. E., and E. Bacon, "Social Control and the Individual in eastern Hazara Culture", in L. Spier, A. I. Hallowell, and S. Newman, eds. *Language, Culture and Personality, Essays in Honor of Edward Sapir* (Menasha, 1941), pp. 239-258.

* Hull, C. L., *Principles of Behavior* (New York, 1943).

* Human Relations Area Files, Inc., *Outline of Cultural Materials*, 4rd ed. (New Haven, 1950).

* Jablow, Joseph, *The Cheyennes in Plains Indian Trade Relation*, 1795-1840 (American Ethnological Society, Monograph 1i, 1951).

Jackson, H. M. G., "Some Reflections on the Relation of Law to Social Anthropology", *South African Journal of Science*, 24:549-552 (1927).

* Jeffreys, M. D. W., review of M. M. Green's Ibo Village Affairs, in African Sutdies, 9:99-104(1950).

* Jenness, Diamond, *Life of the Copper Eskimo* (Report of the Canadian Arctic Expedition 1913-1918, Vol. 12, 1922).

* Jhering, Rudolf von, *Law as Means to an End*, *trans.* I. Husik (New York, 1924).

Jolly, J., *Hindu Law and Custom* (Calcutta, 1928).

Jolowicz, H. F., "The Assessment of Penalties in Primitive Law" (Cambridge Legal Essays, 1926), pp. 203-222.

Kaberry, Phyllis, "Law and Political Organization in the Abelam Tribe, New Guinea", *Oceania*, 12:79 ff., 208ff., 331ff. (1942).

Katz, Dainel and R. L. Schancek, *Social Psychology* (New York, 1938).

* Kluckhohn, Clyde, *Mirror for Man*: *The Relation of Anthropology to Modern Life* (New York, 1949).

* ——"Values and Value-Orientations in the Theory of Action: An exploration in Definition and Classfication", in Talcott Parsons and E. A. Shils, eds. *Towarda General Theory of Action* (Cambrige, 1951).

* Kocourek, A., "The Centry of Analytical Jurisprudence Since John Austin", in A. Reppy, ed., *Law*: *A Century of Progress*, 3 vols. (New York, 1937), II, 195-230.

* ——And J. Wigmore, *The Evolution of Law*: I, *Sources of Ancient and Primitive Law*; II, *Primitive and Ancient Legal Institutions* (Boston, 1915).

* Koning, H., "Das Recht der Polar Vōlker", *Anthropos*, 22:689-746(1927).

* ——"Der Rechtbruch und sein Ausgleich bei den Eskimo", *Anthropos*, 18 (1923), 19(1924).

Kohler, Joseph, "Das Recht der Aranda und Loritja", *Zeitschrift fur vergleich ende Rechtswissenschaft*, 34:234-262(1916).

* ——"Fragebogen zur Erforschung der Rechtsverhaltnisse der sogenannten Natur volker, namenthich in den deutschen Koloniallander", *Zeitschrift fur vergleichen de Rechtswissentschaft*, 12:427-440(1879).

* ——*The Philosophy of Law*, *tr. A. Albrecht*(New York, 1921).

* Kohler, Wolfgang, *The Mentality of Apes* (New York, 1925).

Koppers, William, "Stammesgliederung und Strafrecht der hauplingslosen Jamana auf Feuerland", *Proceedings of the 22nd International Congress of Americanists* (Rome, 1926).

* Kroeber, A. L., *Anthropology*, rev. ed. (New York, 1948).

* ——*Handbook of the Indians of California* (Bureau of American Ethnology, Bulle tin 78, 1925).

* ——"The Superorganic", *American Anthropologist*, 19: 163-213 (1917), reprinted in *the Nature of Culture* (Chicago, 1952), pp. 22-51.

* ——"Yurok Law", *Proceedings of the 22nd International Congress of Americanists*(Rome, 1926), pp. 511-516.

Kuper, Hilda, *An African Aristocracy*: *Rank Among the Swazi* (Oxford, 1947).

* Lawrence, W. E., "Alternating Generations in Australia", in G. P.

Murdock, ed., *Sutdies in the Science of Soiciety*(New Haven, 1937).

* Lee, Otis, "Soical Values and the Philosophy of Law", *Virginia Law Review*, 32: 802-817(1946).

* Levi, E. H., *An Introduction to Legal Reasoning* (Chicago, 1948).

Lewin, Julius, *A Short Survey of Native Law in South Africa* (Johannesburg, 1941).

——*An Outline of Native Law*(Johannesburg, 1944).

——"Native Law and Its Background: The Laiits of Tribal Law in Modern Bantu Life", *Race Relations*, 7:42-48(1940).

——*Studies in African Native Law* (Philadelphia, 1948).

——"The Recording of Native Law and Custom", *Journal of the Royal African Soicety*, 37:483-493(1938).

* Lintion, Ralph, *The Cultural Background of Personality* (New York and London, 1945).

* ——ed., *The science of Man in the World Crisis* (New York, 1945).

* ——*The Study of Man* (New York, 1936).

——"Universal Ethical Principles: An Anthropological View", in R. N. Anshe, ed., *Moral Principles of Action: Man's Ethical Imperatives* (New York, 1951), chap xxxii.

* Lips, J. E., "Government", in Franz Boas, ed., General Anthropology (Boston,1938), chap. x.

* ——*Naskapi Law* (Transactions of the American Philosophical Society, Vol. 37, Pt. 4,1947).

* Llewellyn, K. N., "Hohfeld, Wesley Newcomb", *Encyclopedia of the Social Sciences*, VII (1932), 400-401.

* ——Introduction to "Pueblo Law and Social Control" (MS.).

* ——*The Bramble Bush: Lectures on Law and Its Study* (New York, 1930).

* ——"The Normative, the Legal, and the Law-jobs: The Problem of Juristic Method", *Yale Law Journal*, 49:1355-1400(1940).

* ——"The Theory of Legal Science", *North Carlina Law Review* 20:7(1941).

* ——and E. A. Hoebel, *The Cheyenne Way: Conflict and Case Law in Primitive Jurisprudence*(Norman,1941).

Lowie, R. H., "Anthropology and Law", in H. F. Ogburn and A. Goldenweiser, eds. *The Social Sciences* (New York, 1927).

* ——"Incorporeal Property in Primitive Society", *Yale Law Journal*, 37:551-563(1928).

* ——*The Origin of the State* (New York, 1927).

* ——*Primitive Religion* (New York, 1924).

* ——*Primitive Society* (New York, 1920).

——"Property Rights and Coercive Powers of Plains Indian Military Societies", *Journal of Political and Legal Sociology*, 1:59-71(1943).

——"Some Aspects of Political Organization Among the American Aborigines" (*Huxley Memorial Lecture of* 1948, *The Royal Anthropological Institute*).

* Lynd, R. S. and H. M., *Middletown* (New York, 1929).

* MacIver, R. M., "Government and Property", *Journal of Legal and Political Sociology*, 4:5-18(1946).

* ——*Society: Its Structure and Changes* (New York, 1931).

MacLeond, W. C., "Aspects of the Earlier Development of Law and Punishment", *Journal of Criminal Law and Criminology*, 22:169-190(1932).

* Maine, H. S., *Ancient Law: Its Connection with the Early History of Ideas, and Its Relation to Modern Ideas*, 3rd American ed. (New York,1879).

* ——*Dissertations on Early Law and Custom* (London, 1883).

* Malinowski, Bronislaw, *Argonauts of the Western Pacific: An Account of Native Enterprise and Adventure in the Archipelagoes of Melanesian New Guinea* (London, 1922).

* ——*Coral Gardens and Their Magic: A Study of the Methods of Tilling the Soil and of Agricultural Rites in the Trobriand Islands*, 2 vols. (London and New York,1935).

* ——*Crime and Custom in Saveage Society* (New York, 1926).

* ——"Culture",*Encyclopedia of the Social Sciences*, IV (1931), 621-645.

* ——"The Forces of Law and Order in a Primitive Community", *Proceedings of the Royal Institution of Great Britain*, XXIV (1925), 529-547.

* ——*Freedom and Civilization* (New York, 1944).

* ——"A New Instrument for the Study of Law-Especially Primitive", *Lawyers*

Guild Review, 2:1-12(1942); also *Yale Law Journal*, 51:1237-1254(1942).

* ——"Primitive Law and Order" (*Nature*, Vol. 118, Supplement, 1926), pp. 9-16.

* ——*The Sexual Life of Savages in Northwestern Melanesia: An Ethnographic Account of Courtship, Marriage, and Family Life Among the Natives of the Trobriand Islands, British New Guinea* (London, 1929).

* ——"War and Weapons Among the Natives of the Trobriand Islands", *Man*, 21:10-12(1920).

* Marrett, R. H., "Law (Primitive)", *in Encyclopedia Britannica*, 14th ed. (1949).

——"The Nature of Sanction in Primitive Law", *Zeitschrift Fur vergleichende Rechtswissenschaft*,50:63-69(1936).

* Marshall, Robert, *Arctic Village* (New York, 1933).

* Marx F. M., "Administative Ethics and the Rule of Law" (MS.).

* Masserman, J. H., *Principles of Dynamic Psychiatry, Including and Integrative Approach to Abnormal and Clinical Psychology* (Philadelphia, 1946).

* Mead, Margaret, " Native Languages as Field Work Tools", *American Anthropologist*, 41:189-205(1939).

* ——*Social Organization of Mauna* (Bernice P. Bishop Museum, Bulletin 76, 1930).

Meek, C. K., *Land Law and Custom in the Colonies*, 2nd ed. (London, 1949).

——*Law and Authority in a Nigerian Tribe*(London,1937).

Meinhof, C., *Africansiche Rechtsgebrauche* (Berlin, 1914).

* Meulen, J. E. van der, *Het Adatrecht de inlanders in de jurisprudentie*, 1912-1923(Leiden, 1924).

* Mishkin, Bernard, *Rank and Warfare Among The Plains Indians* (American Ethnology Society, Monograph 3,1940).

Moor, L., *Malabar Law and Customs* (Madras, 1905).

Moss, C. R., *Nabaloi Law and Ritual* (University of California Publications in American Archaeology and Ethnology, Vol. 15,1920), pp. 207-343.

* Murdock, G. P., "Bronislaw Malinowski", *American Anthropologist*, 45:

445-451(1943).

* ——"Double Descent", *American Anthropologist*, 42:555-561(1940).

* ——"The Common Denominator of Culture", in Ralph Linton, ed., *The Science of Man in the World Crisis* (New York, 1945).

* ——"The Science of Culture", *American Anthropologist*, 34: 200-215 (1932).

* ——*Social Structure* (New York, 1949).

Nadel, S. F., "Land Tenure on the Eritrean Plateau", *Africa*, 16:1-22(1846).

* Nelson, E. W., *The Eskimo About Bering Strait* (Bureau of American Ethnology, Annual Report 17, 1899).

Newell, W. B., *Crime and Justice Among the Iroquois Indians* (unpublished M. A. the sis, University of Pennsylvania, 1934).

Noon, J. A., *Law and Government of the Grand River Iroquois* (Viking Fund Publications in Anthropology, No. 12, 1949).

Northrop, F. S. C., "Criterion of Universal Ethical and Legal Norms", in R. N. Anshen, ed., *Moral Principles of Action: Man's Ethical Imperative* (New York, 1952), chap. vii.

——"Philosophical Anthropology and World Law", *Transactions of The New York Academy of Sciences*, *series* II, No. 14(1951), pp. 109-112.

——"Jurisprudence in the Law School Curriculum", *Journal of Legal Education*, 1:482-494(1949).

Nunez, L. M., *Eldurecho Precolonial* (Encyclopedia Ilustrada Mexicana, No. 7, Mexico City, 1937).

* Oberg, K., "Crime and Punishment in Tlingit Society", *American Anthropology*, 36:145-146(1934).

* ——"The Kingdom of Ankole in Uganda", in M. Fortes and E. E. Evans-Pritchard d, eds., *African Political Systems*(Oxford, 1940), pp. 121-163.

* Opler, Marvin, review of B. B. Whiting, *Paiute Sorcery*, *Journal of American Folklore*, 64:241-243(1951).

* ——"Themes as Dynamic Forces in Culture", *American Journal of Sociology*, 51:198-206(1951).

* Oppenheimer, Franz, *The State* (New York, 1922).

O'Sulivan, H., "Dinak Laws and Customs", *Journal of the Royal Anthropological Institute*, 40:171-191(1910).

* Post, A. H., *Bausteine fureine allgemieine Rechtswissenschaft auf vergleichend-ethnologist Basis*, 2, vols. (Oldenburg, 1880-1881).

* ——*Einleitung in das Studine der ethnologischen Jurizprudenz* (Oldenburg, 1887).

* ——*Einleitung in eine Naturewissenschaft des Recites*, 2 vols. (Oldenburg, 1880-1887).

* ——*Grundriss der Ethnologichen Jurizprudenz*, 2 vols. (Oldenburg, 1894-1895).

* Potter, P. B., "Mediation", *Encyclopedia of the Social Sciences*, X (1933), 272-274.

* Pound, Roscoe, *Interpretations of Legal History* (Cambridge, 1923).

* ——"A Theory of Social Interests", *Publications of the American Sociological Society*, XV(1920),1 ff.

* Provinse, J. R., "The Underlying Sanctions of Plains Indian Culture", in F. Eggan, ed., *Social Anthropology of North American Tribes* (Chicago, 1937).

* Quain, B. H., "The Iroquois", in Margaret Mead, ed., *Cooperation and Competition Among Primitive Peoples* (New York, 1937).

* Radcliffe-Brown, A. R., "Law, Primitive", *Encyclopedia of the Social Sciences*, IX (1933), 202-206.

* ——"Patirlineal and Matrilineal Succession", *Iowa Law Review*, 20:286-303 (1935).

* ——Preface, in Meyer Fortes and E. E. Evans-Pritchard, eds., *African Political Systems*(Oxford, 1940),pp. xi-xiii.

* ——"Sanction, Social", *Encyclopedia of the Social Sciences*, XIII (1934), 531-534.

* ——"Social Organization of Australian Tribes", *Oceania*, 1:34-63,206-246, 322-341,426-456(1930-1931).

* ——*The Andaman Islands: A Study in Social Anthropology* (Cambridge, 1922).

* Radin, Max, "A Restatement of Hohfeld", *Harvard Law Review*, 51:1141-

1164(1938).

Ramsay, T. G., *Tsonga Law in the Transvaal* (Pretoria, 1941).

* Rasmussen, Kund, *Across Arctic America* (New York, 1927).

* ——Gronlandsagen (Berlin, 1922).

* ——*Intellectual Culture of the Iglulik Eskimo* (Reports of the Fifth Thule Expedition, 1921-1924, Vol. 7, 1929).

* ——*The People of the Polar North* (New York, 1908).

* Rattrary, R. S., *Ashanti* (Oxford, 1923).

* ——*Ashanti Law and Constitution* (Oxford, 1929).

* ——*Religion and Art in Ashanti* (Oxford, 1927).

* Redfield, Robert, " a ley primitive", *Revista Mexicana ed Sociological*, 3:17-44(1941).

* ——"Maine's Ancient Law in the Light of Primitive Societies", *Western Political Quarterly*, 3:574-589(1950).

* ——*The Primitive World and Its Transformations* (Ithaca, 1953).

Riasanovski, V. A., *Customary Law of the Nomadic Tribes of Siberia* (Tsiensin, 1938).

* Richardson, Jane, *Law and Status Among the Kiowa Indians* (American Ethnological Society, Monograph I, 1940).

Wiseman, David, "Toward an Anthropological Science of Law and the Legal Profession", *American Journal of Sociology*, 57:121-135(1951), reprinted in David Riesm *an Individualism Reconsidered and Other Essays* (Glencoe, 1954), chap. xxvii.

* Rivers, W. H. R., *Social Organization* (New York, 1924).

Robertson, J. A., "The Social Structure of, and Ideas of Law Among, Early Philippine Peoples; and a Recently Discovered Pre-Hispanic Ceremonial Code of the Philippine Islands", in H. M. Stephens, and H. E. Bolton, *The Pacific Ocean in History* (New York, 1917), pp. 160-191.

Rondnick, David, " Political Structure and Status Among the Assiniboine Indians", *American Anthropologist*, 39:408-416(1937).

* Roheim, Geza, "The Primeval Horde in Central Australia", *Journal of Comparative Psychopathology*, 3:454 – 460(1942).

Ross, E. A. , *Social Control: A Survey of the Foundations of Order* (New York, 1901).

Rowe, J. H. , "Inca Culture at the Time of the Conquest", in J. H. Steward, ed. , *Handbook of South American Indians*, 6 vols. (Bureau of American Ethnology, Bulletin 143, 1946), pp. 183-330.

Royal Anthropological Institute of Great Britain and Ireland, *Notes and Queries On Anthropology* (London, 1951).

Saleeby, N. M. , *Studies in Moro History, Law and Religion* (Manila, 1905).

* Salmond, J. W. , *Jurisprudence*, 7th ed. (New York, 1924).

* Sapir, Edward, *Language: An Introduction to the Study of Speech* (New York, 1939).

* Sargent, S. S. , and M. W. Smith, eds. , *Culture and Personality* (New York, 1949).

Schapera, Isaac, *A Handbook of Tswana Law and Custom* (London, 1938).

* ——*Tribal Legislation Among the Tswana of the Bechuanaland Protectorate: A Study in the Mechanism of Cultural Change* (The London School of Economics and Political Science, Monographs on Social Anthropology, No. 9, 1943).

Schechter, F. I. , "Law and Morals in Primitive Trade", in *Essays in Tribute to O. K. McMurray* (Berkeley, 1935).

Schiller, A. A. , "Conflict of Laws in Indonesia", *The far Eastern Quarterly* (November 1942), pp. 31-47.

——"Pacific Affairs Bibliographies: No, II: Native Customary Law in the Nether lands Indies", *Pacific Affairs*, 9(1936).

* Schultz-Ewart, Erich, and L. Adam, *Das Eingeborenenrecht: Sitten und Gewohnhei stretches der Eingeborenen der ehemaligen deutschen Kolonien in Africa und der Sudsee*, 2 vols. (Stuttgart, 1929).

* Seagle, William, "Kohler, Joseph", *Encyclopedia of the Social Sciences*, VIII (1932), pp. 587-588.

* ——"Primitive Law and Professor Malinowski", *American Anthropologist*, 39:275-290(1937).

* ——*The Quest for Law* (New York, 1941).

Seebohm, Frederic, *Tribal Custom in Anglo-Saxon Law, being an essay supplement al to* (1) The English Village Community (2) The Tribal System in Wale's, (London, 1911).

Seymour, W. M., *Native Law and Custom, being a compendium of the recognized Native customs in force in the Native Territories of the Colony of the Cape of Good Hope, together with legislative amendments and reports of some of the more important decisions of the Native Appeal Court of Griqualand East*, 1901-1909 (Cape Town, 1911).

Simons, H. J., "The Study of Native Law in South Africa", *Bantu Studies*, 12: 237-242 (1938).

* Simpson, S. P., and Ruth Field, " Law and the Social Sciences", *Virginia Law Review*, 32:855-867 (1946).

* Spott, R., and A. L. Kroeber, *Yurok Narratives* (University of California Publications in American Archaeology and Ethnology, Vol. 35, 1943), pp. 143-256.

Stair, J. B., *Old Samoa* (London, 1897).

Stafford, W. G., *Native Law as Practiced in Natal* (Witwatersrand, 1935).

* Steward, J. H., *Basin-plateau Aboriginal Socio-political Groups* (Bureau of American Ethnology, Bulletin 120, 1938).

* Stone, Julius, *The Province and Function of Law: Law as Logic, Justice and Social Control: A Study in Jurisprudence* (Cambridge, 1950).

* Strehlow, C., *Die Aranda und Loritja-Stämme in Zentral-Australine*, ed. M. von Leonhardi (Veroffentlichungen des Volker-Museums, Frankfurt-am-Main, 1907-1920).

* Sumner, W. G., *Folkways: A Study of the Sociological Importance of Usages, Manners, Customs, Mores, and Morals* (Boston, 1906).

* Thalbitizer, W., *The Ammassalik Eskimo* (Medelelser on Gronland, Vol. 39, 1914).

* Thomas, W. I., *Primitive Behavior: An Introduction to the Social Sciences* (New York, 1937).

* Thurnwald, Richard, *Die Menschliche Gesllschaft*, 7 vols. (Berlin, 1931-1953).

——"Ermittlungen uber Eingeborenenrechte der Sudsee", *Zeitschrift fur vergl eichende Rechtswissenschaft*, 23:309-364 (1912).

——"The Role of Political Organization in the Development of Man, with Suggested Applications in the New World", in S. Tax, ed., *The Civilizations of Ancient America* (Chicago, 1951): pp. 280-284.

Trimborn, H., "Das Recht der Chibcha in Columbian", *Ethnological*, 4: 1-55 (1930).

——"Erin Mittelpunkt fur die ethnologische Rechtsforschung", *Anthropos*, 46: 995-996(1951).

——"Methode der Historischen Rechtsforschung", *Zeitschrift fur vergleichende Rechtswissenschaft*, 43:416-464(1930).

Tupper, L., "Customary and Other Law in the East Africa Protectorate", *Journal of Comparative Legislation*, 7:172-184(1907).

* Tylor, E. B., "On a Method of Investigating the Development of Institutions; Applied to Laws of Marriage and Descent", *Journal of the Royal Anthropological Institute*, 18:245-272(1888).

* Van Lonn, H. W., R. V. R., *The Life and Times of Rembrandt van Rijn* (New York, 1930).

* Vinogradoff, Paul, and Hugh Goitein, "Jurisprudence, Comparative", in *Encircle Epicedia Britannica*, 14th ed. (1949).

* ——"Customary Law", in C. G. Crump and E. F. Jacob, eds. *The Legacy of the Middle Ages* (Oxford, 1926), pp. 287-320.

* Wallace, Ernest, and E. A. Hoebel, *The Comanche's: Lords of the South Plains* (Norman, 1952).

* Wardle, H. H., "Gifts, Primitive", *Encyclopedia of the Social Sciences*, VI (1931), 657.

* Warner, E. M., "Murngin Warfare", *Oceania*, 1:457-477(1930).

* Weakland, J. H., "Method in Cultural Anthropology", *Philosophy of Science*, 18: 55-69(1951).

* Weyer, E. M., *The Eskimos* (New Haven, 1924).

Whitfield, G. M. B., *South African Native Law* (Cape Town, 1929).

* Whiting, B. B., *Paiute Sorcery* (Viking Fund Publications in Anthropology, 15,1950).

Williams, F. E., "Group Sentiment and Primitive Justice", *American*

Anthropologist, 43:523-539(1941).

Willinck, G. D., *Het Rechtsleven bij de Minangkabausche Maleiers* (Leiden, 1909).

Wilson, Godfrey, "Introduction to Nyakyusa Law", *Africa*, 10:16-36(1937).

Wilson, Monica, *Good Company*, *A Study of Nyakyusa Age-Villages* (London, 1951).

* Wissler, Clark, Introduction, in R. S. and H. M. Lynd, *Middletown* (New York, 1929).

* Yerkes, R. M. and A. W., *The Great Apes* (New Haven, 1929).

附录Ⅱ：参考文献中译文

伦哈德·亚当："尼泊尔的刑法和程序"，载《远东季刊》，9:146~168(1950年)。

——《战前荷属东印度群岛土著习惯法调查和记录的形式和方法》(油印本，非洲研究所，莱顿，1948年)。

——"尼泊尔人部落的社会组织和习惯法"，载《美国人类学家》，38:533~547(1936年)。

*A. O. 奥尔德里奇："乱伦的含义：从哈奇森到吉本"，载《伦理学》，61:303~313(1951年)。

*约翰·奥斯汀：《法理学讲义》，修订版，坎贝尔编(1869年)。

*W. D. 鲍德温编：《布维尔法律词典》(克利夫兰，1934年)。

*R. F. 巴顿：《伊富高法》(加利福尼亚大学出版，美洲考古学和民族学类卷15，1919年)，第1~186页。

*——《菲律宾异教徒：三个伊富高人的自传》(伦敦，1935年)。

*——《日照中天：菲律宾猎头民族的生活》(纽约，1930年)。

*——《卡林加人：他们的风俗和习惯法》(芝加哥，1949年)。

*R. F. 本尼迪克特：《文化模式》(波士顿和纽约，1934年)。

* ——《北美保护神的复合》(美国人类学协会,研究报告 29,1923 年)。

杰西·伯纳德:“北美印第安人中的政治领导”,载《美国社会学杂志》,34:296~315(1928 年)。

* K. 伯基特·史密斯:《艾格戴斯曼德国及其土著民》(《关于格陵兰的报道》,第 6 卷,1924 年)。

* ——《爱斯基摩人》(纽约,1936 年)。

* 波斯·弗兰兹:《普通人类学》(纽约,1938 年)。

* ——《中区爱斯基摩人》(美国民族学管理局,年度报告 6,1888 年)第399~669 页。

* ——《巴芬岛和哈得逊湾的爱斯基摩人》(美国自然历史博物馆,公报 15,1997 年)。

* 埃德加·博登海默:《法理学》(纽约,1940 年)。

* E. A. 博伦伯克:《从法理学看内地人的习惯法(1923~1933)》(万隆,1935 年)。

* G. 布朗:《美拉尼西亚人和波利尼西亚人》(伦敦,1910 年)。

C. 布洛克:《马绍纳人的法律和习惯》(索尔兹伯里,1913 年)。

——《马绍纳人:S. 罗得西亚的土著民》(开普敦,1938 年)。

E. G. 伯罗斯:“波利尼西亚的繁殖和边界”,载《美国人类学派》,41:1~21(1939 年)。

* K. A. 布西亚:《现代阿散蒂政治制度中首领的地位:当代社会变迁对阿散蒂政治制度影响的研究》(牛津,1951 年)。

亨廷顿·凯恩斯:“法律和人类学”,载 V. F. 卡尔弗特恩编:《人类的创造》(纽约,1931 年),第 331~362 页。

* ——《法律和社会科学》(纽约,1935 年)。

G. M. 卡尔霍恩:《古希腊刑法的成长》(伯克利,1927 年)。

* B. N. 卡多佐:《法律的成长》(纽黑文,1924 年)。

* ——《司法程序的性质》(纽黑文,1921 年)。

R. R. 彻里:《古代社会刑法的发展讲座》(伦敦和纽约,1890 年)。

* 海伦·科德尔:《财产竞赛:对夸扣特尔人的夸富宴及其冲突的研究(1792~1930)》(美国民族学会,专题报告 18,1950 年)。

* M. R. 科恩:《法律和社会秩序》(纽约,1937 年)。

* G. D. H. 科尔:“继承权”,载《社会科学百科全书》,Ⅷ(1932 年),第 35~43 页。

H. S. 科尔顿："霍皮人的习惯法述略"，载《博物馆评论》，北亚科桑博物馆，卷6，第7号，1934年。

＊W. W. 库克："霍菲尔德对法学的贡献"，载《耶鲁法学杂志》，28：721～738（1919年）。

＊——库克："所有权和占有"，载《社会科学百科全书》，Ⅺ（1933年），第521～525页。

＊A. L. 科尔宾："术语学和法律分析"，载《耶鲁法学杂志》，29：163（1919年）。

H. 科里和M. M. 哈特内尔：《坦噶尼喀境内海亚人部落的习惯法》（伦敦，1945年）。

J. C. C. 考克斯海德：《N. E. 罗得西亚的土著部落，他们的法律和风俗》（罗得斯—利文斯通研究所，1914年）。

＊W. K. 克兰：《夸丘特尔人、海达人和钦西安人：社会控制的研究》（未出版的硕士论文，犹他大学，1951年）。

J. B. 丹奎阿西：《黄金海岸：阿坎人的法律和风俗以及阿金阿夸克娃的政体》（伦敦，1938年）。

＊J. 道森：《澳大利亚的土著居民》（伦敦，1881年）。

德·琼和P. E. 德·J：《米南卡保人和尼格利·森比林人：印度尼西亚的社会政治结构》（莱顿，无日期）。

＊A. S. 戴蒙德：《原始法》（伦敦，1935年）。

＊J. H. 德赖伯格："东非的原始法"，载《非洲》，1：63～72（1928年）。

C. 邓达斯："东非某些班图部落的土著法"，载《皇家人类学研究所杂志》，51：217～278（1921年）。

——"某些班图部落的组织及其法律"，载《皇家人类学研究所杂志》，45：234～306（1915年）。

M. E. 德哈姆：《某些部落的来源，法律和巴尔干人的习惯》（伦敦，1928年）。

＊埃米尔·杜尔凯姆：《宗教生活的原始形态：澳大利亚的图腾制度》（巴黎，1912年）。

＊尤金·埃利希：《法律社会学的基本原理》，E. 莫尔翻译（剑桥，1936年）。

J. O. 伊莱亚斯：《尼日利亚法律的基础》（伦敦，1954年）。

A. P. 埃尔金："北澳大利亚土著人的举证和司法"，载《大洋洲》，17：173～210（1947年）。

维里尔·埃尔温:《马里亚人的自杀和杀人》,第2版(孟买,1950年)。

*K. L. J. 恩托文:《从法理学看内地人的习惯法(1849~1912)》(莱顿,1912年)。

*E. E. 埃文斯—普里查德:"邪巫术和土著人的评价",载《非洲》,4:22~55(1931年)。

*——《阿赞德人的魔法、神谕和巫术》(牛津,1937年)。

R. W. 费思:《人文类型》(伦敦,1938年)。

*迈耶·福塔斯编:《社会结构:纪念A. R. 拉德克利夫—布朗》(牛津,1949年)。

*——"时间和社会结构:一位阿散蒂人的个案研究",载迈耶·福塔斯编:《社会结构》。

*——和E. E. 埃文斯·普里查德编:《非洲的政治制度》(牛津,1940年)。

*R. F. 福琼:"巴布亚社会的法律和强制力",载《美国人类学家》,49:244~259(1947年)。

*——《多布人的邪术巫师:西太平洋多布岛人的社会人类学》(纽约,1932年)。

*杰罗姆·弗兰克:"非法",载《社会科学百科全书》,Ⅸ(1933年),第277~279页。

*J. G. 弗雷泽为B. 马林诺夫斯基《西太平洋上的亚尔古英雄》所作的序(伦敦,1922年),第vii~viv页。

*彼得·弗兰伊赤:《北极冒险——我在冰天雪地的北极的生命》(纽约,1935年)。

A. A. A. 菲赛:《伊斯兰教法律概要》,第2次修订版(伦敦,1954年)。

*C. K. 加伯:"爱斯基摩人的杀婴",载《科学月刊》,64:98~102(1947年2月)。

*维奥拉·加菲尔德:《钦西安人的氏族和社会》(华盛顿大学出版,人类学,卷7,1939年),第167~340页。

*J. P. 吉林:"在巴拿马河的加勒比人中的犯罪与惩罚",载《美国人类学家》,36:331~334(1934年)。

*——"人类反应的习惯和范围",载《性格人格》,13:101~134(1934年)。

*马克斯·格卢克曼:《罗得西亚北部巴罗策人社会的司法程序》(曼彻斯特,1954年)。

* 沃尔特·戈德施米特:“伦理规范与社会结构:民族学对知识社会的贡献”,载《美国人类学家》,53:506 ~ 524(1951 年)。

* G. L. 戈姆:《英格兰原始的民众集会或露天大会》(伦敦,1880 年)。

* M. 贡高拉:《印第安人法律的状况,创建时代(1492 ~ 1570)》(智利圣地亚哥,1951 年)。

M. M. 格林:《伊博村落纪事:主要与阿格巴加的乌姆厄科村落相对照》(伦敦,1947 年)。

* G. B. 格林内尔:《晒延印第安人:他们的历史和生活习俗》,两卷本(纽黑文,1923 年)。

布龙·古特梅因:《扎加人的法》(慕尼黑,1926 年)。

* B. 特尔·哈尔:《印度尼西亚的习惯法》,E. A. 霍贝尔和 A. A. 希勒编译并附有导言(纽约,1948 年)。

M. H. 黑利:《非洲探索:撒哈拉南部非洲问题的研究》(伦敦,1938 年)。

R. 德. Z. 霍尔:“研究当地法院的档案作为民族学调查的一种方法”,载《非洲》,11:412 ~ 427(1938 年)。

* A. I. 哈洛韦尔:《民族学田野工作者的心理学导引》(油印本,民族研究协会,1937 年);D. G. 哈林编:《个人性格与文化环境》,修订版,重印(锡拉丘兹,1949 年),第 292 ~ 348 页。

R. W. 汉密尔顿:“东非土著人的法律和风俗”,载《比较立法杂志》,ii:181 ~ 195(1910 年)。

G. W. 哈利:《利比里亚东北部具有社会控制力量的假面具》(《美国考古学和民族学皮尔鲍德博物馆论文集》,哈佛大学,卷 32,第 2 号,1950 年)。

* A. 哈拉塞尔:《澳大利亚土著居民的违法》(《比较法学副刊》,卷 50,1936 年)。

C. L. 哈里斯:《塞派迪人的法律和风俗评释》(比勒陀利亚,1909 年)。

——《德兰士瓦巴佩迪人和科格奈特人部落的法律和风俗》,修订版(约翰内斯堡,1929 年)。

* E. S. 哈特兰德:《原始法》(伦敦,1924 年)。

M. 哈斯勒克:《阿尔巴尼亚山脉的不成文法》(英国剑桥,1954 年)。

* E. W. 霍克斯:《拉布拉多的爱斯基摩人》(加拿大的地理勘探研究报告 91,人类学系列,第 14 号,1916 年)。

* M. J. 赫斯科维茨:“概述达荷美的‘妇女婚’评释”,载《非洲》,10:335 ~ 341

(1937 年)。

*——“对阿散蒂人恩拖罗的重新检讨”,载《皇家人类学研究所杂志》,67:287~296(1937 年)。

*——“情况假设:一种田野调整的方法”,载《西南人类学杂志》,6:1~20(1950 年)。

W. W. 希尔:“论皮马人的土地法和土地使用”,载《美国人类学家》,38:586~589(1936 年)。

L. T. 霍布豪斯:《道德的进化:道德观念的比较研究》,第 7 版(伦敦,1950 年)。

*——G. C. 惠勒和 M. 金斯伯格:《原始人的物质文化和社会制度》(伦敦,1915 年)。

B. H. 霍奇森:“尼泊尔国所确认的法律制度和管辖述略”,载有关印度问题的论文汇编,(伦敦,1880 年),Ⅺ,第 211~250 页。

*E. A. 霍贝尔:“研究原始法所运用的基本法律概念”,载《耶鲁法学杂志》,51:951~966(1942 年)。

*——“原始的爱斯基摩人的法律形式”,载《犯罪学与刑法杂志》,31:663~683,(1941 年)。

*——《原始世界中的人们:人类学导论》(纽约,1949 年)。

*——《原始法和现代》(《纽约科学院学报》,第Ⅱ辑,卷 5,1942 年),第 30~41 页。

*——《科曼契印第安人的政治组织和法律形式》(美国人类学协会,学会纪要 54:自圣菲人类学实验室的报告,1940 年 4 月)。

*——A. A. 弗里德利克、P. W. 塔潘和 J. 内桑森:《法律概念的社会意义:一、财产的继承和遗嘱的处置权》(纽约,1948 年)。

*H. I. 霍格宾:《波利尼亚的法律和秩序:原始法律制度的研究》(纽约,1934 年)。

——“新几内亚实珍群岛社会犯罪的反应以及法律和道德”,载《皇家人类学研究所杂志》,68:223~262(1939 年)。

*W. N. 霍菲尔德:《在司法推理和其他法律文献中适用的基本法律概念》,W. W. 库克编(纽黑文,1932 年)。

*T. E. 霍兰:《法理学基础》,第 8 版(纽约,1896 年)。

*J. F. 霍利曼:《绍纳人的习惯法:有关亲属关系、婚姻、家庭和财产等》(伦

敦,1952 年)。

* G. 霍尔姆:《昂马格萨林克爱斯基摩人的民族学随笔》(《有关格陵兰的报道》,39 卷,1914 年)。

* O. W. 霍姆斯法官:“科学的法学和法学中的科学”,载《哈佛法学评论》,12:443 ~463(1899 年)。

* ——“麦克唐纳德诉梅比”,载《美国案件汇编 243 号》,第 90 ~91 页。

* ——《普通法》(波士顿,1881 年)。

* ——“法律的道路”,载《哈佛法学评论》,10:457 ~478(1897 年)。

* E. A. 胡顿:《人类的远亲》(花园城,1942 年)。

* M. 德·豪:《霍姆斯与波洛克通信集:1874 ~1932 年霍姆斯法官先生与弗里德内克·波洛克爵士的通信》,2 卷本(剑桥,1942 年)。

P. P. 豪厄尔:《努埃尔人法律便览》(伦敦,1954 年)。

* A. W. 豪威特:《澳大利亚东南部的土人的部落》(伦敦,1904 年)。

诺布希吉·霍祖米:《祖先崇拜和日本法律》(东京,1901 年)。

A. E. 赫德森和 E. 培根:“东赫扎拉文化中的个人与社会控制”,载 L. 施皮尔 A. I. 哈洛韦尔和 S. 纽曼编:《语言、文化和人格,纪念爱德华·萨皮尔文集》(门阿萨,1941 年),第 239 ~258 页。

* C. L. 赫尔:《行为原理》(纽约,1943 年)。

*《人类关系领域文件汇编》,其中《文化材料目录》第 4 版(纽黑文,1950 年)。

* 约瑟夫·雅布隆:《平原印第安人贸易关系中的切依因纳人(1795 ~1840)》(美国民族学会,专题报告 1i,1951 年)。

H. M. G. 杰克逊:“对法律关系的某些社会人类学的思考”,载《南非科学杂志》,24:549 ~552(1927 年)。

* M. D. W. 杰弗里斯:“评 M. M. 格林的《伊博村落纪事》”,载《非洲研究》,9:99 ~104(1950 年)。

* 戴蒙德·詹内斯:《科珀爱斯基摩人的生命》(《加拿大极地探险队报告(1913 ~1918)》,卷 12,1922 年)。

* 鲁道夫·冯·吉赫林:《法作为达成目的的手段》, I. 胡塞克译(纽约,1924 年)。

J. 乔利:《印度的法律和风俗》(加尔各答,1928 年)。

H. F. 福洛维克茨:《对原始法中刑罚的评估》(《剑桥法学文集》,1926 年),第

203～222页。

菲利斯·卡伯里:“阿贝兰部落的法律和政治组织,新几内亚”,载《大洋洲》,12:79页以下,208页以下,331页以下(1942年)。

丹尼尔·卡茨和R.L.尚克:《社会心理学》(纽约,1938年)。

*克莱德·克拉克洪:《人类的镜子:人类学与现代生活的关系》(纽约,1949年)。

*——“行为理论中的价值观和价值取向:定义和分类研究”,载塔尔科特·帕森斯和E.A. 希利斯编:《一般行为理论探究》(剑桥,1951年)。

*A.科库莱克:“约翰·奥斯汀以来分析法学一百年”,载A. 雷比编:《法学:一个世纪以来的发展》,3卷本(纽约,1937年),Ⅱ,第195～230页。

*——和J. 威格莫尔:《法律的进化:一、原始法和古代法的渊源;二、原始的和古代的法律制度》(波士顿,1915年)。

*H.柯宁:“极地民族学中的法律”,载《人类学》,22:689～746(1927年)。

*——“爱斯基摩人的违法及其调解”,载《人类学》,18(1923年),19(1924年)。

约瑟夫·科勒:“阿兰达人和洛里查人的法”,载《比较法学杂志》,34:234～262(1916年)。

*——“研究所谓自然民族,特别是在德国殖民地的民族法律关系的调查表”,载《比较法学杂志》,12:427～440(1879年)。

*——《法哲学》,A. 阿尔布雷克特译(纽约,1921年)。

*沃尔夫风·科勒:《猿的智力》(纽约,1925年)。

威廉·科珀斯:“火地岛贾马纳人没有首领的部落组织及其刑法”,载《第22届美洲原始居民文化研究专家的国际会议文件汇编》(罗马,1926年)。

*A.L.克罗伯:《人类学》(纽约,1948年)。

*——《加利福尼亚的印第安人手册》(美国民族学管理局,公报78,1925年)。

*——“超机体”,载《美国人类学家》,19:163～213(1917年),重印载《文化的本质》(芝加哥,1952年),第22～51页。

*——“尤罗克人的法”,载《第22届美洲原始居民文化研究专家的国际会议文件汇编》(罗马,1926年),第511～516页。

希尔达·库珀:《非洲的一种贵族统治:斯威士人社会中的等级》(牛津,1947年)。

* W. E. 劳伦斯:“澳大利亚的世代交替”,载 G. P. 默多克编:《社会的科学研究》(纽黑文,1937 年)。

* 奥蒂斯 · 李:“社会的价值观和法哲学”,载《弗吉尼亚法学评论》,32:802 ~ 817(1946 年)。

* E. H. 利瓦伊:《法律推理导论》(芝加哥,1948 年)。

卢因 · 朱利叶斯:《南非土著法浅探》(约翰内斯堡,1941 年)。

——《土著法概论》(约翰内斯堡,1944 年)。

——“土著法及其背景:部落法在现代班图人的生活中的限制”,载《种族关系》,7:42 ~ 48(1940 年)。

——《非洲土著的研究》(费城,1948 年)。

——“土著法和习惯的记录”,载《皇家非洲学会杂志》,37:483 ~ 493(1938 年)。

* 拉尔夫 · 林顿:《人格的文化背景》(纽约和伦敦,1945 年)。

* ——《世界危机中的人文科学》(纽约,1945 年)。

* ——《人的研究》(纽约,1936 年)。

——“普遍的伦理规范:人类学的考察”,载 R. N. 安森编:《行为的道德准则:人类必须履行的伦理规范》(纽约,1951 年),第三十二章。

* J. E. 利普斯:“政府”,载弗朗兹 · 博厄斯编:《人类学总论》(波士顿,1938 年),第十章。

* ——《纳斯卡皮人的法》(美国哲学学会通讯第 37 卷,第 4 部分,1947 年)。

* K. N. 卢埃林:“威斯利 · 纽考比 · 霍菲尔德”,载《社会科学百科全书》,Ⅶ(1932 年),第 400 ~ 401 页。

* ——为《普埃布洛法和社会控制》理科硕士论文所作的序。

* ——《荆棘丛:论法律和法的研究》(纽约,1930 年)。

* ——“规范,法律和法律工作:司法方法的问题”,载《耶鲁法学评论》,49:1355 ~ 1400(1940 年)。

* ——“法学理论”,载《北卡罗来纳法学评论》,20:7(1941 年)。

* ——和 E. A. 霍贝尔:《晒延方式法理学意义上的最初的冲突和判例法》(诺曼,1941 年)。

R. H. 洛伊:“人类学和法律”,载 H. F. 奥格本和 A. 戈登威泽编:《社会科学》(纽约,1927 年)。

* ——“在原始社会中的无形财产”,载《耶鲁法学杂志》,37:551 ~ 563(1928 年)。

* ——《国家的起源》(纽约,1927 年)。

* ——《原始宗教》(纽约,1924 年)。

* ——《原始社会》(纽约,1920 年)。

* ——“平原印第安人军事团体的财产权和强制权”,载《政治和法律社会学杂志》,1:59 ~ 71(1943 年)。

* ——《美洲土著人政治组织的几个问题》(1948 年纪念赫胥黎讲演,皇家人类学研究所)。

* R. S. 林德和 H. M. 林德:《米德尔敦》(纽约,1929 年)。

* R. M. 麦基弗:“政府和财产”,载《法律和政治社会学杂志》,4:5 ~ 18(1946 年)。

* ——《社会:它的结构和变迁》(纽约,1931 年)。

W. C. 麦克劳德:“早期法律的发展及惩罚”,载《刑法和犯罪学杂志》,22:169 ~ 190(1932 年)。

* H. S. 梅因:《古代法:它与早期思想史的联系以及与现代思想的关系》,美国第 3 版(纽约,1879 年)。

* ——《早期的法律和习惯讲演集》(伦敦,1883 年)。

* 布罗尼斯拉夫 · 马林诺夫斯基:《西太平洋上的亚尔古英雄:新几内亚美拉尼西亚群岛土著人的冒险活动和事业心》(伦敦,1922 年)。

* ——《珊瑚岛上的园艺和他们的魔术:特罗布里恩群岛上的耕种方法和农业仪礼的研究》,2 卷本(伦敦和纽约,1935 年)。

* ——《蛮野社会的犯罪与习俗》(纽约,1926 年)。

* ——“论文化”,载《社会科学百科全书》,Ⅳ(1931 年),第 621 ~ 645 页。

* ——“一个原始社会的秩序和法的强制力”,载《大不列颠皇家学院文献汇编》,XXⅣ(1925 年),第 529 ~ 547 页。

* ——《自由和文明》(纽约,1944 年)。

* ——“法律研究特别是原始法研究的一种新方法”,载《律师公会评论》,2:1 ~ 12(1942 年);又见《耶鲁法学杂志》,51:1237 ~ 1254(1942 年)。

* ——《原始法和秩序》(《自然》卷 118,增刊,1926 年),第 9 ~ 16 页。

* ——《美拉尼西亚西北部关于不列颠新几内亚特罗布里恩德群岛上土著民的求爱、结婚和家庭生活的民族学报告》(伦敦,1929 年)。

* ——“特罗布里恩德群岛土著人的战争和武器”,载《人类》,21:10 ~ 12(1920 年)。

* R. H. 马雷特:“法(原始的)”,载《大不列颠百科全书》,第 14 版(1949 年)。

——“原始法中惩罚的性质”,载《比较法学杂志》,50:63 ~ 69(1936 年)。

* 罗伯特 · 马歇尔:《北极的村庄》(纽约,1933 年)。

* F. M. 马克思:《管理伦理和法治》(理科硕士论文)。

* J. H. 马瑟曼:《内驱力精神病学原理,包括对临床变态心理学的综合研究》(费城,1946 年)。

* 玛格丽特 · 米德:“作为田野工作工具的方言”,载《美国人类学家》,41:189 ~ 205(1939 年)。

* ——《马努亚人的社会组织》(伯尼斯 · P. 毕晓普博物馆,公报 76,1930 年)。

C. K. 米克:《殖民地的土地法和习俗》,第 2 版(伦敦,1949 年)。

——《一个尼日利亚人部落的法律和权威机构》(伦敦,1937 年)。

C. 迈因霍夫:《非洲人的法》(柏林,1914 年)。

* J. E. 方德梅隆:《从法理学看内地人的习惯法,1912 ~ 1923》(莱顿,1924 年)。

* 伯纳德 · 米什金:《平原印第安人的阶层和冲突》(美国民族学会,专题报告 3,1940 年)。

L. 莫尔:《马拉巴人的法律和习俗》(马德拉斯,1905 年)。

C. R. 莫斯:《纳巴洛伊人的法律和习俗》(加利福尼亚大学出版,美国考古学和民族学类,卷 15,1920 年),第 207 ~ 343 页。

* G. P. 默多克:“布罗尼斯拉夫 · 马林诺夫斯基”,载《美国人类学家》,45:445 ~ 451(1943 年)。

* ——“双系继嗣”,载《美国人类学家》,42:555 ~ 561(1940 年)。

* ——“文化的共同特性”,载拉尔夫 · 林顿编:《世界危机中的人文科学》(纽约,1945 年)。

* ——“文化的科学”,载《美国人类学家》,34:200 ~ 215(1932 年)。

* ——《社会结构》(纽约,1949 年)。

S. F. 纳德尔:“厄立特里亚高原上的土地使用”,载《非洲》,16:1 ~ 22(1846 年)。

* E. W. 纳尔逊:《白令海峡附近的爱斯基摩人》(美国民族学管理局,年度报告 17,1899 年)。

W. B. 纽厄尔:《易洛魁印第安人中的犯罪和司法》(未出版的硕士论文,宾夕法尼亚大学,1934 年)。

J. A. 努恩:《格兰德河畔易洛魁人的法律和政府》(瓦伊金基金出版,人类学类,第 12 号,1949 年)。

F. S. C. 诺思罗普:"普遍的道德准则和法律规范",载 R. N. 安森编:《行为的道德原理:人类有义务履行的伦理规范》(纽约,1952 年),第 7 章。

——"哲学人类学和世界法",载《纽约科学院院刊》,系列Ⅱ,第 14 号(1951 年),第 109 ~112 页。

——"法学院课程中的法理学",载《法律教育杂志》,1:482 ~494(1949 年)。

L. M. 努涅斯:"前殖民的法律",载《墨西哥绘图大百科全书》(第 7 卷),墨西哥城,1937 年。

*K. 奥伯格:"特林吉特社会中的犯罪和惩罚",载《美国人类学家》,36:145 ~146(1934 年)。

*——"乌干达的安科莱王国",载 M. 福特斯和 E. E. 埃文斯—普里查德编:《非洲的政治制度》(牛津,1940 年),第 121 ~163 页。

*马文 · 奥普勒:"评 B. B. 怀廷《派尤特人的邪巫术》",载《美国民俗杂志》,64:241 ~243(1951 年)。

*——"作为文化中原动力的主旨",载《美国社会学杂志》,51:198 ~206(1951 年)。

*弗朗兹 · 奥本海默:《论国家》(纽约,1922 年)。

H. 奥沙利文:"丁卡人的法律和习俗",载《皇家人类学研究所杂志》40:171 ~191(1910 年)。

*A. H. 波斯特:《比较人种学基础上的一般法学概论》,2 卷本(奥登堡,1880 ~1881 年)。

*——《人种学的法理学研究导论》(奥登堡,1887 年)。

*——《自然法学导论》,2 卷本(奥登堡,1880 ~1887 年)。

*——《人种学的法理学概论》,2 卷本(奥登堡,1894 ~1895 年)。

*P. B. 波特:"调解",载《社会科学百科全书》,X(1933 年),第272 ~274 页。

*罗斯科 · 庞德:《法律史解释》(剑桥,1923 年)。

*——"社会利益的理论",载《美国社会学协会期刊》,XV(1920 年,1 页以下)。

*J. R. 普罗文斯:"平原印第安人文化中的主要制裁措施",载 F. 埃根编:《北美部落的社会人类学》(芝加哥,1937 年)。

*B. H. 奎因:“易洛魁人”,载玛格丽特·米德编:《初民中的合和与竞争》(纽约,1937 年)。

*A. R. 拉德克利夫—布朗:“原始法”,载《社会科学百科全书》,Ⅸ(1933 年),第 202 ~ 206 页。

*——“父系继承和母系继承”,载《艾奥瓦法学评论》,20:286 ~ 303(1935 年)。

*——为迈耶·福塔斯和 E. E. 埃文斯—普里查德编的《非洲的政治制度》一书写的序言(牛津,1940 年),第 11 ~ 13 页。

*——“社会制裁”,载《社会科学百科全书》,ⅩⅢ(1934 年),第531 ~ 534 页。

*——“澳大利亚土著民族的社会组织”,载《大洋洲》,1:34 ~ 63,206 ~ 246,322 ~ 341,426 ~ 456,(1930 ~ 1931 年)。

*——《安达曼群岛人:一种社会人类学的研究》(剑桥,1922 年)。

*马克思·雷丁:“霍菲尔德的再评价”,载《哈佛法学评论》,51:1141 ~ 1164(1938 年)。

T. G. 拉姆齐:《德兰士丽聪加人的法律》(比勒陀利亚,1941 年)。

*克努德·拉斯马森:《横穿美洲极地地区》(纽约,1927 年)。

*——《格陵兰的传说》(柏林,1922 年)。

*——《伊格卢利克爱斯基摩人的精神文化》(《第五次图勒探险的报告,1921 ~ 1924》,卷 7,1929 年)。

*——《北极人》(纽约,1908 年)。

*R. S. 拉特雷:《阿散蒂人》(牛津,1923 年)。

*——《阿散蒂人的法和政体》(牛津,1929 年)。

*——《阿散蒂人的宗教和艺术》(牛津,1927 年)。

*罗伯特·雷德菲尔德:“原始法”,载《墨西哥社会学评论》,3:17 ~ 44(1941 年)。

*——“从原始社会的视角看梅因的〈古代法〉”,载《西方政治学季刊》,3:574 ~ 589(1950 年)。

*——《原始世界及其改造》(伊萨卡,1953 年)。

V. A. 梁赞诺夫斯基:《西伯利亚游牧部落的习惯法》(特西安森,1938 年)。

*简·理查森:《凯欧瓦印第安人的法律和身份》(美国民族学会,专题报告 1,1940 年)。

戴维·里斯曼:“进行法律职业和法律的人类学研究”,载《美国社会学杂志》,

57:121~135(1951年),重印于戴维·里斯曼:《个人主义的反思及其他论文集》(格利科,1954年),第27章。

* W. H. R. 里弗斯:《社会组织》(纽约,1924年)。

J. A. 罗伯逊:"菲律宾先民的社会结构和法律观念以及新近发现的菲律宾群岛在前西班牙统治时期的礼仪法典",载H. M. 斯蒂芬和H. E. 博尔顿:《历史上的太平洋》(纽约,1917年),第160~191页。

戴维·罗丁克:"阿西尼本印第安人的政治结构和社会地位",载《美国人类学家》,39:408~416(1937年)。

* 盖扎·罗海姆:"中澳大利亚的原始游牧部落",载《比较精神病理学杂志》,3:454~460(1942年)。

E. A. 罗斯:《社会控制:秩序的基础探究》(纽约,1901年)。

J. H. 罗:"征服时代的印加文化",载J. H. 斯图尔德编:《南美印第安人手册》,6卷本(美国民族学管理局,专题143,1946年),第183~330页。

大不列颠和爱尔兰皇家人类学研究所:《人类学评论与探索》(伦敦,1951年)。

N. M. 塞利比:《摩洛人的历史、法律和宗教研究》(马尼拉,1905年)。

* J. W. 萨尔蒙德:《法理学》,第7版(纽约,1924年)。

* 爱德华·萨皮尔:《语言:谈话研究导论》(纽约,1939年)。

* S. S. 萨金和M. W. 史密斯编:《文化和人格》(纽约,1949年)。

艾萨克·沙佩拉:《茨瓦纳人的法律和风俗手册》(伦敦,1938年)。

* ——《贝专纳保护领地内茨瓦纳人的部落立法:文化变迁途径的研究》(伦敦:经济政治学院,社会人类学专题,第9号,1943年)。

F. I. 谢克特:"原始贸易中的法律和道德",载《纪念O. K. 麦克默里论文集》(伯克莱,1935年)。

A. A. 希勒:"印度尼西亚的法律冲突",载《远东季刊》(1942年11月),第31~47页。

——"太平洋问题参考文献;第Ⅱ号:荷属印度群岛的土著人的习惯法",载《太平洋问题》,(1936年)。

* 埃里克·舒尔茨—尤尔斯和L. 亚当:《土著法:德国在非洲和南太平洋前殖民地土著人的习惯和习惯法》,2卷本(斯图加特,1929年)。

* 威廉·西格尔:"约瑟夫(科勒)",载《社会科学百科全书》,Ⅷ(1932年),第587~588页。

* ——“原始法和马林诺夫斯基教授”，载《美国人类学者》，39：275～290（1937年）。

* ——《法律探求》（纽约，1941年）。

弗雷德里克·西博姆：《盎格鲁—萨克辽人法律中的部落习惯—附录论文（1）〈英国的村社〉（2）〈威尔士的部落体制〉》（伦敦，1911年）。

W. M. 西摩：《土著法和习惯——好望角殖民地土著人领地被确认有效的地方习惯之概要以及东格里夸兰土著人的上诉法院所作的某些较重要的裁决之报告和立法性修改，1901～1909》（开普敦，1911年）。

H. J. 西蒙斯：“南非土著法研究”，载《班图研究》，12：237～342（1938年）。

* S. P. 辛普森和鲁思·菲尔德：“法律和社会科学”，载《弗吉尼亚法学评论》，32：855～867（1946年）。

* R. 斯波特和A. L. 克罗伯：《尤罗克人纪事》（加利福尼亚大学出版，美国考古学和民族学类，卷35，1943年），第143～256页。

J. B. 斯泰尔：《古老的萨摩亚人》（伦敦，1897年）。

W. G. 斯坦福：《纳塔尔作为习俗的土著法》（威特活特斯兰德，1935年）。

* J. H. 斯图尔德：《盆地——草原土著人的社会政治团体》（美国民族学管理局，专题120，1938年）。

* 朱利叶斯·斯通：《法的范围和机能：作为逻辑、正义和社会控制的法——法理学研究》（剑桥，1950年）。

* C. 斯特里霍卢：《中澳大利亚的阿兰达和洛里查部落》，M. 冯·伦哈迪编（《民族博物馆丛刊》，佛兰福特—艾姆—缅因，1907～1920年）。

* W. G. 萨姆纳：《社会习俗》（波士顿，1906年）。

* W. 撒尔必特茨厄：《安马萨利克爱斯基摩人》（《关于格陵兰的报道》，第39卷，1914年）。

* W. I. 托马斯：《原始行为：社会科学导论》（纽约，1937年）。

* 里查德·特恩沃尔德：《人类社会》，7卷本（柏林，1931～1953年）。

——“有关南太平洋土著民法律的调查”，载《比较法学杂志》，23：309～364（1912年）。

——“政治组织在人类发展过程中的作用及其对新世界的启示”，载S. 塔斯编：《古代美洲的文明》（芝加哥，1951年），第280～284页。

H. 特林本：“哥伦比来奇布查人的法”，载《民族学》，4：1～55（1930年）。

——“法律民族学探究的一个中心问题”，载《人类学》，46：995～996（1951年）。

——“法律的历史研究方法”,载《比较法学杂志》,43:416~464(1930年)。

L. 塔珀:“东非保护地的习惯法和其他法律”,载《比较立法杂志》,7:172~184(1907年)。

* E. B. 泰勒:“制度发展的调查方法——运用于婚姻和继嗣的法律”,载《皇家人类学研究所杂志》,18:245~272(1888年)。

* H. W. 范·伦、R. V. R:《伦布兰特·范·瑞的生活时代和一生》(纽约,1930年)。

* 保罗·维诺格多夫和休奇·戈伊坦:“比较法理学”,载《大不列颠百科全书》,第14版(1949年)。

* ——“习惯法”,载C. G. 克伦普和E. F. 雅各布编:《中世纪的遗产》(牛津,1926年),第287~320页。

* 欧内斯特·华莱士和E. A. 霍贝尔:《科曼奇人:大平原南部的主人》(诺曼,1952年)。

* H. H. 沃德尔:“原始礼物”,载《社会科学百科全书》,Ⅵ(1931年),第657页。

* E. M. 沃纳:“孟金人的冲突”,载《大洋洲》,1:457~477(1930年)。

* J. H. 威克兰德:“文化人类学的方法”,载《科学哲学》,18:55~69(1951年)。

* E. M. 韦尔:《爱斯基摩人》(纽黑文,1924年)。

G. M. B. 惠特菲尔德:《南非的土著法》(开普敦,1929年)。

* B. B. 怀廷:《派尤特人的邪巫术》(瓦伊金基金出版,人类学15,1950年)。

F. E. 威廉斯:“群体感和原始正义”,载《美国人类学家》,43:523~539(1941年)。

G. D. 威林克:《马来西亚米南卡保族的法律生活》(莱顿,1909年)。

戈弗雷·威尔逊:“尼亚库萨人的法导论”,载《非洲》,10:16~36(1937年)。

莫尼卡·威尔逊:《良友——尼亚库萨同龄村民的研究》(伦敦,1951年)。

* 克拉克·威斯勒为R. S. 和H. M. 林德《米德尔敦》一书写的前言(纽约,1929年)。

* R. M. 耶基斯和A. W. 耶基斯:《巨型猿》(纽黑文,1929年)。

附录Ⅲ：索引

（此处所标页码为原著页码，即本书边码）

A

C

D

E

F

G

H

I

J

K

L

M

N

O

P

Q

R

S

T

U

V

W

Y

Z

图书在版编目(CIP)数据

原始人的法:法律的动态比较研究/(美)霍贝尔著;严存生等译.—2版.—北京:法律出版社,2012.1

(博观译丛)

书名原文:The Law of Primitive Man

ISBN 978-7-5118-2696-1

Ⅰ.①原… Ⅱ.①霍…②严… Ⅲ.①原始社会—法的起源—研究 Ⅳ.①D903

中国版本图书馆CIP数据核字(2011)第219641号

原始人的法
——法律的动态比较研究

E.埃德蒙斯·霍贝尔 著
严存生等 译

责任编辑 易明群
装帧设计 乔智炜

开本 720毫米×960毫米 1/16
印张 21.5 **字数** 331千
版本 2012年1月第2版
印次 2012年1月第1次印刷
出版 法律出版社
编辑统筹 学术·对外出版分社
总发行 中国法律图书有限公司
经销 新华书店
印刷 北京北苑印刷有限责任公司
责任印制 吕亚莉

法律出版社/北京市丰台区莲花池西里7号(100073)
电子邮件/info@lawpress.com.cn
销售热线/010-63939792/9779
网址/www.lawpress.com.cn
咨询电话/010-63939796

中国法律图书有限公司/北京市丰台区莲花池西里7号(100073)
全国各地中法图分、子公司电话:
第一法律书店/010-63939781/9782
西安分公司/029-85388843
重庆公司/023-65382816/2908
上海公司/021-62071010/1636
北京分公司/010-62534456
深圳公司/0755-83072995

书号:ISBN 978-7-5118-2696-1
定价:39.00元
(如有缺页或倒装,中国法律图书有限公司负责退换)